Nicole Schwindt-Gross

Musikwissenschaftliches Arbeiten
Hilfsmittel · Techniken · Aufgaben

Bärenreiter
Studienbücher
Musik

Herausgegeben von
Silke Leopold
und
Jutta Schmoll-Barthel

Band 1

Bärenreiter
Kassel · Basel · London · New York · Prag

Nicole Schwindt-Gross

Musikwissenschaftliches Arbeiten

Hilfsmittel · Techniken · Aufgaben

Bärenreiter
Kassel · Basel · London · New York · Prag

5. Auflage 2003
© 1992 Bärenreiter-Verlag Karl Vötterle GmbH & Co. KG, Kassel
Umschlaggestaltung: Jörg Richter, Bad Emstal-Sand, unter Verwendung des
Bildes „Der Bücherwurm" von Carl Spitzweg (AKG Berlin)
Satz: Dr. Rainer Lorenz, Kassel
Notengrafik: Mathias Kreuzer, Würzburg
Druck und Bindung: Druckhaus „Thomas Müntzer", Bad Langensalza
ISBN 3-7618-1052-0
Printed in Germany

Inhalt

Vorwort zur 4., erweiterten Auflage

Zwei unveränderte Folgeauflagen erlebte das *Musikwissenschaftliche Arbeiten*, seit es vor sieben Jahren erschienen ist. Die große Nachfrage bestätigte den Ansatzpunkt des Buches: Es sollte ein Vademecum in den unterschiedlichsten Phasen des musikwissenschaftlichen Orientierungsprozesses sein – Anlaufstelle bei vielerlei Fragen vor allem technischer Natur, bei ganz einfachen, wie sie sich dem Studienanfänger oder dem Nicht-Spezialisten stellen, aber auch bei kniffligen, denen man immer wieder bei fortschreitendem Studium oder danach gegenüber steht. In zahlreichen musikwissenschaftlichen Einführungsveranstaltungen wurde es zum Grundlagentext und als solcher einer kritischen Prüfung unterzogen; viele, die nicht oder nicht mehr in der Studiensituation sind, haben als systematische Anleitung oder als Auffrischung ihrer Kenntnisse dazu gegriffen. Bibliothekaren, Rezensenten, Lektoren, Kollegen, Seminarleitern, Studenten, Freunden – allen, die mir im Laufe der Zeit aus ihrer Erfahrung heraus kritische und wohlwollende Anregungen gaben, danke ich sehr. Dass die Neubearbeitung trotz einiger Retuschen, Aktualisierungen, der Verwendung der neuen Rechtschreibung und Layout-Veränderungen das Konzept unverändert beibehalten konnte, bestätigt erfreulich die Lebensfähigkeit des Leitfadens, der – dies sei hier nochmals ausdrücklich gesagt – völlig aus der Perspektive des Musikhistorikers entworfen ist.

Dass dennoch manche Kapitel einer einschneidenden Revision unterzogen wurden, hängt mit der rasanten Entwicklung der Informationstechnologie zusammen. Konnte in der Erstauflage das Kapitelchen über »Informationsdienste und Datenbanken« noch allen Ernstes mit den Worten schließen: »Ich schätze, daß Online-Recherchen spätestens für unsere Enkel die Standardform der Literaturermittlung sein werden«, können wir uns wenige Jahre später – täglich »on line« – selbst als die Enkelgeneration fühlen. Nicht nur die Bibliothekslandschaft hat sich durch den EDV-Einsatz schwerwiegend gewandelt, auch die Alltäglichkeit des Internets hat unser Informationsverhalten maßgeblich verändert. Die Neubearbeitung trug dieser Situation Rechnung, indem sie an entscheidenden Punkten die neuen Möglichkeiten und Verfahrensweisen einbaute und dafür Überholtes ausschied. Da sich die Möglichkeit bzw. Notwendigkeit, Online-Techniken anzuwenden, an vielen verschiedenen Punkten einzelner Arbeitsschritte eröffnet, war es auch nicht zweckmäßig, sie in einem Kapitel zu konzentrieren. Vielmehr wurden sie an den jeweils notwendigen Stellen der Recherche-Gesamtstrategie eingebaut. Diese hat sich zwar in mancher Hinsicht gewandelt, dennoch blieb sie als Grundstruktur erhalten. Ich habe völlig darauf verzichtet, so etwas wie einen generellen Internet-Führer für Musikwissenschaftler entwerfen zu wollen, der gänzlich anderen Bedingungen entsprechen müsste. Nicht nur, dass die Gefahr des Veraltens hier so groß wäre, dass sie mit den Aktualisierungsintervallen dieses Buches nicht aufgeholt werden könnte (schon die wenigen jetzt angegebenen Internet-Adressen werden vermutlich dieses Schicksal erleiden), nicht nur, dass eine allgemeine Einführung in das Internet in diesem Rahmen nicht zu leisten wäre – es ist vor allem ein Medium, das mit seiner ungefilterten Informationsflut vor ganz neue Herausforderungen der Selektion stellt.

Obwohl (oder weil) ich mich selbst zu den leidenschaftlichen Internet-Usern zählen würde, erlaube ich mir die eindringliche Warnung, hier nicht den Ort für die wissenschaftliche Primärinformation zu suchen, und den Rat, sich dem Internet-Surfen nicht in Augenblicken der Zeitnot zu überantworten. Ein Ausgangspunkt für allgemeine Informationskanäle, wie sie im Folgenden nicht mehr beschrieben werden (z. B. Music Mailing Lists), sind die akademischen Mega-Link-Verzeichnisse, von denen zur Zeit diejenigen der Sibelius Academy in Helsinki und der University of Indiana in Bloomington am besten organisiert sind (*http://www.siba.fi/ kultuuripalvelut/music.html* und *http://www.music.indiana.edu/music_resources/*). Von hier aus kann man sich schon fast in mehr Sites und Verzeichnisse einklicken, als das Herz begehrt. Und dann sollte man sich natürlich sehr gut mit den Prozeduren der Suchmaschinen auskennen. Aber das wäre schon ein neues Buch...

Nicole Schwindt, im August 1999

EINLEITUNG

Sich mit Musikwissenschaft zu beschäftigen und vielleicht sogar dieses Fach als Hochschulstudium zu wählen, kann unterschiedlichen Motivationen entspringen. Musikwissenschaft kann etwa dazu beitragen, die praktische Beschäftigung mit Musik auf ein auch theoretisches Fundament zu stellen – sei es, um das eigene Tun in einem größeren kulturellen Zusammenhang zu reflektieren, sei es, um von der Forschung ganz praktische Hilfestellungen bei Problemen der musikalischen Interpretation zu erhalten. Sowohl dem professionellen wie nicht-professionellen Musiker, dem Musikpädagogen und jedem im weitesten Sinne im Kulturbetrieb Tätigen können sich so Fragen stellen, die in den Bereich der Musikwissenschaft fallen. Nicht selten wird Musikwissenschaft als akademisches Fach dann als Vorbereitungs-, Aufbau- oder Ergänzungsstudium zu einem Musikstudium an der Musikhochschule oder als Nebenfach eines kulturorientierten Hauptfachstudiengangs (z. B. Publizistik) gewählt. Als eigenständige Disziplin kann sie aber auch das Zentrum eines Studiums und womöglich eines Berufslebens bilden und wird dann weit weniger aus einem bestimmten Interesse heraus und mit konkreten Fragestellungen gewählt (Kenntnis der Musikgeschichte, Erweiterung des Repertoirehorizonts, aufführungspraktisches Know-how, Einblick in Strukturen des Musiklebens und dergleichen), sondern vielmehr aus einer allgemeinen Neigung zur gedanklichen Beschäftigung mit musikalischen und kulturellen Phänomenen, aus einer häufig auch recht diffusen Interessenlage.

Dieser offensichtlich typische Hauptfachstudent[1], der – sieht man es von der positiven Seite – offen für die reichen Inhalte und vielfältigen Möglichkeiten des Faches ist, trifft auf ein Studium, das von sich aus (wie zumeist in den Geisteswissenschaften) sehr wenig verschult ist. Zwar muss auch hier der Studierende ein bestimmtes Pensum an Pflichtveranstaltungen absolvieren, doch bleibt ihm innerhalb des Lehrangebots ein beträchtlicher Freiraum zur Entfaltung subjektiver Interessen, zur Vertiefung individueller Schwerpunkte, zum Ausbau persönlicher Anlagen und Begabungen. Die verhältnismäßig große Entscheidungsfreiheit bei der Organisation des Studiums verlangt vom Studenten aber auch stete Eigeninitiative und überlässt ihm nicht zuletzt große Verantwortung: den richtigen Weg bei der Spezialisierung einzuschlagen und gleichzeitig die erforderlichen umfangreichen Grundlagen- und Überblickskenntnisse zu erwerben. Das Lehrangebot ist eben nur ein Angebot, das zu nutzen, in der studienbegleitenden Privatarbeit auszubauen und über welches durch permanentes Selbststudium hinauszugehen die Sache des Einzelnen ist. Zur Eigeninitiative gehört übrigens auch der immer wieder geforderte Studienortwechsel, wenngleich er heutzutage durch verschiedene äußere Umstände erschwert ist. Als kleines Fach sind die musikwissenschaftlichen Universitätsinstitute oft nur mit wenigen Lehrpersonen ausgestattet, sodass man

---

1 Vgl. A. Happe, *Musikwissenschaft*, S. 153–157.

anders als in großen Fächern im Lehrbetrieb einer Hochschule nur wenige verschiedene Herangehensweisen an die Materie erleben kann. Eigeninitiative erfordert des Weiteren die berufsbezogene Ausbildung. Ebenso wenig wie bei der Mehrzahl der Studienanfänger die Interessen und Erwartungen an das Studium festgelegt zu sein scheinen, sind sie auf eine bestimmte Berufsperspektive fixiert.[2] Auch diese Offenheit ist dringend nötig, denn einerseits ist das Spektrum der beruflichen Möglichkeiten, die sich einem Musikwissenschaftler bieten, denkbar breit, andererseits sind die Chancen, exakt die angesteuerte Tätigkeit und Position zu erreichen, nicht von vornherein kalkulierbar. Neben der akademischen Laufbahn als Professor oder Dozent für Musikwissenschaft bzw. Musikgeschichte an Universität, Musikhochschule, Pädagogischer Hochschule oder Konservatorium, die sich nur von einer sehr beschränkten Auswahl der Absolventen realisieren lässt, sind es vornehmlich die Tätigkeitsfelder der Editions- und freien Forschungsinstitute, der wissenschaftlichen Bibliotheken, Archive, Dokumentationsstellen und Museen mit Instrumentenabteilungen, der Medien (Tages- und Fachpresse, Musikverlage, Schallplattenfirmen, Hörfunk und Fernsehen), öffentlicher Kulturverwaltungen und privater Kulturträger, die für Musikwissenschaftler in Frage kommen.[3] Auf diesen äußerst weiten Aktionsbereich der zukünftigen Musikwissenschaftler geht der konventionelle Studienbetrieb allenfalls am Rande ein: in Form von sporadischen freiwilligen Kursen wie »Musikwissenschaft und Rundfunk«, Projekten zur »Musiktheaterdramaturgie«, Exkursionen zu Instrumentenmuseen oder Übungen zur Editionspraxis und zur Musikkritik. Wenn Veranstaltungen dieser Art angeboten werden, sollten sie von der Studentenschaft bereitwillig aufgenommen werden, da sie oft Einblick in die diversen Werkstätten des Musikwissenschaftsberufes geben. Sie können schon während des Studiums ergänzt werden durch Volontariate oder gelegentliche Tätigkeiten als freier Mitarbeiter bei den Medien oder bei Schallplattenfirmen, Lehrgänge im Dokumentationswesen oder Kulturmanagement, Praktika bei Editionsinstituten und dergleichen. Erst wenn man am eigenen Leibe erfahren hat, dass einen vielleicht das Beurteilen von Musikern in moralische Nöte bringt, das exakte Arbeiten in einer Bibliothek zu wenig kreativ scheint, aber das aktuelle Tagesgeschäft des Rundfunks zu fesseln vermag, man als Aushilfe in einer Konzertagentur ungeahnte Organisationstalente und während eines Volontariats beim städtischen Kulturamt diplomatisches Geschick an sich entdeckte, eröffnen sich über das Studium hinaus persönliche Berufsperspektiven.

---

2 Vgl. ebda., S. 157f.
3 Sehr informativ ist in Fragen zum Ausbildungsgang und zu Berufsaussichten das von der Bundesanstalt für Arbeit herausgegebene Blatt zur Berufskunde (C. H. Mahling, *Musikwissenschaftler*), in einer aktuellen Kurzfassung bei C. H. Mahling, *Musikwissenschaft*. Anschauliche Vertiefungen bietet die Publikation *Musikwissenschaft und Berufspraxis*.

Doch entgegen der breiten Palette der beruflichen Praxis orientiert sich die universitäre Ausbildung größtenteils (noch) an einem Berufsbild, das in jedem Studenten den zukünftigen Forscher sieht, nicht den Lehrer, den Rundfunkredakteur oder gar den Kulturamtsleiter. Wer eine berufliche Tätigkeit im Bildungssektor, in den Medien oder sonstigen kulturellen Einrichtungen ergreift, wird nur einen Ausschnitt der im Studium erarbeiteten Inhalte und auf der Universität erlernten Methoden konkret und unmittelbar verwerten und anwenden können, er ist auch auf die in diesem Buch behandelten Arbeitstechniken nur noch teilweise angewiesen. An die Stelle mancher vom Studium gestellten Anforderungen treten andere Aufgaben und damit andere Recherchestrategien. Spätestens vom Berufsanfänger wird daher Flexibilität erwartet, und bereits vom Studenten verlangt die offizielle Bildungsmaxime eine gewisse Fähigkeit zur »positiven Schizophrenie«: die Berufsrealitäten nicht aus dem Auge verlieren, sich aber während des konventionellen Studienbetriebs selbst als angehenden Wissenschaftler ernst nehmen. Als Studienbegleiter musste dieser Band die Anforderungen des Ausbildungsganges zur Kenntnis nehmen und pragmatisch am Studien-, nicht am Berufsziel ausgerichtet sein. Er versteht sich daher als Leitfaden für das im engeren Sinne musik-»wissenschaftliche« Arbeiten.

In den meisten universitären Disziplinen ist es eine Selbstverständlichkeit, dass eine auf das jeweilige Fach zugeschnittene Einführung in Buchform den Studierenden hilft, den ersten Kontakt zum Fach zu erhalten, und ihnen auch in den nächsten Semestern immer wieder als Auskunftsmittel zur Verfügung steht. Auf einen solchen fachspezifischen Wegweiser musste bisher verzichten, wer im deutschsprachigen Raum eine Ausbildung in Musikwissenschaft begann.[4] Auch gut hundert Jahre nach der Institutionalisierung des Faches bleibt es mehr oder weniger der privaten Initiative des Studienanfängers überlassen, sich die handwerklichen Grundlagen seines Faches systematisch anzueignen. Doch ist gerade der Neuling schnell überfordert und verunsichert, wenn er sich beispielsweise mit einer Fülle von Möglichkeiten, musikwissenschaftliche Fachliteratur ausfindig zu machen, konfrontiert sieht, jedoch nicht den Weg kennt, die für ein bestimmtes Problem und seine jeweilige Situation entscheidenden Hilfsmittel zu befragen und zu benutzen.

Im glücklicheren, aber leider nicht in jedem Fall kann der Erstsemestler an seinem Institut eine fundierte Einführungsveranstaltung besuchen. Doch zum Üben, der Grundlage jeglichen Handwerks, bleibt erfahrungsgemäß in Einführungsveranstaltungen nur wenig Zeit. So bekommt der Einstieg ins Studium auch bei vielen motivierten Studienanfängern leicht den Beigeschmack einer lästigen Pflichtübung, in der statt der erhofften spannenden Wissenschaft von der Musik (scheinbar) bürokratischer Ballast behandelt wird. Und dessen Aneignung muss umso

---

4   Eine Alternative zu vorliegender Einführung mit einer etwas anderen Orientierung erschien 1996: K. Küster, *Studium.*

sinnloser wirken, je unanschaulicher er in Form von ellenlangen Bücherlisten und einer Flut neuer technischer Begriffe daherkommt. Die knapp bemessene Zeit von zwei Semesterwochenstunden in mittlerweile auch in der Musikwissenschaft oft hoffnungslos überbesetzten Seminaren lässt den Veranstaltungsleitern aber nicht viel Spielraum für eine praxisnahe Behandlung des Stoffs, die allein klären könnte, wozu all die peniblen Verfahrensweisen und trockenen Verzeichnisse nütze sind.

Dieser Leitfaden beabsichtigt daher nicht, den vielerlei Repertorien und Nachschlagewerken zu musikwissenschaftlichen Fragen ein weiteres hinzuzufügen. Vielmehr sollen speziell demjenigen, der das Gebiet der Musikwissenschaft neu betritt, Pfade durch den Dschungel gewiesen werden. Meine Erfahrungen in der musikwissenschaftlichen Ausbildung und fast noch mehr die Erlebnisse als Bibliotheksauskunft in einer Institutsbibliothek, aber auch in der Musikabteilung einer der größten deutschen wissenschaftlichen Bibliotheken zeigten mir dabei immer wieder, woran es beim Auftauchen von Orientierungsschwierigkeiten meistens hapert: an Gewöhnung ans »Nachschauen«, an Praxis im Umgang mit dem wissenschaftlichen Werkzeug, an einem unverkrampften und selbstbewussten Herangehen an die Hilfsmittel, die dann gerne als das genaue Gegenteil, nämlich als monströser und bedrückender Wissenschaftsapparat erscheinen.

Es sollen daher auch in einigen zentralen Bereichen mit Aufgaben Trainingsmöglichkeiten bereitgestellt werden, die den Umgang mit den Hilfsmitteln zu einer Alltäglichkeit werden lassen.[5] Erfahrungsgemäß rühren nämlich auch arbeitstechnische Mängel, die sich dann nicht selten in der inhaltlichen Qualität einer schriftlichen Arbeit widerspiegeln, von solcher Schwellenangst her. Wer etwa das so genannte *RISM* nie in der Hand hatte, kann sich keine Vorstellung davon machen, welch eine Fundgrube dieser auf den ersten Blick fad scheinende Mammutkatalog für die unterschiedlichsten Fragestellungen sein kann. (Er weiß aber auch nicht, was *RISM* gerade nicht bietet, und ist vielleicht enttäuscht, wenn er es erstmals zu Rate ziehen will.) Unglücklicherweise ist es mit der Schwellenangst so, dass sie im Verlauf des Studiums immer größer statt geringer wird, wenn man sie nicht schon früh überwindet. Der Fall des Hauptseminaristen, der sich nach Möglichkeit nur mit Musikwerken beschäftigt, zu denen noch nichts geschrieben wurde – zu denen es folglich nichts zu bibliographieren und zu lesen gibt –, ist keine Erfindung. Oder wer wagt im 8. Semester noch zu fragen, was eigentlich ein Kritischer Bericht ist? Angst vor der »Technik« erzeugt aber nicht nur ein mulmiges Gefühl, sie macht auch abhängig – von Professoren und Dozenten, Seminarbetreuern, Assistenten und HiWis, Bibliothekaren, Kommilitonen und sonstigen Bekannten, von ihrer Freundlichkeit und Hilfsbereitschaft, von ihren Kompetenzen und Einstellungen. Wer beispielsweise immer nur von Seminarleitern empfohlene Literatur liest, vergibt sich die Chance zu selbstständiger und kritischer Ar-

---

5   Lösungen zur Kontrolle siehe S. 238ff.

beit, die doch die Basis jeglicher wissenschaftlichen Bemühung sein sollte und auch erst dann Musikwissenschaft wirklich spannend werden lässt.

Einerseits muss klar sein, dass nicht alle hier erörterten Themenbereiche als Grundlagenwissen in den ersten Semestern zur Gänze gelernt und beherrscht werden müssen. Gewiss gibt es einen bestimmten elementaren Kanon von Arbeitstechniken, den sich jeder unverzüglich, konsequent und gründlich aneignen sollte, wenn er nicht immer wieder mit dem Repetieren technischer Handgriffe Zeit verlieren will. Dazu gehören Themen wie Bibliothekskunde und Manuskriptgestaltung, mit denen der Student von Anfang an konfrontiert wird. Ob allerdings, um ein entgegengesetztes Beispiel zu wählen, das Recherchieren handschriftlichen Quellenmaterials im Grund- und selbst im Hauptstudium jemals erforderlich wird, ist fraglich. Eine Einführung in das musikwissenschaftliche Arbeiten sollte jedoch auch auf eine solche Frage, die möglicherweise erst bei der Anfertigung einer Magister- oder Doktorarbeit virulent wird, eine zumindest erste Orientierungshilfe bieten können.

So ist dieser Wegweiser durch einige grundlegende Themenbereiche arbeitstechnisch-handwerklicher Natur, die während eines Studiums der Musikwissenschaft berührt werden, eher als Steinbruch zu verstehen, der von jedem nach seinen persönlichen Bedürfnissen genutzt werden kann, weniger als ein Lehrbuch mit verbindlichem Arbeits- oder Lektüreprogramm von der ersten bis zur letzten Seite. Dem Leiter einer Einführungsveranstaltung möchte er als Grundlagentext dienen, der das oft mühevolle Zusammenstellen von Arbeitsmaterialien aufseiten der Lehrenden und das lästige, die Aufmerksamkeit blockierende Mitschreiben von technischen Daten aufseiten der Teilnehmer zu reduzieren hilft. Er hat einen seiner Zwecke erfüllt, wenn er den Seminarleitern einige Arbeiten abnimmt und somit die Gelegenheit bietet, individuelle Schwerpunkte innerhalb und auch jenseits des hier Behandelten zu setzen.

Andererseits kann ein Buch wie dieses nicht alle Aspekte des Musikwissenschaftsstudiums berücksichtigen. Die einschneidendste Beschränkung ist natürlich, dass die spezifischen Arbeitstechniken der Systematischen Musikwissenschaft sowie der Ethnomusikologie nicht mit einzubeziehen waren. Aber auch innerhalb der Historischen Musikwissenschaft konnten viele Komplexe gar nicht oder nur kursorisch aufgegriffen werden; zudem sind die berücksichtigten Themen meist exemplarisch behandelt. Wer aber relativ locker mit einem Grundstock an Hilfsmitteln umzugehen und unbefangen die elementaren Arbeitstechniken anzuwenden weiß, wird mit fortschreitendem Studium wesentlich weniger Schwierigkeiten haben, sich auch mit neuen und differenzierteren Techniken vertraut zu machen. Voraussetzung ist hierbei Aufgeschlossenheit gegenüber den vielerlei Recherchematerialien, die dem Wissenschaftler (und damit in der Regel auch dem Studierenden) zur Verfügung stehen. Man sollte eine gewisse selbstverständliche Neugier gegenüber neuen Publikationen und neuen technischen Möglichkeiten, aber auch gegenüber den bereits vorhandenen Beständen in den verschiedenen Bibliotheken entwickeln und immer wieder einmal, auch wenn es im Augenblick gerade nicht akut ist, in das eine oder andere Referenzwerk hineinschauen, sei es, weil es einem gerade in den Blick geraten ist, sei es, weil es irgendwo zitiert wurde. Das sind wenige Minuten, die sich meistens irgendwann auszahlen.

Wenn dieser Leitfaden einesteils nicht die verschiedenen musikwissenschaftlichen Bibliographien und Quellenverzeichnisse duplizieren will[6], so soll auch nicht wiederholt werden, was es an allgemeinen Einführungen in das wissenschaftliche Arbeiten gibt. Die Prinzipien der wissenschaftlichen Arbeit, ihre moralischen sowie technischen Ansprüche und die Vorgehensweise bei der Bearbeitung eines Themas sollen hier allenfalls am Rande berührt werden. Wer Hinweise und Anregungen zur zeitlichen Organisation des Studiums im Allgemeinen und eines Arbeitsvorganges im Speziellen, zum Anlegen einer persönlichen Arbeitskartei, zum Exzerpieren von Texten, zum Einsatz neuer Technologien und ähnlichen Problemkreisen sucht, die im Großen und Ganzen für alle Fächer gleich gelten und zu denen jeder seine individuelle Methode herausfinden muss, sei auf einschlägige Ratgeber verwiesen.[7] Lediglich die Kapitel zum Verfassen einer Seminararbeit und zur Bibliothekskunde gehen ausführlich auf grundlegende wissenschaftliche Arbeitstechniken und Orientierungsfragen ein, wobei eigens musikspezifische Fälle wie das Zitieren einer Notenausgabe oder das Zurechtfinden in einem Musikalienkatalog erörtert werden. Auch wollte ich einige theoretische und methodologische Grundprobleme nicht ganz unerwähnt lassen, da sie doch in einer engen Verbindung mit den konkreten Arbeitstechniken stehen. Dieses am Anfang stehende Kapitel mag den einen etwas trocken, den anderen etwas schwierig anmuten, obwohl die darin behandelten Probleme bereits (bisweilen bis zur Grenze des Vertretbaren) vereinfacht sind. Allerdings sind die einzelnen Kapitel des Buches so angelegt, dass sie im Prinzip auch isoliert gelesen werden können. Wer (noch) keine Ader für wissenschaftstheoretische Überlegungen oder nicht die Zeit für Grundsatzreflexionen hat, kann die Ausführungen zur Musikwissenschaft im Wissenschaftssystem ohne schlechtes Gewissen vorerst überschlagen und an jeder anderen, vielleicht im jeweiligen Moment vordringlicheren Stelle einsteigen.

Was die in wissenschaftlichen Publikationen übliche Textgestaltung angeht (Fußnoten, Zitierweise und dergleichen), bestand die vertrackte Situation, dass der Leser mit diesen Prozeduren eigentlich erst nach Lektüre des Buches vertraut ist. Da andererseits bereits beim Lesen ein »learning by doing« stattfinden soll, ist der Text sogleich so abgefasst, wie es dann in einem späteren Kapitel für ein wissenschaftliches Manuskript empfohlen wird. Soviel aber sei vorausgeschickt, dass in den Fußnoten und bei häufiger zitierten Büchern nur Kurzbelege der angeführten

---

6   Vgl. hierzu »Bibliographien der Bibliographien«, S. 103ff.
7   Hilfreiche Publikationen zu diesem Komplex sind W. H. Peterßen, *Wissenschaftliches Arbeiten*, und M. R. Theisen, *Wissenschaftliches Arbeiten*.

Literatur stehen. Der Vollbeleg ist jeweils im alphabetisch angelegten Literaturverzeichnis zu finden.

Zuletzt ein Wort zur *nicht* geschlechtsneutralen Formulierungsweise: Dieses Buch ist für den praktischen Gebrauch gedacht, es wendet sich daher oft direkt an diejenige/denjenigen, die/der es benutzen soll. Es war deshalb auch kaum möglich und sicher ebenso wenig wünschenswert, die Formulierungen auf eine neutrale Ebene zu stellen, in der nur von der Sache die Rede ist und nicht von den Personen, auf welche die Sache zutrifft. Den Gedanken, alle Anreden an die Leserinnen und Leser und alle Hinweise auf Benutzerinnen und Benutzer in dieser Form zu verdoppeln, ließ ich aber aus sprachästhetischen Gründen sehr schnell fallen. Man möge mir dies nicht als mangelnde Sensibilität ankreiden: Ohne Frage wendet sich das Buch an die Studentin im gleichen Maße wie an den Studenten und selbstverständlich ist mit einem Wissenschaftler immer auch eine Wissenschaftlerin gemeint, auch wenn das Maskulinum als sprachliches pars pro toto herhalten muss.

EINFÜHRUNG IN DAS THEMENGEBIET:

ARBEITSBEREICHE UND VERFAHREN DER MUSIKWISSENSCHAFT

Der Gegenstand

Der Musikwissenschaftler beschäftigt sich mit Musik – das ist sein Gegenstandsbereich, den er mit dem Musiker und auch mit dem musikalisch Interessierten und Gebildeten teilt. Der Unterschied besteht in der Art der Beschäftigung, worüber der zweite Teil des Kompositums »Musikwissenschaft« Auskunft gibt: Die Auseinandersetzung gestaltet sich **wissenschaftlich** und verfolgt damit das Ziel, musikalische Erscheinungsformen sowie die Zusammenhänge, in denen sie stehen, zu erkennen und den gegenüber bereits bestehender Erkenntnis gewonnenen Erkenntnisfortschritt in sprachlicher Form zu äußern. Die meist verbale, bisweilen auch grafische oder zeichensprachliche Artikulation, die den Musikwissenschaftler vom Musiker abgrenzt – dieser äußert sich nicht in einer Meta-Sprache über Musik, sondern direkt musikalisch –, macht das Ergebnis der Bemühung wissenschaftlich kommunizierbar. Aussagen werden in einer Weise gemacht, die es zulassen, sie intersubjektiv zu überprüfen und (zumindest prinzipiell) als falsch zurückzuweisen. Diese stets mitgedachte mögliche Kontrolle hebt den Wissenschaftler vom »nur Wissenden« ab.

Wenn als **Gegenstand** der Musikwissenschaft »musikalische Erscheinungsformen sowie die Zusammenhänge, in denen sie stehen«, bestimmt wurde, heißt dies einesteils, dass sich die Erkenntnisbemühung auf *Musik selbst* richtet: auf ihre materiale Beschaffenheit, auf ihre Faktur und auf ihren Sinn. Im Zentrum der Betrachtung stehen musikalische Werke und hier wiederum die Gebilde, denen wir das Prädikat Kunstwerke zubilligen. Aber auch Musik, die über die engere neuzeitliche Kategorie des Musikwerks hinausgeht (etwa ein fortwährend wiederholter Beschwörungsgesang eines Naturvolkes oder eine selbst gemachte Melodie eines kleinen Kindes), kann durchaus in ihrer konkreten Erscheinungsweise untersucht werden. In besonderem Maße adäquat und relevant ist die Ausrichtung auf die Musik selbst (also das, was in den Bereich der musikalischen Analyse fällt) indes bei musikalischen Werken, und sie ist es umso mehr, je stärker die betreffende Musik von sich aus den Anspruch des Kunstwerks erhebt: bei Bachs *Kunst der Fuge* mehr als bei einem der 150 Walzer von Johann Strauß. Anderenteils ist es Aufgabe der Musikwissenschaft, den Kontext zu erkunden, in dem Musik steht: die *Voraussetzungen*, unter denen es zu Musik kommt, und die *Wirkungen*, die von Musik ausgehen.

Beide Bereiche, Musik selbst sowie der musikbezogene Kontext, lassen sich grundsätzlich aus zwei Perspektiven betrachten: **systematisch** und **historisch**. Von der Vorgehensweise her kann man von einer »Gewaltenteilung in der Erkenntnis«[1] sprechen. Denn es ist ein grundsätzlich unterschiedlicher Denkvorgang, ob ich Beethovens 9. Sinfonie historisch betrachte (dann grenze ich sie als eine zu einer

---

1   H. Seiffert, *Historisch/systematisch*, S. 144.

bestimmten Zeit entstandene und von einem bestimmten historischen Subjekt verfasste Komposition von anderen Werken Beethovens oder anderen Sinfonien ab und versuche ihre Eigenart aus genau dieser historischen Situation heraus zu begreifen) oder ob ich mich dem Werk nach systematischen Prinzipien nähere (dann verstehe ich die Sinfonie – unter bewusster Vernachlässigung historischer Faktoren – als ein System, in dem unter den einzelnen Elementen und Teilen Beziehungen bestehen und Kräfte wirken und etwa die Wiederaufnahme von Themen aus den vorangegangenen Sätzen im Finale diesen Themen im Schlusssatz bestimmte vereinheitlichende Funktion zuweisen). *Oder:* Wenn ich die Klangeigenschaften eines frühen Hammerklaviers, das als Instrument eine Voraussetzung für Musik darstellt, einer Spektralanalyse unterziehe, ist das eine systematische Untersuchung, für deren Ergebnis es unerheblich ist, ob es einen bautechnischen Vorgänger mit angezupften statt angeschlagenen Saiten gegeben hat. Das historische Interesse hingegen richtet sich darauf, dass mit diesem Instrument der Clavierliteratur des 18. Jahrhunderts dynamische und spieltechnische Möglichkeiten erwuchsen, die zuvor den Cembalokompositionen nicht gegeben waren. *Oder*: Zu den vielfältigen Wirkungen, die Musik hervorrufen kann, gehört der Grad ihrer Akzeptanz. Für den Sozialpsychologen, der herausfinden will, wie sich eine besonders prestigehaltige Zusatzinformation auf die Beurteilung von Musik auswirkt, und dazu einem Teil einer Gruppe die *Dreigroschenoper* mit dem Hinweis vorführt, ein so bedeutender Dirigent wie Otto Klemperer habe sie so sehr geschätzt, dass er die besten Nummern zu einer Konzertsuite arrangieren ließ, dem anderen Teil ohne diese Angabe, ist das Faktum Klemperer nur ein Mittel, um das Beziehungssystem zwischen Hörer, Zusatzinformation und Musikwirkung, die sich in einer Beurteilung niederschlägt, erkennen zu können. Den Historiker interessiert an diesem Faktum u. a. der Aspekt, dass Kurt Weills Musik von der konkreten Person Otto Klemperer in den 1920er-Jahren als integraler Bestandteil zeitgenössischer Musik rezipiert wurde, was eine spezifisch historische Verhaltensweise bedeutet.

Wenn solchermaßen eine gedankliche Trennung zwischen historischer und systematischer Vorgehensweise herauszupräparieren ist, bedeutet dies allerdings nicht, dass die beiden Verfahren beziehungslos nebeneinander stünden oder gar konkurrierten. Vielmehr ergänzen sie sich, sie sind erkenntnistheoretisch komplementär und werden je nach Erkenntnisziel – wiederum nach dem Prinzip der Adäquanz und Relevanz – in unterschiedlicher Gewichtung herangezogen. Es wäre beispielsweise durchaus denkbar, dass ein Historiker anhand von Pressestimmen und Ähnlichem verfolgt, ob die *Kleine Dreigroschenmusik*-Suite, also die Überführung der *Dreigroschenoper* in die Sphäre des Konzertsaals, auf die Beurteilung der Musik einen Einfluss hatte. In diesem Fall handelte es sich um eine systematische Untersuchung an historischem Material, während der Wissenschaftler, der eine Spektralanalyse von Mozarts in den 1780er-Jahren erworbenem Hammerflügel mit der von ihm bis dahin gespielter Instrumente vergleicht, systematische Untersuchungen zur Basis einer historischen Begründung (Warum kaufte Mozart gerade diesen Flügel?) machen könnte.

Die Möglichkeit und nicht selten Notwendigkeit der Komplementarität historischer und systematischer Herangehensweisen an musikwissenschaftliche Aufgaben kann aber nicht die dennoch prinzipiell bestehende »Gewaltenteilung in der Erkenntnis« verdecken, die auch dafür verantwortlich ist, dass Musikwissenschaft als Disziplin einer eher inoffiziellen und als akademisches Fach sogar einer offiziellen Gewaltenteilung unterliegt: der Einteilung in Systematische und Historische Musikwissenschaft.

Die Musikwissenschaft im Wissenschaftssystem

Es gehört zum Wesen der Wissenschaft zu ordnen und einzuteilen, und so ist die Geschichte der Wissenschaftstheorie auch eine Geschichte der Einteilungen der Wissenschaft selbst. Die einfachste ist dabei die Zweiteilung, von der bereits das Begriffspaar historisch – systematisch zeugt. Sie ist meist der Ausgangspunkt für weitere Klassifikationen. Um den Standort der Musikwissenschaft bestimmen zu können, ist es hilfreich, einige weitere Einteilungsmodelle des Gesamtkomplexes der Wissenschaft zu kennen. Obwohl sie untereinander nicht deckungsgleich sind, stehen die Elemente der beiden Gruppen doch durch einzelne sich überschneidende Merkmale in Beziehung zueinander, die hier nur schlagwortartig (und dadurch notwendig verkürzt) angeführt werden können.

	Naturwissenschaften	–	Humanwissenschaften
sind	projektiv	–	reflexiv
verfahren	nomothetisch	–	idiographisch
	erklärend	–	verstehend

Im Gegensatz zu den Naturwissenschaften, die sich mit dem von Natur aus Gegebenen befassen, behandeln die Humanwissenschaften den Gegenstandsbereich des vom Menschen willentlich oder unwillentlich Vermochten und Hervorgebrachten: Ergebnisse menschlicher Fähigkeiten und des Zusammenlebens (Sozialwissenschaften) sowie Produkte des menschlichen Geistes (Geisteswissenschaften). Ihre Aufgabe besteht nicht darin, **projektiv** zu sein, also Anderes, eine objektive Welt, sondern **reflexiv** menschliches Vermögen und Wirken selbst zu erkennen.

Musikwissenschaft hat an allen Wissenschaftsbereichen teil: Indem sie sich mit Voraussetzungen für Musik befasst, werden Aspekte des von Natur aus Gegebenen untersucht: mathematisch-physikalische Grundlagen des Schalls (physikalische Akustik), aber auch – als Ausweitung auf den Menschen – physiologische Vorgänge beim Hören und stimmlichen Erzeugen von Schall (physiologische Akustik). Indem sie die Wirkungen von Tönen, Klängen und Musik erkennen will, untersucht sie den Menschen als psychisches Wesen: seine Veranlagung, sein Wahrnehmen und sein Erleben (psychologische Akustik, Musikpsychologie) sowie seinen gesellschaftlichen Umgang mit Musik (Musiksoziologie). Indem sie Musik als Schöpfung und die Gedanken, die sich Menschen über Musik machen, behandelt (Musikgeschichte, -theorie, -ästhetik, -philosophie), verfährt sie als Geisteswissenschaft.

Da es die Naturwissenschaften mit (Natur-)Gesetzen zu tun haben, folgen sie einer nomothetischen **Methode** (griech. nomos = Gesetz; thesis = Setzung): Sie stellen eine Gesetzeshypothese auf und suchen sie durch Experimente zu beweisen bzw. zu entkräften. Die Geisteswissenschaften hingegen beschreiben Einzelnes, Singuläres, Handlungen und Schöpfungen, die nie in gleicher Gestalt wiederkehren: Sie verfahren idiographisch (griech. idios = eigen, selbst, besonders; graphein = be/schreiben).[2] Eine gewisse Zwischenposition nehmen die Sozialwissenschaften ein, die es nicht unbedingt mit unveränderlichen Gesetzmäßigkeiten, aber mit Regelmäßigkeiten von teils größerer, teils geringerer zeitlicher und räumlicher Reichweite zu tun haben. Die Teilhabe musikbezogener Untersuchungen an allen Wissenschaftsarten fordert von der Musikwissenschaft die Anwendung beider Methoden.

Schließlich ist noch der methodische Dualismus zwischen Erklären und Verstehen von Belang. Eine strikte **Erklärung** im wissenschaftstheoretischen Sinn liegt nur dann vor, wenn aus einem allgemein gültigen Gesetz (z. B. Auf der Erde herrscht Gravitation) und einer singulären Randbedingung (z. B. Ich lasse einen Bleistift los) eine Ableitung entsteht (Der Bleistift fällt zur Erde). Da eine Gesetzesaussage ein notwendiger Bestandteil einer Erklärung ist, besteht in logischer Hinsicht kein Unterschied zwischen einer wissenschaftlichen Erklärung und einer Prognose (auch zu einem späteren Zeitpunkt wird der Bleistift fallen). Indem man dieselben Voraussetzungen schafft, kann die Erklärung/Prognose also durch ein Experiment überprüft werden. Diese strenge Form der Erklärung ist aber in den Geistes- und häufig auch in den Sozialwissenschaften nicht anwendbar, da die äußeren Bedingungen, die Allgültigkeit eines Gesetzes und die Wiederholbarkeit, nicht gegeben sind. Ganz besonders problematisch ist die Erklärung von historischen Fakten, die – als Vergangenes – sich grundsätzlich der Kontrolle durch das Experiment entziehen. In den Sozial- und Geisteswissenschaften und hier namentlich in den historischen Wissenschaften lässt sich also allenfalls mit »Quasi-Gesetzen« operieren, die statistisch erhoben werden oder auf der Beobachtung von »Regelmäßigkeiten und Wiederholungen innerhalb historisch-kulturell abgegrenzter Raum-Einheiten«[3] beruhen. In diesem Sinne *generalisiert* also auch derjenige Musikwissenschaftler, der

---

2   Die Bezeichnungen »nomothetisch« und »idiographisch« stammen von W. Windelband, *Geschichte*, S. 145.
3   K.-G. Faber, *Theorie*, S. 78.

über die naturwissenschaftlichen Grundlagen hinausgeht. Er muss sich aber bei seinen Erklärungen stets der historischen Gebundenheit der Aussage bewusst sein.

Die Erfahrung, dass stichhaltige Erklärungen außerhalb der Naturwissenschaften problematisch, teils sehr problematisch oder gar unmöglich sind, hat schon im 19. Jahrhundert zu der dualistischen Auffassung geführt, dass den Naturwissenschaften die Methode des Erklärens, den Geisteswissenschaften aber die des **Verstehens** angemessen sei. Wenngleich diese Auffassung zweier sich gegenseitig ausschließender Methoden heute so nicht mehr aufrecht erhalten wird – selbst für die Naturwissenschaften ist ein gewisses Maß an interpretierendem Verstehen unabdingbar, und auch die Humanwissenschaften arbeiten mit Methoden, die sich an das Modell der Erklärung anlehnen –, bleibt die Grundtendenz bestehen. Hier erhebt sich wieder die Forderung, die Methode jeweils danach zu wählen, wie adäquat sie ihrem Gegenstandsbereich ist. Und gerade in den Humanwissenschaften, die es mit Ergebnissen menschlicher Intentionen zu tun haben (sei es in Form von Resultaten aus Handlungen oder in Form von geistigen Produkten), ist eine Erkenntnis der Phänomene und der Zusammenhänge oft nur über den Weg der Sinndeutung und der Interpretation zu erlangen. Das methodische Vorgehen der so genannten **Hermeneutik**, der Theorie »des Verstehens und der rechten Auslegung des Verstandenen«[4], geht davon aus, dass dem Untersuchungsgegenstand ein Sinn innewohnt und er ein Sinngefüge repräsentiert. So hat das durch Gravitation bedingte Fallen eines Bleistifts keinen »Sinn«, ebenso wenig die Frequenz einer Sinusschwingung. Die menschliche Konstruktion eines Tonsystems aber, das die Beziehung mancher Töne zueinander als positiv, anderer als negativ ansieht, unterlegt dem puren Material einen Sinn; auch setzt das gefühlsmäßige Erleben von Musik oder ihre Einstufung als schön oder hässlich einen Sinn voraus, wie auch beispielsweise der Typus der Hausmusik von dem sozialen Sinn häuslichen Musizierens getragen wird; ebenso ergab es einen bestimmten Sinn, als Beethoven in einer präzisen historischen Situation in die instrumentale Gattung Sinfonie vokale Elemente aufnahm; und nicht zuletzt verkörpert die *Neunte* selbst einen Sinnzusammenhang, der alles »Erklärbare« übersteigt.

Ein entscheidender Unterschied der hermeneutischen zur erklärenden Wissenschaftsmethode ist der des Wahrheitsgehaltes der gewonnenen Aussagen. »Als Wahrheitskriterium kommt [in den hermeneutisch verfahrenden Wissenschaften] nur ein Kohärenzkriterium in Frage: Diejenige Interpretation ist die wahre [...], die alles vorhandene einschlägige Wissen über das zu interpretierende Dokument in einen kohärenten – logisch und inhaltlich stimmigen – Zusammenhang bringt und so seinen Sinn konstruiert.«[5] Das Verstehen ist weder beweisbar noch auch nur demonstrierbar, es lässt sich lediglich ein immer dichteres Netz von ra-

---

4   H.-G. Gadamer, *Wahrheit*, S. XXVII.
5   L. Geldsetzer, *Hermeneutik*, S. 136.

tional und intersubjektiv kontrollierbarer Plausibilität knüpfen, weswegen man beim Prozess des Verstehens auch von der »hermeneutischen Spirale« spricht. Das Prozesshafte, Fortwährende ist ein weiteres Merkmal, welches das Verstehen vom Erklären scheidet. Das Erklären ist – auch wenn es lange dauern kann, bis es so weit ist – letztlich ein einmaliger, abgeschlossener Akt. Das Verstehen hingegen ist im Prinzip nur eine ständige Annäherung, die unter anderem auf der Struktur des »hermeneutischen Zirkels« beruht, denn der Sinn des Ganzen ist stets nur aus der Bedeutung der Einzelteile zu erhellen, die ihrerseits bloß aus der Sicht des Sinnzusammenhangs zu bestimmen sind.

Der reflexive Charakter der Humanwissenschaften und der fortwährende Akt des Verstehens sind auch dafür verantwortlich, dass hermeneutische Wissenschaft immer wieder neu vorgenommen werden muss: von den einzelnen Generationen und von immer wieder anderen Wissenschaftlern. »Denn was heißt Sichversetzen? Gewiß nicht einfach: Von-sich-absehen. Natürlich bedarf es dessen insoweit, als man die andere Situation sich wirklich vor Augen stellen muß. Aber in diese andere Situation muß man sich selber gerade mitbringen. Das erst erfüllt den Sinn des Sichversetzens. Versetzt man sich z. B. in die Lage eines anderen Menschen, dann wird man ihn verstehen, d. h. sich der Andersheit, ja der unauflöslichen Individualität des Anderen gerade dadurch bewußt werden, daß man *sich* in seine Lage versetzt. Solches Sichversetzen ist weder Einfühlung einer Individualität in eine andere, noch auch Unterwerfung der anderen unter die eigenen Maßstäbe, sondern bedeutet immer die Erhebung zu einer höheren Allgemeinheit, die nicht nur die eigene Partikularität, sondern auch die des anderen überwindet.«[6]

Die drei großen Arbeitsbereiche

Stellt man sich nach diesen methodischen Vorüberlegungen nochmals die Frage nach Arbeitsbereichen und Vorgehensweisen der einzelnen musikwissenschaftlichen Disziplinen, so wie sie akademisch in Form von teilweise getrennten Studienordnungen institutionalisiert sind (Systematik – Historie – Ethnologie), fällt es schwer, eindeutige Grenzen zu benennen. Die Wahl der Perspektive (ob die konkrete historische Situation eher zu vernachlässigen oder stark zu berücksichtigen ist) und die Wahl der Methode (ob die Feststellung von Gemeinsamkeiten den Blick auf das Einzelne schärfen oder ob das Einzelne eine Gesetz- bzw. Regelmäßigkeit bestätigen soll) hängen einerseits vom konkreten Untersuchungsgegenstand ab, andererseits

6   H.-G. Gadamer, *Wahrheit*, S. 288. – Stichworte wie »Hermeneutischer Zirkel« und zahlreiche weiterführende Aspekte aus dem kulturhistorischen Bereich lassen sich bündig im *Metzler Lexikon* nachschlagen.

vom individuellen Erkenntnisziel. Und so sind die folgenden Typenbeschreibungen nicht als starres Korsett aufzufassen, sondern als Tendenzen.[7]

Systematische Musikwissenschaft

Zur Systematischen Musikwissenschaft gruppieren sich
- *Physikalische* und *Physiologische Akustik* als naturwissenschaftlich ausgerichtete Lehre vom Schall außerhalb und innerhalb des menschlichen Körpers,
- *Psychologische Akustik* als Theorie der menschlichen Wahrnehmung akustischer Phänomene (z. B. Lautstärke, Klangfarbe),
- *Musikpsychologie* als Theorie der Wahrnehmung, des Erlebens und Verarbeitens musikalischer Phänomene, wobei auch Aspekte der personalen Voraussetzungen wie Begabung und soziale Abhängigkeiten zu berücksichtigen sind. Im Zentrum stehen »allgemeinmenschliche« Erlebens- und Verhaltensweisen, bei deren Erforschung man von individuellen und historischen Besonderheiten zu abstrahieren sucht.
- *Musiksoziologie* als empirische Untersuchung der gesellschaftlichen Strukturen und sozialen Beziehungen, die im Zusammenhang mit Musik entstehen (z. B. musikalische Organisationsformen und Gruppierungen), und als Absicht, die Auswirkung gesellschaftlicher Verhältnisse in Musik analytisch nachzuweisen. Die starke Dynamik alles Gesellschaftlichen lässt das Vergangenheitsmoment für die Musiksoziologie sehr wichtig werden, sodass musiksoziologische Untersuchungen auch an historischem Material vorzunehmen sind.
- *Musiktheorie* als Bestreben, Grundlagen und Erscheinungsweisen von Musik generalisierend und gesetzesähnlich zu formulieren, was sie als Konsequenz lehrbar macht (z. B. Kontrapunkt, Harmonielehre, Moduslehre, Takttheorie, Formenlehre). Bedingung ist die Begrenzung auf historisch eindeutige Abschnitte.
- *Musikästhetik* als der Philosophie nahestehende Theorie der sinnlich wahrzunehmenden schönen oder auch nicht-schönen Kunst, die heute – zu einem Zeitpunkt, da eine Festlegung dessen, was Kunst und was Schönheit ist, fragwürdig wäre – nur noch in Bezug auf konkrete historische Sachverhalte aufrechterhalten werden kann.

Vor allem Musiksoziologie, -theorie und -ästhetik sind Disziplinen, die sehr stark auf das Gebiet der Historie übergreifen: als musikalische Sozialgeschichte, als Geschichte der Tonsysteme und der Kompositionsregeln, als Geschichte der Musikanschauung. Die Grenze kann und soll oft nicht scharf gezogen werden. Es ist wie-

---

7   Vgl. hierzu auch C. Dahlhaus' Ausführungen zu »Systematik als Erklärungsmodell«, in: *Systematische Musikwissenschaft*, S. 28–32. – Einen (teils eigenwilligen) Versuch, Musikwissenschaft ohne Grenzziehung zwischen etablierten Teildisziplinen zu beschreiben, stellt die Publikation *Musikwissenschaft. Ein Grundkurs* dar.

derum die Frage der Gewichtung und der Perspektive, ob eine Betrachtung systematische, also tendenziell überzeitliche, oder speziell historische Aspekte ins Zentrum stellt. Entsprechend wählt der eher systematisch als historisch verfahrende Musikwissenschaftler **Arbeitstechniken** und Verfahren, die der Natur- und Sozialwissenschaft entstammen. Zur Materialerhebung dienen u. a. Beobachtung, Messung, Statistik, Test, Experiment. Deren Ergebnisse – oder besser: die daraus gewonnenen Daten – werden geordnet und zu diesem Zweck klassifiziert, typologisiert, in Kategorien eingeordnet oder als Modelle formuliert. Übergeordnetes Ziel ist die Erkenntnis von Allgemeinem.[8]

Historische Musikwissenschaft

Historische Musikwissenschaft, um die es in diesem Buch vorrangig geht, hebt sich von der Systematischen Musikwissenschaft weniger durch den Gegenstandsbereich als vielmehr durch Erkenntnisziel, Perspektive und Vorgehensweise ab. Entsprechend der historisch-hermeneutischen Fragestellung wird der Versuch unternommen, eine Sache zu verstehen, indem man der Frage nachgeht, wie es dazu gekommen ist, aber auch der Frage, welche Schlüsse aus der Art des Weiterbestehens bzw. der Fortwirkung einer Sache gezogen werden können. Da Geschichte Wandel bedeutet, ist die historische Perspektive die des Verstehens von Veränderungen.»Historische Erkenntnis erstrebt […] nicht, die konkrete Erscheinung als Fall einer allgemeinen Regel zu erfassen. Das Einzelne dient nicht einfach als Bestätigung einer Gesetzmäßigkeit, von der aus in praktischer Umwendung Voraussagen möglich werden. Ihr Ideal ist vielmehr, die Erscheinung selber in ihrer einmaligen und geschichtlichen Konkretion zu verstehen.«[9] Davor, dass Geschichtsbetrachtung nicht zu einem Stochern in zusammenhanglosen Details zerfällt, schützt nicht zuletzt das, was bereits im Zusammenhang mit dem hermeneutischen Zirkel angesprochen wurde: die wechselseitige Ergänzung von Allgemeinem und Besonderem. Selbstverständlich ist Einsicht in allgemeine Prinzipien (etwa das Dur-Moll-tonale System) erforderlich, um einen relativ konkreten Sachverhalt (die Tonartenabfolge in einem Sonatenhauptsatz generell) wie einen absolut konkreten (die tonartliche Disposition des ersten Satzes aus Schuberts G-Dur-Streichquartett) zu verstehen. Umgekehrt ließe sich eine Aussage über Schuberts Tonartenpläne nur aufgrund der Kenntnis etlicher Einzelsätze machen. Auch der Historiker, dessen Arbeit unablässig zwischen Individualisierung und Generalisierung pendelt[10], bedient sich daher der Ar-

---

8   Eine ausführliche, wenngleich nicht immer leicht lesbare Darstellung der Verfahren bietet V. Karbusicky, *Systematische Musikwissenschaft.*
9   H.-G. Gadamer, *Wahrheit*, S. 2.
10   Vgl. hierzu das aufschlussreiche und gut lesbare Kapitel»Das Individuelle und das Allgemeine in der Geschichte«, in: K.-G. Faber, *Theorie*, S. 45–65.

beitstechniken der statistischen Erhebung (meist in kleinerem Umfang), der Klassifizierung, Typologisierung und der Modellbildung. Der fundamentale Unterschied zur systematisch ausgerichteten Wissenschaft besteht indes in der Blickrichtung der Betrachtung. Das Einzelne, um dessen Erkenntnis der Historiker bemüht ist, darf freilich nicht zu eng gesehen werden: Nicht nur ein musikalisches Werk oder ein biographischer Umstand können das Einzelne ausmachen, sondern auch eine ganze Gattung, ein Leben, eine Epoche, sogar eine ganze Kultur.

Der historische Standpunkt und die historische Sichtweise, aber auch das Wissen darum, dass kein geschichtliches Phänomen exakt wiederholbar und keine historische Einheit bloß der Einzelfall einer allgemein gültigen Regel ist, bedingen die Methode: Geschichtliche Disziplinen folgen einer Methode, die man **quellenorientiert** nennen könnte, was heißt, dass sich die Untersuchung auf vorhandenes und damit also begrenztes und nicht willkürlich erweiterbares historisches Material stützt, sei dies eine Geburtsurkunde, ein Zeitungsausschnitt, ein Brief, ein Instrument oder auch ein Kunstwerk.[11] Auf die Existenz von Quellen angewiesen zu sein, ist die Not und zugleich die Tugend historischer Forschung. »Not« deshalb, weil man nicht nach Art eines Experiments oder einer empirischen Untersuchung sich sein Informationsmaterial im Sinne von Daten schaffen kann, mit dem eine bestimmte Hypothese[12] (z. B. »Süd- und norddeutsche Kinder sind gleich musikalisch«) zu überprüfen wäre. Die historische Hypothese »Die Kunst der italienischen Renaissance konnte dank der besonders fortgeschrittenen Stadtkulturen zur Blüte gelangen« ließe sich nur in dem Maße plausibel machen, wie sie durch das Vorhandensein von aussagekräftigen Quellen zu bezeugen ist. »Tugend«, weil dem Untersuchenden durch bestimmte Quellen bereits Hinweise auf historische Tatsachen und Problemkonstellationen gegeben werden. Insbesondere in den Kunstwissenschaften stellt eine Quellengruppe selbst, nämlich die Kunstwerke, bereits eine Aufgabe dar: Ihre Existenz und ihr So-und-nicht-anders-Sein ist schon interpretierbar und interpretationsbedürftig. Das bedeutet allerdings nicht, dass der historische Erkenntnisprozess stets und ausschließlich diesen induktiven Weg vom Einzelfall zum Allgemeinen hin gehen muss und Fragestellungen lediglich infolge des Quellenbefunds formuliert werden dürfen. Vielmehr existieren beide Modelle: Angesichts des zusammengetragenen Quellenmaterials, seiner Auswertung und Analyse wird der historische Zusammenhang rekonstruiert; *und*: Aufgrund einer vorhandenen Hypothese über den historischen Zusammenhang wird das Quellenmaterial befragt und die ursprüngliche Annahme bestätigt, vertieft, modifiziert bzw. verworfen. In der tatsächlichen Arbeit des Historikers freilich durchdringen

---

11   Auf die Spezifik der musikwissenschaftlichen Quellen wird im folgenden Kapitel eingegangen.
12   »Wissenschaftliche Fragen und Probleme sucht man zu lösen, indem man zunächst einmal Vermutungen anstellt, wie die Lösung aussehen könnte. Man macht dazu Annahmen. [...] Annahmen, für die einige plausible Gründe sprechen, nennt man Hypothesen« (A. Menne, *Einführung*, S. 120).

sich die beiden modellhaft skizzierten Möglichkeiten unausgesetzt. Zentral bleiben dabei stets die Quellen als vorgegebenes Informationsreservoir. Der Umgang mit dem Material und die einzelnen Schritte des Untersuchungsweges wurden im 19. Jahrhundert von dem Historiker Johann Georg Droysen beschrieben.[13] Der von ihm schematisch dargestellte Verlauf in vier Etappen kann als »die bis heute ausführlichste und nach wie vor akzeptabelste Gliederung des historischen Erkenntnisprozesses von der Quellensuche bis zur Darstellung des Erforschten«[14] gelten, wenngleich sich die inhaltliche Bestimmung der einzelnen Stufen im Laufe von anderthalb Jahrhunderten Theoriediskussion teils nicht unbeträchtlich verändert haben. Er soll hier – auf musikwissenschaftliche Verhältnisse übertragen – dargelegt werden, da er nicht nur den Hergang des »professionellen« Forschungsganges bestimmt, sondern gleichermaßen die Arbeitsschritte eines jeden geschichtswissenschaftlich Arbeitenden. So kann er auch in mancher Hinsicht in Korrespondenz zur Anlage der späteren Kapitel dieses Buches gesehen werden.

1. Als **Heuristik** (griech. heureka = ich hab's gefunden) wird der erste Schritt, das Auffinden der für die Fragestellung relevanten Quellen bezeichnet. Modern gesprochen, könnte man diese Maßnahme auch die Datenerhebung nennen[15], da die möglicherweise zur Klärung der Fragestellung beitragenden Informationen gesucht, gesammelt, dokumentiert und gegebenenfalls archiviert werden. Überhaupt an die erforderlichen Noten für eine Seminararbeit zu kommen, wäre ein solcher – wenn auch bescheidener – Fall von Heuristik. Am anderen Ende der Skala stünde etwa das Auffinden eines verschollen geglaubten Werkes in einer möglicherweise bisher unbekannten Privatsammlung. Findemittel vom Bibliothekskatalog bis zur per Computer verwalteten Archivaliendatenbank gibt es in großer Zahl und unterschiedlichster Art. Auf den elementaren Ebenen sind sie natürlich zahlreicher als für spezielle Forschungszwecke.

2. In einem zweiten, **Kritik** bzw. **Quellenkritik** genannten Schritt wird das vorher lediglich zur Kenntnis genommene Material einer Prüfung unterzogen. Im Grunde bedeutet die kritische Einstellung gegenüber der Quelle, dass man ihre Glaubwürdigkeit stets in Frage zu stellen bereit ist. So kann eine Notenausgabe den musikalischen Text mehr oder weniger verändert haben und eine Überprüfung am handschriftlichen Original oder am Erstdruck den Wert der anderen Quelle stark beeinträchtigen. Diese Kontrolle der Textüberlieferung stellt einen umfangreichen Zweig musikwissenschaftlicher Tätigkeit dar, die der gewissenhafte Benutzer von Notenausgaben indirekt nachvollzieht. Aber auch wer die verschiedenen zeitgenössischen und späteren Aussagen zu Mozarts Tod auf ihre Zuverläs-

---

13 J. G. Droysen, *Historik.*
14 J. Meran, *Theorien,* S. 168. Selbst jüngere Tendenzen, die eine Übernahme sozialwissenschaftlicher Methodik in die Historik fordern – hierzu gehört J. Meran –, behalten im großen Ganzen Droysens Modell der historischen Methode bei.
15 Vgl. J. Meran, *Theorien,* S. 81.

sigkeit hin examiniert und möglicherweise Widersprüche entdeckt oder wer eine Angabe in einem wissenschaftlichen Buch eingehend beleuchtet, führt den Schritt der Kritik aus.

3. Den im eigentlichen Sinne hermeneutischen Akt vollzieht der Historiker im dritten Schritt, bei der **Interpretation** der Quellen. Er versucht hier, die historischen Tatsachen anhand der aus den Quellen herausgefilterten Indizien zu rekonstruieren und damit zu verstehen. Wie organisierte Josquin den Cantus firmus in seiner *Hercules*-Messe? Welche Klänge bevorzugte Debussy? Was bedeutet Hanslicks Aussage, Inhalt und Gegenstand der Musik seien einzig tönend bewegte Formen? Warum wurde das erste öffentliche Opernhaus gerade in Venedig eröffnet? Um die Quellen interpretieren zu können, müssen an sie historisch relevante Einzelfragen herangetragen werden, denn jede Quelle besteht aus einem Konglomerat unterschiedlichster Informationen, Daten und Aspekte, die nie als Ganzes begreifbar wären.

Im Wesentlichen sind es vier – selbstverständlich untereinander in vielfältiger Beziehung stehende – Themen- und Fragengruppen, von denen Untersuchungen getragen werden können:

Musikstücke als Einzelwerke oder Gruppen
- Notation (Wie ist die Musik fixiert?)
- Distribution und Überlieferung (In welcher Form wurde die Musik verbreitet und wie hat sie sich erhalten?)
- Kompositionstechnik und -semantik (Wie ist die Musik »gemacht«? Was wird musikalisch ausgesagt?)
- Gattungen und (Personal-, Regional-, Epochen-) Stile (Welche Gemeinsamkeiten haben einzelne Musikwerke, inwiefern erfüllen bzw. überschreiten sie solche Normen?)
- Rezeption und Wirkung bei Hörern (Wie wurde Musik aufgenommen?) und Komponisten (Welchen Niederschlag fand sie in anderen Werken?)

Musikausübung
- Instrumentenkunde und Gesangstechnik
- Aufführungsstätten
- Aufführungspraxis
- musikalische Interpretationsgeschichte

Personen und *gesellschaftliche Faktoren*
- Biographisches
- soziale Aspekte (z. B. Sozialstatus von Musikern, soziale Funktionen von Gattungen)
- Musikleben (Institutionen und Organisationsformen)

Sprechen über Musik und *Gedanken im Zusammenhang mit Musik*
- Terminologie (Wie werden musikalische Sachverhalte bezeichnet?)

- Musiktheorie
- Musikanschauung und -ästhetik (Wie wird über Musik und Musizieren gedacht?)
- außermusikalische Ideen (z. B. die Idee der Natur in der Musik oder die Idee der Verbindung der Künste in Wagners »Gesamtkunstwerk«)

4. Wenngleich der Akt der Interpretation der Quellen und die Rekonstruktion der historischen Tatsachen die zentrale Stelle des Erkenntnisprozesses darstellt, ist dieser damit noch nicht abgeschlossen – und zwar nicht nur, weil die praktische Arbeit ein permanentes, dem Stand der Untersuchung angepasstes Wiederholen der vorangehenden Schritte verlangt. Der Erforschung der Geschichte und ihrer Produkte muss in enger Verbindung mit der gewonnenen Sicht deren **Darstellung**, der **Geschichtsschreibung** (Historiographie) folgen, in der die erkannten Einzelphänomene in einen geschichtlichen Zusammenhang gebracht werden. Nach Maßgabe des Untersuchungsgegenstandes und der spezifischen Untersuchungsabsicht wird die Darstellungsweise sich zwischen den Polen einer linearen chronologischen Erzählung einzelner Vorgänge oder Fakten und der strukturellen Darstellung einer historischen Konstellation bewegen, also einer Darstellung der vielfältig und in verschiedenen Richtungen bestehenden Abhängigkeiten zwischen Einzelaspekten. Wer die *Entwicklung* der Brahms'schen Volksliedbearbeitungen erarbeiten möchte, wird sein Augenmerk auf die chronologische Abfolge der betreffenden Kompositionen richten, wird die Veränderungen, die sich von der einen zur anderen Station ergeben haben, konstatieren, er wird Einflüsse, die von außen auf die Kompositionsgeschichte eingewirkt haben, in den zeitlichen Verlauf mit einbauen. Er wird in der chronologischen Abfolge vielleicht Zufälle (oder vermeintliche Zufälle) registrieren, er wird aus der Retrospektive auch ursächliche Zusammenhänge erkennen, etwa dass Brahms mit seinen *Deutschen Volksliedern* von 1894 auf die seit Mitte des Jahrhunderts einsetzende wissenschaftliche Sammlung von Volksliedern reagierte und diesen wertneutralen Kollektionen »schöne und gute« Gedichte und Melodien bewusst entgegensetzte. Wer hingegen als sein Thema die historischen *Strukturen* und Verhältnisse ansieht, innerhalb derer Brahms' Volksliedbearbeitungen stehen, wird die wechselseitigen Abhängigkeiten einzelner Strukturpunkte herausarbeiten: die (romantische) Idee des Volkslieds, die man als Verkörperung des Einfachen, Ungekünstelt-Ursprünglichen und Reinen verstand, und die Notwendigkeit des Sammelns (um sie überhaupt zu finden), das seinerseits aber auch solches zutage förderte, das der Idee widersprach und – sollte die Idee gerettet werden – die Bearbeitung von Volksliedmaterial oder sogar Neuschöpfung erforderte. Der kompositorische Eingriff aber bedingte ein ästhetisches Dilemma (das »künstliche Volkstümliche«), das zum einen die Idee des Volkslieds berührte (Darf ein Volkslied verändert werden und muss es überhaupt alt sein?), zum anderen den Komponisten vor die Aufgabe stellte, das Artifizielle zu gewährleisten und gleichzeitig zu verbergen. Dieser vielschichtigen Situation be-

gegnete Brahms auf kompositorisch-produktive Weise etwa in seinem berühmten *Guten Abend, gut Nacht*, indem er die neu erfundene Gesangsmelodie mit einem tatsächlichen Volkslied in der Begleitoberstimme kontrapunktisch kombinierte. Dass gerade dieses Lied schon bald als echtes Volkslied rezipiert wurde, beleuchtet wiederum die soziale Funktion der Komposition im Zusammenhang des Volksliedgedankens.

Die wissenschaftliche Realität des Historikers liegt wie so oft in der Mitte. Auch die strukturelle Darstellung eines geschichtlichen Gefüges (die ihre methodischen Anregungen übrigens von den systematisch verfahrenden Wissenschaftsdisziplinen erfuhr) kommt nicht aus, ohne zumindest teilweise historische Vorgänge und Verläufe zu erzählen; und umgekehrt unterlegt auch eine bloße historische Narration, sei sie kontinuierlich oder sprunghaft, schon allein durch die Auswahl des Erzählten die Annahme von strukturellen Abhängigkeiten.[16]

Ethnomusikologie

Ethnomusikologie ist der dritte große Arbeitsbereich der Musikwissenschaft, der mitunter auch unter den – allerdings nicht völlig deckungsgleichen – Bezeichnungen »Vergleichende Musikwissenschaft«, »Musikalische Volks- und Völkerkunde« oder »Musikethnologie« anzutreffen ist. Sie beschäftigt sich mit Musik außerhalb der westlichen Kunstmusik: also mit der Volks- und Popularmusik Europas, mit der Musik der außereuropäischen Naturvölker und mit den (zumindest ursprünglich) nicht vom europäischen Abendland abhängigen Musikkulturen, insbesondere auf dem in musikalischen Dingen hochentwickelten asiatischen Kontinent. Die Abgrenzung zur Historischen und Systematischen Musikwissenschaft geschieht weniger aus logischen als eher aus pragmatischen Gründen. Denn die historische Dimension spielt auch bei diesen Forschungen eine oft erhebliche Rolle – zu denken wäre beispielsweise an die differenzierte Geschichte der chinesischen Musik –, und die oben unter dem dritten Schritt der historischen Methode genannten Themen und Fragengruppen beanspruchen, freilich in jeweils anderer Gewichtung, auch in der Ethnomusikologie Gültigkeit. Ebenso sind es systematische Aspekte, die einen überaus hohen Stellenwert in der ethnologischen Forschung einnehmen. Der Gegenstand, also die Wahl der untersuchten Musik und ihres Kontextes, ist es vornehmlich, was die Ethnomusikologie zu einer eigenen musikwissenschaftlichen Disziplin macht. Selbstverständlich zieht die Eigenart des Untersuchungsgegenstandes eine

---

16   Als eine der spärlichen musikbezogenen Abhandlungen, die sich mit geschichtstheoretischen Problemen befassen, sei C. Dahlhaus, *Grundlagen*, empfohlen (zu den hier angesprochenen Fragen besonders die Kapitel »Was ist eine musikgeschichtliche Tatsache?«, »Zur Frage nach dem Subjekt der Musikgeschichte«, »Historische Hermeneutik« und »Gedanken zur Strukturgeschichte«). Einen Einstieg in Lektürestoff zum Thema Allgemeine Geschichtstheorie findet man am schnellsten über die Abteilung »Geschichte« in der Lehrbuchsammlung einer Universitätsbibliothek.

Vielzahl von spezifischen Problemen und methodischen Verschiebungen nach sich. So hat beispielsweise die Sammlung mündlich überlieferter Musik einschließlich der Transkription (Umschrift in Noten) und vor allem der akustischen Analyse einen hervorragenden Stellenwert. Die starke, in manchen Ethnien extreme Verflochtenheit musikalischer Phänomene im soziokulturellen Kontext, die eine exakte Isolierung der Variablen »Musik« oft nicht zulässt (auch den Begriff »Musik« gibt es nicht in jeder Sprache), lässt in der Ethnologie vor allem die Methode der so genannten **Feldforschung** hervortreten. Während bei historischer Methode im Wesentlichen vorhandene oder vorgefundene Materialien analysiert werden, begibt sich der »Feldforscher« vor Ort, um dort in der Begegnung mit Menschen seine Daten zu erheben (z. B. Welche rituellen Handlungen sind mit Musik verbunden? In welchem zeitlichen Abstand setzen der führende und der begleitende Sänger nacheinander ein?). Der Unterschied zur empirischen Sozialforschung besteht darin, dass in den ethnologischen Disziplinen möglichst wenige künstliche Situationen hergestellt werden sollen (wie etwa bei einer soziologischen Untersuchung per Fragebogen). »Das Ziel des Untersuchenden geht also dahin, das tägliche Leben von Menschen möglichst unverändert zu beobachten, keine Eingriffe vorzunehmen [...], nicht die jeweils sehr komplexe Situation für Zwecke der Untersuchung zu vereinfachen. Die Vorteile einer solchen Feldforschung liegen in der Offenheit gegenüber unbekannten und daher unerwarteten Sachverhalten. Die Nachteile liegen darin, daß der Forscher sehr komplexen Situationen gegenübersteht, aus denen er nicht Teile zum besseren Verständnis herauslösen kann.«[17]

---

17   H. Fischer, *Feldforschung*, S. 74. Eine konzentrierte Einführung in Methoden der Ethnologie gibt R. W. Brednich, *Quellen*, und speziell der ethnologischen Musikforschung W. Schepping, *Lied- und Musikforschung*, beide jedoch mit dem Schwerpunkt europäischer Volkskunde. – Einen aktuellen Überblick über die Disziplin vermittelt der neue MGG-Artikel »Musikethnologie«, insbesondere der Abschnitt IV (»Musikethnologie heute«), Sp. 1280–1288. Die Bände 8 (H. Oesch, *Außereuropäische Musik*) und 12 (*Volks- und Popularmusik*) des *Neuen Handbuchs der Musikwissenschaft* ermöglichen einen konkreten Blick auf ethnomusikalische Arbeitsfelder und Verfahren.

DIE QUELLEN FÜR
MUSIKWISSENSCHAFTLICHES ARBEITEN

Zum Begriff der Quelle

Als »Quelle der Geschichtsforschung« gilt »einfach alles, von dem wir Informationen über geschichtliche Fakten ableiten oder ableiten können«.[1] Auf den ersten Blick mag diese sehr umfassende Definition nichtssagend erscheinen, und dennoch ist sie sinnvoll, weil mit ihr die prinzipielle Offenheit der historischen Methode, so wie sie heute praktiziert wird, angesprochen ist. Die Arbeit des Historikers wird oft mit der eines Kriminalisten verglichen, der aus den unterschiedlichsten Indizien und Zeugenaussagen die Tat und deren Motive rekonstruiert. Ähnlich greift die Geschichtswissenschaft auf **unabsichtlich überliefernde Quellen** zurück (z. B. lässt sich aus der Bauweise französischer Barocktraversflöten die in Frankreich um 1700 favorisierte Stimmtonhöhe von a' = 392 Hz ableiten, obwohl diese Informationsübermittlung ja nicht die Absicht der Instrumentenbauer war); diesen »Indizien« stehen die »Zeugenaussagen«, die **absichtlich überliefernden Quellen**, gegenüber. Berlioz etwa verfasste seine *Mémoires* durchaus zur Unterrichtung der Nachwelt, und so sind auch Wolfgang Caspar Printz' 1690 erschienene *Historische Beschreibung der edelen Sing- und Klingkunst*, aber genauso Ludwig Finschers *Die Musik des 15. und 16. Jahrhunderts* von 1990 unser historisches Wissen absichtsvoll bereichernde Quellen. (Doch so wie Zeugenaussagen nicht unbedingt die Wahrheit wiedergeben, muss man einer geschichtlichen Quelle nicht bedingungslos Glauben schenken![2]) In den Passagen, in welchen Printz von zeitgenössischen musikalischen Verhältnissen handelt, ist sein Buch für uns eine **Primärquelle**, also eine Quelle aus erster Hand, seine Auskünfte über frühere Zeiten tragen aber bereits den Charakter der **Sekundärquelle**, so wie Finschers Werk durchweg. Eine exakte Grenzlinie zwischen Primär- und Sekundärquelle lässt sich nicht immer eindeutig ziehen, denn was ist zeitgenössisch, was nicht? Haydn etwa hat im hohen Alter Auskünfte über seine Jugendzeit gegeben, die offensichtlich falsch sind; er war – aus Quellensicht – paradoxerweise schon nicht mehr der Zeitgenosse seiner selbst. Auch in logischer Hinsicht ist eine grundsätzliche Trennung in Primär- und Sekundärquellen prekär. Für den Forscher, der die Geschichte der Geschichtsschreibung untersucht, sind Printz und Finscher gleichermaßen Primärquellen. Und insbesondere die im modernen Wissenschaftsstil immer größeren Raum gewinnende rezeptionsgeschichtliche Forschung vereitelt vollends den Versuch, die beiden Quellenbereiche sauber voneinander scheiden zu wollen.

Wenn im Folgenden dennoch die Begriffe Primär- und Sekundärquelle benutzt werden, dann nicht nur aus der praktischen Erwägung, dass die Primärquellen

---

1   J. Meran, *Theorien*, S. 85. Zu diesem umfassenden Quellenbegriff siehe auch H. Seiffert, *Geschichtstheorie*, S. 109: »›Quellen‹ im weitesten Sinne sind Gegenstände, aus denen die Geschichtsforschung die Beschaffenheit einer bestimmten historischen Einheit erschließt. Hierzu gehören z. B. Aufzeichnungen aller Art wie Urkunden, Akten, Rechnungen, Notizen, Tagebücher, Briefe; Geräte; Gebäude; Kunstwerke jeder Sparte; literarische und wissenschaftliche Äußerungen aller Art.«
2   Vgl. dazu den Abschnitt zur Quellenkritik im vorhergehenden Kapitel, S. 21ff.

und die große Gruppe der zu den Sekundärquellen rechnenden wissenschaftlichen **Fachliteratur** auf diese Art übersichtlicher darzustellen waren, sondern auch aus einem methodischen Grund. Wie bereits im vorigen Kapitel skizziert, gestaltet sich die Arbeit des Historikers in der Praxis in einer steten Wechselwirkung von einerseits Problemen, ungeklärten Fragen und Kontroversen, wie sie die bisherige Forschung aufwirft – entweder indem sie dies ausdrücklich formuliert oder indem sie sie einfach noch nicht behandelt hat –, und andererseits dem »Angebot« des primären Quellenmaterials. Prinzipiell wäre es natürlich denkbar, sich einfach einmal alle Bach-Kantaten vorzunehmen und sich nicht darum zu kümmern, welche Probleme in diesem Zusammenhang bereits gelöst, erkannt oder auch nicht erkannt sind. Wissenschaftlich wäre es allerdings naiv. »Historie als Wissenschaft ist immer zu einem nicht geringen Teil Traditionskritik. Sie beginnt ihre Arbeit nicht unvermittelt, als voraussetzungslose Untersuchung primärer Quellen, sondern in der Form von Widerlegungen, Modifikationen oder Erhärtungen [...]. Der Anstoß zu Historie geht von früherer Historie aus«.[3] So ist auch der Zugriff auf die Quellen gewissermaßen ein Griff mit der Zange, indem die historische Tatsache parallel von zwei Seiten erfasst wird. Sekundär- und Primärquellen, so wie sie vom Untersuchungsgegenstand aus zu bestimmen sind, ergänzen sich gegenseitig.

Im Zusammenhang mit dem Begriff der Quelle stellt sich dem mit Kunst befassten Historiker eine eigene Problematik. Eine Quelle hat für uns nur dann einen Wert, wenn wir aus ihr schöpfen: nämlich die einzelnen Informationsdaten zur Rekonstruktion der geschichtlichen Tatsachen. Deshalb ist die Quelle als Ganzes gesehen und so lange nicht aus ihr geschöpft wird, historisch bedeutungslos. Ebenso wenig wie der Kriminalist an einem Fingerabdruck als solchem interessiert ist, käme niemand auf den Gedanken, alte, verstaubte und hässliche Akten mit Anstellungsverträgen aufzubewahren, wenn sie nicht zu Quellen für Vergangenes werden könnten. Ihr Wert ist relativ, sie bezeugen ein außerhalb ihrer Existenz liegendes Faktum. In diesem Sinne können auch Kunstwerke Quellen *für* vergangene Vorgänge sein: Hindemiths Konzert für Viola d'amore ist einesteils ein dokumentarischer Zeuge für die Wiederbelebung alter Instrumente in den 1920er-Jahren. Es ist anderenteils ein ästhetischer und artifizieller Sinnzusammenhang und um seiner selbst willen da. Als Kunstwerk ist es per se ein historisches Faktum und transzendiert damit gleichzeitig seine Eigenschaft als Quelle.

Primärquellen

Um ein musikwissenschaftliches Problem sinnvoll anzugehen, muss man sich möglichst zuerst Klarheit darüber verschaffen, welche Quellen überhaupt die einzelnen Fragen, die sich im Zusammenhang des Themas stellen, beantworten könnten. Wenn

---

3 C. Dahlhaus, *Grundlagen*, S. 167.

mich die soziale Stellung der italienischen Organisten des Frühbarock interessiert, nützt es mir wenig, Frescobaldis Toccaten zu analysieren. Und umgekehrt ist es kaum ökonomisch, eine komplette Biographie Frescobaldis zu lesen, wenn es um die Klärung der Proportionen in den Toccaten geht. Die Frage »Welche Aufgabe ist mir gestellt?« ist daher stets mit der nächsten Frage »Welche Quellen können Auskunft geben?« zu kombinieren. Der Suche nach den Quellen geht eine Analyse des Themas voraus. Wie erwähnt, wird die praktische Arbeit in den seltensten Fällen direkt und ausschließlich zu den Primärquellen führen. Aber man muss dennoch eine Vorstellung vom Aussagewert der einschlägigen Primärquellen haben, um sinnvolle Auskünfte aus der Sekundärliteratur oder aus Quellensammlungen und -reproduktionen erhalten zu können.

Dem Musikwissenschaftler stehen fünf große Quellengruppen zu Gebote: Schallquellen, Sachquellen, Bildquellen, wortsprachliche Quellen und musikalisch notierte Quellen. Ihnen allen ist gemeinsam, dass sie in irgendeiner Form fixiert sein müssen; denn nur was fixiert ist, lässt sich wissenschaftlich-intersubjektiv überprüfen. (Dabei darf der Ausdruck »fixiert« nicht eingeengt im Sinne von »physisch existent« missverstanden werden. Auch das Gedächtnis eines Menschen stellt bereits eine Art der Fixierung dar. Auf diese Memoria wird bei allen Forschungsmethoden, die sich auf mündliche Überlieferung stützen, als Quelle zurückgegriffen.)

Schallquellen

Schallquellen sind die unterschiedlichsten Formen von Tonträgern bzw. auch kombinierten Bildtonträgern: von Walzen aus dem 18. Jahrhundert bis zur Laser Disc heutiger Zeit.[4] Sie bieten Anschauungsmaterial für verschiedene Untersuchungszwecke. Neben ihrem Wert als klingende Ergänzung zum gelesenen Notentext haben sie in der historischen Musikwissenschaft eine wesentliche Geltung bei Fragen zur Musikausübung, also bei aufführungspraktischen und interpretationsgeschichtlichen Untersuchungen.[5]

Sachquellen

Unter Sachquellen sind gegenständliche Objekte wie Musikinstrumente oder Bauwerke, in denen Musik erklang, zu verstehen. Sie gilt es in ihrer Konstruktionsweise und technischen Funktion zu erkennen und in Beziehung zu musikalischen und

---

4 Ein Tonträger ist »jedes Speichermedium von Schwingungen und/oder Daten-Informationen, die apparativ über Schallwandler als Schallereignis wiedergegeben werden können« (M. Elste, *Kleines Tonträger-Lexikon*, S. 124).
5 Vgl. dazu die grundlegenden methodischen Überlegungen von H. Heckmann, *Schallaufzeichnungen*, und M. Elste, *Von der Partiturwissenschaft*.

musikhistorischen Faktoren zu setzen. So können Stimmungsmerkmale und Besaitungsgepflogenheiten beim österreichischen »Bassettl« des 18. Jahrhunderts Hinweise auf die Besetzung der tiefsten Stimme in Divertimentokompositionen geben oder die Akustik einer gotischen Kathedrale Anhaltspunkte für die Deutung der Zeitstruktur einer mittelalterlichen Messe liefern.

Bildquellen

Bildquellen umfassen alle Arten von bildlichen Darstellungen, auf denen in Beziehung zur Musik stehende Gegenstände oder Musikszenen zu sehen sind: sei es die Plastik eines musizierenden Engels an einem Kirchenportal, die Illumination einer Prachthandschrift mit der Abbildung einer Gruppe von Sängern, ein allegorisches Gemälde mit Instrumenten, die Karikatur einer Hausmusikszene, die Zeichnung einer Opernbühnendekoration oder das Porträtfoto eines Musikers. Sie stellen das Material für einen eigenen musikwissenschaftlichen Forschungszweig, die **Musikikonographie** (griech. eikon = Bild, graphein = be/schreiben).[6] Obwohl die Aussagekraft der musikbezogenen Bildquellen für alle musikwissenschaftlichen Fragen genutzt werden kann, sind Instrumentenkunde, Aufführungspraxis, Sozialgeschichte, Musikanschauung und Ideengeschichte die Domäne der Musikikonographie. Antike und mittelalterliche Instrumente etwa sind oft nicht mehr in natura erhalten; Rückschlüsse auf ihre Bau- und Spieltechnik muss man aufgrund dessen ziehen, wie sie in Bildwerken dargestellt wurden. Die aufführungspraktische Forschung entnimmt eine Fülle ihrer Informationen bildlichen Darstellungen. Unser Wissen über Größe, Zusammensetzung und Aufstellung von Ensembles beruht so zu einem guten Teil auf Kenntnissen, die aus ikonographischen Quellen gewonnen wurden. Soziale Verhältnisse spiegeln sich oft anschaulich in Bildern; die Funktion der Musik, zur herrschaftlichen Prachtentfaltung beizutragen, lässt sich zum Beispiel an zahlreichen Bankett- oder Triumphzugdarstellungen ablesen. Und dass Musik als Zeitkunst mit der Idee der Vergänglichkeit verknüpft wurde, spricht aus manchem Stilleben, in dem sich zum Totenkopf ein Musikinstrument gesellt. Die methodische Stufe der Quellenkritik – die Überprüfung der Zuverlässigkeit des Zeugen – ist bei musikikonographischen Untersuchungen besonders wichtig und mitunter besonders problematisch. Denn im größten Teil des Quellenmaterials ist der musikalische Aspekt in einen Gesamtkomplex der Bildaussage integriert und darf bei einer zum Beispiel symbolischen Darstellung nicht einfach als bare Münze genommen werden.

---

6   Die Praxis der Musikikonographie bezieht aber immer mehr auch Sachquellen, z. B. Instrumente, in ihre Arbeit mit ein. Eine gute Einführung in die musikwissenschaftliche Teildisziplin der Ikonographie bieten aus unterschiedlichen Perspektiven H. M. Brown, *Iconography*, und T. Seebass, *Musikikonographie*.

Wortsprachliche Quellen

Wortsprachliche Quellen bilden neben den Noten die größte Gruppe der Dokumente, mit denen der Musikhistoriker arbeitet, und entsprechend vielfältig sind ihre Erscheinungsformen und Funktionen. Wenn in der folgenden Aufstellung einzelnen Typen von Sprachquellen bestimmte Hauptfunktionen zugewiesen werden, bedeutet dies keineswegs, dass Quellen nicht auch außerhalb ihrer wesentlichen Bestimmung nutzbringend herangezogen werden können. Der heuristische Schritt der historischen Methode kann sich nie ganz von Zufällen und schwer objektivierbaren Erfahrungswerten freimachen.

Nachschlagewerke

In erster Linie sind hier natürlich »alte« Nachschlagewerke aus früheren Jahrhunderten gemeint, doch kann aus der Perspektive der jetzt aktuellen Musik Herbert Eimerts 1973 erschienenes *Lexikon der elektronischen Musik* bereits von historischem Wert sein. Lexika, Enzyklopädien, Hand- und Wörterbücher sind die umfassendsten Auskunftsmittel, da in ihnen das Wissen der Zeit in gebündelter Form zusammengefasst ist – was jedoch nicht ausschließt, dass der Lexikon- oder Artikelverfasser seine persönliche Sicht der Dinge in die Darstellung bewusst oder unbewusst integriert hat. Ältere Lexika und ähnliche Publikationen informieren in prägnanter und dennoch oft relativ ausführlicher Form über den zeitgenössischen Sprachgebrauch sowie über das zeitgenössische Verständnis eines Sachverhaltes. Werken aus der Zeit vor einem ausgeprägt historischen Bewusstsein, also weitgehend bis ins 19. Jahrhundert, ist es nämlich eigen, dass sie kaum die geschichtliche Entwicklung der zu erläuternden Sache darstellen, sondern im Wesentlichen ihre momentane Existenzform und die derzeit übliche Wortbedeutung. Moderne Nachschlagewerke verwerten zwar in ihren Darstellungen Informationen auch aus historischen Lexika, doch können diese (Informationen notgedrungen immer filternden) Abrisse nie als vollwertiger Ersatz für die Primärinformation der originalen Quellen gelten. Viele Detailhinweise zu Sachverhalten oder Biographien, die in einem speziellen Fragenzusammenhang wesentliche Bedeutung erlangen können, gehen in einem modernen zusammenfassenden Lexikon notgedrungen verloren. Auch erlauben die Auswahl der Stichworte und das vom Artikelumfang ablesbare Gewicht, das der Sache oder der Person beigemessen wurde, dem Historiker Rückschlüsse auf geschichtliche Zusammenhänge. Dass dem Phänomen der Begleitung in Walthers Lexikon von 1732 unter dem Stichwort »Accompagnare« ganze 14 Zeilen gewidmet sind, bei Koch 1802 dann aber zwei Artikel mit zusammen 378 Zeilen, geht nicht nur auf die insgesamt größere Ausführlichkeit des jüngeren Werkes zurück, sondern beleuchtet auch den Wandel des musikalischen Bewusstseins, der sich zwischen der Epoche der »selbstverständlichen« Generalbassbegleitung und der Epoche des integrierten klassischen Satzgefüges vollzog, in der die Bestimmung dessen, was Hauptsache und was Begleitung ist, zum Problem geworden war. Von ganz handfestem Nutzen sind historische Lexika bei Informationen zu weniger bedeutenden Personen, die sich in keinem späteren Nachschlagewerk mehr finden, oder zu zeittypischen Ausdrücken. (So erklärt Koch etwa die ausgefallene Gattungsbezeichnung »A cheval«.)

Die wichtigsten älteren Lexika, die man während des Studiums kennen lernen sollte, sind:[7]

ca. 1495	Tinctoris, Johannes: *Terminorum musicae diffinitorium* (Sachen)
1619	Praetorius, Michael: *Syntagma musicum* Bd. 3 (Sachen)
1703	Brossard, Sébastien: *Dictionnaire de musique* (Sachen)
1732	Walther, Johann Gottfried: *Musicalisches Lexicon* (Personen und Sachen)
1740	Mattheson, Johann: *Grundlage einer Ehren-Pforte* (Personen)
1768	Rousseau, Jean-Jacques: *Dictionnaire de musique* (Sachen)
1777–1779	Sulzer, Johann Georg: *Allgemeine Theorie der schönen Künste* (Sachen)
1790–1792	Gerber, Ernst Ludwig: *Historisch-biographisches Lexicon der Tonkünstler* (Personen)
1802	Koch, Heinrich Christoph: *Musikalisches Lexikon* (Sachen)
1812–1814	Gerber, Ernst Ludwig: *Neues Historisch-biographisches Lexikon der Tonkünstler* (Personen)
1835–1838	Schilling, Gustav (Hrsg.): *Encyclopädie der gesammten musikalischen Wissenschaften oder Universal-Lexikon der Tonkunst* (Personen und Sachen)
1835–1844	Fétis, François-Joseph: *Biographie universelle des musiciens* (Personen)
1865	Dommer, Arrey von: *Musikalisches Lexikon* (Sachen)
1880–1882	Mendel, Hermann; Reissmann, August (Hrsg.): *Musikalisches Conversations-Lexikon* (Personen und Sachen)

Aufgabe 1
Vergleichen Sie die Definitionen des Terminus »Fuge« (bzw. »Fuga«) in den Lexika von Tinctoris, Brossard, Walther und Rousseau.

---

7   Vgl. die vollständigen bibliographischen Angaben und weitere Titel bei K. Oehl/K. Pfarr, *Musikliteratur*, S. 13–33 (»Musiklexika und -enzyklopädien«); H. Lanzke, *Wo finde ich Informationen I*, S. 27–96 (»Wörterbücher und Lexika«); V. H. Duckles, *Music reference*, 4. Auflage: S. 1–95, 5. Auflage: S. 1–114 (»Dictionaries and encyclopedias«). Die bislang umfassendste Information über Musiklexika bieten J. B. Coover, *Music lexicography*, und N. Williams/P. Daub, *Coover's Music lexicography*. – Viele Lexika, auch solche, die bisher nicht in Buchform nachgedruckt sind, werden neuerdings in einer großen Mikrofiche-Edition zugänglich gemacht: *Nachschlagewerke zur Musik*, hrsg. von Harald Heckmann, Bd. 1: *Internationale Musik-Sachlexika vom 17. bis zum frühen 19. Jahrhundert*, München: Saur 1998ff.

Reflektierende Texte

Seit es Musik gibt, wird über sie auch nachgedacht, und die Ergebnisse dieses begrifflichen Nachdenkens werden als Reflexionen schriftlich niedergelegt: in Form von Traktaten und Essays, ästhetischen oder historiographischen Abhandlungen, in Schriftwechseln oder persönlichen Aufzeichnungen, um nur einiges zu nennen. Sie können nüchtern-technischer Natur sein (etwa eine mittelalterliche Lehrschrift), pädagogische Absichten verfolgen (Schulwerke), ein philosophisches System differenziert entwickeln (wie Kants *Kritik der Urteilskraft*), eine bestimmte Musikanschauung in literarischer Form artikulieren (z. B. Wackenroders *Herzensergießungen eines kunstliebenden Klosterbruders*) oder auch individuelle Positionen kämpferisch-polemisch formulieren (wie manche Schrift Richard Wagners). Der Punkt der Überschneidung der einzelnen Schriftenklassen ist dabei nicht immer exakt auszumachen.

Denken über Musik steht oft in einem direkten Verhältnis zum Denken in Musik, also Musik selbst. Diesem Fall begegnen wir beispielsweise bei musiktheoretischen Werken, die dem Typus der Handwerkslehre entsprechen. Johann Joseph Fux' Kontrapunktlehre *Gradus ad parnassum* von 1725 steht in unmittelbarer Verbindung zur kontrapunktischen Setzweise seiner Zeit. Es ist daher sinnvoll, eine Messe des Fux-Schülers Georg Christoph Wagenseil vor dem Hintergrund des Fux'schen Traktats zu sehen und möglicherweise eine enge Übereinstimmung, möglicherweise eine Divergenz zwischen Regelwerk und Komposition zu suchen. Aber auch wenn keine geradlinige, äußerlich erkennbare Beziehung zwischen Musiktheorie und Komposition besteht, kann eine wechselseitige Erhellung im Sinne einer theoriegestützten historischen Analyse legitim und fruchtbar sein, so im Falle der Periodentheorie Heinrich Christoph Kochs und Werken Mozarts, zwischen denen über die Zeitgenossenschaft hinaus kein äußerer dokumentarischer Zusammenhang besteht (oder zumindest nicht belegt ist). Musiktheoretische Entwürfe sind aber nicht immer als tatsächlich befolgte Komponieranweisung oder als nachträgliche Kanonisierung von Kompositionsbefunden zu verstehen. Sie folgen – selbst wenn sie sich nach außen wie eine Handwerkslehre gebärden – nicht selten einer eigenen Logik und Zwängen, mit denen theoretische Systeme immer behaftet sind. Der 1792 von einem Anonymus publizierte Vorschlag, Takte jeweils als Ganzes genommen mathematisch exakt zu teilen, was als Taktarten den $^2/_2$-, $^3/_3$-, $^4/_4$-, $^6/_6$-Takt usw. zur Folge hätte[8], dürfte im Rahmen der Kompositionsgeschichte am Ende des 18. Jahrhunderts absurd sein; in der Geschichte der Takttheorie, die sich zu dieser Zeit mit fundamentalen immanenten Problemen herumschlug, nimmt er indes eine nicht belanglose Position ein.[9] Ähnliches gilt es bei allen Texten zu bedenken.

---

8   In: *Deutsches Magazin* 3, Altona 1792, S. 231–264.
9   Recht ausführliche Verzeichnisse handschriftlicher und gedruckter Quellen zur Musiktheorie befinden sich jeweils in den Bänden der Reihe *Geschichte der Musiktheorie*, hrsg. von Frieder Zaminer,

Den umfassendsten Nachweis im Druck vorliegender Primärtexte bis um 1800 liefern die beiden *RISM*-Bände

- *Écrits imprimés concernant la musique*, 2 Bde., hrsg. unter der Leitung von François Lesure, München: Henle 1971 (Répertoire international des sources musicales, B, VI, 1/2).[10]

Zeitgenössische Dokumente von Einzelpersonen

In dieser Sparte sind Darstellungen, Berichte und Äußerungen einzelner Personen zu berücksichtigen, die weitgehend erzählender oder beschreibender Natur sind:
Biographien und Autobiographien,
Memoiren,
Briefe,
Reiseschilderungen,
Augenzeugenberichte und -erinnerungen,
Tage- und Haushaltsbücher,
Konversationshefte (Beethoven),
Notizzettel,
Stammbücher.
Sie eignen sich besonders zur Rekonstruktion von Ereignissen oder zur Beleuchtung von Motiven, die bestimmten Verhaltensweisen zugrunde lagen. Wäre nicht die Tagebuchnotiz des Abts von St. Peter in Salzburg zur Kenntnis genommen worden, laut derer er auch in der Karnevalsaison 1774 wieder jede Woche die Hofoper zu besuchen habe, müsste man immer noch der alten Vorstellung anhängen, Erzbischof Colloredo hätte bei seinem Amtsantritt Opernaufführungen weitgehend vom Salzburger Hof verbannt. Und ohne Natalie Bauer-Lechners Erinnerung an ein Gespräch mit Gustav Mahler wüssten wir nicht, dass er für das Lied *Rheinlegendchen* zuerst die Melodie im Kopf hatte und erst dann einen passenden Text dazu suchte. Im einen Fall würden wir einen Baustein zur Geschichte der Institution Oper fehlinterpretieren und im anderen Mahlers Beweggründe bei der Textwahl und vielleicht das Wort-Ton-Verhältnis des Liedes missverstehen.

Persönlichen Zeugnissen kommt dank ihrer zeitlichen Nähe zu den zu rekonstruierenden Vorgängen, Verhältnissen und Musikanschauungen ein hoher Quellenwert zu. Allerdings muss man bei solchen Primärtexten stets auf der Hut sein, ob

Darmstadt: Wissenschaftliche Buchgesellschaft 1984ff. Für die Zeit von 1550 bis 1935 existiert zudem eine umfangreiche Zusammenstellung bei D. Damschroder/D. R. Williams, *Music theory*.
10   Eine Liste von 317 musikhistoriographischen Texten zwischen 1600 und 1931 gibt W. D. Allen, *Philosophies*, S. 343–365; eine Auswahl der wichtigsten älteren Musikgeschichten H. Lanzke, *Wo finde ich Informationen* I, S. 110–115.

der Text auch tatsächlich das aussagt, was er vorgibt. Als Mozart seinem Vater aus
Paris schrieb, die Mutter sei schwer krank, war sie bereits tot. In diesem Fall sind
wir durch ein gleichzeitig an einen Freund gerichtetes Schreiben, das die tatsächlichen Fakten schildert, über die Zusammenhänge unterrichtet – doch jener Brief
hätte auch *nicht* erhalten sein können. Ein wesentliches Moment, das bei der kritischen Arbeit mit diesem Quellentyp zu berücksichtigen ist, ist der Grad der Öffentlichkeit. Wenn Richard Wagner unter dem Druck des Geniegedankens Briefe
schon im Hinblick auf die Nachwelt schreibt, ist ein feinerer historischer Filter
nötig als bei einem Schreiben von Heinrich Schütz, für den Briefe der Kommunikation dienen sollten und noch nicht Instrumente der Selbststilisierung waren.

Offizielle Darstellungen

Korporative Zusammenschlüsse von Menschen – Regierungen, Staatsverwaltungen,
Höfe, Städte, Kirchen, Zünfte, Institutionen, Vereine, Gesellschaften und dergleichen – pflegen ihre Geschichte selbst zu dokumentieren, einmal mehr, einmal weniger konsequent. Ihre

Chroniken,

Annalen,

Kalender,

Aufführungs- und Festberichte,

Diarien und

Protokolle

können für den Musikhistoriker wesentliche Informationen enthalten. So können
wir dem jährlich erschienenen *Hochfürstlich-Salzburger Kirchen- und Hof-Kalender* entnehmen, in welchen Jahren Leopold Mozart als »Vicekapellmeister« angestellt war,
und den Ereignis-Protokollen der Wiener Loge »Zur wahren Einheit« die Termine
seiner Laufbahn als Freimaurer.

Archivalien und Akten

Hierbei handelt es sich um Dokumente, die ursprünglich lediglich als verwaltungs-
technische Hilfsmittel fungierten, wie

Kirchenbücher (Tauf-, Heirats-, Sterberegister),

Urkunden,

juristische und administrative Verordnungen,

Verträge,

Zeugnisse,

Testamente,

Petitionen und Eingaben,

Zuwendungen und Zahlungsanweisungen,
Rechnungen und Quittungen,
Briefkopierbücher von Institutionen,
Personalverzeichnisse,
Bestandsinventare,
Nachlassaufstellungen und Ähnliches,
heute aber für die Rekonstruktion äußerer und selbst innerer Vorgänge und Verhältnisse unerlässlich sind. Der Verfall des sozialen Prestiges der Trompeter geht beispielsweise aus einem Vergleich von Gehaltslisten aus dem 16. und dem späten 18. Jahrhundert hervor, und ohne Johann Sebastian Bachs berühmtes Memorandum *Kurtzer, iedoch höchstnöthiger Entwurff einer wohlbestallten Kirchen Music*, mit dem er auf Vorwürfe des Leipziger Rates reagierte, wären wir kaum über die Klangintentionen seiner Kantaten und Passionen unterrichtet.[11]

Kleinere Druckerzeugnisse

Zahlreiche kleinere Druckerzeugnisse, die teils gar nicht für die Nachwelt bestimmt waren, beispielsweise
Verlagsprospekte,
Auktionskataloge,
Theaterzettel,
Programmzettel und -hefte,
Ankündigungen und Anzeigen in Zeitungen,
sorgen nicht selten für den notwendigen Anhaltspunkt, um einem Problem auf die Spur zu kommen. So sind Musikaliendrucke im 18. Jahrhundert nur in Ausnahmefällen mit einem Erscheinungsdatum versehen und ohne die Kenntnis eines einschlägigen Verkaufskatalogs des Verlegers oder einer Zeitungsannonce kaum zu datieren. Aber auch
Vorworte zu Notendrucken,
Widmungen,
Rezensionen bzw. Kritiken und
Nachrichten in Zeitungen und Zeitschriften
können zu wertvollen und unersetzlichen Bausteinen einer historischen Argumentation werden. Eine vom Komponisten vorangestellte Vorrede kann Anmerkungen zur Entstehungsgeschichte oder zur Ausführung der Komposition überliefern, sie kann aber auch wie im Falle von Monteverdis V. Madrigalbuch (in welchem der angegriffene Komponist seine moderne, »seconda pratica« genannte Schreibweise verteidigte) programmatisch-ästhetische Qualität erlangen.

---

11 Das Standardwerk zur allgemeinhistorischen archivalischen Recherche ist immer noch Ahasver von Brand, *Werkzeug;* einen anschaulichen Zugang bietet der Band *Die archivalischen Quellen.*

Musikalisch notierte Quellen[12]

Die **spezifische** Quelle des Musikwissenschaftlers ist natürlich das Notenmaterial, denn die abendländische Kunstmusik ist zu ihrem allergrößten Teil eine Schriftkunst. Und selbst Improvisationen oder ursprünglich mündlich tradierte Musik wie den Gregorianischen Choral untersuchen wir anhand eines Protokolls oder einer nachträglichen Fixierung in Schriftform.

Bei der Frage, in welcher Form sich uns Musikalien präsentieren, sind verschiedene Aspekte zu unterscheiden:

– die Notation, also das Zeichensystem, mit dessen Hilfe das, was erklingen soll, mitgeteilt wird,

– die Stimmenpräsentationsform, d. h. die Anordnung der gleichzeitig erklingenden Bestandteile einer mehrstimmigen Komposition, z. B. untereinander bei einer Partitur,

– die technische Überlieferung der Notation in handschriftlicher oder gedruckter Form,

– die Art, wie eine Publikation zusammengestellt ist (Sind Kompositionen mehrerer oder nur eines Autors überliefert?),

– der inhaltliche Zustand der Überlieferung: ob es sich um die Originalversion oder eine Bearbeitung handelt.

Notation

Die beiden Hauptanliegen der Notenschrift sind Festlegung der Tonhöhe und Abbildung des zeitlichen Verlaufs von Musik. Sie stellten stets – wenn auch in unterschiedlicher Gewichtung – die zentralen Probleme notationstechnischer Neuerungen und Entwicklungen dar, während weitere, in den Bereich der Wiedergabe reichende Verdeutlichungen der Klangintention wie Dynamik, Artikulation, Tempo und dergleichen über lange Zeit einen gewissen Luxusstatus genossen.

In der griechischen Antike bediente man sich einer **Buchstabenschrift** zur Bezeichnung der Tonabstände. Das christliche Abendland notierte musikalische Verläufe seit dem 9. Jahrhundert mit so genannten nicht-diastematischen **Neumen**, einem mehr oder weniger deutlichen System von Zeichen in Form von Haken, Strichen und Punkten, die im Wesentlichen die Auf- oder Abwärtsbewegung bzw. das Verharren der Stimme auf einer Tonhöhe kennzeichneten und nur in seltenen Fällen mit Zusatzzeichen Winke für die Tondauer gaben. Erst die konsequente Anwendung eines Liniensystems mit Notenschlüsseln seit 1020 erlaubte die unzweideutige schriftliche Fixierung von Tonhöhen und damit diastematische Neumen. Als **Choralnotation** lebt diese Schriftform in der katholischen Kirche bis

---

12   Für eine systematische Behandlung musikalischer Quellen vgl. N. Schwindt, *Quellen*.

heute fort. Da sie wie die Neumennotation rhythmisch indifferent ist, eignet sie sich für mehrstimmige Komposition nur auf einem sehr einfachen Niveau. In der Mitte des 12. Jahrhunderts entwickelte sich daher mit der Ausweitung des mehrstimmigen Satzes über zwei Stimmen hinaus die **Modalnotation**, in der bestimmte Notengruppen (Ligaturen) jeweils eine festgelegte rhythmische Bedeutung erhalten. Erst um 1250 beginnt die rund 350 Jahre währende Zeit der **Mensuralnotation**, in der jeder Note aufgrund ihres Aussehens (und einiger Zusatzregeln) ein individueller Zeitwert zuerkannt wird. Ursprünglich waren nur schwarze Noten in Gebrauch, die um 1450 durch weiße ersetzt wurden, sodass man die Epoche als die der schwarzen und die der weißen Mensuralnotation differenziert. Die uns heute geläufige **moderne Notenschrift**, deren Beginn man um 1600 ansetzen kann, ist durch Vereinfachung aus der Mensuralnotation hervorgegangen. Ihr äußerlich wichtigstes Kennzeichen ist der Taktstrich, mit dem die Akzentuierung der Noten geregelt wird. Erst neue Kompositionstechniken in unserem Jahrhundert machten auch neue Formen der schriftlichen Fixierung notwendig: Programmieranweisungen in der elektronischen Musik oder **graphische Notation**, in der anstelle von Noten gezeichnete Figuren und Symbole ungefähre, relativ frei zu interpretierende Anhaltspunkte für den Ausführenden bieten (z. B. Punkte für einzelne Staccatotöne, schwarze Knäuel für große Lautstärke usw.).

Eine Sonderform der Notation ist die **Tabulatur**, die für solistische Instrumentalmusik benutzt wurde. Spanische und deutsche Claviertabulaturen des 16. Jahrhunderts operieren mit einer Zahlen- bzw. Buchstabenschrift. Etwas Besonderes sind Lautentabulaturen, da sie nicht wie die anderen Notationsarten Bedeutungsschriften sind (ein Notenkopf an einer bestimmten Stelle des Liniensystems »bedeutet« eine bestimmte Tonhöhe), sondern direkt abbildende Griffschriften: Die Saiten werden als Linien wiedergegeben und die durch Zahlen oder Buchstaben verkörperten Bünde auf der jeweils niederzudrückenden Saite positioniert.

Zwischen Notationsform und Kompositionstechnik besteht eine enge Beziehung. Dass etwa eine mensurale Komposition nicht dem modernen taktmäßigen Akzentuierungsschema folgt, sollte auch dann nicht vergessen werden, wenn man eine heutige Partiturausgabe benutzt, in der als optische Ordnungshilfe Quasi-Taktstriche eingefügt sind. Kenntnis der originalen Notationsweise ist also Voraussetzung für das Verständnis der Werke und gehört mit zum analytischen Rüstzeug.

Grundlegende Werke zu verschiedenen Aspekten von Notenschrift, Notationstechnik und Notensatz sind:

- Floros, Constantin: *Einführung in die Neumenkunde*, Wilhelmshaven: Heinrichshofen 1980 (Taschenbücher zur Musikwissenschaft, 60)
- Stäblein, Bruno: *Schriftbild der einstimmigen Musik*, Leipzig: Deutscher Verlag für Musik 1975 (Musikgeschichte in Bildern, III.4)

- Apel, Willi: *Die Notation der polyphonen Musik, 900–1600,* [1]Leipzig: VEB Breitkopf & Härtel 1962, [2]Wiesbaden: Breitkopf & Härtel 1981
- Besseler, Heinrich; Gülke, Peter: *Schriftbild der mehrstimmigen Musik,* Leipzig: Deutscher Verlag für Musik 1973 (Musikgeschichte in Bildern, III.5)
- Vinci, Albert C.: *Die Notenschrift. Grundlagen der traditionellen Musiknotation,* Kassel: Bärenreiter 1988
- Wanske, Helene: *Musiknotation. Von der Syntax des Notenstichs zum EDV-gesteuerten Notensatz,* Mainz: Schott 1988
- Karkoschka, Erhard: *Das Schriftbild der Neuen Musik. Bestandsaufnahme neuer Notationssymbole. Anleitung zu deren Deutung, Realisation und Kritik,* Celle: Moeck 1966
- Stone, Kurt: *Music notation in the twentieth century. A practical guide book,* New York: Norton 1980
- Read, Gardner: *Pictografic score notation. A compendium,* Westport: Greenwood Press 1998

Stimmenpräsentationsformen

Weniger analytischen Zwecken und mehr dem Wissen um bibliographische, aufführungspraktische und sozialgeschichtliche Gegebenheiten und dem Verständnis für das musikalische Denken früherer Zeiten dient die Kenntnis der Präsentationsbzw. Anordnungsform der Noten. Die Anlage eines Notenblattes als **Partitur,** in der alle Stimmen der Komposition untereinander stehen, erscheint uns heute als selbstverständlich.[13] Und in der Tat war dieser vertikale Stimmenaufbau, der den synchronen Verlauf der einzelnen Bestandteile einer mehrstimmigen Komposition auch optisch vergegenwärtigt, das Prinzip der frühen mehrstimmigen Quellen bis ins 13. Jahrhundert. Erst um 1220 beginnt die Phase der Lesefeldeinteilung und um 1480 die der Einzelstimmen. Bei der Einteilung des gesamten Stimmenmaterials in **Lesefelder** werden die Einzelstimmen auf einer oder zwei gegenüberliegenden Buchseiten in sich fortlaufend in Spalten bzw. Blöcken geschrieben, z. B. um 1300 bei den Motetten des Codex Bamberg (vgl. Abbildung 1, S. 41).

Eine besondere Form der Lesefeldanordnung stellt das großformatige **Chorbuch** mit liturgischer Musik des 15. und 16. Jahrhunderts dar, das üblicherweise einen halben Meter hoch war und Notenköpfe in Münzengröße hatte (vgl. Abbildung 2, S. 41).

So konnten auch noch Sänger aus den hinteren Reihen die auf einem Pult stehenden Noten lesen. Vor allem für weltliche Musik bürgerte sich seit dem späten 15. Jahrhundert die separate Präsentation der **Einzelstimmen** in einem querformatigen Stimmbuch, später hochformatigen Stimmheft ein. Die Komposition ist also

---

13   Vgl. K. Haller, *Partituranordnung.*

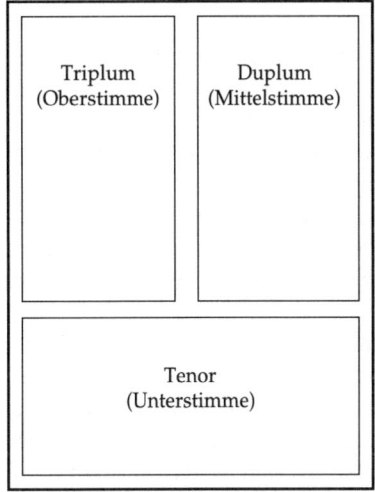

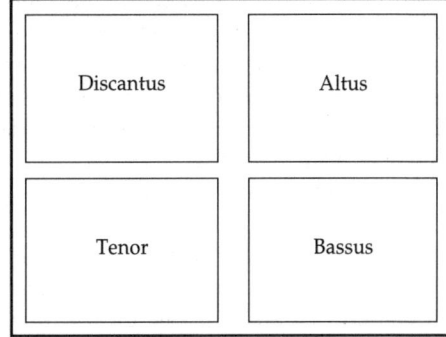

Abbildung 1   Abbildung 2

nur im Stimmbuch- bzw. Stimmensatz komplett wiedergegeben. Bis um 1600 wird eine Stimme lediglich durch ihre Position im satztechnischen Gefüge gekennzeichnet (z. B. Discantus, Altus, Tenor, Bassus), auch wenn sie von einem Instrument ausgeführt wurde; erst danach beginnt die kompositorische Zuordnung der Stimmen zu bestimmten Klang- und Instrumentenvorstellungen, die dann auch im Titel des Stimmhefts erscheinen. Die getrennte Wiedergabe des gleichzeitig Erklingenden, die dem einzeln agierenden Musiker keinen optischen Überblick über die Gesamtkomposition gestattet, blieb bis auf den heutigen Tag in Gebrauch (man denke nur an Orchester- oder auch Kammermusikstimmen). Obwohl seit 1600 wieder zunehmend Partituren hergestellt wurden, waren Einzelstimmen die beherrschende Version der Musiküberlieferung im 17., 18. und auch noch im 19. Jahrhundert. Dass mit der Publikation von Haydns Streichquartetten als so genannten Studienpartituren eine ganz neue Ära des Umgangs mit Meisterwerken der Kunst begann, beleuchtet auch den gewandelten sozialen Ort der Gattung Streichquartett: Sie ist nicht mehr nur eine private Angelegenheit des Selbst-Musizierenden, sondern zum Objekt für professionelle Aufführung im Konzert vor »studierenden« Hörern geworden. Wie in diesem Fall kann sich die Rekonstruktion historischer Zusammenhänge auch aus äußerlichen Fakten wie der Anordnung der Stimmen speisen.[14]

---

14   Anschauungsmaterial zu den älteren Buchformen bieten H. Besseler/P. Gülke, *Schriftbild*.

Technische Überlieferungsform

An der Überlieferung des Notenmaterials interessiert den Musikwissenschaftler auch dessen technische Beschaffenheit und die Art der Herstellung. Die beiden entscheidenden Typen sind dabei die handschriftliche und die gedruckte Überlieferung. So ist etwa die Tatsache, dass Bach seine *Clavier-Übung*, das *Musikalische Opfer* und die *Kunst der Fuge* als Druck herausbrachte – es gibt bezeichnenderweise sonst überhaupt kaum zeitgenössische Drucke seiner Werke –, nicht aber seine sonstigen Suiten, Partiten und Sonaten, auch nicht die beiden Bände des *Wohltemperierten Klaviers*, für Bachs eigene und damit auch die wissenschaftliche Einschätzung der Werke durchaus nicht belanglos.

Handschriften (Manuskripte) spielten auch nach der Erfindung des Buchdrucks eine maßgebliche Rolle in der musikalischen Überlieferung. Vor allem im Mittelalter und in der Renaissance wurden sie entweder als **Prachthandschriften** zur bewussten Bewahrung, zur Kontemplation und aus repräsentativen Gründen oder als **Gebrauchshandschriften** für das Musizieren angefertigt. In welcher Form und vor allem auch in welchem zahlenmäßigen Umfang ein Werk handschriftlich überliefert ist, bezeugt seine Bekanntheit und möglicherweise auch die Wirkung, die von ihm ausging.

Für die Zeit nach dem 16. Jahrhundert wird eine andere Klassifizierung der Handschriften wichtig. Alle Manuskripte bis um 1500 sind von privaten, klösterlichen oder professionellen Schreibern hergestellt worden. Die Vorlagen der Komponisten selbst sind verloren, und erst aus der Neuzeit kennen wir so genannte **Autographen** (griech. autos = selbst; graphein = schreiben): die persönlichen Niederschriften der Autoren, sei es als Arbeitspartitur oder als Reinschrift. Sie sind für eine exakte Auseinandersetzung mit einem Notentext die wichtigste Quelle. Besonders relevant bei Werken, die nicht unter einer Beteiligung des Komponisten im Druck erschienen sind, aber gleichfalls von Bedeutung, wenn ein solcher Druck existiert, sind **Kopien** (Abschriften). Sie können von persönlichen Helfern des Komponisten angefertigt sein (z. B. die Solopartiten von Bachs Frau Anna Magdalena), von Ausführenden zu ihrem eigenen Gebrauch oder von Berufskopisten für die Weiterverbreitung. Wie wertvoll sie als Textquelle sind, hängt von ihrer Authentizität, d. h. ihrer bezeugten Glaubwürdigkeit, ab: Eine von Haydns Adlatus Elßler hergestellte Kopie ist natürlich vertrauenswürdiger als eine 50 Jahre nach Haydns Tod in einem Allgäuer Kloster entstandene Abschrift (die dafür aber für die Rezeptionsgeschichte interessanter ist). Aber nicht nur unter philologischem Aspekt, sondern auch für andere Problemfelder können Handschriften relevant werden. So untersuchte L. Dreyfus die strittige Frage, ob Bach seine Kirchenmusik mit Cembalo oder mit Orgel oder beidem aufführte, hauptsächlich anhand der Eigenart des handschriftlichen Stimmenmaterials und kam dabei zu Ergebnissen, die allein mit Hilfe von Aufführungsberichten und dergleichen nicht zu erzielen gewesen wären.[15]

Mit der Erfindung des Buchdrucks in der Mitte des 15. Jahrhunderts trat auch die Vervielfältigung und damit die Verbreitung von Musikalien in ein völlig neues Stadium. Das Jahr 1501 gilt als der eigentliche Startpunkt für den **Notendruck** im großen Stil, dessen Auswirkung auf die Musikgeschichte gar nicht überbewertet werden kann.

In drucktechnischer Hinsicht sind drei Verfahren zu unterscheiden: Hoch-, Tief- und Flachdruck. Die älteste **Hochdruck**praktik ist der **Blockdruck**, der bereits vor 1500 und vereinzelt für kleinere Notentexte bis ins 17. Jahrhundert Verwendung fand. Hierzu wird aus einem Holzblock die Umgebung der Noten so herausgeschnitten, dass diese als Relief stehenbleiben und – geschwärzt – abgedruckt werden können. Auch der **Typendruck**, der vom 16. bis ins 19. Jahrhundert von immenser Bedeutung für die Musikpublikation war, ist ein Hochdruckverfahren. Allerdings werden hier einzelne bewegliche Typen, den Lettern beim Buchstabendruck vergleichbar, auf eine Platte gesetzt und bilden dann gleichfalls ein erhabenes Relief. Eine Type besteht entweder nur aus der Notenform (seit 1501), der Note plus dem dazugehörigen Stückchen Liniensystem (seit 1528) oder als zerlegbare Type lediglich aus einem Teil der Note wie Kopf, Hals, Fähnchen (seit 1755). Typendruck ist gewöhnlich auf Anhieb an den ungleichmäßigen, gestrichelt wirkenden Notenlinien zu erkennen.

Seit dem späten 16. Jahrhundert trat der **Tiefdruck** in Form des Metallstichs zum Hochdruck in Konkurrenz. Bei diesem Verfahren werden in Kupfer-, später Zinn-Blei-Platten die Noten eingraviert, sodass sich die Vertiefungen mit Druckerschwärze füllen lassen. Frühe Exemplare sehen daher fast wie handgeschrieben aus. Mit der Zeit wurde das individuelle Stechen immer mehr durch das Einschlagen von Stempeln ersetzt, die das Aussehen der Noten vereinheitlichten. Den Rand der Metallplatte, welchen der Abdruck auf dem Papier hinterlässt, kann man auf dem Originalabzug wie einen Rahmen erkennen.

Beim um 1900 entwickelten **Flach-** oder **Offsetdruck** schließlich werden auf einer Ebene die Stellen, die gedruckt erscheinen sollen, chemisch behandelt, sodass nur sie Farbe abgeben. Er ist das Prinzip, das allen jetzt üblichen fotomechanischen Drucktechniken zugrunde liegt. Gute Notenausgaben werden vor der chemischen Bearbeitung noch heute gestochen, doch schreitet die Perfektion der computergenerierten Notenschrift – allen noch ungelösten Problemen zum Trotz – stark voran.

Drucktechnik und innere Eigenschaften der zu druckenden Musik können durchaus in einem wechselseitigen Verhältnis stehen. So konnte das Augsburger Druckhaus Lotter noch im 19. Jahrhundert mit der eigentlich veralteten Technik

---

15   L. Dreyfus, *Bach's continuo group.*

des Typendrucks eine marktbeherrschende Rolle bei der Publikation schlichter Kirchenmusik für Landkirchen einnehmen. Die Faktur der Kompositionen war so einfach, dass sie nur eine beschränkte Anzahl konventioneller Typen erforderte, und dafür war diese Technik noch immer höchst rationell. An Berlioz' *Symphonie fantastique* hätte der Setzer aber verzweifeln müssen.

Einige instruktive Abbildungen zur Geschichte des Notendrucks enthält

• King, Alexander Hyatt: *Four hundred years of music printing*, London: British Museum 1964.

Die Lexikonstichworte zur weiterführenden Information lauten »Notendruck« in alter wie neuer *MGG* und *RiemannL* und »Printing and publishing of music« in *NGroveD*.[16]

Auch der Quellenwert von Drucken ist, wie der von Handschriften, vom Grad ihrer Authentizität abhängig. Sorglose Raubdrucke sind ebenso verdächtig wie nachlässige Abschriften. Aber Drucke können den gleichen Wert beanspruchen wie ein Autograph, nämlich wenn es sich um einen autorisierten, also vom Autor überwachten und »abgesegneten« Druck handelt.[17]

Arten der bibliographischen Zusammenstellung

In diesem Zusammenhang seien lediglich einige Begriffe erläutert, die vor allem für den Quellennachweis wichtig sind. Dass ein Notenexemplar ausschließlich Werke eines Komponisten enthält, ist bis ins 15. Jahrhundert bei weitem die Ausnahme. Erst die Etablierung des Notendrucks und die damit veränderten Marktformen ändern hieran etwas. So kommt es, dass die mittelalterlichen Codices fast immer so genannte **Sammel**handschriften sind, deren Repertoire Werke mehrerer Komponisten aufzeichnen (zudem meist anonym). Auch in der Neuzeit und bis heute versteht man unter einem Sammeldruck bzw. einer Sammelhandschrift die Zusammenstellung von Stücken mehrerer Autoren. Dem stehen **Individual**handschriften und Individualdrucke gegenüber, die eine oder mehrere Kompositionen eines einzigen komponierenden Individuums enthalten. (Bisweilen begegnet auch das deutsche Wort »Einzeldruck«.) Man darf sich bei dieser fundamentalen Unterscheidung nicht durch den Ausdruck »Sammlung« irre machen lassen: Auch eine Ausgabe mit dem Titel *Sammlung der schönsten Kammermusikwerke Schumanns* ist ein Individualdruck.

---

16 Zu diesen Nachschlagewerken siehe unten »Nachschlagewerke«, S. 60ff.
17 Vgl. dazu ausführlich G. Feder, *Musikphilologie*, Abschnitt »Quellenbewertung«, S. 51–56. Zur verwirrenden Terminologie bzgl. Originalausgabe/-auflage, Erstausgabe/-auflage/-druck, Neuausgabe – Nachdruck – Abzug – Titelauflage vgl. G. Haberkamp, *Erstdrucke*, Textband, S. 48–50.

Einrichtungsformen

Das musikalische Material zu einer Komposition verkörpert diese nicht unbedingt immer im Originalzustand. Die Überlieferung kann kleinere und größere, absichtliche und unabsichtliche Veränderungen zeitigen[18], ein Werk, das möglicherweise von Autorseite her selbst schon in verschiedenen **Fassungen** vorliegt – man denke an die unterschiedlichen Fassungen und Überarbeitungen, die Bruckner zeit seines Lebens seinen Sinfonien angedeihen ließ –, kann aber auch ganz bewusst in eine andere Existenzform überführt und für einen anderen Zweck eingerichtet werden. Dabei erstreckt sich die Bandbreite der Möglichkeiten von einer puren Umschrift in ein anderes Notationssystem bis zur Bearbeitung im Sinne künstlerischer Neuschöpfung.

Bei einer (technischen) **Transkription** wird die Notationsart einer Komposition geändert. Der häufigste Fall ist die Übertragung älterer Notenschriften in moderne. Der Eingriff in die Substanz des Originals bleibt zwar gering, ist aber dennoch nicht völlig bedeutungslos. Dass es in der Mensuralnotation dreizeitige, so genannte »perfekte« Notenwerte gibt und diese vom Status her sogar als die wichtigsten angesehen werden im Gegensatz zu den »imperfekten« zweiteiligen, symbolisiert die im mittelalterlichen Denken zentrale Dreieinigkeit. In der heutigen, immer zweiteiligen Notenschrift muss zur Wiedergabe einer dreizeitigen Note ein Punkt zu Hilfe genommen werden. Der Weg zur symbolhaften Trinität muss also über einen Denkumweg gegangen werden.

Auch die **Aussetzung** einer Generalbassschrift, die Auflösung von Ziffern in Akkorde, greift in die Existenzform der Komposition ein. Denn eine Generalbassnotation gesteht dem Werk immer einen – manchmal geringeren, manchmal größeren – Freiraum zu, den mit musikalischem Leben zu füllen dem Continuospieler obliegt. Dagegen legt eine schriftliche Festlegung der Generalbassstimme in Noten die Komposition auf eine bestimmte Version fest. Der Eingriff in den Notentext bleibt geringfügig, wenn die Ziffern trotz Aussetzung mitgeteilt werden; und auch sonst wären sie aus einer korrekten Aussetzung weitgehend rekonstruierbar. Doch einen Umweg zum in der ursprünglichen Notation liegenden Sinngefüge stellt auch die Aussetzung dar.

Eine Modifikation des Notenmaterials, das keine unmittelbare Rekonstruktion der Vorlage mehr erlaubt, ist die Einrichtung eines Musikstücks für ein anderes Instrument oder das Arrangement für eine andere **Besetzung**. Bereits die Übertragung einer Violinsonate für Flöte muss die unterschiedlichen Tonumfänge der beiden Instrumente berücksichtigen, tiefe Töne oktavieren und somit in die Stimmführung eingreifen. Je mehr Partien von der **Uminstrumentierung** betroffen sind, umso gewichtiger ist die Veränderung. Wie weit der Eingriff in die Substanz des Originals gehen kann und welche Veränderung der Gesamtaussage bewirkt wird,

---

18   Vgl. hierzu »Reproduzierte Primärquellen«, S. 47ff.

kann sich jeder beim Vergleich von Mussorgskijs Klavierversion der *Bilder einer Ausstellung* mit Ravels **Orchestrierung** vergegenwärtigen. Ähnlich einschneidend wie die Erweiterung wirkt die Reduktion einer Vorlage, etwa ein **Klavierauszug**, wodurch ja nicht nur der Klang verändert wird, sondern auch die Satztechnik. Eine frühe Form des »Klavierauszugs«, die vor allem im 15. bis 17. Jahrhundert von großer Bedeutung war, ist die so genannte **Intavolierung**, die mehrstimmige Sätze für solistische Instrumente (allem voran für Laute und Tasteninstrumente) »absetzte«, dabei bisweilen auch eine Gesangsstimme als Solo beibehielt.

Oft verfolgten diese Intavolierungen aber nicht nur die Intention, ein größer besetztes Werk auch mit geringeren Mitteln realisieren zu können (wie sie meist einem Klavierauszug zugrunde liegt), sondern verstanden sich in vielen Fällen als instrumentenspezifische Übertragungen, die mit dem Rohmaterial mehr oder weniger freizügig verfuhren. Die Vorlage wurde dann nicht nur in ihrem satztechnischen Aufbau modifiziert, sondern gleichzeitig in ihrer Melodik vielfältig diminuiert und koloriert, also **verziert**, umspielt und ausgestaltet. Nicht selten ist eine solche veränderte Version die einzige Quelle für ein Musikstück.

Von hier aus führt der Weg zur (musikalischen) **Transkription** und **Paraphrase** – man denke an Liszt –, zur **Variation** und generell zur künstlerischen **Bearbeitung**, die aber als eigene musikalische Kunstformen bereits über den bloßen Aspekt des Quellenmaterials hinausgehen.[19] Es sei daher lediglich noch auf zwei in diesem Zusammenhang wichtige Erscheinungstypen musikalischer Quellen hingewiesen.

Ein weitgehend der Vokalmusik eigentümliches Übertragungsverfahren ist die mit den Fachausdrücken **Parodie** und **Kontrafaktur** bezeichnete Verarbeitung einer Vorlage zu einem neuen Stück. Es wird gewissermaßen ein Gegenstück (lat. contra = gegen, facere = machen) zum Original hergestellt. Die Geschichte und die Möglichkeiten der Parodie bzw. Kontrafaktur sind zu vielfältig, als dass sie hier dargestellt werden könnten. Entscheidend ist aber, dass sie fast immer mit einer Umtextierung (und zwar häufig vom Weltlichen ins Geistliche) einhergeht. Parodie ist somit in einem Teil der Fälle ein künstlerisches Bearbeitungsverfahren von großer musikgeschichtlicher Tragweite und sie ist im anderen Teil der Fälle von quellenkundlichem Interesse, da durch die Kenntnis des parodierenden Vorgehens mehrere verlorene Werke – namentlich Johann Sebastian Bachs, der ein eifriger Selbstparodierer war – rekonstruiert werden konnten.

Schließlich darf die **Ergänzung von Fragmenten** nicht unerwähnt bleiben. Wer eine beliebige moderne Partitur von Mozarts *Requiem* aufschlägt, hat nur zu einem Teil Mozarts Original vor sich, zu einem anderen Teil aber die Komplettierung von anderen Händen.

---

19   Vgl. hierzu *Musikalische Metamorphosen.*

Reproduzierte Primärquellen

Je älter oder bedeutender der Untersuchungsgegenstand ist, umso seltener, wertvoller und gehüteter sind die dazugehörigen Primärquellen. An das mittelalterliche Original der *Carmina Burana* genannten Benediktbeurer Handschrift kommt selbst ein »normalsterblicher« Wissenschaftler kaum heran, aber auch wer einen Stimmbuchdruck aus dem 16. Jahrhundert oder ein Brahms-Autograph in einer Bibliothek bestellt, erhält aus konservatorischen Gründen in der Regel zuerst einmal den davon hergestellten Mikrofilm. Und lägen die Briefe der Familie Mozart nach wie vor nur im Original vor, könnte man ein Viertel der bisherigen Mozart-Literatur wohl streichen. Ohne Reproduktionen der Primärquellen in unterschiedlichster Form wäre der heute übliche Wissenschaftsbetrieb schlichtweg unmöglich; und was für die Forschung allgemein gilt, betrifft das Studium im Besonderen. Wir arbeiten fast immer nur mit neuerem Material, mit dessen Hilfe uns die Originale zugänglich gemacht werden. Lediglich bei unerschlossenen Quellen und quellenkundlichen Fragestellungen im engeren Sinne, also tatsächlichen Forschungsunternehmen, pflegt Autopsie (Inaugenscheinnahme) der primären Objekte erforderlich zu werden.

Reproduktionen von **Sach-** und **Schallquellen** sind hier zu vernachlässigen, und zur **Musikikonographie** sei lediglich verwiesen auf das vielbändige, nach Sachgebieten gegliederte Standardwerk

- *Musikgeschichte in Bildern*, Leipzig: Deutscher Verlag für Musik 1961ff.[20]

Worttexte

Wenn gedruckte wortsprachliche Quellen – umgangssprachlich würde man sagen: alte Bücher – reproduziert werden, kann dies schlichtweg ein fotomechanischer Nachdruck der Vorlage sein, ein so genannter **Reprint**, oder aber ein Neudruck, der sich dann vom Original lediglich in der typographischen Gestaltung unterscheidet, nicht aber im Inhalt. Als Reprint ist bereits eine Unmenge des historischen Schrifttums neu verfügbar gemacht worden, und wenngleich die Flut der Nachdrucke zurückzugehen scheint, werden doch immer wieder neue Reprints aus allen erdenklichen Bereichen des historischen Musikschrifttums hergestellt – dem Wissenschaftler zum Nutzen, dem auf diese Weise eine Fülle von Material problemlos zur Verfügung steht. Beim Kanon der zentralen Schriften der Musikgeschichte kann man durchaus von einer Verfügbarkeit als Nachdruck ausgehen. (Man darf sich daher nicht von Literaturverzeichnissen beeindrucken oder von der Überprüfung abschrecken lassen, in denen – wenig kollegial – bei Primärtexten nur der Originaldruck genannt und der – mit Sicherheit benutzte – Reprint verschwiegen ist.) Häufig gehen Re-

---

20 Siehe auch das Kapitel »Musikikonographien« bei K. Oehl/K. Pfarr, *Musikliteratur*, S. 66–73.

prints über den bloßen Textabdruck hinaus und werden durch instruktive Vorworte, Register, Glossare, Kommentare, transkribierte Notenbeispiele und dergleichen
für den Benutzer erschlossen. Das kann bei wichtiger Literatur (meist aus dem Bereich der Musikästhetik oder bei Briefen) bis zur philologisch exakt bearbeiteten
historisch-kritischen Ausgabe gehen, die dann natürlich die informativste Textquelle
bietet.

Das Gros des nachgedruckten musikalischen Schriftguts stellen **Theoretiker-
texte.** Sind diese handschriftlich überliefert, wie vor allem der komplette Fundus
an mittelalterlicher Theorie, handelt es sich um Neuausgaben. Zwei wichtige lateinische Texteditionen aus diesem Bereich, die immer wieder zitiert werden[21], sind
die sich ergänzenden Sammlungen

- **GS** = *Scriptores ecclesiastici de musica sacra potissimum,* hrsg. von Martin Ger-
bert, 3 Bde., St. Blasien 1784, Repr. Hildesheim: Olms 1963 [Personen- und Sach-
register am Ende des 3. Bandes], dazu: Michael Bernhard: *Clavis Gerberti. Eine
Revision von Martin Gerberts Scriptores ecclesiastici de musica sacra potissimum (St.
Blasien 1784),* München: Beck 1989 (Bayerische Akademie der Wissenschaften.
Veröffentlichungen der Musikhistorischen Kommission, 7)

- **CS** = *Scriptorum de musica medii aevi. Novam seriem a Gerbertina alteram,* hrsg.
von Edmond de Coussemaker, 4 Bde., Paris 1864–1876, Repr. Hildesheim: Olms
1963 [Personen- und Sachregister am Ende jeden Bandes]; dazu: *Clavis
Coussemakeri,* in: *Quellen und Studien zur Musiktheorie des Mittelalters,* hrsg. von
Michael Bernhard, Bd. 1, München: Beck 1990 (Bayerische Akademie der Wissenschaften. Veröffentlichungen der Musikhistorischen Kommission, 8), S. 1–36.

Sehr gute Listen über musiktheoretische Quellen und ihre neueren Ausgaben enthalten die entsprechenden Bände der Reihe

- *Geschichte der Musiktheorie,* hrsg. von Frieder Zaminer, Darmstadt: Wissenschaftliche Buchgesellschaft 1984ff.

sowie für die Zeit ab dem mittleren 16. Jahrhundert der Band

- Damschroder, David; Williams, David Russell: *Music theory from Zarlino to
Schenker. A bibliography and guide,* New York: Pendragon 1990 (Harmonologia
series, 4).

---

21 Coussemakers Nummerierungen der anonymen Verfasser sind gewissermaßen schon Namen
geworden. So ist der Theoretiker der Notre-Dame-Schule eben der bekannte »Anonymus 4«.

Auch die entsprechenden Bände des *RISM* verzeichnen Neuausgaben.[22] Nachdrucke der wichtigsten Theoretikerschriften vereinigt die Serie

- *Documenta musicologica* (Erste Reihe: Druckschriften-Faksimiles), Kassel: Bärenreiter 1951ff. (teilweise außerhalb der Reihe – auch in Form von Taschenbuch-Reprints mit Vorworten).

Da alte deutsche Texte in Fraktur-Schrift gesetzt sind, die nicht von jedem mühelos gelesen wird, setzt sich vermehrt der Typus des Studienausgaben-Neudrucks in moderner Schrift durch (z. B. Johann Mattheson: *Der vollkommene Capellmeister. Neusatz des Textes und der Noten*, hrsg. von Friederike Ramm, Kassel: Bärenreiter 1999).

Ein weiteres Problem ist oftmals die Sprache der Schriften, vor allem wenn es sich um lateinische Texte handelt. Dennoch sind **Übersetzungen** ins Deutsche absolute Mangelware – ein Relikt unserer humanistischen Bildungstradition. Die immer noch vergleichsweise wenigen Übertragungen, die es gibt, stammen daher meistens aus den USA, wo ein pragmatischeres und weniger belastetes Verhältnis zu den Quellen herrscht. Englische Übertragungen können somit bisweilen als Notbehelf zur schnelleren Orientierung dienen.

Nicht immer will man sich, vor allem wenn es allgemein um Fragen der **Musikanschauung**, **ästhetischer** oder **sozialgeschichtlicher** Tendenzen geht, in einen speziellen Text vertiefen. Vielmehr ist man in solchen Fällen für eine vorstrukturierte Auswahl aus mehreren Quellen dankbar, die exemplarisch zentrale Texte zu einem bestimmten Thema oder aus einem bestimmten Zeitraum zusammenstellt, gegebenenfalls übersetzt und kommentiert. Mittels eines solchen **Quellenlesebuchs** kann man schnell einen breiten Radius an Primärmaterial überblicken und erhält nicht selten Zugang zu Texten, die anders noch gar nicht reproduziert wurden. Dabei ist ein Charakteristikum dieser Textsammlungen, dass sie ihr Material (meist auszugsweise) unterschiedlichsten Schriftenklassen entnehmen: theoretischen oder ästhetischen Erörterungen, Briefen, Zeitschriften, Vorworten zu Noten und Ähnlichem. Es kann hier nicht die Stelle sein, eine halbwegs komplette Kollektion derartiger Quellensammlungen zu bieten; die folgenden Beispiele sollen lediglich andeuten, wie vielfältig die Palette ist:

- Aufführungspraxis:
Readings in the history of performance, hrsg. von Carol MacClintock, Bloomington: Indiana University Press 1979

- Sozialgeschichte:
Women in music. An anthology of source readings from the Middle Ages to the present,

---

22 *Répertoire International des Sources Musicales*, Serie B, Bd. III, 1–4; vgl. dazu die Erläuterungen zu *RISM* S. 122ff.

hrsg. von Carol Neuls-Bates, New York [1]1982, revidierte Ausgabe Boston: Northeastern University Press 1996

* Oper:
Quellentexte zur Konzeption der europäischen Oper im 17. Jahrhundert, hrsg. von Heinz Becker, Kassel: Bärenreiter 1981

* Ästhetik:
Musik – zur Sprache gebracht. Musikästhetische Texte aus drei Jahrhunderten, hrsg. von Carl Dahlhaus und Michael Zimmermann, Kassel: Bärenreiter 1984
Musical aesthetics. A historical reader, hrsg. von Edward A. Lippman, New York: Pendragon, Bd. 1: *From Antiquity to the eighteenth century*, 1986; Bd. 2: *The nineteenth century*, 1988; Bd. 3: *The twentieth century*, 1990
Contemplating music. Source readings in the aesthetics of music, hrsg. von Ruth Katz und Carl Dahlhaus, New York: Pendragon, Bd. 1: *Substance*, 1987; Bd. 2: *Import*, 1986; Bd. 3: *Essence*, 1992; Bd. 4: *Community of discourse*, 1993

* Musikanschauung im frühen und hohen Mittelalter:
Music in early Christian literature, hrsg. von James McCinnon, Cambridge: Cambridge University Press 1987
Schriften zur Ars musica. Ausschnitte aus Traktaten des 5.–11. Jahrhunderts, lateinisch und deutsch, hrsg. von Margaretha Landwehr von Pragenau, Wilhelmshaven: Heinrichshofen 1986 (Taschenbücher zur Musikwissenschaft, 86)

Der Prototyp des kommentierten Quellenlesebuchs mit allgemeiner Thematik, das in seiner ursprünglichen wie in seiner ausgedehnten und grundlegend neu bearbeiteten Version jedem bekannt sein sollte, ist:

* Strunk, Oliver W.: *Source readings in music history from classical antiquity through the romantic era*, New York: Norton 1950, revidierte Ausgabe, hrsg. von Leo Treitler, New York: Norton 1998

Angaben zu speziellen Quellenlesebüchern findet man unter den entsprechenden Sachstichwörtern in lexikalischen oder bibliographischen Nachschlagewerken.[23]

Während Quellenlesebücher bewusst ausgewählte Informationen bieten wollen, erheben **Dokumentensammlungen** den Anspruch, dokumentarisches Material zu einem Aspekt möglichst umfassend zur Verfügung zu stellen. In der Mehrzahl der Fälle sind solche Dokumente zu Leben und Werk einzelner Komponisten zusammengestellt, deren bekannteste die zu Bach, Händel, Mozart und Schubert

---

23   Vgl. »Bibliographieren«, S. 73ff.

sind; aber auch bei anderen Musikern ist es immer sinnvoll, sich nach entsprechenden Sammlungen, die bisweilen auch unter dem Titel »Dokumentarbiographie« firmieren, umzusehen. Welches Material zusammengetragen ist, hängt natürlich von der Lebens- und Schaffenssituation des betreffenden Komponisten ab. Bach beispielsweise war kein Briefeschreiber; seine vergleichsweise schmale erhaltene Korrespondenz ist daher mit seinen Orgelgutachten, Eingaben usw. im ersten Band der *Bach-Dokumente* (»Schriftstücke von der Hand Johann Sebastian Bachs«) abgedruckt, während der zweite Band »Fremdschriftliche und gedruckte Dokumente zur Lebensgeschichte … 1685–1750« und der dritte »Dokumente zum Nachwirken … 1750–1800« enthält.[24] Dagegen verfahren die Mozart-Dokumente[25] wie viele Publikationen dieses Typs chronologisch, und weil die Korrespondenz der Familie Mozart sehr umfangreich ist, wurden die Briefe nicht mitaufgenommen. Der unschätzbare Wert wissenschaftlicher Dokumentensammlungen liegt darin, dass für sie alle verfügbaren Quellengruppen, wie sie im vorangegangenen Kapitel beschrieben wurden, unter dem gewählten Blickwinkel (also etwa des Komponisten) durchforstet und ausgewertet worden sind: vom archivalischen Aktenmaterial über zeitgenössische Publikationen unterschiedlichster Art bis zu privaten Aufzeichnungen von Personen aus dem näheren oder weiteren Lebensbereich. Da das dokumentarische Material weitgehend wertneutral behandelt ist, stehen Dokumente, denen man ihre Bedeutsamkeit auf Anhieb ansieht (Bachs *Kurtzer, iedoch höchstnötiger Entwurff einer wohlbestallten Kirchen Music*, in dem er genau aufzählt, wie viele Musiker mindestens für die Leipziger Kirchenmusik zur Verfügung stehen müssten), neben Bagatellen (der Aufzeichnung eines Küsters, wie er Bach früher als Naturallohn für eine Trauungskantate stets eine Doppel-Flasche Wein geholt habe). Es braucht kaum erwähnt zu werden, dass solche scheinbaren Nebensächlichkeiten letztlich wichtige Mosaiksteine einer Untersuchung – in diesem Falle zum Sozialstatus – sein können. Um eine Dokumentensammlung effektiv nutzen zu können, muss man sich mit ihrer jeweiligen Anlage vertraut machen, wozu die Kenntnis des erfassten Zeitabschnitts, der gesichteten Dokumentenkategorien und vor allem der Tabellen und Register gehört, durch die das Hauptwerk vielfältig erschlossen wird.

Briefe sind eine Gruppe von Geschichtszeugnissen, die mitunter den direktesten und intimsten Weg zu historischen Tatsachen und Verhältnissen ebnen, weshalb es von vielen Musikern komplette Briefausgaben oder Editionen eines Briefwechsels mit bestimmten Personen (z. B. Richard Strauss – Hugo von Hofmannsthal) gibt. Keinesfalls bergen sie – wie auch die Dokumentensammlungen zu Komponisten – lediglich Informationen zur Person des Briefeschreibers oder -empfängers, sondern gewähren vielmehr Einblicke in das gesamte Umfeld. Aus

---

24 *Bach-Dokumente* […], Kassel: Bärenreiter und Leipzig: Deutscher Verlag für Musik 1963, 1969 und 1972.
25 O. E. Deutsch, *Mozart*; J. H. Eibl, *Mozart*; C. Eisen, *New Mozart*.

Haydns Londoner Briefen ist über das Musikleben Londons indirekt fast ebenso viel zu erfahren wie über Haydn selbst. Nicht jede Briefsammlung ist gleich benutzerfreundlich; die Spannweite reicht vom unkommentierten Abdruck einer subjektiven Auswahl bis zur minutiös erschlossenen Gesamtpublikation, wofür die Briefe der Familie Mozart[26] ein Musterbeispiel sind: Vier Bänden Text stehen zwei Bände Kommentar und ein eigener Registerband gegenüber.

Relativ selten nur finden sich in der Musikwissenschaft Reproduktionen musikspezifischer **Archivalien**, die ein Gegenstück zu den Quelleneditionen der Allgemeinhistoriker darstellen. In den umfassenden Dokumentensammlungen zu einzelnen Komponisten sind derartige Aktennotizen von der Kirchenbucheintragung über Ratsprotokolle bis zur Ernennungsurkunde zwar wiedergegeben, doch sind dies nur Tropfen auf dem heißen Stein der Musikgeschichte. Ansonsten sind es meist fest umrissene Institutionen, zu denen solche Dokumentensammlungen angelegt wurden (z. B. die neun von Andrew Ashbee zusammengetragenen Bände *Records of English court music*). Man stößt auf sie durch systematisches Bibliographieren.

Aufgabe 2
a)   Sind die Reprints von Heinrich Christoph Koch: *Versuch einer Anleitung zur Komposition* (Hildesheim 1964) und Carl Philipp Emanuel Bach: *Versuch über die wahre Art, das Clavier zu spielen* (Leipzig 1957) schlichte fotomechanische Reproduktionen oder herausgeberisch ergänzt?
b)   In welchen mittelalterlichen Traktaten ist von der musica mundana, humana und instrumentalis die Rede?
c)   Welche Honorare erhielt Mozart für seine Wiener Opern?
d)   Am 24. Februar 1711 fand die Uraufführung der ersten Oper statt, die Händel für London komponierte (*Rinaldo*). Wie viele Wiederholungen wurden bis zum letzten Tag der Saison gegeben (s. *Händel-Handbuch*, Bd. 4: Dokumente zu Leben und Schaffen, Kassel 1985)?
e)   Was berichten Zeitgenossen über Bachs Art, Generalbass zu spielen?
f)   Stehen uns zu Beethovens Klaviersonate op. 13 (*Pathétique*) zahlreiche zeitgenössische Rezensionen zur Verfügung (s. *Ludwig van Beethoven. Die Werke im Spiegel seiner Zeit. Gesammelte Konzertberichte und Rezensionen bis 1830*, hrsg. von Stefan Kunze, Laaber 1987)?
g)   Wie äußerte sich Mozart zu den Kompositionen seines Pariser Zeitgenossen Hüllmandel?
h)   Was ist aus Liszts Briefen über das Ansehen der Meininger Hofkapelle unter der Leitung Hans von Bülows zu erfahren (s. Franz Liszt: *Briefe aus ungarischen*

---

26 *Mozart. Briefe und Aufzeichnungen.*

Sammlungen 1835–1886, gesammelt und erläutert von Margit Prahács, Kassel 1966)?

i) Welcher Musiker war in der Münchner Hofkapelle nach dem Kapellmeister im Jahre 1572 am besten bezahlt (s. Adolf Sandberger: *Beiträge zur Geschichte der bayerischen Hofkapelle unter Orlando di Lasso*, Bd. 3: Dokumente, Leipzig 1895, Reprint Walluf)?

Musikalien

Musikalien werden in unterschiedlichster Qualität und Aufmachung reproduziert, und die Ansprüche, die ihrer Wiedergabe zugrunde liegen, differieren aufs Entschiedenste. Mittelalterliche und frühneuzeitliche Prachtcodices oder bedeutende Handschriften (etwa Bachs *Wohltemperiertes Klavier*, Mozarts *Requiem*) werden als dem Original möglichst nahekommendes fotografisches Faksimile publiziert[27], alte Drucke werden in großem Umfang reprintet, zahllose Kompositionen in diverser Form neu herausgegeben: als Studienausgaben, als Taschenpartituren, als Notenausgabe für Unterricht und Praxis oder als historisch-kritische Edition, um nur einige Typen aufzuzählen. Sie alle unterscheiden sich nicht nur äußerlich, sondern vor allem in ihren inhaltlichen Ambitionen, nämlich mit welcher Editionstechnik sie ein Werk oder eine konkrete Quelle der Öffentlichkeit zugänglich machen. Wo die Unterschiede liegen, wie die einzelnen Editionstypen zu bewerten und wie mit ihnen umzugehen ist, wird auf S. 165ff. behandelt. Hier soll nur auf die Gruppe der **Denkmäler-** und **Gesamtausgaben** eingegangen werden.[28]

Denkmälerausgaben

Der Ausdruck des »Denkmals« erweckt im Zusammenhang mit Musikwerken zuerst Befremden. Doch war es bis weit ins 19. Jahrhundert hinein durchaus keine Selbstverständlichkeit, dass Musikalien (selbst Unikate) gesammelt und aufbewahrt wurden. Und als im Zuge der Aufklärung und des Historismus der Gedanke des Konservierens und Zugänglich-Machens vergangener Kulturobjekte auf die Musik übergriff, blieb es die Idee des Meisterwerks, des »exemplum classicum«, also des dank seiner Qualität, Vorbildhaftigkeit und seines ästhetischen Wertes »Denkwürdigen«, die zum Kriterium für Erhaltung und vor allem auch Wiederbelebung musikalischer Quellen wurde. Das erste größere Projekt im deutschsprachigen Raum,

27 Verzeichnisse von musikalischen Faksimileausgaben bei C. Abravanel, *Checklist*, J. B. Coover, *Music manuscripts*, und ders., *Composite music*.
28 Vgl. hierzu auch den Abschnitt »Musikalische Editionsreihen« bei K. Oehl/K. Pfarr, *Musikliteratur*, S. 108–130, der neben einem instruktiven historischen Abriss eine knappe Zusammenstellung der wichtigsten Denkmälerpublikationen und Gesamtausgaben enthält.

das um 1800 in Wien angegangen (wenn auch nicht durchgeführt) wurde, trug füglich den Titel *Geschichte der Musik in Denkmälern von der ältesten bis auf die neueste Zeit. Mit den Bildnissen und den Biographien der berühmtesten Tonsetzer.* Der Formulierung »Denkmäler« bzw. in latinisierter Form »Monumenta« blieben auch die am Ende des 19. Jahrhunderts verstärkt einsetzenden dezidiert wissenschaftlichen Publikationsreihen verpflichtet: die *Denkmäler deutscher Tonkunst* seit 1892, *Denkmäler der Tonkunst in Österreich* seit 1894, *Denkmäler der Tonkunst in Bayern* seit 1900. Untrennbar ist mit den europäischen Denkmälerreihen der nationale Aspekt verknüpft, der seine Wurzeln im politischen Denken des 19. Jahrhunderts und dem damit verbundenen Stolz auf das nationale Erbe hatte und heute neben der kulturpolitischen Aufgabe der Bewahrung nationalen und regionalen Kulturgutes vor allem von dem pragmatischen Motiv geleitet ist, dass das Quellenmaterial am reichhaltigsten im jeweiligen Land zur Verfügung steht und dort auch am einfachsten bearbeitet werden kann. So sind viele der älteren und neueren Denkmälerunternehmen national organisiert (*Musica Britannica, Das Erbe deutscher Musik, Monumenta Musica Neerlandica, Musica Antiqua Bohemica, Schweizerische Musikdenkmäler* u. a.). Erst mit der Übernahme der Führungsrolle innerhalb der musikwissenschaftlichen Forschung durch die Vereinigten Staaten nach dem 2. Weltkrieg begannen die groß angelegten wissenschaftlichen Editionsreihen, die sich in ihrer Konzeption nach Epochen oder Gattungen ausrichten: z. B. *Corpus mensurabilis musicae; Polyphonic music of the fourteenth century; Recent researches in the music of the Middle Ages and early Renaissance; … Renaissance; … baroque era; … classical era; … pre-classical, classical, and early romantic eras; Corpus of early keyboard music; The Symphony 1720–1840.*

Neben der Preisgabe des forciert nationalen Gedankens wurde im 20. Jahrhundert auch das Auswahlkriterium des ästhetischen Wertes fallen gelassen und durch das der historischen Bedeutung ersetzt. Denkmälerausgaben sind schon lange nicht mehr der prädestinierte Ort, an dem »Meisterwerke« publiziert sind, wiewohl viele Kompositionen, denen das Prädikat des Meisterwerks unbestritten zuzuerkennen ist, im Rahmen einer Denkmäleredition erschienen sind. Die Intention geht vielmehr dahin, mit den ausgewählten Werken gerade die Fülle und Breite der musikalischen Produktion in der Vergangenheit zu repräsentieren und erforschbar zu machen. Neben mehr oder weniger vollständigen Werkausgaben einzelner Komponisten (meistens solcher, die nicht so bedeutend oder so fruchtbar waren, dass ihnen eine separate Gesamtausgabe gewidmet würde) ist es daher ein Merkmal der Denkmälerausgaben, dass sie Einzelbände zu Sachthemen zusammenstellen (z. B. *DTÖ* 79: Das Wiener Lied von 1792–1815, *MB* 40: Music for mixed consort). Für gattungsgeschichtliche oder zeitstilistische Fragestellungen können solche Bände dankbares Untersuchungsmaterial liefern.

Eine zeitliche Begrenzung existiert für Denkmälerausgaben eigentlich nicht, doch liegt der Schwerpunkt eindeutig auf Musik vor 1800, seltener werden Kompositionen aus dem 19. und nur sehr sporadisch aus dem 20. Jahrhundert aufge-

nommen. Ein praktisch ausnahmslos befolgtes Prinzip der Denkmäleredition ist
es, alle Kompositionen unabhängig von der Überlieferungsform der Primärquellen
in Partitur vorzulegen und in moderne Notenschrift zu transkribieren.

Gesamtausgaben

Diesen Grundsatz der Wiedergabe in moderner Notenschrift und Partitur befolgen
auch die Werkausgaben einzelner Komponisten. Nicht ganz korrekt spricht man bei
dieser Gruppe von Notenpublikationen gemeinhin von Gesamtausgaben, obwohl es
sich nicht in allen Fällen um das komplette Schaffen eines Komponisten handelt. Bei
Georg Philipp Telemann beispielsweise entschloss man sich angesichts der Masse
seiner Werke, die möglicherweise nicht alle den Aufwand einer peniblen Ausgabe
rechtfertigen, zu einer repräsentativen und umfangreichen Auswahl. Ansonsten aber,
wenn es sich um eine »Gesamtausgabe« bzw. »Ausgabe sämtlicher Werke« handelt,
erstrebt die Editionsleitung den Abdruck tatsächlich des gesamten Œuvres bis hin
zu kleinsten Gelegenheitskompositionen, Fragmenten und sogar Skizzen. Während
die ersten wissenschaftlichen Gesamtausgaben, die mit den Pioniertaten der alten
Bach- (seit 1852) und Händel-Ausgabe (seit 1858) begannen und eine große Zahl
weiterer, heute revidierter bzw. revisionsbedürftiger Gesamtausgaben nach sich zo-
gen, vergleichbar den frühen Denkmälerreihen, die Meisterwerke eines Komponisten vorrangig edierten, gehen heutige Editionen oft von den weniger zentralen und
in sonstigem Notenmaterial nur ungenügend verfügbaren Werken als Editionsbeginn
aus (die neue Schumann-Ausgabe z. B. mit der Gattung Messe, die an der Peripherie
von Schumanns Œuvre steht). Gesamtausgaben sind nämlich, weil sie sehr langwierig, kostspielig und in ihrer langen Laufzeit nicht immer dauerhaft finanziert sind,
stets gefährdete Unternehmen. Freiwillig oder unfreiwillig Torso gebliebene Gesamtausgaben sind keine Seltenheit, sodass die Existenz einer Gesamtausgabe durchaus nicht besagt, dass alle Werke in der Tat ediert sind. Auf dem Stand von 1980
verschafft das Überblickswerk

• Heyer, Anna Harriet: *Historical sets, collected editions, and monuments of music. A*
guide to their contents, 2 Bde., 3. Auflage, Chicago: American Library Association
1980

den schnellsten und zuverlässigsten Überblick über bestehende Bände einer Werkausgabe, die jeweils unter dem Komponistennamen zu finden ist. (Gleichermaßen
sind Denkmälerreihen unter ihrem Titel verzeichnet.) Hier erhält man auch rasch
Aufschluss über die Anlage der betreffenden Edition. Gesamtausgaben sind nämlich nach Gattungen, wie sie für das Schaffen des Komponisten charakteristisch
sind, in Serien oder Reihen (z. B. Klaviermusik), gegebenenfalls in Werkgruppen

(Klaviersonaten) und schließlich in einzelne Bände (Sonaten Nr. ...) untergliedert. In vielen, aber nicht konsequent in allen Fällen gibt Heyer ein Depouillement, also ein exaktes Inhaltsverzeichnis der Einzelbände. Das Nachfolgewerk – erklärtermaßen die letzte Überarbeitung, die noch in Buchform erscheinen soll – ist

• Hill, George R.; Stephens, Norris L.: *Collected editions, historical series & sets & monuments of music. A bibliography*, Berkeley: Fallen Leaf Press 1997 (Fallen Leaf reference books in music, 14).

Es erfasst Material bis 1995/96, lässt dafür ältere Sammlungen aus. Auch mit Depouillements ist der neue Band sparsamer. In jedem Fall sollte man daher »Hill« und »Heyer« gemeinsam konsultieren.

Aufgabe 3
a) Was enthalten *CMM* Bd. 42, *CMM* Bd. 72/4 und *EdM* Bd. 100?
b) In welchem Band der Buxtehude-Werkausgabe sind die Solokantaten für zwei Singstimmen mit Instrumenten ediert?
c) In welchem Band der Wagner-Gesamtausgabe befindet sich die dritte Szene des *Rheingold*?
d) Mit welchem Klang endet die Motette *Huc me sydero* von Josquin Desprez?

Sekundärquellen

Unter Sekundärquellen wird im Folgenden die wissenschaftliche **Fachliteratur** im engeren Sinne verstanden. Was von allem Lesestoff, der uns zur Verfügung steht, jedoch wirklich das Prädikat »wissenschaftlich« verdient und was nicht, ist nicht immer einfach zu entscheiden. Im Prinzip muss eine populäre oder **populärwissenschaftliche** Darstellung wahrlich nicht unbedingt eine schlechte Informationsquelle sein, doch ist grundsätzlich damit zu rechnen, dass Sachbücher, die sich an ein breiteres Publikum wenden, gewissermaßen »Tertiärquellen« sind, also ihr Wissen bereits der Fachliteratur entnehmen. Dass dabei die Klippen der Vergröberung und Einebnung, der Simplifikation und Verzerrung sowie des Weiterschleppens überholter Fakten und Meinungen nicht immer umschifft werden, kann sich jedermann leicht ausmalen. Als Wissenschaftler sollte man aber versuchen, auf die originalen Sekundärquellen zurückzugehen. In diesem Zusammenhang sei nur ein Fall genannt, der immer wieder virulent wird: der *dtv-Atlas zur Musik*[29], der unbestritten ein höchst praktisches Werk und einer kurzen, gezielten Information über Fragen

---

29   U. Michels, *dtv-Atlas*.

der elementaren Musiklehre und der Musikgeschichte sehr dienlich ist. Sein Wert in diesem Sinne soll keineswegs geschmälert werden, doch kann er bei wissenschaftlichen Fragestellungen immer nur als Überblicksinformant und erster Einstieg und keinesfalls als letzte Autorität gelten – ein Anspruch, der auch vom Autor des *dtv-Atlas* an keiner Stelle erhoben wurde. Möchte man einem Sachverhalt näher auf die Spur kommen oder in einer schriftlichen Arbeit einen Beleg für eine Beschreibung abgeben, sollte grundsätzlich auf ein wissenschaftliches Nachschlagewerk zurückgegriffen werden, anhand dessen die Auskünfte des *dtv-Atlas* überprüft und komplettiert wurden.

Nachschlagewerke

Zu den Nachschlagewerken sind im Grunde alle die Publikationen zu rechnen, die nicht in fortlaufender Rede einen Sachverhalt zusammenhängend darstellen. Sie sind vielmehr so konzipiert, dass sie nur auszugsweise zu Rate gezogen werden: eine Bibliographie, ein Werkverzeichnis, ein Ausstellungskatalog ebenso wie das, was im Folgenden näher erläutert werden soll, nämlich musikbezogene Enzyklopädien, Lexika und Wörterbücher, deren Einträge der zügigen Handhabung halber gemeinhin alphabetisch angeordnet sind. Nachschlagewerke dienen der gezielten, bündigen Auskunft über musikalische Sachverhalte oder Personen aus dem Musikleben und wollen den zum Zeitpunkt ihres Entstehens vorhandenen Wissensstand repräsentieren und in konzentrierter Form zugänglich machen. Deshalb veralten sie relativ schnell und müssen immer wieder aktualisiert werden, spezielle Nachschlagewerke zu neu entstandenen musikalischen Bereichen müssen überhaupt erst ins Leben gerufen werden. Zur aktuellen Information sind daher immer die jeweils jüngsten Publikationen geeignet; doch werden ältere nicht einfach überflüssig, da sie zu Sachthemen und vor allem zu Personen, die zur Zeit der Drucklegung eine größere Bedeutung hatten als heute, oft wesentlich ausführlicher informieren. (Das ist dann aber eigentlich schon eine Sache der historischen Betrachtung und der Primärquellen.)

Wörterbücher, terminologische und lexikalische Nachschlagewerke

Da nicht nur die Musik, sondern auch die Musikwissenschaft eine internationale Disziplin ist, sind **Wörterbücher** zur sprachlichen Verständigung unentbehrlich. Insbesondere ist es die von Sprache zu Sprache wechselnde musikwissenschaftliche Nomenklatur (Was meint im Englischen »false relation«?), die zum Wörterbuch greifen lässt. Da eine halbwegs ernsthafte Beschäftigung mit der musikwissenschaftlichen Fachliteratur an der Lektüre fremdsprachlicher Texte nicht vorbeiführt – vor allem die in vielen Bereichen nicht nur qualitativ, sondern auch quantitativ führenden Amerikaner sorgen für einen hohen Prozentsatz englischsprachiger Literatur –, sind nicht nur allgemeine Sprachkenntnisse gefordert, sondern auch fremdsprachliches Fachvokabular. Der Ausdruck »development section« meint nämlich nicht schlichtweg übersetzt einen »Entwicklungsabschnitt« eines Musikstücks, sondern ganz konkret den Durchführungsteil einer Sonate. Schnellen Bescheid erteilen zu diesem Zweck der

- *Terminorum musicae index septem linguis redactus. Polyglottes Wörterbuch der musikalischen Terminologie. Deutsch, englisch, französisch, italienisch, spanisch, ungarisch, russisch*, Budapest: Akademiai Kiadó und Kassel: Bärenreiter 1978

und für einfachere Fälle

- Braccini, Roberto: *Praktisches Wörterbuch der Musik. Italienisch – Englisch – Deutsch – Französisch*, Mainz: Schott und München: Piper 1992.

(Ein Spezial-Wörterbuch, das höchsten wissenschaftlichen Ansprüchen genügen will, ist das im Entstehen begriffene *LmL*

- *Lexicon musicum Latinum medii aevi. Wörterbuch der lateinischen Musikterminologie des Mittelalters bis zum Ausgang des 15. Jahrhunderts*, hrsg. von Michael Bernhard, München: Beck 1992ff.)

Während Wörterbücher wie der *Index* vom aktuellen Sprachgebrauch ausgehen und zu jedem Ausdruck nur das fremdsprachliche Pendant geben, geht das

- *Handwörterbuch der musikalischen Terminologie*, hrsg. von Hans Heinrich Eggebrecht, Wiesbaden: Steiner 1972ff.

von dem Grundgedanken aus, dass musikalische **Terminologie** zeitgebunden ist und historischem Wandel unterliegt. Das *HmT* widmet daher jedem Begriff eine umfangreiche, mehrseitige Abhandlung, in welcher der Geschichte des Fachausdrucks und seinen Bedeutungsnuancen minutiös nachgegangen wird. Im Zentrum steht die Geschichte des Terminus, nicht die der Sache, denn Wort- und Sachgeschichte verlaufen nicht immer parallel: Das Bezeichnete kann sich ändern, während das Bezeichnende gleichbleibt. Der Terminus »Divertimento« etwa hatte, seiner unmittelbaren Wortbedeutung entsprechend, um 1700 die Bedeutung der Musik zur höfischen »Unterhaltung« und verengte sich speziell im mittleren 18. Jahrhundert zur Bezeichnung für unterhaltsame, einfache und dem Dilettanten adäquate Klaviermusik, während süddeutsch-österreichische Kammermusik in der zweiten Jahrhunderthälfte generell und ohne die Konnotation des Unterhaltsamen mit

»Divertimento« bezeichnet wurde. Erst das 19. und 20. Jahrhundert bevorzugte dann wieder »Divertimento« für Werke spielerischen Charakters.[30] Da ein korrektes Verständnis vergangener Ausdrucks- und Redeweisen Voraussetzung für das Verstehen vergangener Phänomene ist und die sprachliche Verständigung das A & O wissenschaftlicher Kommunikation, ist eine saubere Begrifflichkeit (und das heißt auch historisch adäquates Wortverständnis und ebensolche Wortwahl) eine Grundbedingung wissenschaftlicher Arbeit. Das *HmT* will dieser historischen Präzision dienen und ist seiner Zielsetzung gemäß kein Instrument für »schnelles« Nachschlagen, sondern für eingehende Klärung terminologischer Belange. Behandelt werden daher ausschließlich umfassende Termini wie »Reprise/ripresa«, keine kleineren Fachausdrücke wie »accelerando«. Das *HmT* ist daher auch kein schnelles Produkt, sondern eine in Ringbuchordnern gesammelte Loseblatt-Ausgabe, die in Lieferungen immer nur einige neue Begriffsworterklärungen zur Verfügung stellt. Übersichtsblätter orientieren über den jeweils aktuellen Stand der erfassten Termini.

Aufgabe 4
a) Was versteht man unter »tremblant«?
b) Wer verfasste den Artikel »Aleatorisch, Aleatorik« im *HmT*?

Umgekehrt wie das *HmT* verfahren **Lexika**: Bei ihnen steht die Erklärung und Geschichte der Sache im Vordergrund, mit Ergänzungen zur terminologischen Seite hin. (Auch auf diese Weise kann man somit terminologische Unklarheiten großenteils beseitigen, wenn es keinen entsprechenden *HmT*-Artikel gibt oder eiliges Nachschauen angezeigt ist.)

(Musik-)Lexika treten in drei Gattungen auf: als **Personenlexika**, die über Musikschaffende aller Arten Auskunft geben, **Sachlexika**, die über musikalische Sachphänomene instruieren, und **Universallexika**, die beides enthalten. Weiterhin sind **umfassende Lexika** von **Speziallexika** zu unterscheiden. Während erstere anstreben, das gesamte Gebiet der Musik lexikalisch abzudecken (allerdings ist nach wie vor der Bereich der Popularmusik nur partiell repräsentiert), und geeignet sind, als generelle Nachschlagewerke für die meisten wissenschaftlichen Lebenslagen zu dienen, behandeln die zweiten gewöhnlich schon aus der Titelformulierung erkenntliche Schwerpunktthemen wie Epochen, Regionen, Gattungen, Musikertypen (*Dictionary of early music, Dictionnaire de la chanson française, Encyclopedia of women composers, Real-Lexikon der Musikinstrumente* etc.). Man konsultiert sie zur Vertiefung von Detailaspekten, die in umfassenden Lexika gar nicht oder nicht ausführlich genug behandelt sind. Die immense Fülle einschlägiger Pu-

30 Vgl. W. Ruf, *Divertimento.*

blikationen macht es nötig, in diesem Fall zuerst die Existenz eines entsprechenden Auskunftsmittels zu eruieren. Übersichten finden sich zu diesem Zweck bei

- K. Oehl/K. Pfarr, *Musikliteratur*, S. 19–32 (Auswahl wichtiger Werke nach inhaltlichen Sachgruppen geordnet; nicht über ein Sachregister erschlossen)

- H. Lanzke, *Wo finde ich Informationen* I, S. 28–96 (nach bibliographischen Sachgruppen geordnet; nicht über ein Sachregister erschlossen)

- V. H. Duckles, *Music reference*, 4. Auflage: S. 1–95, 5. Auflage: S. 1–114 (nach inhaltlichen Sachgruppen geordnet und über ein Sachregister erschlossen).

Aufgrund des Umfangs und der guten (wenngleich nicht ganz kompletten) Schlagworterfassung ist eine Suche in Duckles am komfortabelsten. Ergänzen kann man sie sich selbst durch online-Recherche (siehe dazu unten S. 83).

Aufgabe 5
Suchen Sie spezielle Nachschlagewerke
a) zu katholischer Kirchenmusik,
b) zu elektronischer Musik,
c) zur Harfe,
d) zu russischen Komponisten und Musikern.

Von den umfassenden Lexika sei an dieser Stelle vor allem das unentbehrliche **Riemann Musiklexikon** genannt, das auf ein 1882 von dem Musikwissenschaftler Hugo Riemann initiiertes und seitdem vielfach erneuertes Werk zurückgeht. In seiner neuesten verfügbaren Ausgabe handelt es sich um 5 Bände:

- *Riemann Musiklexikon*, 12. völlig neu bearbeitete Auflage, Mainz: Schott; *Personenteil A–K* und *L–Z*, hrsg. von Wilibald Gurlitt, 1959 und 1961, *Ergänzungsband Personenteil A–K* und *L–Z*, hrsg. von Carl Dahlhaus, 1972 und 1975, *Sachteil*, hrsg. von Hans Heinrich Eggebrecht, 1967

Die Ergänzungsbände zu den Personenteilen aktualisieren einerseits Angaben aus dem Grundwerk und enthalten andererseits Artikel zu neu aufgenommenen Personen.

Der Gang zum *RiemannL* ist eigentlich immer der nächstliegende, wenn man eine komprimierte und prägnante Auskunft zu einer Person oder einer Sachfrage sucht. Die dezidiert lexikalische Anlage erlaubt stets eine fundierte Übersicht über ein Problem in wenigen Minuten, wenn nicht in Sekunden. Der Sachteil unterrichtet nicht nur über weitgespannte Themen (»Rhythmus«, »Stil«, »Tonartencharakteristik«), teils selbst aus Randgebieten der Musikwissenschaft (»Informationstheorie«), sondern erfüllt zu einem Großteil auch die Funktion eines Sachwörterbuchs, wenn Fachausdrücke stichwortartig oder mit einem Verweis auf die entsprechenden übergeordneten Artikel erklärt werden (»da capo«; »Notturno« → »Nocturne«). Im Personenteil sind neben Persönlichkeiten aus allen Bereichen des Musiklebens (Leben und Schaffen von Komponisten, Interpreten, Musiktheoretikern, -publizisten und -forschern) auch Körperschaften in ihrer Beziehung zur Musik mit Einträgen vertreten (z. B. der Orden der »Benediktiner«). Zwei wichtige Details werden bei der Benutzung des *RiemannL* häufig übersehen: Erstens bietet dieses Lexikon den Service, nicht-deutschsprachige Ausdrücke und Namen in Lautschrift transkribiert anzugeben, sodass es bei Aussprachezweifeln zu Rate gezogen werden kann; zweitens sind viele der größeren Artikel nicht anonym, sondern am Ende mit Initialen namentlich gekennzeichnet und daher auch unter Nennung des Verfassers zu zitieren. Die Auflösung der Buchstabenkürzel steht, wie alle anderen Abkürzungen, in einer vorangestellten Tabelle.

Aufgabe 6

a) Was versteht man unter einer »Devise«?

b) Was ist ein Partialton?

c) Wann wurde der Wiener Musikverlag Artaria gegründet?

d) Wie spricht man den Namen des Musikforschers Edmond de Coussemaker aus?

e) Stammt die Oper *Die Mutter* von Alois oder von Karel Hába?

f) Wann wurden Sigismondo d'India und Vincent d'Indy geboren?

g) Wer verfasste den Artikel »Leitmotiv« im *RiemannL*?

h) Pierre Schaeffer legte von seiner *Symphonie pour un homme seul* eine frühe und eine spätere, endgültige Fassung vor. Wann?

Weitere gängige und empfehlenswerte umfassende Musiklexika in deutscher Sprache sind das

• *Brockhaus-Riemann-Musiklexikon*, hrsg. von Carl Dahlhaus und Hans Heinrich Eggebrecht, 2 Bde., Wiesbaden: Brockhaus und Mainz: Schott 1978–1979; als Taschenbuchausgabe mit einem Ergänzungsbd., 5 Bde., Mainz: Schott 1989 (eine einerseits gestraffte, andererseits in den Einzelartikeln und durch Aufnahme neuer Stichworte aktualisierte Fassung des großen *RiemannL*)

• *Das große Lexikon der Musik in acht Bänden*, hrsg. von Marc Honegger und Günther Massenkeil, Freiburg: Herder 1978–1982; aktualisierte [Taschenbuch-] Sonderausgabe, Freiburg: Herder 1987; umgestaltet zum *Metzler-Sachlexikon Musik*, Stuttgart: Metzler 1998.

Über die Vielzahl sonstiger umfassender Musiklexika berichten Oehl/Pfarr, Lanzke und Duckles in den oben erwähnten Abschnitten.

Die Enzyklopädien MGG und Grove

Ein Charakteristikum von lexikalisch orientierten Nachschlagewerken ist ihre Prägnanz und Kürze, sodass ihre Artikel auch bei ganz wesentlichen Stichworten (»Beethoven«, »Harmonielehre«) selten über einige wenige Seiten hinausgehen. Will man darüber hinaus detaillierteres Sekundärmaterial, welches das betreffende Thema in seiner vollen forschungsgeschichtlichen Breite berücksichtigt, sind ausführlichere, enzyklopädische und damit die Einzelbereiche in größeren Sinn- und Sachzusammenhängen behandelnde Auskunftsmittel zu inspizieren. Die beiden großen diesem Anspruch gerecht werdenden Werke – in gewissem Sinne das alltägliche Handwerkszeug, wenn nicht die Aussteuer eines jeden musikwissenschaftlich Tätigen – sind die beiden sich aufs Ganze gesehen gegenseitig ergänzenden Standardwerke **MGG** und **Grove**. Sowohl aus methodischer als auch arbeitsökonomischer Sicht sollte die Konsultation dieser beiden Nachschlagewerke jeder eingehenden Beschäftigung mit einem Thema und der notwendigen Vertiefung in die Spezialliteratur vorangehen. Umso wichtiger ist es, sich in beiden kompendiösen Werken vollkommen heimisch zu fühlen.

Der Prototyp der musikalischen Enzyklopädie ist die deutschsprachige **MGG**

• *Die Musik in Geschichte und Gegenwart. Allgemeine Enzyklopädie der Musik*, hrsg. von Friedrich Blume, 17 Bde., Kassel: Bärenreiter, Bd. 1–14 (Aachen–Zyganow), 1949/51–1968; Bd. 15 und 16: Supplement (Aachen–Zweibrücken), 1973 und 1979; Bd. 17: Register, 1986. – Unveränderte Taschenbuch-Ausgabe Kassel: Bärenreiter und München: Deutscher Taschenbuch Verlag 1989
Abkürzung: *MGG*

bzw. die **neue MGG**

• 2., neubearbeitete Ausgabe, hrsg. von Ludwig Finscher, Kassel: Bärenreiter und Stuttgart: Metzler 1994ff.
Teil 1: Sachteil, Bd. 1–9, 1994–1998
Teil 2: Personenteil, Bd. 1–12, 1999ff.
Abkürzung: *MGG2*

Ihr Gegenstück ist der englischsprachige **Grove**

- *The new Grove dictionary of music and musicians*, hrsg. von Stanley Sadie, 20 Bde., London: Macmillan 1980
Abkürzung: *NGroveD*
Das Erscheinen der neubearbeiteten Version ist für 2002 geplant.

Die **Zielgruppe** sowohl der *MGG* als auch des *Grove* ist der Wissenschaftler oder wissenschaftlich interessierte und vorgebildete Benutzer, an dessen Ansprüchen sich Auswahl und Form der behandelten Thematik, fachliches Niveau und Diktion orientieren. Wenngleich beide Enzyklopädien entschieden international ausgerichtet sind, ist die Tendenz des *Grove*, einem eher angelsächsischen Publikum gerecht zu werden, ebenso erkennbar wie die deutsche Tradition der Musikwissenschaft in der *MGG*.

Intention beider Werke ist es, alle Zweige der Musik und alle mit Musik in Berührung stehenden Lebensbereiche umfassend und universal (d. h. in Vergangenheit und Gegenwart sowie in ihrer weltweiten Dimension) darzustellen und auf allen Gebieten des Faches den gegenwärtigen Forschungsstand wiederzugeben. Es ist nur natürlich, dass dieses Ziel, das ja eine einhellige Vorstellung vom Wesen des Faches voraussetzen würde, in keinem Fall vollständig erreicht worden ist und werden kann. Es wäre daher unbillig, einzelne Themenfelder als unterrepräsentiert oder bestimmte Sachinformationen als unberechtigt zu monieren. Enzyklopädien spiegeln nämlich immer die Situation des lebendigen Faches; entsprechend setzen sie bei aller angestrebten Objektivität Prioritäten (bei der Auswahl der Stichworte, die etwa unzweideutig die Kunstmusik des Abendlandes favorisieren, obwohl sich die Neubearbeitungen nachhaltig um eine umfassendere Orientierung bemühen) und geben Meinungen wieder (vor allem in den jeweils namentlich gekennzeichneten Beiträgen der Tausende von Forschern, die nach ihrer speziellen Kompetenz ausgewählt wurden und für die Artikel verantwortlich zeichnen). Lexika und Enzyklopädien sind deshalb keine »Evangelien«, sondern Publikationen, in denen sich durchaus individuelle Standpunkte, bestimmte Forschungstendenzen und natürlich auch immer wieder Irrtümer finden lassen. Das sind auch die Gründe, warum Projekte wie diese in ihrer Gesamtkonzeption und in den konkreten Artikeln regelmäßig revidiert werden müssen.

Die *MGG* erschien sukzessive in einem Zeitraum von drei Jahrzehnten, sodass, am Ende angelangt, der neue **Forschungsstand** bereits eine Revision und Aktualisierung nötig machte, wie sie mit der gleichfalls etappenweise erscheinenden Modernisierung gegenwärtig in die Tat umgesetzt wird. Bei Benutzung der *MGG* muss also immer das Publikationsjahr des betreffenden Bandes berücksichtigt werden: Die Artikel der frühen Buchstaben des Alphabets sind in ihren Aussagen eher überholt als die der späteren, werden aber auch zuerst ersetzt. In den beiden

Supplementbänden wurden bereits zahlreiche Lücken und im Grundwerk vernachlässigte Stichworte nachträglich berücksichtigt sowie Fehler korrigiert. Der *Grove* dagegen erschien 1980 auf einen Schlag und repräsentiert daher ziemlich durchgängig den Wissensstand der späten 70er-Jahre. Wem es um möglichst gegenwartsnahe Information geht, wird seine Lektürewahl auch vom Erscheinungsdatum abhängig machen.

Von der **Konzeption** her entspricht die *MGG* am deutlichsten der Forderung einer Enzyklopädie. Vor allem die Sachartikel sind keine Worterklärungen, sondern jeweils zusammenhängende Darstellungen des Sachgebietes. Aus diesem Grund werden oft kleinere thematische Bereiche im Kontext eines umfassenderen Begriffsfeldes behandelt (z. B. in der alten *MGG* Sonatenform im Rahmen des Artikels »Sonate«). Die neue *MGG* hat diesen enzyklopädischen Auftrag insofern ausgebaut, als sie etliche Artikel aufgenommen hat, die weit über die Erfordernisse eines lexikalischen Auskunftsmittels hinausgehen, oder wer würde spontan in einem Musiklexikon ein Stichwort »Zeit« erwarten, obwohl dies unzweifelhaft zu den Fundamentalfragen unseres Faches gehört. Überhaupt sind viele Beiträge, auch zu Personen, sehr umfangreich. Angesichts der deutlich enzyklopädischen und weniger lexikalischen Anlage – die alte *MGG* kennt zudem keine Verweisstichwörter, was in der Neubearbeitung nachgeholt wird (z. B. Tabulatur → Notation; Quellen) – ist eine effektive Arbeit oft nur mit Hilfe des **Registers** möglich. In diesem separaten, 17. Band stehen unter allen erdenklichen Sachstichwörtern und Namen (rund 330 000 gegenüber rund 13 000 Artikeln) Verweise auf die betreffenden Artikel des Hauptwerks. Doch ist die Suche über das Register in keinem Fall ökonomisch, um eine knappe Sach- oder gar Worterklärung zu erhalten; dazu eignet sich ein lexikalisches Nachschlagewerk bei weitem besser. Der große Nutzen des Registers ist es, noch tiefer in Zusammenhänge eindringen zu können, als dies schon von den Artikeln geboten wird. Die Verweise führen dann nicht selten zu Problemfeldern und Details, die im Hauptartikel nur angedeutet werden oder gar nicht zur Sprache kommen. Bei Komponisten werden (von der Intention her) vollständige Werkverzeichnisse angeführt; es kann aber bei unbedeutenderen, jüngeren oder aus sonstigen Gründen weniger erforschten Autoren auch recht pauschal ausfallen. (So kann man etwa den Komponistennamen Carissimi überprüfen und erhält eine große Anzahl von Namen seiner vielfältigen Schüler, die im Hauptartikel nicht erscheinen, aber für die Rezeption des Carissimi-Stils in Europa von großer Bedeutung sind.) Die über das Register erhaltenen Hinweise zu solchen Stichwörtern, die keinen eigenen Artikel haben, sind entsprechend diffus und zur ergänzenden Recherche, weniger als Erstinformation nützlich.

Die Konzeption des *Grove* lässt von einer Mischform aus Lexikon und Enzyklopädie sprechen: Enzyklopädisch sind das thematische Spektrum der Stichwörter und die substanzreiche Durchdringung der Einzelbeiträge, die demgemäß zu großem Umfang anwachsen können; lexikalisch ist die Berücksichtigung auch kleinerer Sachthemen und Fachtermini, was sich nicht zuletzt in einer gegenüber der *MGG* fast doppelt so großen Zahl von Artikeln niederschlägt und den *Grove* für geschwindes Nachschlagen wesentlich brauchbarer macht. Da er kein Register hat, ist jedoch innerhalb der gesamten Enzyklopädie keine über die Haupt- und Verweis-stichwörter sowie Verweise im Text hinausgehende Orientierung und Vertiefung möglich.

Die **Anlage der Artikel** folgt in beiden Werken dem Prinzip, sowohl eine allge-meine sachliche oder historische Darstellung als auch eine möglichst umfassende Bestandsaufnahme des zur Verfügung stehenden Quellenmaterials zu geben. Zu diesem Zweck teilen sich *MGG*-Personenartikel in einen Abriss der äußerlichen biographischen Daten sowie nachfolgender Charakteristik des Schaffens und Be-wertung der Person im historischen und heutigen Kontext, während im *Grove* die beiden Perspektiven sowohl getrennt als auch vermischt sein können. Bei Kompo-nisten werden (von der Intention her) vollständige Werkverzeichnisse angeführt; es kann aber bei unbedeutenderen, jüngeren oder aus sonstigen Gründen weniger erforschten Autoren auch recht pauschal ausfallen. Diese Werkverzeichnisse sind in der *MGG* stets nach Gattungen in Gruppen geordnet und stehen zwischen bio-graphischem und Würdigungsteil, im *Grove* folgen sie generell der geschlossenen Darstellung von Leben und Werk und sind gelegentlich chronologisch statt nach Gattungen angelegt. (Musikerfamilien werden im Ganzen unter dem Familienna-men behandelt.) Umfangreichere Sachartikel gliedern ihr Material nach Maßgabe des zu behandelnden Stoffes. Das Ende eines jeden Artikels markiert gegebenen-falls ein Ausgaben- und auf alle Fälle ein Literaturverzeichnis, welches das we-sentliche Schrifttum auflistet. Völlig erschöpfende Literaturangaben darf man aber nicht erwarten.

Ein großes Handicap der alten *MGG*-Artikel ist ihre **typographische Gestal-tung**, die sehr unübersichtlich ist und dem Benutzer in längeren Artikeln das Auf-finden von Teilaspekten sehr erschwert. Dementgegen findet man sich dank der klaren optischen Aufteilung, verdeutlichenden Schriftarten und Tabellen im *Grove* sehr schnell zurecht. Die neue *MGG* gleicht dieses Manko aus.

Zuletzt sei auf die **Abkürzungen** hingewiesen, mit denen die *MGG* und der *Grove* arbeiten. Einerseits übernahmen die beiden Enzyklopädien zahlreiche im Wissenschaftsbetrieb eingeführte Abkürzungen vor allem aus dem musikbibliothe-karischen Bereich (für Denkmälerausgaben, Zeitschriften etc.), andererseits wirken sie als Standardwerke selbst normierend, sodass man bei der Suche nach unbe-kannten Abkürzungen im musikwissenschaftlichen Schrifttum oder beim eigenen Gebrauch Anhaltspunkte in den jedem Band vorangestellten Abkürzungsverzeich-nissen findet. Viele Abbreviaturen sind international, viele aber auch von der je-weiligen Sprache abhängig (z. B. kürzt man im Deutschen das Köchel-Verzeichnis »KV« ab, im Angelsächsischen »K.«). Wer auf deutsch schreibt, sollte natürlich die Kürzel aus der neuen *MGG* verwenden.

Aufgabe 7

Konsultieren Sie jeweils *MGG*, *MGG2* und *NGroveD*:

a) Seit wann hielt sich Heinrich Isaac in Florenz auf?

b) In welcher verwandtschaftlichen Beziehung stehen die Musiker Benedetto, Carlo und Domenico Ferrari zueinander?

c) Welche Bedeutung kommt der Oper in Max Regers Schaffen zu?

d) Welche Rolle spielen serielle Techniken im Werk Aribert Reimanns?

e) Welche Gattung dominiert Gabriel Faurés Klavierkompositionen?

f) Wer war Matthieu Lasson? Vergleichen Sie auch das *RiemannL*.

g) Wo findet man etwas zu dem Fachbegriff »durchbrochene Arbeit«? Ziehen Sie zusätzlich das *RiemannL* zu Rate.

h) Wann und wo lagen die Anfänge der Geschichte des Tonfilms?

i) Wann hatten Jugend- und Volksmusik eine besondere Bedeutung für das Schaffen Armin Knabs?

j) Welchen Umfang haben die Artikel »Barock« bzw. »Baroque«?

k) Worin besteht der Unterschied zwischen »AmZ« und »AMz«? Was sind »PäM« und »PÄMw«?

Musikgeschichten

Zwar enthalten auch die großen Enzyklopädien umfangreiche Artikel über zusammenhängende Zeitabschnitte, doch müssen um der formalen Ansprüche an ein Nachschlagewerk willen einerseits die eigentlichen Epochendarstellungen immer verhältnismäßig gedrängt und grobrastig bleiben, während es andererseits von der praktischen Seite her kaum möglich und sinnvoll wäre, zu viele kleinere historische Querschnitte in Einzelartikeln abzuhandeln, zumal die Belegung von Epochen und Unterepochen mit Namen (Renaissance, Romantik, Sturm und Drang, Vormärz) nicht nur zufällig, sondern auch denkbar problematisch ist. Wie anders aber als mit (immer präjudizierenden) begrifflichen Etiketten wären sie lexikalisch zu fassen? Um einen Gesamteindruck eines historischen Zeitraums und seiner musikgeschichtlichen Implikationen oder eine synoptische Zusammenschau paralleler Erscheinungen und Strömungen zu erhalten, überhaupt um von bestimmten Zeitpunkten aus Zugang zu den historischen Phänomenen zu finden, aber auch um intensivere Einsichten in Einzelaspekte in ihrer epochalen Bedeutung und Vernetzung zu gewinnen, stehen dem Leser musikgeschichtliche Gesamtdarstellungen zur Verfügung, deren Spektrum von der tabellarischen Chronik von Ereignissen bis zu stark interpretierenden historiographischen Entwürfen und von der musikalischen Universalhistorie bis zur thematisch, zeitlich oder lokal stark begrenzten Spezialgeschichte reichen.

Die Vielzahl der Einzel- und Reihenpublikationen verlangt vom Leser, der eine exakte Auseinandersetzung mit der Sekundärliteratur anstrebt, auch bei Musikgeschichten eine bibliographische Vorausorientierung. Die vollständigste aktuelle, thematisch gut gegliederte und insgesamt brauchbarste Aufstellung zusammenhängender musikgeschichtlicher Darstellungen bietet H. Lanzke, *Wo finde ich Informationen* I, Kapitel 2.2.2 »Musikgeschichte«, S. 104–184.

Wer sich allgemein und ohne Ambitionen hinsichtlich Vollständigkeit und Systematik mit historischen Daten und Zusammenhängen vertraut machen will, sollte sich noch mehr als bei Lexika möglichst an aktuellen Werken orientieren, da bei historiographischen Synthesen nicht nur der aktuelle Daten- und Faktenstand eine Rolle spielt, sondern auch die historischem Wandel unterworfene methodische Ausrichtung. Ältere Arbeiten, die vielerorts und oft verlockend einfach verfügbar sind, wie vor allem die zu ihrer Zeit sehr bedeutenden Werke von Adler[31] und Bücken[32], sollten lediglich von einem mit dem historischen Stoff sowie der Problematik der stilgeschichtlichen (Adler) und der geistesgeschichtlichen Methode (Bücken) vertrauten Benutzer herangezogen werden.[33]

Unter den neueren Musikgeschichten verdient aufgrund seiner Materialfülle, benutzerfreundlichen Aufmachung und seines zur Neutralität tendierenden Methodenpluralismus besondere Aufmerksamkeit das englische **NOHM**.

- *The New Oxford History of Music*, hrsg. von Jack A. Westrup u. a., 10 Bde.,
  London: Oxford University Press
  1. Ancient and oriental music (1957)
  2. Early medieval music up to 1300 (1954)
     Revidiert: The early Middle Ages to 1300 (1990)
  3. Ars nova and the Renaissance, 1300–1540 (1960, revidiert 1986)
  4. The age of humanism, 1540–1630 (1968)
  5. Opera and church music, 1630–1750 (1975, revidiert 1986)
  6. Concert music, 1630–1750 (1986)
  7. The age of Enlightenment, 1745–1790 (1973)
  8. The age of Beethoven, 1790–1830 (1982)
  9. Romanticism, 1830–1890 (1990)
  10. The modern age, 1890–1960 (1969)

---

31 *Handbuch der Musikgeschichte*, hrsg. von Guido Adler, [1]Frankfurt a.M.: Frankfurter Verlagsanstalt 1924; [2]Berlin: Keller 1930, Reprint Tutzing: Schneider 1961 sowie München: Deutscher Taschenbuch Verlag und Kassel: Bärenreiter 1975.

32 *Handbuch der Musikwissenschaft*, hrsg. von Ernst Bücken, Potsdam: Athenaion 1927–1931, Reprint New York: Musurgia 1949 und Laaber: Laaber 1979.

33 Einen ganz knappen Überblick über wichtige methodische Ansätze bietet der Abschnitt »Historische Musikwissenschaft« in Cadenbach, Rainer/Jaschinski, Andreas/von Loesch, Heinz: *Musikwissenschaft*, Sp. 1811–1814. Für eine Vertiefung über das Fach Musikwissenschaft hinaus empfiehlt sich ein Einstieg über entsprechende Einträge im *Metzler Lexikon*.

Die einzelnen Abschnitte innerhalb der *NOHM*-Bände sind von zahlreichen, überwiegend britischen Autoren erarbeitet, was unterschiedliche Schwerpunkte und Vorgehensweisen nach sich zog und eine fest umrissene methodische Position vermeidet. Innerhalb der angestrebten universellen Ausrichtung lässt sich jedoch eine gewisse Akzentuierung kompositionstechnischer und gattungsgeschichtlicher Entwicklungen lokalisieren. Von den Sachauskünften her zählt die *New Oxford History of Music* zu den zuverlässigsten, auf dem höchsten wissenschaftlichen Niveau angesiedelten und nicht zuletzt dank der Revisionen aktuellsten Musikgeschichten, die zudem in jedem Anhang profunde und umfangreiche Noten- und Literaturbibliographien bereitstellt.

Das deutsche Standardwerk zur Musikgeschichte sind die musikhistorischen Teile des weiterhin noch Bände zur systematischen und ethnomusikologischen Musikforschung bereitstellenden **Neuen Handbuchs der Musikwissenschaft**.

- *Neues Handbuch der Musikwissenschaft*, hrsg. von Carl Dahlhaus, fortgeführt von Hermann Danuser, 13 Bde., Wiesbaden: Athenaion und Laaber: Laaber
  1. Die Musik des Altertums (1989)
  2. Die Musik des Mittelalters (1991)
  3. Die Musik des 15. und 16. Jahrhunderts, 2 Bde. (1990)
  4. Die Musik des 17. Jahrhunderts (1981)
  5. Die Musik des 18. Jahrhunderts (1985)
  6. Die Musik des 19. Jahrhunderts (1980)
  7. Die Musik des 20. Jahrhunderts (1984)

Für das *Neue Handbuch* ist die Vermeidung geistesgeschichtlicher Epochenkategorien (Renaissance, Humanismus, Aufklärung, Romantizismus im *NOHM*) charakteristisch. Vielmehr wird der Versuch unternommen, innerhalb weitgehend neutral bezeichneter Zeitspannen historische Strukturen aufzudecken und zu beschreiben und dabei äußere (soziale, institutionelle, ästhetische, ideengeschichtliche) sowie innere (kompositionsgeschichtliche, theoretische) Bedingungen, Spielräume und Möglichkeiten musikhistorischer Verläufe und Entwicklungen in Beziehung zu tatsächlichen musikalischen Ereignissen und Produkten zu setzen. Insofern intendieren die Bände des *Neuen Handbuchs* bei aller Stofffülle weniger eine möglichst lückenlose Ausbreitung musikhistorischen Faktenmaterials als vielmehr die Realisation eines im weitesten Sinne als strukturgeschichtlich zu bezeichnenden historiographischen Modells. Die Lektüre des *Neuen Handbuchs* dient mithin primär der grundlegenden Erkenntnis temporärer Konstellationen aus der Sicht des späten 20. Jahrhunderts, der die umfassende Detailinformation nachgeordnet ist.

Den eher auch im Detail materialreichen Typus einer Musikgeschichte verkörpern die Bände der

• *Norton History of Music Series*, New York: Norton
Curt Sachs: *The rise of music in the ancient world, East and West* (1943)
Gustave Reese: *Music in the Middle Ages* (1940)
Gustave Reese: *Music in the Renaissance* (1954, revidiert 1959)
Manfred Bukofzer: *Music in the Baroque era, from Monteverdi to Bach* (1947)
Alfred Einstein: *Music in the romantic era* (1947, [2]1949)
William W. Austin: *Music in the 20th century from Debussy through Stravinsky* (1966),

die, wenngleich nicht mehr in allen Einzelheiten auf dem neuesten Stand, immer noch ergänzend herangezogen werden können.

Für den weniger auf Differenzierung und wissenschaftliche Unbestechlichkeit bedachten, eher schnellen und al-fresco-haften Überblick kann neben dem bereits oben erwähnten *dtv-Atlas*

• Michels, Ulrich: *dtv-Atlas zur Musik. Tafeln und Texte*, 2 Bde., München: Deutscher Taschenbuch Verlag und Kassel: Bärenreiter 1977 und 1985

vor allem das Repetitorium von

• Wörner, Karl Heinrich: *Geschichte der Musik. Ein Studien- und Nachschlagebuch*, ([1]1954), 8., völlig neu bearbeitete Auflage, hrsg. von Lenz Meierott, Göttingen: Vandenhoeck und Ruprecht 1993

dienen.

Aufgabe 8
a) In welcher Stadt lag am Ende des 12. Jahrhunderts ein Höhepunkt differenzierter Mehrstimmigkeit?
b) Welche gattungsgeschichtlichen und kompositionstechnischen Neuerungen zeitigte der Stilwandel an der Wende vom 16. zum 17. Jahrhundert?
c) Welche musikhistorischen Tendenzen charakterisieren das Jahrzehnt bis 1909?

Monographien, Sammelpublikationen und Periodika

Nach der Orientierungsphase mittels Nachschlage- und gegebenenfalls Überblickswerken kann die Erarbeitung der speziellen Sekundärliteratur in Angriff genommen werden. Hierzu ist an dieser Stelle lediglich eine kurze Klärung der in Frage kommenden **Schriftenklassen** erforderlich, da die entsprechenden Bezeichnungen für das Bibliographieren, die Orientierung in Bibliotheken und das Anlegen eines Literaturverzeichnisses wichtig werden.

Eine **Monographie** (griech. monos = allein, einzeln; graphein = be/schreiben) ist im allgemeinen Sprachgebrauch eine zusammenhängende Abhandlung über ein einzelnes Thema. Das kann, wie in der Regel, ein Buch (durchaus mit mehreren Bänden) sein, es kann sich aber auch um einen monographischen Artikel in einer Enzyklopädie handeln. Eine Werkmonographie ist entsprechend die geschlossene schriftliche Behandlung eines (musikalischen) Werkes. Speziell universitäre Monographien sind Dissertationen, die zur Erlangung des Doktorgrades verfasst werden, und Habilitationsschriften, die zu den Voraussetzungen für die Erteilung der »venia legendi«, der Erlaubnis, an einer Universität selbstständig Vorlesungen zu halten, gehören. Gemeinhin hat eine Monographie einen Verfasser oder ein eng zusammenarbeitendes Autorenteam.[34]

Demgegenüber ist es bei einer **Sammelpublikation** der häufigste Fall, dass in ihr kleinere Beiträge verschiedener Urheber zusammengestellt sind. Selbst wenn eine solche Publikation sich einem Thema widmet, ist die Verbindung der Autoren untereinander gewöhnlich so locker, dass der Band keinen monographischen Charakter (»wie aus einem Guss«) hat, sondern eine Kollektion mehr oder weniger zusammengehöriger Aspekte ist. Neben dem selteneren Fall, dass isolierte Beiträge aus rein thematischen Gründen zu einem Buch vereint werden, sind die klassischen Typen der Sammelpublikation die Festschrift und der Tagungsbericht. **Festschriften** werden einer Person, bisweilen auch einer Institution zu einem bestimmten Anlass gewidmet. Sie sind eine von Kollegen und Schülern gern genutzte Gelegenheit, mit wissenschaftlichen Aufsätzen einem verdienten Vertreter des Faches zu einem runden Geburtstag gegen Ende seiner akademischen Laufbahn eine Reverenz zu erweisen. Zumeist enthält eine solche Festschrift auch ein vollständiges Schriftenverzeichnis des Jubilars. In **Tagungsberichten** werden die auf wissenschaftlichen Kongressen, Symposien, Fachkonferenzen und ähnlichen Tagungen gehaltenen Referate abgedruckt. Nicht selten werden dabei auch die sich im Anschluss an ein solches Referat entspinnenden Diskussionen veröffentlicht, was für den Leser von besonderem Interesse ist, wenn in der wissenschaftlichen Auseinandersetzung konträre oder ergänzende Aspekte zur Sprache kommen.

Die weitaus geläufigste Publikationsform von Forschungsergebnissen, die auch üblicherweise den Hauptbestand der Lektüre ausmachen, sind Aufsätze in wissenschaftlichen **Zeitschriften** und **Jahrbüchern**. Wie der Name sagt, erscheinen Jahrbücher, die in den meisten Fällen das Mitteilungsblatt einer einem bestimmten Gegenstand gewidmeten Gesellschaft sind (z. B. *Schütz-Jahrbuch* der Internationa-

---

34 Im speziell bibliothekarischen Sprachgebrauch versteht man unter einer Monographie hingegen jegliches abgeschlossene, d.h. nicht auf Fortsetzung hin angelegte Werk. Ob es sich dabei um eine Sammelpublikation oder ein fortlaufendes Werk eines Autors handelt, ist aus bibliothekarischer Sicht gleichgültig.

len Heinrich-Schütz-Gesellschaft), im Jahresrhythmus. Dagegen kommen Zeitschriften in kürzeren Abständen, drei- bis viermal im Jahr, heraus. Auch sie sind bisweilen Organe von Gesellschaften, so *Die Musikforschung* das der (deutschen) Gesellschaft für Musikforschung, die *Acta musicologica* das der Internationalen Gesellschaft für Musikwissenschaft. Neben universellen Zeitschriften, die allen Bereichen der Musikwissenschaft offenstehen, existieren zahlreiche thematisch spezialisierte Periodika (*Early music, Musik und Kirche, Musik und Bildung, Musiktheorie, International review of the aesthetics and sociology of music* etc.). Die überaus große Bedeutung aller dieser **periodisch**, d. h. regelmäßig erscheinenden Schriften liegt in ihrer Flexibilität, mit der sie die unerlässliche nationale wie internationale Kommunikation der »scientific community« ermöglichen und befördern. Aus diesem Grund offerieren sie nicht nur im Hauptteil dem Forscher ein Publikationsforum für Beiträge jeglicher Länge zwischen einer und hundert Seiten – in denen entsprechend alle Aufsatztypen von der Minimalbeobachtung bis zum Fundamentalbeitrag vertreten sein können –, sie enthalten je nach ihrer offiziellen Funktion teils auch aktuelle Berichte über Fachtagungen, Buch- und Editionsbesprechungen sowie Mitteilungen und Ankündigungen aus dem Bereich des wissenschaftlichen Lebens und Werbung für Neuerscheinungen. Dabei ist jede Zeitschrift bei der Auswahl und Zusammenstellung der Beiträge um ein eigenes Profil bemüht. Am Ende eines Jahres werden die bis dahin lose gesammelten Hefte von den meisten Bibliotheken zusammen mit einem Gesamtinhaltsverzeichnis gebunden und jahrgangsweise aufbewahrt.

Eine Übersicht über wichtige Musikperiodika stellen nach Sachgebieten K. Oehl/ K. Pfarr, *Musikliteratur*, S. 85–97, zusammen. Umfassend werden sie von H. Lanzke, *Wo finde ich Informationen* IIb, sowie in der alten *MGG* (»Zeitschriften«) und *NGroveD* (»Periodicals«) aufgelistet. Da Zeitschriften und Jahrbücher in der Sekundärliteratur vorzugsweise abgekürzt zitiert werden, sei nochmals auf die Abkürzungsverzeichnisse der großen Enzyklopädien verwiesen. Darüber hinaus lohnt es sich allemal, wenigstens die Sigeln für das halbe Dutzend der wichtigsten und meistzitierten Zeitschriften zu kennen:

AfMw	Archiv für Musikwissenschaft
AMl	Acta Musicologica
JAMS	Journal of the American Musicological Society
Mf	Die Musikforschung
ML	Music and Letters
MQ	The Musical Quarterly

DAS AUFFINDEN UND NACHWEISEN VON QUELLEN:

BIBLIOGRAPHIEREN

Bibliographie:
Bücherverzeichnis;
Zusammenstellung von Büchern
und Schriften, die zu einem
bestimmten Fachgebiet oder Thema
erschienen sind.

Vor die eigentliche Arbeit mit den Quellen haben die Götter die **Bibliographie** (griech. biblion = Buch, graphein = be/schreiben; wörtlich »Bücherbeschreibung«) gesetzt, denn zuerst einmal muss man in Erfahrung bringen, welche Quellen – sei es Notenmaterial, sei es Sekundärliteratur – existieren und in welcher Form sie zur Verfügung stehen. Diesen Vorgang, sich einen Überblick über das einschlägige Material zu verschaffen, nennt man Bibliographieren. Das Ergebnis, die Materialliste, wäre die Bibliographie, in der die Daten zum betreffenden Lektüre- oder Notenmaterial gesammelt und registriert werden, und zwar alle die Angaben, die erforderlich sind, um die Quelle dann in der Bibliothek oder beim Händler ausfindig zu machen. Welche Daten im Einzelnen einen bibliographisch exakten Literatur- oder Musikaliennachweis ausmachen (Name des Verfassers, Titel des Werkes, Jahr des Erscheinens u. a.), wird im Kapitel »Literatur- und Quellenverzeichnis«, S. 203ff., erläutert. Aber nicht nur die persönlich erstellte Liste ist eine Bibliographie, vielmehr ist der Ausdruck für all die Verzeichnisse zu verwenden, in denen bereits von Institutionen oder Einzelpersonen Titel zusammengestellt sind, etwa nach dem Kriterium eines mehr oder weniger beschränkten Sachgebietes (z. B. Musik, Musikpädagogik, musikalische Früherziehung), eines bestimmten Zeitabschnittes (z. B. alle Kongressberichte des Jahres 1980) oder einer bestimmten Sprache bzw. Region.

Für den Musikwissenschaftler von Bedeutung sind die Bibliographie des Musikschrifttums, die Musikalienbibliographie, in bestimmten Fällen auch die Diskographie (bzw. allgemein der Nachweis von Tonträgern) oder die Erfassung ikonographischer, also in Abbildungen vorliegender Zeugnisse zur Musik. Die beiden letzten Bereiche spielen im konventionellen Studiengang Musikwissenschaft eine untergeordnete Rolle und sollen deshalb nur kursorisch behandelt werden. Auch die Feinheiten des insgesamt nicht einfachen Bibliographierens von Notenmaterial sind in der Regel nicht gefordert. Unabdingbar ist es allerdings, die Grundregeln der Schrifttumsbibliographie zu beherrschen, und zwar von Anfang an. Dass es hierbei verschiedene Schwierigkeitsgrade und auch Finessen gibt, die selbst die »Profis« nicht immer beherrschen, steht außer Frage. Sie sollen hier natürlich nicht erschöpfend behandelt werden. Vielmehr geht es darum aufzuzeigen, welche bibliographischen Hilfsmittel und Arbeitsschritte bereits für das Grund- und Hauptstudium wichtig sind oder zumindest in Frage kommen und welche Bibliographierstrategien erst zu einem späteren Zeitpunkt, für eine Examens- oder Doktorarbeit, relevant werden. Aus diesem Grund werden die elementaren Techniken ausführlich, die fortgeschritteneren mit weniger Einzelheiten bzw. nur noch in Form eines Verweises auf entsprechende Referenzwerke vorgestellt. Die Unterkapitel sind im Großen und Ganzen progressiv angelegt, sodass sie den Leser von den grundlegenden zu den differenzierteren Nachweispraktiken führen. Da sich hierbei jedoch Überschneidungen nicht immer ganz umgehen ließen, sind die bibliographischen Schritte, die bereits im Grund- und Hauptstudium erlernt werden sollten, in normaler Schriftgröße gedruckt, die für die »Fortgeschrittenen« in kleinerer Type. Führt eine Suche mit den elementaren Mitteln nicht zum gewünschten Erfolg, kann es allerdings auch für eine Seminararbeit sinnvoll oder notwendig sein, im »Kleingedruckten« nach Anregungen für die weitere Suche zu fahnden. Zu den Hauptproblemen des fortgeschrittenen Bibliographierens gehört es, dass viele der einschlägigen Nachweismittel nicht in Institutsbibliotheken, auch nicht in normal ausgestatteten Universitätsbibliotheken, bisweilen selbst nicht in Landes- und Zentralbibliotheken vorhanden sind. Und wenn man ein solches Werk dann doch in die Hände bekommt, ist häufig Material darin verzeichnet, das in Deutschland gar nicht zu beschaffen ist. Und vorerst bleibt es auch Wunschdenken zu glauben, die elektronische Revolution und die Vernetzung der Welt via Internet veränderten diese Situation grundlegend. Zwar kann sich unterdessen jeder ein beträchtliches Quantum an öffentlich zugänglichen und sogar kostenlosen Informationsquellen auf seinen heimischen Rechner holen. Doch sind viele der einschlägigen Online-Datenbanken gebührenpflichtig oder, wenn sie auf CD-ROM verfügbar sind, unerschwinglich teuer. Zwar erwerben manche große Bibliotheken (in der Regel dieselben, die auch schon die kostspieligen gedruckten Bibliographien anschafften) solche Datenträger bzw. die Lizenzen von Online-Datenbanken und stellen sie innerhalb ihres Netzes und für ihre Benutzer vor Ort kostenlos zur Verfügung. Das Ergebnis hinsichtlich einer vermeintlichen Informations-Demokratie ist dasselbe wie zu Zeiten vor der »Revolution«: Wer in Berlin, München, Hamburg, Köln etc. arbeitet, hat's gut wie eh und je, für die anderen – und wahrlich nicht nur die auf dem platten Land – bleibt das frustrierte Nachsehen. Ich war daher bemüht, den skizzierten Bibliographierpfad auch danach auszurichten, was in welchem Rahmen überhaupt als realistisches Hilfsmittel gelten kann.

Grundsätzlich unterscheidet man zwischen formalem und inhaltlichem (thematischem) Bibliographieren. Beim **formalen Bibliographieren** hat man bereits Anhaltspunkte zu einem bestimmten Titel (z. B. In den 80er-Jahren soll ein Faksimilenachdruck mit Cembalostücken von Gaspard Le Roux herausgekommen sein, den ich über Fernleihe bestellen will: Wie lauten die genauen Angaben?). Beim **inhaltlichen Bibliographieren** hingegen sucht man ganz allgemein Stoff zu einem bestimmten Thema (z. B. Welche Literatur gibt es über Hindemith und die Anfänge der Donaueschinger Musiktage?). Im Folgenden soll das Augenmerk primär auf das inhaltliche Bibliographieren gerichtet werden, weil es zum einen den Löwenanteil der Bibliographieraufgaben ausmacht, weil es zum andern bereits so umfangreiche Kenntnisse vermittelt, dass man damit auch viele Fragen des formalen Bibliographierens selbst lösen kann, und weil man sich drittens bei Problemen des formalen Bibliographierens immer an das zuständige Bibliothekspersonal wenden kann, das hier zu Auskünften jederzeit bereit und verpflichtet ist. Es ist dies allerdings nicht, wenn nach Wegen zum inhaltlichen Bibliographieren gesucht wird. Sicher helfen auch da bei schwierigeren Problemen die auskunftgebenden Bibliothekare (im Bereich ihrer Möglichkeiten); mit der Frage »Wie finde ich Literatur zum Trecentomadrigal« muss man sich aber über weite Strecken zuerst einmal selbst herumschlagen. Die Materialerfassung zählt daher zu den ersten und zugleich entscheidenden Schritten des wissenschaftlichen Arbeitsprozesses. Wie gut diese Aufgabe im Rahmen der jeweiligen Ausbildungsphase bewältigt ist, beeinflusst auch die Beurteilung einer ganzen Arbeit.

Dass systematisches Bibliographieren zur Erlangung dessen, was im angelsächsischen Sprachraum treffend »bibliographic control« genannt wird, ein gewöhnlich sehr zeitaufwendiges, ermüdendes Unterfangen ist, entbindet leider niemanden davon. Denn Bibliographieren, vor allem auch von Sekundärliteratur, dient nur zum einen Teil der allgemeinen Information über einen Gegenstand, sodass man damit aufhören könnte, wenn man meint, genug Auskünfte gesammelt zu haben, um sich eine Vorstellung von der Sache machen zu können. »Historie als Wissenschaft ist immer zu einem nicht geringen Teil Traditionskritik. Sie beginnt ihre Arbeit nicht unvermittelt, als voraussetzungslose Untersuchung primärer Quellen, sondern in der Form von Widerlegungen, Modifikationen oder Erhärtungen […]. Der Anstoß zu Historie geht von früherer Historie aus«.[1] Diese bereits im zweiten Kapitel zitierte methodische Prämisse gilt für jeden, der sich mit geschichtlichen Tatbeständen auseinander setzt. Und deshalb gilt auch für den Studenten schon die Forderung, sich in angemessenem Umfang einen Überblick über den Entwicklungsgang und den neueren Stand der Erkenntnisse zum jeweiligen Thema zu verschaffen und sich dann damit auseinander zu setzen. Für Proseminararbeiten, die sich vorwiegend mit grundsätzlichen Fragen der Musikwissenschaft befassen und eine Zusammenschau der wichtigsten Literatur bieten sollen, genügen in der Regel die Bibliographierschritte »Erster Überblick« (S. 80f.), »Schneeballsystem« (S. 85ff.), »Geschlossene Fachbibliographien«, sofern sie ohne größeren Aufwand erreichbar sind (S. 87ff.), sowie besonders die periodischen Fachbibliographien *RILM* (S. 90ff.) und *ZDM* (S. 96); ebenso sollten die Stufen »Lexika« (S. 108ff.) und »Werkverzeichnisse und Thematische Kataloge« (S. 111ff.) beim Musikaliennachweis selbstverständlich geworden sein. Vor der Zwischenprüfung ist es in jedem Fall noch legitim, den Seminarbetreuer nach Literatur und Notenausgaben zu fragen. Allerdings macht es immer einen guten Eindruck, wenn man sagen kann, hier und da habe man schon gesucht. Von einem Hauptseminaristen dagegen wird erwartet, dass er einen großen Teil der bibliographischen Arbeit selbstständig übernommen hat, bevor er mit dem Dozenten wegen eventuell noch wesentlicher Literatur oder Beschaffungskomplikationen Kontakt aufnimmt. Der kritische und selbstständige Umgang mit der Forschung gehört ausdrücklich zu den Leistungen, die im zweiten Studienabschnitt erwartet werden. Auf der bibliographischen Klaviatur des im Folgenden »Normalgedruckten« muss man dafür ohne Mühe spielen können, und im »Kleingedruckten« sollte man zumindest einmal geschnuppert haben.

1   C. Dahlhaus, *Grundlagen*, S. 167.

Bibliographieren ist ein weitgehend **handwerklicher Akt,** der sich in seinen Hauptstationen meist wiederholt. Es ist daher ratsam, die einzelnen Schritte mehr oder minder schematisch zu tun – d. h. natürlich nicht unflexibel! –, sodass einem die einzelnen Arbeitsgänge mit der Zeit in Fleisch und Blut übergehen. Ökonomisches und rationelles Vorgehen ist gerade bei mechanischen und zeitaufwendigen Arbeiten geboten. Man geht also möglichst immer in der gleichen Reihenfolge vor: vom Allgemeinen zum Besonderen. Unbedingt muss man dabei über die ausgewerteten bibliographischen Hilfsmittel Buch führen, also stets den Titel der gesichteten Bibliographie notieren, gegebenenfalls den oder die betreffenden Jahrgänge und auch die Stichworte, nach denen man das Werk durchgearbeitet hat. Nichts ist nämlich ärgerlicher, als wenn man die Ermittlung an einem anderen Tag fortsetzen will und nicht mehr weiß, was man im Einzelnen bereits durchforstet hat. Wieviel Doppel- und Dreifacharbeit ist da schon gemacht worden! Aus dem gleichen Grund ist es zweckmäßig, beim Bibliographieren immer die bis zu diesem Zeitpunkt erstellte Literaturliste komplett dabeizuhaben, um nachschauen zu können, welche Titel man schon aufgenommen hat. Das ist übrigens ein großes Handicap bei der sonst so komfortablen Literaturverwaltung per Computer (sofern man sich nicht zu den glücklichen Laptop-Besitzern rechnen kann). Als Ausweg hilft da nur, immer wieder Zwischenausdrucke herzustellen. Denn Bibliographien haben die (in diesem Fall unangenehme) Eigenschaft, in Bibliotheken in aller Regel nur als Präsenzbestand verfügbar zu sein – man kann sie also nicht nach Hause ausleihen. Ansonsten richtet sich die Art des Notats nach dem Umfang der zu erwartenden Daten. Bei kleineren Themen oder wenn man sich nicht viel Mühe machen will, reicht sicherlich eine fortlaufend geschriebene Liste. Bei umfangreicheren Bibliographieraufgaben wird dieser Verzeichnungsmodus jedoch sehr bald unübersichtlich. Hier sind nur noch kleine Zettelkarteien und natürlich elektronische Literaturverwaltung[2] praktikabel, die beliebig zu erweitern und umzuorganisieren sind. Mein dringender Rat: Notieren Sie sich immer gleich *alle* notwendigen bibliographischen Angaben, so wie sie dann im eigenen Literaturverzeichnis erscheinen werden (möglicherweise müssen die Angaben in der Literaturkartei/datei nochmals ergänzt oder abgeändert werden, nachdem man das Buch selbst in der Hand hatte)[3]; auch einmal nachgesehene Bibliothekssignaturen vermerkt man am besten gleich – so lässt sich insgesamt auf Dauer viel Arbeit und Verdruss ersparen.

Sammeln ist zwar stets der erste Schritt der wissenschaftlichen Arbeit, mit einem einmaligen Durchgang ist das Bibliographieren aber meist noch nicht abgeschlossen. Während der eigentlichen Arbeit an dem Thema erweitert sich das eige-

---

2 Eine Übersicht über aktuelle Literaturverwaltungsprogramme zwischen kostenlos und nach oben unbegrenzt erhält man unter *http://www.phil-fak.uni-duesseldorf.de/erzwiss/literat/lr_faq80.html*. Zum Teil ist es mit dieser Software bereits möglich, Dateien direkt aus fremden Datenbanken in die persönliche zu importieren.
3 Siehe dazu die Erläuterungen zum Anlegen eines Literaturverzeichnisses S. 206ff.

ne Wissens- und Fragenspektrum ständig. Aspekte tauchen auf oder werden einem mit der Zeit bewusst, auf die man während des anfänglichen Bibliographierens noch gar nicht oder nur am Rande geachtet hat. Das Thema »Akademien in der Musikgeschichte« legt natürlich das Stichwort »Akademie« nahe; aber erst bei eingehenderer Beschäftigung mit der Materie kommt man darauf, dass es sich hierbei um so heterogene Aspekte wie Gelehrtenzirkel, Opernunternehmen, Ausbildungsstätten, Konzertveranstaltungen oder Singvereinigungen handelt, ganz zu schweigen von den Namen von Akademiemitgliedern, die eigens als Stichworte nachzuschlagen wären. Ergänzende Recherchen stehen daher immer wieder an – und nun ist man für die Notizen dankbar, nach welchen Stichworten und in welchen Sachgruppen man bereits gesucht hat.

Um die einzelnen Bibliographiervorgänge verstehen zu können, muss man einige grundlegende Tatsachen kennen:

- Es gibt abgeschlossene (retrospektive) und laufende (periodische) Verzeichnisse. Die **abgeschlossenen Bibliographien** erfassen das einschlägige Material bis zu einem bestimmten Zeitpunkt, der entweder im Titel oder im Vorwort genannt wird; wenn nicht, ist der Moment des Erscheinens der Bibliographie der letzte Termin, bis zu dem möglicherweise noch etwas berücksichtigt ist. Ältere abgeschlossene Bibliographien sind also immer für die darin nicht erfasste Zeit durch andere, aktuellere Hilfsmittel zu ergänzen. **Periodische Bibliographien** erscheinen in regelmäßigen Abständen und verzeichnen das seit der letzten Ausgabe neu hinzugekommene Material. Wichtig ist auch der Begriff der **Kumulation**: die Zusammenfassung vorausgehender Einzellisten zu einer Gesamtliste. Ein monatlich erscheinendes Verzeichnis hat meist eine Jahreskumulation, die sehr hilfreich ist, da man nicht alle zwölf Monatshefte einzeln durchgehen muss; eine jährlich erscheinende Bibliographie bietet oft den Service einer Fünfjahreskumulation. Viele periodische Bibliographien haben kumulative Indices, d. h. zwischengeschaltete Register, in denen die Einträge mehrerer Bände nach Namen, Titeln oder Sachen in Kurzform erfasst sind. Online zu benutzende Datenbanken kennen keinen Unterschied zwischen abgeschlossenen und periodischen Bibliographien mehr. Sie stehen immer komplett zur Verfügung.
- Jede Bibliographie, sei sie als Buch gedruckt, als CD-ROM oder als online-Datenbank abrufbar, hat einen bestimmten **Berichtszeitraum**, nämlich die Zeit, für welche sie Publikationen erfasst hat. Die *Bibliographie des Musikschrifttums 1981* führt die Literatur des Jahres 1981 auf, obwohl sie 1990 erschienen ist (vielleicht noch ein paar nachzutragende Titel aus den vorhergehenden Jahren, aber nichts, was nach 1981 herauskam). Es gilt also immer, sich über den Berichtszeitraum der benutzten Bibliographie im Klaren zu sein. Die Zeit zwischen der Erfassung der verzeichneten Quellen und dem Erscheinen der Bibliographie nennt man den **Berichtsverzug**. Er kann geringfügig sein (z. B. sind die Neuerscheinungen deutscher Verlage in der wöchentlich ausgegebenen *Deutschen Nationalbibliographie*

rund zehn Wochen nach ihrer Ablieferung bibliographisch nachweisbar), er kann aber auch sehr lange sein (bei der *Bibliographie des Musikschrifttums* muss man mit einem Berichtsverzug von elf [!] Jahren rechnen). Die Wahl der Hilfsmittel kann also auch vom jeweiligen Berichtszeitraum bedingt sein.[4]

• Man unterscheidet **Allgemein-** (Universal-) und **Fachbibliographien**. Die ersten weisen Publikationen unabhängig von ihrer Thematik nach, die zweiten gezielt die Veröffentlichungen, die ein bestimmtes Fach betreffen, in unserem Fall also auf Musik bezogene Bücher, Noten, Schallplatten etc. Hierbei kann es wiederum Spezialformen geben: Möglicherweise sind nur in Zeitschriften und Jahrbüchern oder in Sammelbänden erschienene Aufsätze (so genannte unselbstständige Literatur) oder aber nur selbstständige Literatur (Bücher) verzeichnet, oder auch beides. Hierauf muss man achten, will man nicht einem Irrtum aufsitzen. In jedem Fach gibt es zahlreiche, bestimmten abgegrenzten Gebieten gewidmete **Sonderbibliographien**: z. B. Guy Marcos 1984 als Buch herausgekommene Sonderbibliographie zur Oper oder die fortlaufend im Rahmen des *Mozart-Jahrbuchs* erscheinende »Mozart-Bibliographie« oder die permanent aktualisierte »Bach Bibliography« im Internet.

Bibliographien sind nicht immer selbstständige Publikationen in Buchform, sie erscheinen oft auch als **versteckte Bibliographien**, also als Anhang zu einem Buch, Aufsatz oder Artikel oder in einer Zeitschrift.

• Unterschiede bestehen unter den einzelnen Bibliographien auch in der Art ihrer **Anlage**, die bei konventioneller Publikation entweder durchweg **alphabetisch**, **systematisch** nach Sachgruppen oder nach Schlagworten vorgeht. In der Regel haben alle Bibliographien ab einem bestimmten Umfang verschiedene **Register**teile (Autoren-, Titel-, Stich- oder Schlagwortregister), die dem Benutzer eine gezielte Orientierung innerhalb des Werkes ermöglichen. Bevor man eine Bibliographie benutzt, sollte man sich unbedingt mit dem Aufbau, der Vorgehensweise und den diversen Hilfsanhängen vertraut gemacht haben. Entsprechendes gilt für die jeweiligen Suchkategorien und ihre logische Verknüpfung bei elektronischen Dateien. Erst dann ist sie optimal auszuwerten.

• Manche Bibliographien (so genannte **annotierte Bibliographien**) begnügen sich nicht damit, nur den Titel mit den bibliographischen Angaben aufzulisten, sondern liefern weitere Informationen: eine stichwortartige Beschreibung, eine knappe Inhaltsangabe (Abstract) oder eine kritische (räsonierende) Erläuterung bzw. Bewertung und Einordnung in den Forschungskontext.

---

4   Wenn im Folgenden zu den einzelnen Bibliographien in Print-Form Angaben zum Berichtsverzug gemacht werden, ist immer eine gewisse Zeitspanne miteinkalkuliert, die das jeweilige Buch benötigt, bis es in der Bibliothek auch tatsächlich verfügbar ist.

Bibliographieren von gedrucktem Schrifttum aus dem 20. Jahrhundert

In diesem Kapitel wird beschrieben, wie wortsprachliche Quellen des 20. Jahrhunderts aufzufinden und nachzuweisen sind. Es handelt sich dabei in erster Linie um wissenschaftliche (oder halbwissenschaftliche) Sekundärliteratur zu Gegenständen der Musikgeschichte. Teils sind es dieselben Verzeichnisse, die generell Schriften zur Musik, also zusätzlich musikbezogene Primärliteratur des 20. Jahrhunderts enthalten.[5] Um sich über die musikästhetischen Vorstellungen des zeitgenössischen Komponisten Hans Werner Henze anhand seiner eigenen Aussagen und Texte zu informieren, benutzt man im Prinzip dieselben Hilfsmittel wie für die Suche nach Sekundärliteratur.

Wichtig: Bei jedem Bibliographierschritt ist immer Ausschau zu halten nach eventuellen **Sonderbibliographien**, die es zum Thema und seinem näheren und weiteren Umfeld bereits gibt. Versteckte Bibliographien sind auch in Monographien mit umfassendem Titel zu erwarten (z. B. *Jean-Philippe Rameau – Leben und Werk*; *Moderne Musik 1945–1965*). Alle Sonderbibliographien sind sorgfältig zu notieren, da sie eine kaum zu unterschätzende Ausgangsbasis für die zukünftigen Schritte darstellen.

Erster Überblick

Lexika

Gleichgültig ob man sich flüchtig über ein bestimmtes Problem orientieren will, ob für eine Proseminararbeit die wichtigste Literatur zum Thema zusammenzustellen ist oder ob es um den Einstieg in eine umfangreiche Bibliographieraufgabe geht: allgemeine Nachschlagewerke sind stets die erste Informationsstelle.

Einesteils gehört an den Anfang der Suche eine zumindest grobe Bekanntschaft mit der Sache selbst und mit ihrem Kontext. Die Lektüre einschlägiger Lexikonartikel dient daher dem Entwurf einer Grundstruktur des zukünftigen Fragennetzes. Um eine deutliche Vorstellung von zentralen Aspekten, den für den Gegenstand signifikanten Schlagwörtern (auch in anderen Sprachen[6]) und eventuell weiterführenden Fragen sollte man sich von Anfang an bemühen – es erleichtert und bereichert die eigentliche bibliographische Arbeit. Meist ist es nötig, mehrere Artikel zu Rate zu ziehen, um das Umfeld gebührend zu berücksichtigen.

Andernteils fügen viele Lexika ihren Artikeln bibliographische Hinweise bei, und zwar – das ist entscheidend – sowohl selbstständig als auch unselbstständig

---

erschienene Literatur, also Bücher und Aufsätze. Man kann beruhigt davon ausgehen, dass diese Literaturangaben zum wichtigsten Schrifttum gehören, das es zum betreffenden Phänomen gibt. Allerdings gewichten die einzelnen Autoren unterschiedlich und wählen dementsprechend andere Literatur aus. Mit dem Blick in ein einziges Nachschlagewerk ist es daher selten getan.[7]

* Die beiden großen Musikenzyklopädien *Die Musik in Geschichte und Gegenwart* (*MGG* bzw. *MGG2*) und *The new Grove dictionary of music and musicians* (*NGroveD*) bringen vor allem zu umfassenden Themenbereichen gute und oft ausführliche Literaturhinweise, zuweilen die *MGG* mit stärkerem Akzent auf deutschsprachigen, der *Grove* auf angelsächsischen Publikationen. Zu bedenken ist der Erscheinungstermin des jeweiligen Bandes (*MGG* 1949–1979, 2. Aufl. ab 1994; *NGroveD* 1980 und ca. 2002). Erschöpfend sind die bibliographischen Anhänge zu den Artikeln zwar nie, aber man ist auf diesem Wege wenigstens mit der Grundlagenliteratur versorgt.
* **Speziallexika** zu Personen, Ländern oder Sachgebieten können natürlich auch in bibliographischer Hinsicht sehr hilfreich sein. Allerdings lernt man sie selbst oft erst durch eine systematische Recherche kennen.[8]

Aufgabe 9
a) Eruieren Sie aufgrund von Lexikonartikeln Literatur zu dem Komponisten Bruno Maderna.
b) Im Rahmen eines Referats über Bachs Rätselkanons suchen Sie Literatur zur Tradition des Phänomens Rätselkanon. Verschaffen Sie sich einen Überblick mithilfe der genannten Hilfsmittel.

Bibliotheksinterne Sachkataloge

Der zweite Schritt, die Befragung des lokalen Sachkatalogs einer Universitätsbibliothek (seltener einer Institutsbibliothek)[9], dient hauptsächlich der Grundlageninformation im Umfeld des Themas sowie bei Recherchen zu umfassenderen Gegenständen, die in einem Lexikon nicht vorkommen. Vor allem auch bei interdisziplinären Themen, die also auf Fächer außerhalb der Musik übergreifen, ist der Sachkatalog der UB ein vorderhand unersetzliches Auskunftsmittel. Mitunter erwischt man aber auch ein ganz zentrales Buch zum engeren Fragenkreis. Der Vorteil eines

---

7 Einzelangaben siehe »Nachschlagewerke«, S. 57ff.
8 Weiterführende Nachschlagewerke hierzu: K. Oehl/K. Pfarr, *Musikliteratur*, S. 13–33; H. Lanzke, *Wo finde ich Informationen* I, S. 27–96; V. H. Duckles, *Music reference*, 4. Auflage: S. 1–95, 5. Auflage: S. 1–114.
9 Genaueres zum Aufbau und zur Benutzung von Sachkatalogen siehe »Sachkatalog«, S. 139ff.

Bibliothekskatalogs ist seine Aktualität, denn sobald eine Neuerwerbung den Geschäftsgang passiert hat, ist sie in den Katalogen verzeichnet. Seine Beschränkungen liegen darin, dass nur selbstständige Schriften und nur solche, die am Ort vorhanden sind, aufgeführt werden, weiterhin darin, dass die Sacherschließung nur ein relativ grobes inhaltliches Raster vorgibt und schließlich von so äußerlichen Faktoren wie den jeweiligen personellen Gegebenheiten einer Bibliothek bestimmt wird (z. B. wurde sie vielleicht zu gewissen Zeiten eines Mitarbeiter-Engpasses unterbrochen oder aufgegeben). Um effektiv vorgehen zu können, muss man mit der individuellen Anlage des Sachkatalogs der jeweiligen Bibliothek vertraut sein: Man kann sie aus ausliegenden Merkblättern, von der Bibliotheksaufsicht oder in einer Führung erfahren. Handelt es sich um einen **Schlagwortkatalog,** kann man unmittelbar die zum Interessensgebiet passenden Begriffe aufsuchen (z. B. »Madrigal«), besonders komfortabel natürlich mit online-Zugriff (also vom Computerterminal aus) auf die Datenbank der Bibliothek. Generelle Hinweise zur Handhabung derartiger OPACs finden sich auf S. 142f.. Bei der systematischen Recherche können folgende Strategien nützlich sein:

1. einige Stichworte überlegen, die in Buchtiteln vorkommen könnten und diese im Feld »Titel« (»Titelwörter«, »Stichwörter« oder am besten, wenn vorhanden, »Freitext«) eingeben, dabei möglichst auch schon einige fremdsprachliche, vor allem englische, Alternativen berücksichtigen und nacheinander aufrufen, z. B.: jeweils logisch verknüpft mit »musik«, »music« oder (wenn möglich) »musi?«: »nationalsozialismus«, »nazi« (»ns« ist als Buchstabenfolge zu unspezifisch und würde zu viele Treffer erbringen, die nichts mit dem Thema zu tun haben), »drittes reich«, »hitler«, »faschismus«, »third reich«, gegebenenfalls »konzentrationslager«, »exil«, »emigration« usw.

2. die bei diesen Treffern auf den Ergebnis-Titelaufnahmen anzutreffenden Schlagworte in gleicher Weise sequentiell abrufen (hierbei kann es, wie im obigen Fallbeispiel, besonders wichtig sein, Schlagwortverbindungen herzustellen, um die Treffermenge einzugrenzen), z. B. »geschichte 1933–1945«, »deutschland«, »musikleben«, »musikpolitik«, »geschichte 1938–1945«, »österreich« usw. Im **Systematischen Katalog** muss man die betreffende Sachgruppe ausfindig machen (z. B. »Kultur/Kunst« → »Musikgeschichte« → »20. Jahrhundert«); hilfreich ist hierbei eine Übersicht über die Systematik, die in der Nähe der Katalogkästen angebracht ist, sowie fast immer ein **Schlagwortregister**, das über konkrete Begriffe an die richtige Stelle in der Systematik führt. Der Systematische Katalog ist allen anderen Katalogformen darin überlegen, dass er dem Benutzer schnellen Zugang zu einer Fülle umliegender Literatur verschafft. Das ist eine Dienstleistung, die vor allem bei breit gestreuten Problemstellungen oder zum Verständnis größerer Zusammenhänge nicht hoch genug eingeschätzt werden kann. Wenn man sich beispielsweise mit der Bedeutung rhetorischer Figuren in den Werken Heinrich Schütz' beschäftigen will, ist sowohl ein bestimm-

tes Grundwissen über musikalische Rhetorik Voraussetzung als auch Einsicht in die Prinzipien der allgemeinen (sprachlichen) Rhetorik von Nutzen.

Ein gewisses Äquivalent zum Systematischen Katalog ist die systematische Aufstellung einer Freihandbibliothek, also in der Regel der Institutsbibliothek. Der Bestand ist gemeinhin nach einem bestimmten System aufgestellt, das in Funktionsweise und Qualität von Institut zu Institut sehr differieren kann. Wer sich mit dem gewöhnlich aushängenden Bibliotheksplan der Fachrichtung vertraut gemacht hat, kann oft schon gleich an die richtige Stelle in den Regalen gehen. So ist beispielsweise überall eine Sachgruppe »Biographien/Monographien zu einzelnen Personen« anzutreffen, die alphabetisch nach den (Komponisten-)Namen geordnet ist. Es muss aber betont werden, dass dieser Einstieg in die Literaturermittlung höchst zufällig und daher ergänzungsbedürftig ist – noch weit stärker als die Suche in einem Sachkatalog. Denn selbst gut bestückte Präsenzbestände haben die Eigenschaft, dass gerade die besten Bücher immer in Benutzung, verstellt, gestohlen sind ...

Externe Bibliotheks-, Verbund- und Virtuelle Kataloge

Ein erstrangiges Bibliographierhilfsmittel sind die über das Internet zu benutzenden Online-Kataloge. Da es für jeden wissenschaftlich Arbeitenden heutzutage ein »Must« ist, sich sicher in den Gefilden der neuen Technologien zu bewegen, kann und muss die Literatursuche über diesen Weg an prominenter Stelle stehen. Es dürfte auch wohl kaum mehr eine akademische Institution geben, in der der kostenlose Internet-Zugang fehlt.

Das Verfahren der Recherche ist vom Vorgehen her dasselbe, wie es oben für die bibliotheksinternen Online-Kataloge beschrieben wurde. Der Unterschied ist lediglich der, dass man sich auch in andere Kataloge einwählen kann:
a) in den konkreten Katalog einer anderen als der heimischen Bibliothek,
b) in einen so genannten Verbundkatalog. Das sind OPACs, in denen sich einzelne Bibliotheken – meistens einer bestimmten Region – zusammengeschlossen haben. Zwar bringt das auch bibliotheksinterne organisatorische Vorzüge mit sich, aber vor allem hat es für den Benutzer den Effekt, dass die Bestände mehrerer Bibliotheken in einem Vorgang abgefragt werden können. Mehr oder weniger handelt es sich dabei schon um einen virtuellen, quasi nur theoretisch vorhandenen Mega-Katalog.
c) in einen tatsächlich virtuellen Katalog, der eigentlich nichts anderes ist als eine Suchmaschine innerhalb von Katalogen, die dann auch nicht nur Bibliothekskataloge, sondern auch Buchhandelsverzeichnisse und Ähnliches umfassen kann.
Die Vorteile sind mehrfach: Für die systematische Recherche kann man (analog zur Suche im heimischen Sachkatalog) landes- und sogar weltweit operieren, erreicht

also ohne große Schwierigkeiten eine weitgehende bibliographische Kontrolle – notabene: nur für selbstständige Publikationen! Vorteilhaft ist dies vor allem bei jüngeren und ganz alten Werken (die einen liegen nach der Zeit der allgemeinen bibliothekarischen Umstellung auf EDV, die anderen sind so überschaubar, dass ihre elektronische Neukatalogisierung zu bewältigen war). Aber auch in der großen Grauzone zwischen etwa 1850 und 1980 decken die einzelnen Kataloge die unterschiedlichsten Zeiten ab, sodass auch hier die Trefferquote bereits heute erstaunlich ist und sich in rasantem Tempo vergrößert. Das Ergebnis sind zwar oft umfangreiche Titellisten von Werken, die man zu Hause nicht erhält, aber es gibt dennoch einen Einblick in die generelle Forschungslage. (Der Stoßseufzer oder die Ausrede »Dazu gibt es sicher nichts« wird wohl immer seltener.) Und schließlich kann man feststellen, ob das betreffende Objekt der Begierde vielleicht in einer Nachbarbibliothek, die man womöglich gelegentlich oder regelmäßig besucht, vorhanden ist oder ob man eine Fernleihe, die innerhalb des Verbundbereichs am schnellsten funktioniert, erwägen kann.

Der einfachste Schritt in medias res geht über die Suchmaschine des

• *KVK* (Karlsruher Virtueller Katalog): *http://www.ubka.uni-karlsruhe.de/kvk.html.*

Dort gibt man in einer – leider recht starren – Maske seine Suchoptionen ein und wählt dann aus, ob man beispielsweise
– nur einen Regionalverbund durchsuchen lassen will oder
– mehrere Verbünde innerhalb Deutschlands oder
– das deutschsprachige Ausland oder England miteinbeziehen oder
– einen Blick in das aktuelle Buchhandelsangebot werfen oder
– ob man in die deutsche, englische oder US-amerikanische Nationalbibliothek einsteigen will –
oder eben alles auf einmal.

Jede der genannten Institutionen hat vom *KVK* aus einen Link (durch Unterstreichen), sodass man sich auch direkt hineinklicken kann. Die individuellen Suchmöglichkeiten und -masken sind dann in aller Regel viel flexibler und vielfältiger zu nutzen. Von besonderer Bedeutung für unser Fach sind dabei
– die zentrale Anlaufstelle für deutschsprachige Literatur *Die Deutsche Bibliothek* mit allen seit 1945 erschienenen deutschen Publikationen (incl. Dissertationen, Habilitationsschriften etc.),
– der Bayerische Verbundkatalog (weil dazu auch die Bestände der Bayerischen Staatsbibliothek mit dem deutschen Sondersammelgebiet Musikwissenschaft gehören, mit einer äußerst komfortablen Suchmaske),
– die British Library,
– die Library of Congress (weil sie die größte Bibliothek der Welt ist; hier empfiehlt es sich, ggf. in der »Advanced Search« nicht nur die Option »Books File« für Bücher

ab ca. 1968, sondern auch »PreMARC« für ältere Bestände zu wählen).
– Erweitern kann man sein Spektrum (bisher außerhalb des KVK) durch den DBI-OPAC und den Bibliotheksverbund Berlin-Brandenburg (zu letzterem zählt etwa die Staatsbibliothek zu Berlin): *http://www.dbi-berlin.de* → Link: Service → Link: Bibliotheksverbund Berlin-Brandenburg BVBB → Link: Loginseite → Link: Guest → Link: BerlinOPAC oder Link: DBIopac (VK97).
– Einzelne Fragestellungen z. B. zur französischen oder italienischen Musik können es erfordern, dass man einen Blick in den Katalog einer speziellen Nationalbibliothek wirft. Dann baut *http://portico.bl.uk/gabriel/de/countries.html* die Brücke zu den europäischen Nationalbibliotheken. Reicht dies nicht aus, wird man garantiert unter *http://www.hbz-nrw.de/hbz/toolbox/opac.htm* fündig, wo man über alle OPACs weltweit auf dem Laufenden gehalten wird. Sich redlich zu Hause nähren kann man mit einer Liste der deutschen Bibliotheken, die online zu besuchen sind: *http://www.hbz-nrw.de/hbz/germlst/Welcome.html*.

Noch ist es ein Wermutstropfen, dass zahlreiche Kataloge nur über Telnet abrufbar sind, was zwar nicht unerlernbar, aber auch nicht angenehm ist.

Aufgabe 10
Gesetzt den Fall, im Rahmen einer Arbeit über die soziale und musikalische Position der Klavierlehrerin um 1850 wollen Sie sich allgemein über die Rolle der Frau in der Musikgeschichte des 19. Jahrhunderts ein Bild machen: Suchen Sie Literatur zum Einstieg in das Thema »Frau und Musik«.

Schneeballsystem

Das »Schneeballsystem« beruht darauf, dass man einfach einmal damit anfängt, Literatur zum Thema zu sichten – gleichgültig, ob sie einem empfohlen wurde oder ob man sie mit den oben geschilderten primären Methoden ausgekundschaftet hat. Die Durchsicht von Literaturverzeichnissen in Monographien und von Fußnoten in Aufsätzen fördert allemal neue Literatur zur eigenen Fragestellung zutage. Schaut man nun diese nach denselben Kriterien durch, erhält man wiederum neue Titel usw.: Man arbeitet nach dem so genannten Schneeballsystem, in dem aus einem Schneeball exponential eine Lawine werden kann. In vielen Anleitungen zum Bibliographieren wird dieses Verfahren verschwiegen, vermutlich weil es in Wissenschaftskreisen als nicht so »gesellschaftsfähig« gilt wie das Arbeiten mit offiziellen Hilfsmitteln, vielleicht auch weil ihm ein Hauch von Parasitentum anhaftet.[10] Gewiss:

10 »Beim Schneeball-System macht man sich die Sorgfältigkeit wissenschaftlichen Arbeitens anderer zunutze« (W. H. Peterßen, *Wissenschaftliches Arbeiten*, ²1988, S. 73).

Man verlässt sich auf die Vorarbeiten anderer, statt selbstständig – und das meint »wissenschaftlich« ja auch – zu bibliographieren. Und dennoch möchte ich hier eine Lanze für das Schneeballsystem brechen und es nachdrücklich empfehlen: Kein noch so systematisches Bibliographieren kann je alle relevante Literatur erfassen. Längst nicht alle Bibliographien schlüsseln die verzeichnete Literatur minutiös nach zahlreichen oder gar allen Aspekten des Inhalts auf. Vielmehr ist die einmal mehr, einmal weniger pauschale Rubrizierung unter einigen wenigen Schlagwörtern die Norm. Aufgrund der immensen Flut des Publizierten und damit dessen, was von den verschiedenen bibliographischen Instituten erfasst werden muss, kann die genaue Kenntnis und Erfassung des Inhalts heute nicht mehr erwartet werden. Man muss sich daher als Bibliographienbenutzer auch die Konsequenzen klar machen: Selbst wenn man mit perfektionistischem Eifer eine breite Palette von Schlagwörtern abklopft, bleibt vieles hinter unscheinbaren Titeln oder in umfangreichen Wälzern verborgen, was sich einem anderen Schreiber durch Zufall, Mundpropaganda oder zumeist Belesenheit und langjährige Erfahrung eröffnet hat. Sich diese zunutze zu machen, ist keine Schande, sondern wissenschaftliches Verfahren. Vor allem unselbstständige Literatur, die einem bei der Recherche in Bibliothekskatalogen notwendigerweise durch die Lappen geht, sowie Bibliographien zu relevanten Primärquellen und zu älterer Sekundärliteratur sind auf diesem Wege relativ schnell zu erreichen.

Doch nicht nur für die Literaturermittlung in einem bereits fortgeschrittenen Stadium ist das Schneeballprinzip eine höchstnötige Ergänzung, auch und gerade der **Elementarbibliographie** leistet es gute Dienste. Man muss allerdings bei den auszuwertenden Publikationen um ein breites Spektrum und vor allem um aktuelle Arbeiten bemüht sein, sollen sinnvolle Ergebnisse erzielt werden. Als Einstieg empfiehlt sich durchaus die Befragung des Sach- bzw. Online-Katalogs oder der Gang zum passenden Regalbrett in der Institutsbibliothek, wo man vornehmlich nach übergeordneten Büchern mit Kompendiencharakter Ausschau halten wird.[11] Dazu gehören auch musikhistorische Gesamtdarstellungen.[12]

Alles in allem ist das Schneeballsystem zur Ergänzung einer auf anderem Wege ermittelten Literaturliste angebracht und wenn man auf ausgedehnteres Bibliographieren verzichten und weiterführende Literatur während des Leseprozesses beiläufig sammeln will.

Aufgabe 11
Stellen Sie, ausgehend von Müller, Karl-Josef: *Mahler. Leben – Werke – Dokumente*, Mainz und München 1988; Danuser, Hermann: *Gustav Mahler und seine Zeit*, 2. Auflage, Laaber 1996; Schreiber, Wolfgang: *Gustav Mahler mit Selbstzeugnissen*

11   Vgl. dazu oben »Sachkataloge«, S. 81ff.
12   Vgl. hierzu »Musikgeschichten«, S. 66ff.

und Bilddokumenten, 19. Auflage, Reinbek 1997 (Rowohlts Monographien, 50181), und in drei bis vier Schritten Literatur zu Mahlers Vertonungen von Texten aus C. Brentanos und A. von Arnims Liedersammlung *Des Knaben Wunderhorn* zusammen. (Hinweis: Überprüfen Sie zuerst anhand der Werkliste im Mahler-Artikel des *Grove,* Bd. 11, S. 528f., welche Kompositionen in Frage kommen.) Vergleichen Sie Ihre Literaturliste mit den bibliographischen Angaben in den Mahler-Artikeln von *MGG* und *NGroveD.*

Geschlossene Fachbibliographien

Die bisher beschriebenen Bibliographierschritte zeichnen sich durch ihren selektiven oder zufälligen Charakter aus. Von einem bestimmten Moment an ist aber **systematisches Bibliographieren** gefordert: wenn – besonders bei Untersuchungen zu Detailproblemen – die einfachen Methoden nicht einträglich genug sind sowie wenn der Gang und der Stand der Forschung konsequent berücksichtigt werden sollen.

Zu diesem Zeitpunkt greift man zur **Fachbibliographie,** d. h. einer ihrer Intention nach rein oder vorwiegend bibliographischen Publikation zum betreffenden Fach, in unserem Fall zur Musik. Die Musikwissenschaft als Gesamtdisziplin befindet sich allerdings in einem so expandierten Stadium, dass an *die* eine Bibliographie längst nicht mehr zu denken ist. Auch bibliographische Arbeiten müssen sich daher portionsweise der Materialfülle stellen. Entweder suchen sie das Musikschrifttum in seiner gesamten Breite zu erfassen, dann aber nur für einen bestimmten Zeitraum: die umfassenden periodischen Fachbibliographien (siehe »Periodische Fachbibliographien«, S. 90). Oder sie sind bemüht, alles, möglichst vieles oder eine bestimmte Auswahl dessen, was bisher zu einem bestimmten Themenkomplex geschrieben wurde, zu erfassen: die **Sonderbibliographien.** In der Regel erscheinen Sonderbibliographien als einmalige Werke, bei besonders umfangreichen Gebieten (im Allgemeinen große Komponisten) auch als abgeschlossenes Grundwerk mit regelmäßigen Ergänzungen (z. B. die *Mozart-Bibliographie*).

Personalbibliographien

Da wir es in den kunstwissenschaftlichen Disziplinen mit den Werken einzelner Personen zu tun haben, spielen Personalbibliographien eine große Rolle. Um hier eine allgemein verbindliche Beschreibung geben zu können, unterscheiden sich die einzelnen Verzeichnisse in ihrer Konzeption zu stark. Doch durfte die Orientierung in einem solchen Werk nach Kenntnisnahme von Inhaltsverzeichnis, Register und notfalls Vorwort nicht schwer fallen. Eine Personalbibliographie ist vor allem für Detailfragen zu Leben oder Werk eines Komponisten gewinnbringend, da sie auch sehr spezielle Literatur verzeichnet. Allerdings ist es gut, mit Hilfe der Vorbemerkungen den Grad der Vollständigkeit in Erfahrung zu bringen, um gegebenenfalls weitergehende Recherchemöglichkeiten auszuschöpfen.

Aufzufinden sind Personalbibliographien, sofern sie selbstständig erschienen sind, im Schlagwort- bzw. Online-Katalog unter dem Komponistennamen. In einem OPAC verfährt man am besten so, dass man den Namen des gesuchten Komponisten zuerst als Schlagwort eingibt und per Index/Browse-Funktion die jeweilige Schreibweise herausfindet; diese lässt sich dann mit dem Schlagwort »Bibliographie« verknüpfen. Auch der **Thematische Katalog** zum Schaffen eines Komponisten kann bibliographische Angaben zu den einzelnen Werken enthalten, in der Regel mit Schwerpunkt auf philologischen Untersuchungen.[13]

Selbstständige sowie unselbstständige, abgeschlossene und laufende Personalbibliographien werden in Lexikoneinträgen zur betreffenden Person aufgelistet. Einen Führer durch musikalische Personalbibliographien bietet

• Green, Richard D.: *Index to composer bibliographies*, Detroit: Information Coordinators 1985 (Detroit studies in music bibliography, 53).

Es ist immer ratsam, die Existenz einer speziellen Bibliographie anhand eines Nachschlagewerks zu überprüfen, da sie sich nicht selten hinter einem anderen Titel verbirgt. (Die Händel-Bibliographie soll beispielsweise als Band 5 des *Händel-Handbuchs* erscheinen.) In Zukunft wird vermehrt damit zu rechnen sein, dass tatsächlich nützliche Online-Bibliographien über das Internet benutzbar sein werden (nicht irgendwelche der hunderttausend Feierabend-Elaborate). Als Beispiel kann die »Bach Bibliography« dienen (*http://dnausers.d-n-a.net/dnetYpOg/*).

Aufgabe 12
Finden Sie anhand von Lexikonartikeln heraus, in welcher Form es eine Personalbibliographie zu Joseph Haydn gibt. Versuchen Sie dann, darin ausschließlich anhand der Registerteile (also ohne die einzelnen Einträge nachzuschlagen) Literatur zu Variationen in Streichquartetten zusammenzustellen.

Sonstige Sonderbibliographien

Neben der relativ geschlossenen Gruppe der Personalbibliographien gibt es die wesentlich heterogenere Gruppe von Sonderbibliographien zu Sachthemen wie einzelnen musikwissenschaftlichen Disziplinen (Musikpädagogik, -soziologie, -ethnologie), Epochen, Gattungen und Stilen (geistliche Musik, Oper, Jazz), Aufführungspraxis,

---

13   Näheres zu Thematischen Katalogen siehe »Werkverzeichnisse und Thematische Kataloge«, S. 111ff.

Instrumenten etc. Allerdings ist eine thematische Sonderbibliographie immer noch eher als Ausnahme denn als Regel zu betrachten und kann keinesfalls erwartet werden.[14]

Hochschulschriften

Dissertationen und Habilitationsschriften sind eine eigene Schriftenklasse mit ihrer eigenen Problematik. Ist ein solches Werk als normale Verlagspublikation gedruckt, macht es keine Schwierigkeiten. Liegt es aber lediglich als kopiertes Typoskript oder als so genannter Dissertationendruck auf Papier oder Mikrofiche vor (wie auch alle amerikanischen Doktorarbeiten), kann sein Nachweis eigene Bibliographien (Hochschulschriftenverzeichnisse) fordern. Wer über den konkreten Forschungsstand zu einem bestimmten Problemkreis genau und aktuell informiert sein will, wird auch neuere Dissertationen zur Kenntnis nehmen wollen. Bei einer eher großflächigen Orientierung über die Sekundärliteratur lohnt die bibliographische Mühe jedoch weniger, zumal die Qualität zahlreicher, insbesondere auch amerikanischer Arbeiten, die nicht an den bedeutenderen Universitäten des Landes entstanden sind, den Beschaffungsaufwand nicht unbedingt rechtfertigen. Es ist immer eine Ermessensfrage, inwiefern der Aufwand des weltweiten Bibliographierens von Hochschulschriften in einem vertretbaren Verhältnis zur tatsächlichen Ausbeute steht – übrigens ein Problem des Bibliographierens überhaupt! Meistens ist die Enttäuschung umso herber, wenn man eine neuseeländische Dissertation ausfindig gemacht hat, die just das zu enthalten scheint, was man zu brauchen meint, aber nur unter großem finanziellem Aufwand nach einem Jahr bekommen könnte ...

Deutschsprachige Hochschulschriften erfasst die Reihe H der *Deutschen Bibliographie* (seit 1991 *Deutsche Nationalbibliographie*) mit sehr geringem Berichtsverzug. (Allerdings können oft ein bis zwei Jahre vergangen sein, bis das Werk nach seiner Fertigstellung der *Deutschen Nationalbibliographie* zu Gesicht gekommen ist. Ab 1992 sind in der Reihe M auch die musikbezogenen Hochschulschriften verzeichnet.) Retrospektiv für die Zeit bis 1970 sind deutsche Dissertationen sowie Habilitationsschriften von Richard Schaal verzeichnet worden[15] und für den Zeitraum 1945–1997 existiert eine CD-ROM der *Deutschen (National)bibliographie,* desweiteren sind alle deutschen Dissertationen und Habilitationsschriften in der Datenbank der *Deutschen Bibliothek* abrufbar (*http://iltisdbf.dbf.ddb.de:2440/*).

---

14   Sofern man nicht über die üblichen Einstiegshilfen darauf stößt, findet man eine Übersicht bei V. H. Duckles, *Music reference*, 4. Auflage: S. 162–215, 5. Auflage: S. 188–233 (»Special and subject bibliographies«).

15   Schaal, Richard: *Verzeichnis deutschsprachiger musikwissenschaftlicher Dissertationen, 1861–1960*, Kassel: Bärenreiter 1963 (Musikwissenschaftliche Arbeiten, 19), und Schaal, Richard: *Verzeichnis deutschsprachiger musikwissenschaftlicher Dissertationen, 1961–1970, mit Ergänzungen zum Verzeichnis 1861–1960*, Kassel: Bärenreiter 1974 (Musikwissenschaftliche Arbeiten, 25).

Sehr nützlich ist das *DDM (Doctoral dissertations in musicology)*[16], seit 1995 auch mit allen Vorteilen als *DDM-online* zu befragen (*http://www.music.indiana.edu/ddm*). Hier werden kumulativ alle nordamerikanischen Dissertationen registriert, und seit 1972 ist man um internationale Erfassung bemüht. Informativ ist, dass auch noch in Arbeit befindliche Hochschulschriften gemeldet werden.[17]

Periodische Fachbibliographien

Das Kernstück jeglicher bibliographischen Tätigkeit bildet die Arbeit mit den periodischen Fachbibliographien – sowohl was das zu erwartende Ergebnis betrifft als auch hinsichtlich der Zeit, die man bei den konventionellen Print-Versionen in die Durchsicht investieren muss. Gerade die Arbeitsökonomie sollte daher ein Motiv sein, sich mit den betreffenden Hilfsmitteln eingehend vertraut zu machen. Allein Sicherheit in ihrer Handhabung kann den gelegentlich schon mal monotonen Bibliographierprozess – denn man muss bei periodischen Werken ja Band für Band durchgehen – beschleunigen.

Umfassend: RILM und BMS

Unsere mit Abstand wichtigste bibliographische Quelle ist das so genannte **RILM**. Sie darf keinem Musikwissenschaftsstudenten unbekannt bleiben und sollte auch schon in einem frühen Bibliographierstadium Anwendung finden: einerseits durchaus für Proseminararbeiten, auf alle Fälle im Hauptstudium; andererseits schon gleich nach der Konsultation der Lexika, sofern man nicht auf eine einschlägige Sonderbibliographie zurückgreifen kann. Das *Répertoire International de Littérature Musicale*, eine in New York ansässige Organisation, publiziert seit 1967 periodisch die *RILM Abstracts of Music literature*. Sie ist die »umfassendste internationale Bibliographie selbständigen und unselbständigen Musikschrifttums«[18], die es bisher überhaupt gibt, und erfüllt viele Bedürfnisse:

• Sie ist wissenschaftlich orientiert und übergeht Veröffentlichungen rein populären Charakters; laut Vorwort verzeichnet *RILM* »all significant literature on music«.

16   Adkins, Cecil/Dickinson, Alis: *Doctoral dissertations in musicology*, Philadelphia: American musicological society u. a. 1984.
17   Weitere Dissertationsverzeichnisse siehe V. H. Duckles, *Music reference*, 4. Auflage: S. 164–168.
18   M. Müller-Benedict, *Nachschlagewerke*, S. 34. *RILM* widmet sich vorderhand der Erfassung aktueller Publikationen. Geschlossene Themenbereiche und Schriftenklassen erfasst es in Auswahl auch rückwirkend in der Reihe *RILM retrospectives*.

- Sie ist international, wenngleich auch *RILM* nicht anstreben kann, wirklich alle musikrelevanten Publikationen der Welt erfassen zu können.

- Sie ist umfassend und berücksichtigt selbstständige Literatur (Monographien, auch Dissertationen und Reprints, Sammlungen, Festschriften, Kongress- und Tagungsberichte) sowie unselbstständige Literatur (Zeitschriftenaufsätze, Einzelbeiträge aus Sammlungen und Kongressberichten, und zwar nicht nur aus rein musikbezogenen Werken; Rezensionen, Einleitungen zu Denkmäler- und Gesamtausgaben).

- Sie liefert zu praktisch jedem Eintrag ein Abstract, d. h. eine kurze Inhaltsangabe, die häufig vom Autor selbst stammt. Die Verfasser der Abstracts schlagen selbst notwendige Schlagwörter für das Register vor.

- Sie ist in drei Formen verfügbar: als Buchversion, die mitsamt ihren jährlichen Ergänzungsbänden nicht nur von größeren, sondern in aller Regel auch von kleineren Hochschul- und Institutsbibliotheken angeschafft wird, als CD-ROM unter dem Titel *MuSe* (= »MusicSearch«) mit vierteljährlichen Updates und als monatlich erneuerte Online-Datenbank (siehe *http://www.rilm.org* oder *http:// www.oclc.org* oder *http://www.nisc.com*), die man als Abonnent der Jahres-Zugangsberechtigung auch über das Internet nutzen kann. (Sowohl CD als auch offizielle Online-Nutzung sind circa viermal so teuer wie die auch nicht gerade billige Buchform und deshalb leider noch längst nicht in allen Bibliotheks- und Hochschulnetzen verfügbar.)

- Sie verfügt über eine taugliche Erschließung mittels Schlagwörter, die dank zahlreicher spezifischer Unterschlagwörter sehr differenziert und gezielt zu benutzen ist.

- Sie ist relativ aktuell: Für die gedruckten Bände und die Voll-Information der elektronischen Versionen bestehen zur Zeit noch 3 Jahre Berichtsverzug; in die Online-Version (und entsprechend in die CD) werden Daten kontinuierlich, aber ohne Anspruch auf Vollständigkeit eingearbeitet, sodass man teilweise auch an jüngere und ganz neue Datensätze (etwa der großen musikwissenschaftlichen Periodika und gängigen Verlagspublikationen, allerdings öfters noch ohne Abstract) herankommt.

Die Vorzüge dieser Bibliographie sind so eminent, dass sie für die Literatur **ab 1967** (Buch) bzw. **ab 1969** (elektronisch), sowohl in ihrer inhaltlichen Qualität als auch hinsichtlich ihrer Benutzerfreundlichkeit konkurrenzlos bleibt. (Selbst die systematische Befragung aller anderen Informationsdienste und Online-Datenbanken ergibt ein weniger umfassendes und vor allem weniger zielgenaues Ergebnis.) Wer *RILM Abstracts* kennt, versteht meine Lobeshymne, wer sie nicht kennt, sollte dies schnellstens nachholen!

Um effektiv – und dann auch schnell – mit *RILM* in der Print-Version arbeiten zu können, muss man mit folgenden Charakteristika bekannt sein (am besten überprüfen Sie die jeweiligen Daten konkret am Objekt, s. auch die *RILM* 1977 entnommenen Beispielausschnitte S. 93):

- *RILM* verzeichnet **jahrgangsweise** (*RILM* Bd. 1: 1967, Bd. 2: 1968, Bd. 3: 1969 …). Innerhalb eines Jahrgangs sind alle Eintragungen durchnummeriert. Der Jahrgang besteht aus dieser verzeichneten Literatur samt Abstracts sowie einem »Author-Subject-Index«, dessen Nummern auf einen Eintrag im Hauptteil verweisen.

- Alle **fünf Jahre** erscheint ein **Generalindex**, in dem die fünf Author-Subject-Indices der betreffenden Jahre in ein Alphabet zusammengefasst sind. Die dortigen Nummern enthalten zuerst die fettgedruckte Jahrgangszahl: »**75**: 6831« verweist also auf den Eintrag 6831 im Jahrgangsband 1975. Man kann so zu den früheren Jahren sehr gezielt suchen, ohne jeden Author-Subject-Index einzeln aufschlagen zu müssen.

- 1976 wurde ein so genannter *Lacunae*-Band (Bd. 10, 2. Halbbd.) eingeschaltet, der Nachträge und Berichtigungen zu den ersten 10 Jahren bringt. Er ist im Generalindex 1972–76 berücksichtigt.

- Der Aufbau der Einzelhefte gliedert sich nach **Sachgruppen** (z. B. »Historical musicology«, »Ethnomusicology«, »Instruments and voice«), die wiederum nach Untergruppen differenziert sind (z. B. »Historical musicology«: »Classic and pre-Classic«, »Romantic and post-Romantic«). Die Anlage ist dem Inhaltsverzeichnis zu entnehmen. Bei breitgefächertem Interesse ist es sinnvoll, die Sachgruppen als Ganzes durchzusehen.

- Jede Nummer (im Hauptteil wie im Register) hat eine weitere Spezifizierung mit **zwei kleinen Buchstaben**, die im Einzelnen im Vorspann entschlüsselt werden. Wichtig (und auch leicht) zu merken ist die Bedeutung des jeweils ersten Buchstabens: »a« bedeutet »article« (in einem Sammelband, einer Zeitschrift, einem Kongressbericht etc.), »b« heißt »book« (also eine Monographie), »c« bezieht sich auf »commentary« (etwa Vorwort zu einer Notenausgabe, Begleittext auf einer Schallplattenhülle), »d« meint »dissertation«, und »r« bedeutet »review« (Rezension). Wenn man tatsächlich nur Grundlagenliteratur zu einem Thema sucht, spart man sich so viel Blätteraufwand, indem man alle Nummern mit »c«, »r« und evtl. auch »d« übergeht.

- Zeitschriften wurden anfangs abgekürzt angegeben, eine Sigelauflösung ist am Bandanfang zu finden. Ein Sammelband wird bei der Verzeichnung unselbstständiger Literatur nur mit dem Titel genannt und auf den vollen Eintrag mit Nummer verwiesen.

- Im Author-Subject-Index werden die Verfasser in Majuskeln (Großbuchstaben) gedruckt, die Sachen bzw. Schlagwörter im Fettdruck, feststehende Werktitel und Eigennamen in Kursivschrift.

2

4759 KENT, Christopher. **A view of Elgar's methods of composi-**
ap   **tion through the sketches of the symphony no. 2 in E-flat (op.**
          63), *ProcRoyalMAssoc* CIII (1976-77) 41-60. *Music.*
Two volumes of sketches, now preserved by the Elgar Birthplace Trust and
given by the composer to Alice Stuart Wortley, make possible a comprehensive
reconstruction of the chronology and techniques of composition. The E-major
passage of the development section of the first movement, dating from 27 Nov.
1910, was originally in E-flat major and consisted of a downward sequential
extension of the opening theme of the work. If this is compared with the music
that follows, one finds that only alternate measures are present. Of the
intervening measures and the haunting cello countermelody there is no trace.
Elgar worked on this passage again on 14 Jan. 1911, at which time he inserted
the intervening measures. This resulted in a dovetailing of two sequences.
(Author)

4760 KLÍMA, Stanislav V. (Praha, CS). **Jeden z pozapomenutých**
ap   **(Václav Vilém Würfel 1790-1832)** [One of the forgotten
          (Václav Vilém Würfel, 1790-1832)], *OpusM* IX/10 (1977) 304-09.
          Illus. In Cs.
Describes the life and works of the Czech pianist, teacher, and composer.
Chopin was among his pupils.   *(Jiří Sehnal)*

4761 KNAPP, J. Merrill (Princeton U., N.J., USA). **The instru-**
ap   **mentation draft of Wagner's** *Das Rheingold, JAmerMusicolSoc*
          XXX/2 (summer 1977) 272-95. *Illus., music.*
Examines one of the few Wagner manuscripts in the USA with reference to
supplementary material in the Wagner archives in Bayreuth. Wagner's scoring
methods are analyzed, and details of pagination, conception, and format are
compared with the printed full score. The manuscript is in the Scheide
Collection in Princeton, N.J.   *(Author)*

4762 KNEPLER, Georg. **Gustav Mahlers Musik - Versuch einer**
ac   **Wertung** [Gustav Mahler's music - an attempt to evaluate it],
          Studien zur Wertungsforschung (RILM[77]4763) 9-15. In De.
Views Mahler's music as a great attempt to attain a point of equilibrium within
a world plunging toward revolution and catastrophe. The music is examined
from three different standpoints, namely, the syntactic, the pragmatic, and the
semantic. These are concerned with the analysis of musical technique; inquiries
into psychology, social history, and sociology; and philosophical and ideological
issues.   *(Martha Handlos)*

4763 KOLLERITSCH, Otto, ed. (Inst. für Wertungsforschung an
bc   der Hochschule für M. und darstellende Kunst in Graz, A).
          Gustav Mahler. Sinfonie und Wirklichkeit [Gustav Mahler.
          Symphony and reality]. *Studien zur Wertungsforschung* 9 (Graz:
          Universal, 1977) 216 p. S 155. *Music, bibliog.* In De.
Includes 15 essays. Authors' names and *RILM* numbers under which they have
been abstracted elsewhere are as follows: Georg KNEPLER (4762), Kurt
BLAUKOPF (5037), Otto KOLLERITSCH (5103), Rudolf FLOTZINGER
(4717), Diether de LA MOTTE (5752), Dieter REXROTH (4981), Wolf
ROSENBERG (4802), Dieter SCHNEBEL (4810), Krzystof MEYER (4965),
Reinhold BRINKMANN (*RILM[77]*2866), Peter FALTIN (5934), Karin
MARSONER (4775), and Hans Peter THURN (6096).

4764 KORTSEN, Bjarne. **Zur Genesis von Edvård Griegs g-moll**
rb   **Streichquartett op. 27** [The genesis of Edvard Grieg's string
          quartet in G minor, op. 27] (Berlin: author, 1967). In De; summaries
          in En, No.
R. by Ludwig FINSCHER, *Mf* XXX/3 (1977) 381. In De.

1 Nummer
2 Autor
3 Sachtitel
4 in: Zeitschrift: Name, Bd., Jg., Seiten
5 Abstract
6 in: Sammelband (mit Verweis auf vollständigen Eintrag)
7 Reihentitel
8 Rezension

- Bei einer Sachrecherche muss man bei einem speziellen Aspekt bisweilen unter einem übergeordneten Schlagwort suchen (z. B. »Paris« unter »France«, »free-masons« [Freimaurer] unter »societies, associations, fraternities etc.«).
- 1990 erschien der *RILM-Thesaurus*, ein **Wörterbuch** zu *RILM*.[19] Wenn man sich bei einem nachzuschlagenden Begriff nicht sicher ist, welches englische Wort dafür in *RILM* gebraucht wird, lässt sich dies im Thesaurus nachschauen. Ansonsten ist es empfehlenswert, die im Register angebotenen Verweise zu weiteren Begriffsfeldern ernst zu nehmen.

```
                    ROSSI, Nick, 4211bm⁰⁷
Autor ───────────── ROSSINI, Gioacchino, *4829rm²⁷
Schlagwort ──────── Rossini, Gioacchino
                    editions, operas, 1516ap⁵³
                    life, relation to Hamburg musical theater, 288ac²¹
                    life and works, 2686bf²⁷, 2807bf²⁷, 4801bf²⁷
                    manuscripts, Pittsburgh, Carnegie-Mellon U., 26ap⁰²
                    performances, Barbiere di Siviglia, staging, 1800bt⁷⁷
                    relation to Accademia Filarmonica of Bologna, 19ae⁰²
                    style, chamber music, 2763ae²⁷
                    ─── operas, clarinet writing, 1448dd⁴⁵
                    ─── Otello, 2828ae²⁷
                    ─── Semiramide, 2797ae²⁷
                    ─── Stabat Mater, 2793ap²⁷
                    ─── Tancredi, 4731bm²⁷
                    ─── vocal music, 2832bm²⁷
                    works, use of English horn, 1449ap⁴⁵
                    ─── viewed by Laroš, 4323bc¹⁷
                    ─── violoncello music, 1402ae⁴⁴
                    Rossino Mantovano, life and activities, 4469ap²⁴
                    RÖSSLER, Martin, 101ap⁰⁸, *2333rb²¹
```

- Die Erkenntnisse der Print-Version sind auf die elektronische Version übertragbar, allerdings kann man die Recherchestrategie unendlich verfeinern, insbesondere wenn man die »Advanced Search« nutzt (z. B. kann man nach Stichworten im Abstract suchen oder schon gleich Kategorien wie Dissertationen ausschließen oder nur deutsche Publikationen wählen oder seine Stich- und Schlagwörter über die Browse-Funktion checken …). Bei der unspezifischen Sachsuche ist es ratsam, möglichst mehrere Suchfunktionen abzuklopfen, etwa »Subject (keyword)«, »Title (keyword)«, »Abstract (keyword)«. Achtung: Trunkierung mit »+« (die Hilfe-Funktion ist übrigens praktikabel).

---

19 *RILM abstracts of music literature. Cumulative index 3, part 2: International thesaurus*, hrsg. von Marilyn Bliss, New York: RILM abstracts 1990.

[Database= RILM]

Welcome to *RILM !* By doing a search, you agree to the OCLC Terms and Conditions and the RILM Terms and Conditions.

	Word, Phrase (Help)		Index (Help)	
Search for		in	Author (keyword)	Browse Index
And ▼		in	Subject (keyword)	Browse Index
Or ▼		in	Title (keyword)	Browse Index
Not ▼		in	RILM Number (keyword)	Browse Index

Limits On Search:
Years : [No Limit]   (*Format* = yyyy-yyyy)
Type : Articles (art) (art) ▼
Language : German (german) ▼
Abstract : Abstract (yes) (yes) ▼

[Start Search] [Clear]   [History...] [Basic Search ⌃]

Das Schönste am elektronischen *RILM* aber ist, dass man alles binnen Sekunden und Minuten beisammen hat, wofür man früher Stunden brauchte und gerne mit einem Muskelkater in den Armen den Arbeitstag beschloss.

> *Aufgabe 13*
> a) Erschien 1982 etwas über Aufführungspraxis der Musik von Heinrich Schütz und seiner Zeit? Wenn ja, machen Sie eine korrekte Literaturangabe.
> b) Bibliographieren Sie nach *RILM*, welche Literatur zwischen 1967 und 1983 speziell zu Guillaume de Machauts *Messe* (*Messe de Notre Dame*) erschienen ist. Vergleichen Sie das Ergebnis mit den entsprechenden bibliographischen Angaben im *NGroveD*-Artikel zu Guillaume de Machaut.

Das deutsche Pendant zu *RILM* ist der Anlage nach die *Bibliographie des Musikschrifttums* (**BMS**) und ist doch fast nicht damit zu vergleichen. Um die Nachteile gleich zu nennen: Ihr Berichtsverzug ist noch größer (rund 11 Jahre), sie hat keine Abstracts, die Registeraufteilung wechselte häufig (Autoren-, Namen-, Personen-, Orts-, Sach-, Stichwort-, Schlagwortregister), und vor allem ist ihr Registerteil weit weniger benutzerfreundlich, weil die Schlagwörter nicht nach Unteraspekten differenziert werden (zu »Lied« etwa verzeichnet *BMS* 1980 nicht weniger als 105 Nummern, die alle einzeln nachzuschlagen wären, wollte man feststellen, worum bezüglich Lied es sich bei den Einträgen genau handelt). Die Vorteile: *BMS* verzeichnet pro Jahrgang insgesamt etwa 15 Prozent mehr Literatur als *RILM*. Der Vorsprung betrifft zwar speziell osteuropäische und deutsche lokalgeschichtliche Literatur (der mehr für den Experten von Nutzen sein wird und dem ein gewisser Rückstand in der Auswertung anglo-amerikanischer Quellen gegenübersteht), aber auch allgemeininteressierende Literaturnachweise findet man bisweilen in *BMS*, wenn sie in *RILM* fehlen. Für die Bibliographie mit Vollständigkeitsanspruch sind die beiden Nachweisinstrumente also nicht als fakultativ, sondern als komplementär anzusehen.

Von besonderem Gewicht ist, dass es *BMS* auch für die Zeit **vor 1967** gibt. Die Bände 1 bis 4 umfassen den Berichtszeitraum 1936–1939 (Bd. 1f. hrsg. von Kurt Taut, Bd. 3f. von Georg Karstädt, aufgrund der politischen Verhältnisse mit eingeschränkter Internationalität und Objektivität, nicht in allen Bibliotheken vorhanden); Zweijahresbände ab 1950/51 (hrsg. von Wolfgang Schmieder); Jahresbände ab 1960 (hrsg. vom Staatlichen Institut für Musikforschung Preußischer Kulturbesitz, Berlin). Für die Zeit »vor *RILM*« wird man in Ermangelung einer Alternative also in jedem Fall auf *BMS* angewiesen bleiben.

Aufgabe 14

a) Machen Sie zur Nummer 4653 in *BMS* 1966 eine bibliographisch vollständige Angabe.

b) Vergleichen Sie je im Jahrgangsband 1981 von *RILM* und *BMS*, welche Literatur zur Musikgeschichte Stuttgarts zu finden ist.

Zeitschriftenliteratur

Mit einem weiteren Bibliographierhilfsmittel sollte sich jeder sogleich im Anschluss an *RILM* und *BMS* vertraut machen, vor allem wenn er keine Möglichkeit für Online-Recherchen hat: mit dem *ZeitschriftenDienstMusik (ZDM). Nachweis von Aufsätzen aus ... deutschen und ausländischen Musikzeitschriften.*[20] Wie der Untertitel sagt, werden für den *ZDM* nur Zeitschriften (also z. B. keine Jahrbücher, Sammelbände und dgl.), und zwar nur Musikzeitschriften ausgewertet. Von ausländischen Publikationen ist eine kleine Auswahl erfasst, während die deutschen Fachorgane für das ganze Musikleben praktisch komplett ausgewertet sind. Die Zielgruppe für dieses Nachweisinstrument sind die Musikabteilungen der öffentlichen, nicht der wissenschaftlichen Bibliotheken. Das bringt mit sich, dass auch sehr viele Artikel außerhalb des im engeren Sinne wissenschaftlichen Bereichs verzeichnet sind (Interviews mit Interpreten, Ratschläge für Musikpädagogen, Tipps für Sammler von Tonträ-

---

20 Berlin: Deutsches Bibliotheksinstitut 1966ff.

gern usw.). Gerade aber für Informationen zum aktuellen Musikleben ist der *ZDM* höchst nützlich. Dazu gehören auch für den Wissenschaftler interessante Primärquellen zu neuen Kompositionen und lebenden Komponisten. Berichte über Uraufführungen, Porträts oder Gespräche mit zeitgenössischen Komponisten erscheinen ja in den seltensten Fällen in wissenschaftlicher Literatur, sondern in populäreren Publikationen. In einer solchen Recherchesituation kann es angezeigt sein, den *ZDM* über viele Jahrgänge zurückzuverfolgen (er erscheint seit 1966); für die »normale« wissenschaftliche Literatursuche pflegt man nur die letzten Bände zu überprüfen: die noch nicht von *RILM* erfassten Jahre (sofern man *RILM* lediglich in der Buchausgabe benutzt).

Der *ZDM* hat nämlich eine äußerst erfreuliche Eigenschaft: Er ist erstaunlich **aktuell**. Mit einer generellen Verzögerung von nur wenigen Monaten erscheint alle zwei Monate ein neues grasgrünes Heft, in dem die Titel der vorausgegangenen Jahrgangshefte mit den hinzugekommen zusammengefasst werden (die neuen Einträge erhalten ein Kreuz). Das 6. Heft ist dann der alles umfassende Jahrgangsband, der die vorangegangenen Hefte überflüssig macht und deswegen als Einziges in der Bibliothek aufbewahrt wird.

Die Anlage des *ZDM* unterscheidet sich von der der meisten Bibliographien und kann daher auf den ersten Blick verwirrend wirken (s. dazu der dem *ZDM* 1989 entnommene Beispielausschnitt S. 98). Die Einzeltitel sind im Hauptteil (den weißen Seiten) nämlich unter alphabetisch angeordneten **Schlagwörtern** verzeichnet, die bei Bedarf mit Unterschlagwörtern näher spezifiziert sind. Ein Aufsatz über die Gattung »Messe« ist unmittelbar unter dem Schlagwort »Messe« zu finden. Erst dann folgen die Angaben zum Verfasser, dem Sachtitel und der Zeitschrift, in der er erschienen ist. Auf grünem Papier liefert jedes *ZDM*-Heft auch ein **Verfasserregister**, und die Jahrgangsbände enthalten zudem gelbe Seiten, auf welchen alle Titel unter übergreifenden systematischen Gesichtspunkten zusammengestellt sind.[21]

Dieser **systematische Teil** kann nützlich werden, wenn man sich umfassend über ein größeres Gebiet informieren will, das nicht mit Schlagwörtern abgedeckt ist, etwa neue Arbeiten zur Musik des Barock. (Die nachstehenden Erläuterungen verfolgen Sie am besten wieder am Objekt.) Zuerst bieten die gelben Seiten ein so genanntes »systematisches Register«, in dem die einzelnen Systematikgruppen (u. a. »Nachschlagewerke« – »Allgemeine Grundlagen der Musikwissenschaft« – »Musikpraxis« – »Musikgeschichte« – »Musikalische Gattungen und ihre Geschichte« – »Musiktheorie«) aufgeführt sind. Sie werden mit einem Sigel lokalisiert, z. B. »Sbc« = »Allgemeine Grundlagen der Musikwissenschaft«. Unterabteilungen sind mit zusätzlichen Zahlen gekennzeichnet, z. B. »Sbc 5« = »Musikkritik«, »Sbc 52« =

---

21   Vorsicht: Im Bd. 23 (1988) wurde versehentlich statt des richtigen nochmals der gelbe Teil des Vorjahres eingebunden.

Fachblatt. Musik Magazin. 1989.10.
S.14–15. (Sbm 800)

Mehravan
Schillinger, Jörg
Mehravan – Folkrock seit dreizehn
Jahren. Mit Abb.
Musikblatt. 15.1988.6. S.25. (Sbm
9)

Meier, Dieter
Inhoffen, Matthias
Perspektiven. Yellos Dieter Meier
bricht im Gespräch mit Stereoplay
eine Lanze für die Phantasie. Mit
Abb.
Stereoplay. 1989.1. S.200–201. (Sbm
800)

1 ——— x Mendelssohn Bartholdy, Felix / Kon-
zert für Violine und Orchester op.
64 / Manuskript
Potter, Tully
Mysteries of Mendelssohn. Tully
Potter speaks to Luigi Alberto
Bianchi about his research on the
manuscript of Mendelssoh's E minor
violin concerto. Mit Abb. u.
Faks.
The Strad. 100.1989.10.(1194). S.
834–836,838–840. (Sbm 800)

2 ——— Mendelssohn Bartholdy, Felix / Sin- 3
        fonien
4 ——— Konold, Wulf
        Mendelssohns Jugendsinfonien. Teil 5
        1. Mit Notenbsp.
6 ——— Archiv für Musikwissenschaft. 46. 7
        1989.1. S.1–41. (Sbm 800)
        Konold, Wulf
        Mendelssohns Jugendsinfonien. 8
        Analytische Studie. Teil 2. Mit
        Notenbsp.
        Archiv für Musikwissenschaft. 46.
        1989.2. S.155–183. (Sbm 800) 9

Mentzer, Susanne
Hiller, Carl H.
Susanne Mentzer. Interview.
Opernwelt. 30.1989.8. S.16–17. (Sbm
800)

Menuett
Trapp, Klaus
Tänze als Verstehensbrücke. Was
kann Schüler an alter Musik
interessieren. Mit Abb. u. No-
tenbsp.
Musik und Bildung. 21.1989.7/8. S.
398–403. (Sbm 61)

Meriläinen, Usko
Nieminen, Risto
Insekten von Kafka. Der finnische

1 neu
2 Schlagwort
3 Unterschlagwort
4 Autor
5 Sachtitel

6 in: Zeitschrift
7 Band
8 Jahrgang. Heft. Seiten
9 Hinweise auf die Systematik-Gruppe

»Geschichte der Musikkritik«. Auf den folgenden Seiten, einer Art Sigelaufschlüsselung, kann man dann unter diesen Sigeln nachschauen, ob im betreffenden Band
ein Schlagwort aufgeführt ist, unter dem dann im alphabetischen (weißen) Teil
etwas zu finden wäre. In der Regel wird man bei der gezielten Literatursuche mit
den weißen Seiten und ihrem Schlagwortangebot auskommen, in bestimmten Fällen kann aber auch einmal die Arbeit mit dem gelben Teil nötig werden, und dann
ist es gut, wenn man weiß, wie er »funktioniert«.

Die Datenbank des *ZDM* ist für die Jahre ab 1995 auch kostenlos online zu
befragen und kann dann bisweilen manche aktuelle Trouvaille bereithalten, die
selbst *RILM online* noch fehlt: *http://www.dbilink.de* → Link »Datenbanken« → »Guest«
→ Link »Zeitschriftendienst«. Freundlicherweise hat die Suchmaske unter anderem das Feld »Freetext«, was für eine unspezifische inhaltliche Recherche immer
praktisch ist.

Aufgabe 15

a) Stellen Sie anhand der letzten 6 Jahrgänge des *ZDM* eine kleine Bibliographie zur Klaviermusik Franz Liszts zusammen.

b) Sie sollen sich über die Rolle des Orchesters in der *geistlichen Musik* des 17. Jahrhunderts kundig machen. Suchen Sie dazu im Systematischen Register des *ZDM* die entsprechende(n) Systematikstelle(n) und schlagen Sie sie in der Sigelaufschlüsselung des Jahrgangs 24 (1989) nach. Finden Sie einen einschlägigen Aufsatz heraus. (Achtung: Er behandelt nur ein Teilgebiet der Frage.)

Eine Art »internationaler ZDM« (mit Schwerpunkt auf englischen Texten) ist *The Music Index (MI)*. *The key to current periodical literature*, d. h. er verzeichnet nicht nur wissenschaftliche Literatur zu musikalischen Belangen (wie *RILM*), sondern auch populäre Texte zur Musik und ist also nützlich, wenn man sich für diese Schriftenklasse interessiert. Als gedruckte Version erscheint er monatlich mit Jahreskumulationen seit 1949 in Detroit, als CD-ROM sind die Jahrgänge 1979–1997 erhältlich. Der *MI* ist in Deutschland nur in sehr wenigen Bibliotheken verfügbar.

Der Vollständigkeit halber erwähnt sei noch der *IIMP* (*International Index to Music Periodicals*), eine rein elektronisch als CD-ROM oder online über das Internet zu nutzende kommerzielle Bibliographie (*http://www.chadwyck.com*), die hinsichtlich Zeitschriftenliteratur so etwas wie eine Kombination aus *RILM* und *MI* darstellt, denn es werden nicht nur wissenschaftliche Aufsätze und Artikel verzeichnet, die aber mit Abstracts. Den *IIMP* gibt es noch nicht lange, er arbeitet sich aber sporadisch bis ins 19. Jahrhundert zurück. Die Online-Nutzung ist natürlich im Rahmen eines Jahresabonnements kostenpflichtig, daher selten (z. B. in der Bayerischen Staatsbibliothek).

Ergänzend sollten Sie – vor allem die ›Nicht-RILM-online-Nutzer‹ – sich der kostenlosen Zeitschriftenrecherche via Internet in den kostenlosen universalen Aufsatzdatenbanken widmen, wie sie im nächsten Kapitel (»Allgemeinbibliographie – Unselbstständige Literatur«, S. 100ff.) beschrieben wird.

Allgemeinbibliographien

Nicht immer reicht die Information aus Fachbibliographien. Obwohl *RILM* eine starke Sparte mit interdisziplinären Veröffentlichungen berücksichtigt, hilft dies nichts bei der Frage, wie etwa die wirtschaftlichen Verhältnisse unter Ludwig XIV. waren oder auf welchem Stand sich die Computertechnologie befand, als Koenig 1966 seine Kompositionsprogramme entwickelte. Sehr häufig ist detailliertes fachfremdes Wissen gefragt. Dazu muss man universal bibliographieren.

Nicht erneut dargestellt wird die allgemeine Recherche von selbstständiger Literatur, die sich in nichts von den oben (»Erster Überblick: Bibliotheksinterne Sachkataloge, Externe Bibliotheks-, Verbund- und Virtuelle Kataloge«, S. 80ff.) vorgeschlagenen Strategien unterscheidet.

Es sei aber verwiesen auf den von OCLC betreuten gebührenpflichtigen *WorldCat* (»the world's most comprehensive bibliography, with [1999] more than 33 million bibliographic records from libraries around the world«): *http://www.oclc.org*.

Für lokal- und regionalgeschichtliche Studien können Regionalbibliographien sein. Nützlich zum Einstieg in die deutschsprachigen Exemplare, die selbstverständlich auch in Buchform exitieren, sind folgende Internet-Adressen: *http:// www.wlb-stuttgart.de/~www/bawue/regbib.html* und *http://www.uni-klu.ac.at/groups/his/ his_oehb/oehb_query/* für die *Österreichische historische Bibliographie*.

Unselbstständige Literatur

Eine sowohl in gedruckter Form als auch auf CD-ROM verfügbare bibliographische Gruppe zur Erfassung wissenschaftlicher ›Kleinliteratur‹ ist das vierblättrige Kleeblatt von *IBZ, IBR, IJBF* und *IJBK*. Die *IBZ* (*Internationale Bibliographie der Zeitschriftenliteratur*), die Aufsätze auch von Jahrbüchern und ähnlichen Periodika erfasst, erscheint in Halbjahresteilen mit einem Berichtsverzug von etwa einem halben Jahr. Man muss also die Nachschlageprozedur für jeden Jahrgang zweimal machen. Das gleiche gilt für die *IBR* (*Internationale Bibliographie der Rezensionen*). Einen Berichtsverzug von etwa einem Jahr hat die einmal im Jahr erscheinende *IJBF* (*Internationale Jahresbibliographie der Festschriften*), die diese wichtige Gruppe von Sammelpublikationen, die einer Person oder einer Institution gewidmet sind, nach ihren Einzelbeiträgen erschließt. Die *IJBK* (*Internationale Jahresbibliographie der Kongressberichte*) schlüsselt mit einem Berichtsverzug von knapp zwei Jahren Beiträge zu Kongressen im Einzelnen auf. Die vier Werke verfahren alle gleich: Sie sind in vier oder fünf Teile (A, B, C, D, E) mit unterschiedlicher Funktion untergliedert (alphabetischer, systematischer, Sachindex etc.). Die inhaltliche Suche nach Schlagwörtern bereitet keine große Mühe, zumal am Anfang eines jeden Werkes eine sehr instruktive, leicht verständliche »Bedienungsanleitung« steht und Deutsch die Grundsprache ist.

Mit den üblichen Suchprozeduren verfährt man bequem innerhalb der CD-ROM-Ausgaben. Zu bedenken ist, dass dieser bibliographische Verbund die unselbstständige Literatur keinesfalls vollständig, aber in einer akzeptablen Auswahl erfasst.

Zu komplettieren wäre das Verfahren mit folgenden online benutzbaren Aufsatzdatenbanken, die Inhaltsverzeichnisse durchforsten und entsprechend inhaltlich nur nach Stichworten aus den Aufsatztiteln abgesucht werden können (so genannte Table-of-Contents-Bibliographien):

- *JADE* (Journal Articles DatabasE) (z. B. über *http://ub-ultra.ub.uni-siegen.de/ netahtm/jade/jabl1.html*)
  enthält auch *IBZ* (1983ff.)
  enthält auch *PCI* (Periodicals Contents International: Aufsätze aus geistes- und sozialwissenschaftlichen Zeitschriften 1770–1993)
- *UnCover* kostenlos über *http://uncweb.carl.org*
- *ArticleFirst* und *ContentsFirst* von OCLC (kostenpflichtig).

Nationalbibliographien

Im Unterschied zu Verzeichnissen lieferbarer Bücher erscheinen die Publikationen in den Nationalbibliographien nur einmal: zu dem Zeitpunkt, an dem sie in die verzeichnende Bibliothek gelangt sind. Rückwirkend kann man hier Publikationen systematisch und zuverlässig überprüfen, ohne befürchten zu müssen, dass ein Buch bereits vergriffen und deshalb nicht mehr aufgeführt ist, denn Nationalbibliographien haben die Aufgabe, lückenlos alles zu erfassen, was im betreffenden Land je erschienen ist und erscheint. Insgesamt sind sie ein bereits sehr spezielles Instrument bibliographischer Nachweistechnik, und ihre Konsultation lohnt sich erfahrungsgemäß nur bei wichtigen Arbeiten. Zu den gedruckten Bänden der wichtigsten Länder, die in den Universitäts- und sonstigen großen wissenschaftlichen Bibliotheken zur Verfügung stehen, sucht man im Allgemeinen nur für das retrospektive Bibliographieren seine Zuflucht. Und auch dieses wird zusehends vereinfacht durch das gigantische (und entsprechend teure) Projekt »World Bibliographies on CD-ROM« des Saur-Verlags (Details siehe *http://www.saur.de*), das kontinuierlich die Literatur einzelner Sprachen vom 15. Jahrhundert bis heute zusammenführt (erschienen sind bereits u. a. CDs zu Französisch, Englisch, Italienisch, Spanisch). Neben den gedruckten Bänden halten größere Bibliotheken auch die Ausgaben der *Deutschen Nationalbibliographie* auf CD-ROM bereit (zur Zeit verfügbar: retro 1 1945–1971, retro 2 1972–1985, 1986–1992, 1993–1997, aktuell 1997–; Musik: Musikalien und Tonträger ab 1976, Musikliteratur ab 1982, Historische Tonträger und Bonner Katalog).

Abgeschlossene Fachbibliographien zu älterer Literatur

Auf wichtige ältere Literatur, die zu berücksichtigen sich auch heute noch lohnt (sei es, weil sie zum Klassiker geworden ist, sei es, weil sie für den behandelten Bereich nach wie vor die maßgebliche und nicht überholte Quelle ist), stößt man in der Regel schon in den Lexika oder spätestens mit Hilfe des Schneeballsystems. Wer sich einen systematischen Überblick über musikwissenschaftliches Schrifttum vor *RILM* und *BMS* verschaffen will, kann dies über die im Folgenden angegebenen Hilfsmittel tun. Dabei muss aber immer in besonderem Maße die historische – auch wissenschaftshistorische – Position der so in Erfahrung gebrachten Werke in Betracht gezogen werden. Das ältere Schrifttum ist durch deutlichen Eurozentrismus geprägt, da die amerikanische Musikwissenschaft erst nach dem Zweiten Weltkrieg in ihr expansives Stadium eintrat.

Eine **umfassende Bibliographie** (selbstständige und unselbstständige Publikationen) für die Zeit **bis 1922** stellt

- Aber, Adolf: *Handbuch der Musikliteratur in systematisch-chronologischer Anordnung,* Leipzig: Breitkopf & Härtel 1922 (Kleine Handbücher der Musikgeschichte nach Gattungen, 13), Reprint Hildesheim: Olms und Wiesbaden: Breitkopf & Härtel 1967

zur Verfügung. Schnellen Zugang zu Sachthemen gewährt das Namen- und Sachregister. Ebenfalls umfassend, aber nicht in abgeschlossener Form, sondern jahrgangsweise geben die bibliographischen Übersichten des

- *Jahrbuchs der Musikbibliothek Peters*[22]

Auskunft über die Erscheinungen der Jahre **1894–1939**. (1936 gingen sie in der oben beschriebenen *Bibliographie des Musikschrifttums* auf.) Das Material ist in zuletzt elf Sachgruppen (z. B. Lexika, Geschichte der Musik, Biographien) eingeteilt. Durch die fehlende Indexhilfe gestaltet sich die Suche langwierig. Ein ähnliches Verzeichnis für die Jahre **1885–1894** liefert das Kapitel »Musikalische Bibliographie« der

- *Vierteljahrsschrift für Musikwissenschaft.*

Hilfreiche Sonderverzeichnisse für zwei wichtige Bereiche der **unselbstständigen Literatur**, nämlich Festschriften und ähnliche Sammlungen sowie Kongress-, Symposions- und Tagungsberichte, verbuchen die beiden Depouillementsverzeichnisse[23]

- Gerboth, Walter: *An index to musical Festschriften and similar publications,* New York: Norton 1969
  (vorangestellte Liste der selbstständigen Publikationen, Einzelartikel nach Sachgruppen geordnet, relativ ausführlicher und differenzierter Author-Subject-Index) und

---

22   Verzeichnis der […] im Jahre … erschienenen Bücher und Schriften über Musik. Mit Einschluß der Neuauflagen und Übersetzungen, in: *Jahrbuch der Musikbibliothek Peters für …*, 1 (1894) –45 (1939).
23   Unter »Depouillement« versteht man die Aufschlüsselung des Inhalts. Es werden also die einzelnen Beiträge verzeichnet, nicht nur das Gesamtwerk, in dem sie sich befinden.

• Tyrrell, John; Wise, Rosemary: *A guide to international congress reports in musicology, 1900–1975*, New York: Garland 1979 (Garland reference library of the humanities, 118) (erfasst neben Kongressen auch Tagungen und Symposia; verschiedene Register, darunter ein sehr gut erschließender Subject index)

und schließlich als Online-Aufsatzdatenbank

• *JADE* (Journal Articles DatabasE, z. B. über *http://ub-ultra.ub.uni-siegen.de/netahtml/ jade/jabl1.html*, enthält auch *PCI* (Periodicals Contents International: Aufsätze aus geistes- und sozialwissenschaftlichen Zeitschriften 1770–1993).

Bibliographien der Bibliographien

Bisweilen hört man, Bibliographieren sei eine »Kunst« oder eine »Wissenschaft für sich«. Das mag übertrieben sein, aber ein Handwerk, und zwar ein umfangreiches, ist es allemal. Dass die bisher genannten Hilfsmittel lediglich die für den Musikwissenschaftler elementarsten darstellen, darf daher niemanden verwundern. Bei speziellen Problemen kann es erforderlich werden, besondere Materialien zu Rate zu ziehen, die man in so genannten Bibliographien der Bibliographien bzw. in Publikationen findet, die man im Englischen »research guide« zu nennen pflegt.

Speziell für den musikwissenschaftlichen Bereich sind folgende, teils in anderem Zusammenhang bereits erwähnte Werke zuständig:

• Oehl, Kurt; Pfarr, Kristina: *Musikliteratur im Überblick. Eine Anleitung zum Nachschlagen*, Darmstadt: Wissenschaftliche Buchgesellschaft und Mainz: Schott 1988.
Ein handliches Buch für den Studienanfänger, das überblicksartig die Verzeichnistypen Lexika, Bibliographien, Diskographien, Ikonographien, Zeitschriften, Thematische Kataloge und Editionsreihen vorstellt. Der geringe Umfang erlaubt natürlich nur eine elementare Auswahl. Informativ sind vor allem die jeweiligen Vorbemerkungen zur geschichtlichen Entwicklung. Vorsicht ist geboten bei den einzelnen bibliographischen Angaben, die stets am konkreten Objekt überprüft werden sollten.

• Lanzke, Heinz: *Wo finde ich Informationen über Musik, Noten, Tonträger, Musikliteratur*, Berlin: Berlin Verlag A. Spitz, Bd. 1: *Musikdokumente und Musiksammlungen – Musiklexika – Musikgeschichte – Musikleben*, 1990; Bd. 2a: *Musikbibliographie. Bibliographie der Bibliographien, Musikverzeichnisse (Musikalische Werke und ihre Ausgaben)*, 1992; Bd. 2b: *Musikbibliographie. Tonträgerverzeichnisse, Verzeichnisse*

der Musikliteratur, Musikzeitschriften. Anhang: Überregionale Musiksammlungen,
1996 (Orientierungshilfen, 22/1, 2a, 2b).
Ein äußerst nützliches Kompendium zum Nachschlagen. Seine besonderen Vorzüge sind die immense Fülle des Materials, die äußerst zuverlässige Verzeichnung und die – bei aller Internationalität – deutliche Orientierung an deutschen
und europäischen Verhältnissen. Allerdings werden fast ausschließlich selbstständige Publikationen verzeichnet, was notwendigerweise viele unselbstständig publizierte Informationen ignoriert, und die Annotationen sind sehr
knapp gehalten.

• Duckles, Vincent H.: *Music reference and research materials. An annotated*
bibliography, New York: Schirmer ([1]1964), 4. erweiterte Auflage (mit Michael A.
Keller) 1988, 5. erweiterte Auflage (mit Michael A. Keller und Ida Reed) 1997.
Das preiswerte Standardwerk für den »Profi« mit über 3000 Einträgen vor allem
zu den Bereichen Lexika, Musikgeschichten, Bibliographien, Kataloge, Diskographien. Hilfreich sind die Annotationen, die zahlreichen Hinweise zu Rezensionen der betreffenden Bücher sowie der »Index of subjects«, der eine schnelle
Orientierung erlaubt. Von großem Vorteil ist auch die Tatsache, dass unselbstständig publizierte Beiträge mitberücksichtigt sind. Internationalität ist zwar
angestrebt, die Betonung amerikanischer Verhältnisse lässt sich indes nicht
leugnen. Lästig ist die Masse der Druckfehler.

Oehl/Pfarr, *Lanzke* und *Duckles* sollten in jeder Institutsbibliothek vorhanden sein!

Über neu erscheinende Fachbibliographien (auch versteckte und unselbstständig
publizierte sowie solche, die zu speziell sind, als dass sie in den oben genannten
Referenzwerken genannt würden) kann man sich einerseits in *RILM* (Print) in der
Eröffnungsabteilung »Reference and research materials« informieren, andererseits
RILM (EDV) abrufen: Word, Phrase: »reference and research materials«; Index:
classification (exact phrase).

Bibliographieren von Schrifttum aus früheren Jahrhunderten

»Historisches« Schrifttum in handschriftlicher und gedruckter Form ist wesentlich
weniger differenziert erfasst als »modernes«, obwohl es sich um eine ungleich geringere Menge handelt. Das Kardinalproblem ist und bleibt die Sacherschließung, die
für ältere Publikationen in großem Umfang erst noch zu leisten wäre. Man ist daher
bei älterem und altem Schriftgut noch weit stärker als beim Bibliographieren von
Literatur aus dem 20. Jahrhundert auf Vorarbeiten von Spezialisten angewiesen.
Lexikalische Hilfsmittel und eventuell vorhandene Sonderbibliographien sowie die

Sekundärliteratur sind zuerst einmal mit besonderer Sorgfalt auszuwerten. Die kleine, 17 Titel umfassende – dennoch höchst hilfreiche – Liste unter der Überschrift »Primary sources: early music literature«, die Duckles gibt[24], spiegelt deutlich wider, wie wenig dieser wichtige Komplex bibliographisch aufgearbeitet ist. Als besonderes Problem, wenn man einer bestimmten Frage nachgehen will, erweist sich, dass die vorhandenen Verzeichnisse in den seltensten Fällen ein Sachregister aufweisen. Man bleibt also fast durchweg auf die eigene Wühlarbeit zurückgeworfen und muss Werke mit aussichtsreich klingendem Titel selbst in Hinsicht auf die eigene Fragestellung durchsuchen. Ein kleiner Trost ist es, dass hauptsächlich im 18. Jahrhundert sehr viele Bücher ein detailliertes Sachregister enthalten.

Die bei Duckles genannten Quellenverzeichnisse beziehen sich vornehmlich auf im engeren Sinne musiktheoretische Schriften und fast ausschließlich auf die Zeit bis um 1800. Für das spätere 18. und das gesamte 19. Jahrhundert mit seiner enormen Steigerung der Druckproduktion auch und besonders im populären und feuilletonistischen Bereich ist man auf zeitgenössische Bibliographien angewiesen. Eine gute Auflistung der in Frage kommenden allgemeinen, musikalische Literatur betreffenden Werke bieten K. Oehl und K. Pfarr.[25] Die Einschränkungen zu diesen bibliographischen Verzeichnissen betreffen zum einen die Beschränkung auf selbstständige Publikationen, zum anderen die schwierige thematische Orientierung innerhalb der Bände ohne Sachregister und schließlich die Ungewissheit, ob die aufgeführten Bücher heute überhaupt noch existieren, obwohl diese Frage immer leichter zu beantworten ist, weil zumindest große Bibliotheken ihre Altbestände bis circa zur Mitte des 19. Jahrhunderts komplett in die EDV überführt haben.

Das immense Literaturdefizit, mit dem man bei den zeitgenössischen Bibliographien durch die fast ausschließliche Erfassung von Büchern rechnen muss, wird zusehends durch ein monumentales Unternehmen, das *Répertoire International de la Presse Musicale* (**RIPM**), gemildert. Dieses Projekt wertet eine internationale und repräsentative Auswahl von Musikzeitschriften vom Ende des 18. bis zum Beginn des 20. Jahrhunderts aus. Seit 1988 werden die Ergebnisse von *RIPM* publiziert. Alle Jahrgänge des betreffenden Periodikums werden durch detaillierte chronologische Inhaltsangaben und Autor- und Stichwort-Register aufgeschlüsselt. Nach derzeitiger Planung soll im Jahr 2009 das Projekt abgeschlossen und dann 200 Bände (1998 waren es 106) erschienen sein. Ende 1999 soll auch Zugriff über eine

24   V. H. Duckles, *Music reference*, 4. Auflage: S. 205–208, 5. Auflage: S. 310–328. Besonders hinzuweisen ist auf die betreffenden Bände in der B-Serie des *Répertoire international des sources musicales* (*RISM*), die auch angeben, wo sich die Originalexemplare befinden.

25   Adlung 1758 und 1783, Gruber 1783 und 1792, Forkel 1792, Lichtenthal 1826, Becker 1836 und 1839, Eitner für die Jahre 1839–1846, Büchting für die Jahre 1847–1872, Whistling und Hofmeister für das gesamte 19. Jahrhundert; siehe K. Oehl/K. Pfarr, *Musikliteratur*, S. 35 und 46. (Von Lichtenthal gibt es einen Reprint Bologna 1970.) Neben Forkel ist vor allem das Werk von Becker auch für Literatur vor dem 19. Jahrhundert dienlich.

CD-ROM und über das Internet möglich werden. Zum Teil werden die Zeitschriften in einer Mikrofiche-Edition als Volltext zugänglich gemacht. Genaue Angaben über die ausgewerteten bzw. auszuwertenden und verfilmten Zeitschriften sowie über andere Einzelheiten des Projekts, ferner Beispielseiten sind erhältlich unter *http://www.nisc.com/RIPM.*

Solange dieses Projekt noch nicht zu Ende geführt ist, bleibt man auf eigenes Sondieren in Zeitschriften des 19. Jahrhunderts angewiesen. Eine erste Einstiegshilfe hält dafür die Übersicht von

• Fellinger, Imogen: *Verzeichnis der Musikzeitschriften des 19. Jahrhunderts*, Regensburg: Bosse 1969 (Studien zur Musikgeschichte des 19. Jahrhunderts, 10); mit Ergänzungen in *Fontes Artis Musicae* 17 (1970) – 23 (1976)

bereit. Hier kann man beispielsweise erfahren, zu welchen Zeitschriften es zusammenfassende Inhaltsverzeichnisse oder gar Register gibt. Auch wenn eine Zeitschrift sich insgesamt einem bestimmten Themengebiet widmet (z. B. Klavierspiel), ist dies im Sachregister festgehalten.

Nicht musikspezifisch, aber auch ertragreich nach ›musikalischen‹ Stichwörtern durchsuchbar ist der von der Akademie der Wissenschaften in Göttingen betreute *Index deutschsprachiger Zeitschriften 1750–1815 (IDZ)*. Er ist zugänglich als Mikrofiche-Ausgabe, Hildesheim: Olms 1989, oder als zehnbändige Buchausgabe, ebda. 1997. Besonders komfortabel recherchiert man online in ihm (mit angeschlossener Option zur Direktbestellung) über *http://www.gbv.de/cgi-bin/nph-wwwobnmenu* mit einem entsprechenden Link. Immer nützlicher wird auch die Online-Aufsatzdatenbank *PCI* (Periodicals Contents International: Aufsätze aus geistes- und sozialwissenschaftlichen Zeitschriften 1770–1993) über *JADE* (Journal Articles DatabasE), z. B. über *http://ub-ultra.ub.uni-siegen.de/netahtml/jade/jabl1.html.*

Nachdrucke von Schrifttum

Arbeit mit Primärquellen, die es ja oft nur noch sehr selten, bei Handschriften ohnehin nur singulär gibt, bedeutet in der Regel Arbeit an den jeweiligen Aufbewahrungsstellen. Druckwerke unseres Jahrhunderts und unter Umständen auch früherer Zeiten kann man sich zwar per Fernleihe in die Heimatbibliothek kommen lassen, bei älteren Exemplaren muss man sich jedoch an Ort und Stelle begeben oder eine Mikroverfilmung zahlen.[26] Doch

---

26   Zu den Quellen, die vom *Répertoire international des sources musicales (RISM)* erfaßt werden (Bd. III: Musiktheoretische Handschriften bis 1500; Bd. VI: Musik betreffende Druckschriften 1500–1800; Bd. IXff.), und auch zu den von I. Fellinger zusammengestellten Zeitschriften des 19. Jahrhunderts (siehe oben) sind die Fundorte in den jeweiligen Verzeichnissen mitgeliefert.

bevor man diese Mühe und Kosten auf sich nimmt, sollte man kontrolliert haben, ob von dem betreffenden Druckwerk nicht ein moderner, leicht zu beschaffender Nachdruck (Reprint) existiert. In einem ersten Schritt (bis zum Jahr 1972) lässt sich dies anhand der Zusammenstellungen bei

- Rösner, Helmut: *Nachdruckverzeichnis des Musikschrifttums. Reprints*, Wilhelmshaven: Heinrichshofen 1971 (Taschenbücher zur Musikwissenschaft, 5)

- Ders.: *Nachdruckverzeichnis des Musikschrifttums. Reprints. Ergänzungsband – Registerband*, Wilhelmshaven: Heinrichshofen 1972 (Taschenbücher zur Musikwissenschaft, 13)

nachprüfen. (Von Vorteil ist das Sachregister nach Stichwörtern im zweiten Band.) Nachdrucke der folgenden Jahre muss bzw. kann man wie sonstige Neuerscheinungen eruieren.

Bibliographieren von Musikalien

Noten sind das wichtigste Arbeitsmittel des Musikwissenschaftlers. Und dennoch – das sei von vornherein nicht verschwiegen – ist die Situation der Musikalienbibliographie nach wie vor unbefriedigend und der Nachweis von Notendrucken eine teils mühselige Angelegenheit. Ein sehr großes Hindernis für die alltägliche bibliographische Arbeit ist die Tatsache, dass die Hilfsmittel zum Nachschlagen sehr teuer sind oder in neuer Technologie vorliegen und dabei nur von einem relativ kleinen Interessentenkreis genutzt werden. Für viele Bibliotheken lohnt sich deshalb die Anschaffung nicht, sodass man auf große Institutionen angewiesen ist. Der konkrete Fall des systematisch Musikalien Bibliographierenden sieht also so aus, dass er lediglich vor Ort in den ganz wenigen auf Musik spezialisierten Bibliotheken vieles von dem findet, was er benötigt. In erster Linie sind dies in Deutschland die beiden Staatsbibliotheken in Berlin und München, einige Landes-, Universitäts- und ähnliche Bibliotheken wie Hamburg, Frankfurt/Main u. a. haben ebenfalls größere Bestände, doch in welchem Umfang die heimatliche Bibliothek in einer kleineren Stadt das nötige Werkzeug besitzt, muss man letzten Endes immer durch Ausprobieren selbst herausfinden. So gesehen stehen sich bibliographische Theorie, wie sie dem Leser aus den Referenzwerken entgegenschaut, und Praxis bisweilen diametral gegenüber. Aus dieser praktischen Erwägung und weil die Musikalienbibliographie ein Kapitel des musikwissenschaftlichen Alltags ist, in dem sich selbst gestandene »Universitätsprofis« oft sehr schwer tun – was eben nicht von ungefähr kommt –, spielt sie auch im Studium meist eine gänzlich untergeordnete Rolle. Aufgrund dessen habe ich mich auf die wenigen elementaren Schritte beschränkt, die im Rahmen eines gewöhnlichen musikwissenschaftlichen Studiengangs von Interesse sind. Recherchemöglichkeiten in einem fortgeschritteneren Stadium werden lediglich angedeutet bzw. es wird auf einschlägige Hilfsmittel verwiesen.

Drei **Hauptaufgaben** stellen sich bei der Musikalienbibliographie:

a) Es sollen Kompositionen gesucht werden, die zu einem bestimmten Sachaspekt gehören, z. B. Stücke für Viola d'amore.

b) Ein bestimmtes Einzelwerk, dessen Autor bekannt ist, wird gesucht; z. B. die *Structures I* von Pierre Boulez oder die große *g-Moll-Sinfonie* von Mozart. Es kann sich auch um eine Komposition handeln, die im Zusammenhang einer Sammlung oder eines Sammelwerks steht, z. B. die Monodie *»Amor io parto«*, die Giulio Caccini als Teil seiner berühmten Sammlung *Le nuove musiche* publizierte.

c) Eine bestimmte Ausgabe oder ein bestimmtes handschriftliches Exemplar eines Werkes wird gesucht, z. B. die Erstausgabe von Bachs *Schübler-Chorälen*.

Neue Ausgaben

In diesem ersten Teil soll es um neuere Notenausgaben gehen, also aus einer Zeitspanne, die man ganz grob mit dem 20. Jahrhundert umreißen könnte. Dabei handelt es sich um **Erstausgaben** (Werke, die neu komponiert worden sind, oder Kompositionen früherer Zeiten, die nur handschriftlich überliefert sind und erst sehr viel später in Form einer »modernen« Ausgabe präsentiert wurden) oder **Neuausgaben** älterer Werke, die zwar bereits ein- oder mehrmals im Druck erschienen sind, später aber neu ediert wurden. Von besonderem Interesse sind in diesem Zusammenhang die wissenschaftlich orientierten Denkmäler- und Gesamtausgaben. Aber auch sonstige neuere Editionen sind für den Wissenschaftler nicht zu unterschätzende Zugangsmöglichkeiten zu musikalischen Quellen, da sie den unschlagbaren Vorteil haben, nötigenfalls über Fernleihe bestellt werden zu können, während ältere Originale nur sporadisch in den auswärtigen Leihverkehr kommen und also am Ort eingesehen bzw. verfilmt werden müssen.

Lexika

Wie bereits beim Bibliographieren von Schrifttum führt der erste Gang stets zu den einschlägigen **Lexika** und Enzyklopädien. Am Ende eines Artikels werden vor den Angaben zur Literatur Musikalienquellen angezeigt, wobei man in der Regel nur in Personenartikeln fündig wird; zwar sind bei manchen kleineren und historisch eng umgrenzten Gattungen wie dem Ragtime oder der mittelalterlichen Caccia gelegentlich auch Sammel- oder Denkmälerpublikationen genannt, in denen Exemplare dieser Gattung ediert worden sind, doch bleibt das die Ausnahme. Denn wie lang

WORKS

All printed works published in London unless otherwise stated; numbering in left-hand column is that of Knape (1971).
Edition: *K. F. Abel: Kompositionen*, ed. W. Knape (Cuxhaven, 1958–74) [K]

ORCHESTRAL

1–6	VI symphonies à 4 parties, 2 vn, va, bc, op.1 (Amsterdam, c1759); K i
7–12	Six Overtures in 8 parts, op.4 (1762); K ii
45a	Ov., D, to T. A. Arne, Love in a Village (comic opera, I. Bickerstaffe), London, Covent Garden, 8 Dec 1762, pubd in Abel, Arne and Smith's Six Favourite Overtures (1763); K viii
45b	Ov., B♭, to S. Arnold, The Summer's Tale (comic opera, R. Cumberland), London, Covent Garden, 6 Dec 1765 (1766); K viii
44	The Periodical Overture in 8 Parts, no.16 (1766); K viii
13–18	Six Simphonies, op.7 (1767); K iii
19–24	Six Simphonies, op.10 (1773); K iv
53–8	Six Concerts, hpd/pf, insts, op.11 (1774); K x
25–30	Six Overtures in 8 Parts, op.14 (1778); K v
42	Simphonie concertante à plusieurs instruments obligés, libro I, vn, ob, vc (Berlin, 1781), ? perf. 1775; K viii
31–6	Six Overtures, op.17 (1783); K vi
46–50	5 fl concs., C, e, D, C, G, before 1759, *D-LEm*; K ix
51	Fl Conc., C, before 1759, *KA*; K ix

Artikel »Abel, Karl Friedrich« aus *NGroveD* I, S. 13

müsste dann der Artikel »Sinfonie« werden? Bei Personen hingegen ist es die Norm, dass auch Notenmaterialien in der abschließenden Bibliographie zumindest in Auswahl erfasst sind.

Die beiden umfassendsten Nachschlagewerke auch in Bezug auf musikbibliographische Daten sind *MGG* und *NGroveD*. Bei **MGG** ist daran zu erinnern, dass bei einem Personenartikel Werk- und Ausgabenverzeichnis getrennt sind: Das Werkverzeichnis, zu dem auch Angaben über die originale Präsentationsform oder Erscheinungsweise gehören (Manuskript, Erstdruck mit Jahres- und Verlagsangabe), steht – nach Gattungen geordnet – zwischen biographischem und Würdigungsteil. Erst nach der Würdigung, also vor dem Literaturteil ist ein Abschnitt »Ausgaben« eingefügt, in dem sich pauschale Hinweise auf bestehende Gesamt- oder Werkausgaben oder Hinweise auf Denkmälerpublikationen befinden. Eine Beziehung zwischen Einzelkomposition und ihrem Abdruck in einer der genannten umfassenden Ausgaben wird von der alten *MGG* leider nicht hergestellt, was die Orientierung erschwert. Allerdings soll bei der zweiten Auflage zumindest bei Gesamtausgaben das direkte Nachweisverfahren bei Einzelkompositionen nachgeholt werden. Aus diesem Grund ist es in aller Regel rationeller[27], bei der Suche nach Einzelwerken von Komponisten aus früheren Jahrhunderten, z. B. im Falle von Caccinis »*Amor io parto*«, zuerst im **Grove** nachzusehen, dessen Artikel zumeist von einem (ebenfalls gattungsmäßig geordneten) integrier-

---

27 Ausnahmen betreffen Komponisten, die in der *MGG* intensiver behandelt sind als im *Grove* (zumeist Kleinmeister deutscher Herkunft), und die Bände der 2. Auflage, die natürlich aktuellere Informationen bieten.

ten Werk- und Ausgabenverzeichnis vor der abschließenden Schrifttumsbibliographie beschlossen werden.

Zu Beginn der Werkverzeichnisse werden Ausgaben genannt und mit einem
Buchstaben-Sigel gekennzeichnet (im Beispielfall ein »K« als Abkürzung für die
Ausgabe von W. Knape). In der folgenden Werkliste ist dann im Anschluss an jede
Komposition mit Hilfe des Sigels auf eine Wiedergabe in der Ausgabe verwiesen
und mit einer römischen Ziffer der betreffende Band spezifiziert – ein Service, der
eine gezielte Suche und (besonders wichtig) eine gezielte Bestellung von Bänden
per Fernleihe ermöglicht. Nicht als Sigel, sondern in Form eines Namens gegebene
Hinweise beziehen sich auf eine Edition, die unter diesem Namen in der folgenden
Schrifttumsbibliographie genannt ist. Bei größeren Werkbeständen sind die Verzeichnisse in Tabellenform angelegt, was vor allem das Zurechtfinden im Œuvre
großer Komponisten erleichtert. Allerdings ist es ein Wermutstropfen in den sonst
so vorzüglichen Werkverzeichnissen des *Grove*, dass bei Einzelausgaben gewöhnlich nur der Verlagsort, nicht der Verlag selbst angegeben wird, und bei noch
urheberrechtlich geschützten Werken werden nur pauschal die Hauptverleger, aber
keine individuellen Ausgabennachweise genannt.

Aufgabe 16

a) Gibt es eine Ausgabe der Werke Felix Mendelssohn Bartholdys?

b) In welchem Band der Purcell-Ausgabe der Purcell-Gesellschaft ist *The Fairy
Queen* ediert?

c) Wo finden Sie eine Edition der *Missa Papae Marcelli* von Palestrina?

d) In welchem Band der Gesamtausgabe von François Couperin ist das Cembalo-
stück *La Mimi* abgedruckt? Kann man es auch noch in einer anderen Edition
haben?

e) Welche Veröffentlichungen der Motette »*Cum statua/Hugo/Magister invidie*«
von Philippe de Vitry gibt es?

f) Finden Sie die neueste Ausgabe des *Old Hall Manuscript* heraus.

Sonderbibliographien

Das Standardwerk von

- Heyer, Anna Harriet: *Historical sets, collected editions, and monuments of music. A guide
to their contents*, 2 Bde., 3. Auflage, Chicago: American Library Association 1980

hilft bisweilen weiter, wenn ein Lexikonartikel oder sonstige Einstiegshilfen nicht ausreichen. A. H. Heyer war bestrebt, alle musikalischen Gesamt- und sonstigen Werkausgaben,

Anthologien (Beispielsammlungen), Denkmälereditionen und Reihenpublikationen (ausgenommen Liedersammlungen) zu erfassen und ihren Inhalt aufzuschlüsseln. Allerdings bezieht sich diese Inhaltsaufschlüsselung auf die Titel der Einzelbände einer Reihe, nicht auf die einzelnen Kompositionen, die darin versammelt sind (also nicht Caccinis »*Amor io parto*«, sondern nur die Sammlung *Le Nuove Musiche*); ist der Titel der Einzelkomposition gleichzeitig der Titel des Bandes, erscheint er natürlich. Der erste Band ordnet alphabetisch die Titel der Serien (z. B. *Denkmäler der Tonkunst in Österreich*) und die Namen der Komponisten, von denen es eine Werkausgabe gibt. Es folgt eine Auflistung der Einzelbände. Im zweiten, dem Indexband kann man die Namen der Komponisten nachschlagen, die in den Reihen vertreten sind (z. B.»Froberger, Johann Jakob« → Verweis auf *Denkmäler der Tonkunst in Österreich*).

Das Nachfolgewerk – erklärtermaßen die letzte Überarbeitung, die noch in Buchform erscheinen soll – ist

- Hill, George R.; Stephens, Norris L.: *Collected editions, historical series & sets & monuments of music. A bibliography*, Berkeley: Fallen Leaf Press 1997 (Fallen Leaf reference books in music, 14).

Es erfasst Material bis 1995/96, lässt dafür ältere Sammlungen aus. Auch mit Depouillements ist der neue Band sparsamer. Dafür ist er bequemer zu benutzen, weil Namen und Titel in ein einziges Alphabet gebracht sind. In jedem Fall soll man »Hill« und »Heyer« ergänzend, nicht alternativ zu Rate ziehen.

Aufgabe 17
Wo wurden die Solomotetten *De valle lacrimarum* und *Cessate deh cessate* neu ediert, von denen im Artikel »Francesco Foggia« im *Grove* die Rede ist?

Musikalische **Fachbibliographien** zu Personen oder Sachgebieten geben in vielen Fällen nicht nur zur Sekundärliteratur gute Auskünfte, sondern auch zu Notenpublikationen. Da sie bereits im Kapitel »Geschlossene Fachbibliographien«, S. 87ff., behandelt wurden, sei hier lediglich an sie erinnert.

Werkverzeichnisse und Thematische Kataloge

Ermittelt man Noten zum Schaffen eines bestimmten Komponisten, leisten spezielle Werkverzeichnisse häufig gute Dienste. Mit dem Ausdruck **Werkverzeichnis** ist allerdings noch nicht gesagt, ob die Aufstellung vollständig ist oder nur eine Auswahl darstellt, ob die Kompositionen nur genannt werden oder ob weitere bibliographische Angaben beigefügt sind (welche Handschriften und zeitgenössischen Drucke oder moderne Ausgaben es gibt), ob zusätzliche Informationen geboten werden (aus welchen Sätzen die Komposition besteht, wo die Uraufführung stattfand und dergleichen): Der Detailgenauigkeit eines Werkverzeichnisses sind keine engen Grenzen gesetzt. Ein besonderer Typus des Werkverzeichnisses ist das thematische Werkverzeichnis oder der **Thematische Katalog,** der sich dadurch auszeichnet, dass der Anfang eines jeden Werkes bzw. eines jeden Einzelsatzes in musikalischer Notation mitgeliefert wird. Dieser Anfang in Noten, das so genannte Incipit[28], hat die Aufgabe, ein Werk möglichst eindeutig zu bestimmen und Verwechslungen mit Kompositionen gleichen Titels, gleicher Tonart usw. auszuschließen.[29]

Zum Zweck der Musikalienbibliographie ist nicht jedes Verzeichnis gleich geeignet. Erstens existiert natürlich nicht von jedem Komponisten ein publiziertes Werkverzeichnis (wenngleich man sich bewusst sein muss, dass nicht jedes Werkverzeichnis separat veröffentlicht sein muss, sondern häufig zu Beginn einer Denkmälerausgabe oder am Ende einer Monographie über den betreffenden Komponisten erschienen ist); zweitens hat man, wenn eine solche Aufstellung vorhanden ist, nicht immer das Glück, mit einem neueren Katalog arbeiten zu können, sodass bei älteren Werken die Nachweise schon vor vielen Jahren enden, und drittens haben nicht alle Verfasser von Werkverzeichnissen und Thematischen Katalogen den Ehrgeiz, neuere Notenausgaben komplett zu erfassen. Gewöhnlich jedoch wird zumindest die Publikation in der Gesamtausgabe aufgeführt, sofern es vom betreffenden Komponisten eine solche gibt, und wenn nicht, sind die Autoren bemüht, andere Ausgaben aus neuerer Zeit zu zitieren.

Die erste Frage muss also lauten: Gibt es zu meinem Komponisten ein Werkverzeichnis oder sogar einen Thematischen Katalog? Zur Antwort führen folgende Wege:

1. Konsultation der üblichen lexikalischen Nachschlagewerke.
2. Recherche im Sachkatalog der Bibliothek (Stichwort: der gesuchte Komponistenname) bzw. in einer Freihandbibliothek Nachschauen an der entsprechenden Stelle der Komponistenmonographien.

---

28 Ausgesprochen »ínzipit«; lat. incipit = es beginnt. 1762 verwendete Immanuel Breitkopf, der Protagonist des gedruckten thematischen Katalogs, für seine Incipits den Begriff »Themata«, wovon sich die heutige Bezeichnung »thematischer Katalog« ableitet, wenngleich natürlich nicht immer die Anfangstakte das im engeren Sinn zu verstehende Thema eines Satzes sind.
29 Thematische Kataloge gibt es nicht nur zum Œuvre einzelner Autoren (sog. Individualkataloge), die teilweise von den Komponisten selbst geführt werden, sondern auch von Verlagen über ihr Programm (so die Kataloge des Verlegers Immanuel Breitkopf aus dem 18. Jahrhundert) sowie als Bestandsverzeichnisse (meist äußerlich begrenzte Sammlungen mit bedeutenden Musikquellen). All diese Arten von thematischen Katalogen konzentrieren sich aber auf historisches Material und sind daher für das Bibliographieren von Neudrucken unerheblich.

3. Recherche in lokalen oder Verbund-OPACs, z. B. Titelstichwort Komponistenname und Schlagwort »katalog« oder 1. Titelstichwort Komponistenname und
2. Titelstichwort (gemäß den Trunkierungsmöglichkeiten des OPACs) »?atalog?«
oder »catalog*« oder »katalog*« (oder »index« oder »werkverzeichnis«).

4. Recherche in *RILM online* oder der RILM-CD-ROM *MuSe* unter dem Subject
»catalogues and indexes« verknüpft mit dem betreffenden Komponistennamen.

5. Online-Befragung der *RISM Bibliographic Citations Database* (*http://rism.
harvard.edu/cgi-bin/zform.CGI?RISMBib*), in der alle in RISM verwendeten Thematischen Kataloge, Werkverzeichnisse und ähnliche Zusammenstellungen
nachgesehen werden können (Komponistenname beim Title Keyword eingeben).

6. Nachschlagen bei

- Brook, Barry S.; Viano, Richard: *Thematic catalogues in music, an annotated
bibliography*, 2. Auflage, Stuyvesant: Pendragon 1997 (Annotated reference tools
in music, 5)
- Wettstein, Hermann: *Bibliographie musikalischer thematischer Werkverzeichnisse*,
Laaber: Laaber 1978.

Die Optionen 2. und 3. erbringen nur selbstständig publizierte Werkverzeichnisse,
die anderen auch solche, die im Rahmen anderer Bücher, Notenausgaben etc. erschienen sind.

Einschub: Arbeiten mit Thematischen Katalogen

Thematische Kataloge gehören zu den erstrangigen Hilfsmitteln musikwissenschaftlicher Arbeit – weit über den hier angesprochenen Aspekt der Musikalienbibliographie hinaus. Es ist daher sinnvoll, sich schon früh mit der Organisationsform dieses Arbeitsinstruments vertraut zu machen.

In einem Thematischen Katalog werden alle Einzelwerke eines Komponisten
separat aufgelistet und deutlich sichtbar mit einer Nummer versehen, die dann
eine übersichtliche Anlage und schnelles Nachschlagen erlaubt. Welche Wirkung
manche Kataloge über den engeren Wissenschaftlerzirkel hinaus erlangt haben,
zeigt sich zum Beispiel bei Konzertprogrammen und Rundfunkansagen – kein Werk
Bachs ohne BWV-Nummer –, und im Sprachgebrauch verselbstständigen sich diese Nummern nicht selten zum Kürzel für den Werktitel – jedem Streichquartett-
kenner ist »KV 387« ein Begriff. Dabei gibt es zwei grundsätzlich verschiedene
Arten, das Gesamtwerk eines Komponisten zu gliedern: **chronologisch** (von seinem frühesten bis zu seinem spätesten Werk) oder **systematisch** (gewöhnlich nach
Gattungen). Die chronologische Anlage hat den Vorteil, dass man eine Komposi-

tion mit Hilfe ihrer Werkverzeichnis-Nummerierung sogleich einer bestimmten Schaffensphase zuordnen kann. Um sich darüber zu verständigen, dass es sich um eine späte Arbeit Mozarts handelt, reicht es oft schon zu sagen, es sei ein »Fünfhunderter-KV«, denn das erstmals 1862 von Ludwig Ritter von Köchel herausgebrachte und seitdem mehrfach überarbeitete Köchel-Verzeichnis (KV)[30] verfährt chronologisch. Der Nachteil besteht darin, dass spätere Erkenntnisse die Anordnung nicht selten auf den Kopf stellen: Neugefundenes muss mit angehängten Buchstaben eingefügt werden, als unecht erwiesene Stücke werden herausgenommen und hinterlassen Lücken, Werke mit nicht eindeutig bekannter Datierung, die nach Schätzung integriert wurden, können aufgrund neuerer Forschung an eine ganz andere Position rücken. Das ist der Grund, warum viele KV-Nummern heute eine weitere Zahl in Klammer haben, z. B. »KV 309 (284b)«, mit welcher neben der alten Nummer, worunter die Komposition traditionellerweise bekannt ist, die neue, in der Chronologie revidierte Position angezeigt wird. Im Wagner-Werk-Verzeichnis[31] stellte sich ein anderes chronologisches Problem: Da Wagner oft über Jahrzehnte an Text und Musik eines größeren Opus arbeitete, war es die Frage, ob der Anfang oder das Ende der Beschäftigung das maßgebliche Datum sei; man entschied sich für den im engeren Sinne zu verstehenden Beginn der Arbeit an der Komposition. Trotz der Problematik chronologischer Verzeichnisse ist diese Anordnung doch die für Thematische Kataloge gebräuchlichste.

Eine eigene Form der chronologischen Verzeichnung ist die Nummerierung nach **Opuszahlen**. Mit Beethoven begann die Zeit, in der Komponisten ihren Produkten regelmäßig selbst eine Opuszahl mitgaben, was vorher zumeist von Verlegern – und dann ziemlich willkürlich – vorgenommen wurde. Das Beethoven-Verzeichnis von Kinsky und Halm[32] orientiert sich daher an den weitgehend kontinuierlich chronologisch fortschreitenden Opuszahlen, die damit die Katalognummern ersetzen. Alle von Beethoven nicht gezählten Kompositionen erscheinen in einem zweiten Teil, in dem die »Werke ohne Opuszahl« versammelt und gezählt sind (z. B. »WoO 26«). Nach dieser Methode verfahren zahlreiche Werkverzeichnisse von Komponisten aus dem 19. Jahrhundert.

Eine Möglichkeit, Chronologie-Probleme zu umgehen, ist die systematische Anlage. Das Œuvre eines Komponisten wird hierfür in die beiden Blöcke Vokal- und Instrumentalmusik und innerhalb dieser Einheiten wiederum in dem Schaffen angemessene Gattungen untergliedert. Um Datierungskalamitäten so gut es geht zu vermeiden, gehen vor allem amerikanische Kataloge gern dazu über, auch die Einzelgattungen nach nicht-zeitlichen Kriterien zu organisieren; E. K. Wolf etwa ordnet die Stamitz-Sinfonien nach Tonarten.[33] In Europa ist man da meist weniger

---

30   L. v. Köchel, *Chronologisch-thematisches Verzeichnis.*
31   J. Deathridge/M. Geck/E. Voss, *Wagner-Werk-Verzeichnis.*
32   G. Kinsky/H. Halm, *Das Werk Beethovens.*
33   E. K. Wolf, *Thematic catalogue.*

streng und verzeichnet innerhalb der Gattungen chronologisch. Äußerlich deutlich in Gattungen unterteilt ist Hobokens Verzeichnis der Werke Haydns[34], das den 32 Werkgruppen römische Zahlen gibt, innerhalb derer chronologisch durchnummeriert wird. Deswegen besteht eine Hoboken-Nummer immer aus zwei Teilen, z. B. »I:94« für die *Paukenschlag-Sinfonie*.

Wenn man sich über die Grobstruktur eines Thematischen Katalogs informiert, sollte man sich auch sogleich über folgende Punkte klar werden, die die Arbeit sehr erleichtern bzw. bei Nicht-Beachtung unendlich mühsam machen können.

– Gibt es (bei chronologischer Gesamtanlage) eine Übersicht nach Gattungen? Gibt es (bei systematischer Einteilung) eine Zeittabelle?

– Welche Register stehen zur Verfügung (Personen wie Textdichter, Verleger, Widmungsträger; Titel, Textanfänge, Orte etc.)?

– Sind zweifelhafte oder unechte Werke berücksichtigt, und wo sind sie untergebracht (in einem bestimmten Anhang, z. B. KV; direkt im Anschluss an die gesicherten Werke, aber mit einer besonderen Kennzeichnung oder Nummernform, z. B. Hoboken)?

– Gibt es Konkordanztabellen? Oft ist ein Thematischer Katalog nicht der erste Versuch einer Erfassung, sondern hat bereits Vorgänger. Damit in einem solchen Fall keine Verwirrung unter den Nummern entsteht, müssen so genannte Konkordanzen (Übereinstimmungen) zu den anderen Verzeichnissen tabellarisch angegeben werden. Das *Répertoire Vivaldi* von P. Ryom (RV)[35] gibt beispielsweise Konkordanzen zu den Ordnungen von Fanna, Pincherle und Rinaldi an. Hat man zu einer Komposition nur eine alte Nummer, macht es dann keine Mühe, die neue in Erfahrung zu bringen. Derartige Konkordanztabellen gibt es auch für Opuszahlen, wenn der Katalog sich in seiner Anlage nicht an den zeitgenössischen Opuszahlen orientiert.

Welche Informationen die einzelnen Einträge zu den »Nummern« bieten, lässt sich nicht allgemein verbindlich sagen, da jeder Thematische Katalog entsprechend der Eigenart einerseits des Komponisten und seines Werkes und andererseits des wissenschaftlichen Bearbeiters einen eigenen Charakter trägt. Insgesamt scheint der Trend zu einer immer minutiöseren Information über die dokumentarisch dingfest zu machenden Hintergründe zu bestehen. Mögliche Angaben sind:

– Titel, auch eingebürgerte, aber nicht originale Bezeichnungen (z. B. Schuberts *Wanderer-Fantasie*)

– Besetzung

– Incipit, meist aller Einzelsätze: einzeilig (Hauptstimme) oder zweizeilig (tiefste und höchste Stimme) bzw. dreizeilig bei vokal-instrumental gemischter Beset-

---

34   A. v. Hoboken, *Joseph Haydn*.
35   P. Ryom, *Répertoire*.

zung, alle Stimmen bei Musik vor 1600; teilweise mit Angabe der Gesamttakt-
zahl des Satzes
- Daten zur äußeren Entstehungsgeschichte (Aufträge, Kompositionsdatum, Er-
wähnung in der Korrespondenz des Komponisten u. a.)
- Widmung
- Erstaufführung
- handschriftliche Quellen: Autograph(en), Kopien
- gedruckte Quellen: Erstausgabe, spätere Veröffentlichungen
- moderne Editionen
- Bearbeitungen (vom Komponisten, von anderer Hand)
- Texte (Provenienz, Dichter, Textdrucke)
- Konkordanzen zu anderen Werken (Parodie, Zitat)
- allgemeine Bemerkungen
- wichtige Sekundärliteratur in Auswahl

Wie hilfreich ein Thematischer Katalog sein kann, wenn es um Aspekte der Entste-
hung und Überlieferung einer Komposition geht, wird niemand leugnen, der je damit zu tun hatte. Aber auch für rein musikalische Überlegungen bietet ein Thematischer Katalog eine Fülle von Material bzw. beachtliche Arbeitserleichterung. So könnte
man die Frage, ob sich in der Länge der Einzelsätze zwischen Haydns frühen und
seinen späten Klaviersonaten eine entscheidende Wandlung vollzogen hat, ange-
hen, indem man alle Notenbände durchsieht, man kann aber – einfacher – auch im
Thematischen Katalog die Taktzahlen am Ende der Incipits überprüfen und hat so
sehr schnell einen ersten Anhaltspunkt. Ob es in Lullys Opern eine Entwicklung
vom isolierten Chorstück zur Integration des Chors in einen Szenenkomplex gibt,
ließe sich sogleich anhand des thematischen Werkverzeichnisses[36] verifizieren.

Aufgabe 18
a) Auf welches Verzeichnis beziehen sich die »D«-Nummern hinter Werken Franz
Schuberts?
b) Wolfgang Schmieder: *Thematisch-systematisches Verzeichnis der musikalischen
Werke von Johann Sebastian Bach. Bach-Werke-Verzeichnis (BWV)*, 2. Auflage, Wiesbaden 1990: Wie lautet der Titel der Originalausgabe der *Goldberg-Variationen*?
c) Yves Gérard: *Thematic, bibliographical and critical catalogue of the works of Luigi
Boccherini*, London 1969: Wie viele handschriftliche Quellen werden für das Streichquartett mit der Katalognummer 237 angeführt?
d) *KV*: In welcher Tonart stehen die meisten von Mozarts Messen?

---

36   H. Schneider, *Chronologisch-thematisches Verzeichnis.*

e) E. Eugene Helm: *Thematic catalogue of the works of Carl Philipp Emanuel Bach*, New Haven 1989: Welche Nummer hat das Werk bei Helm, dem Alfred Wotquenne in seinem Verzeichnis von 1905 die Nummer 48/1 gab?

f) Ein Satz aus Haydns Streichquartetten op. 33 beginnt mit einem Oktavsprung abwärts. Überprüfen Sie anhand des Hoboken-Verzeichnisses, um welchen Satz aus welchem Quartett es sich handelt.

g) D. Kern Holoman: *Catalogue of the works of Hector Berlioz*, Kassel 1987: Unter welcher Nummer ist die *Symphonie fantastique* verzeichnet? Laut Thematischem Katalog verwendete Berlioz das Thema der »idée fixe«

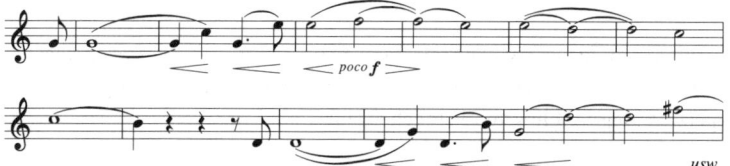

bereits in einem früheren Werk. An welcher Stelle des Eintrags zur *Symphonie fantastique* gibt Holoman dieses an? Vergleichen Sie die beiden Stellen: Übernimmt Berlioz das Thema wörtlich in die *Symphonie fantastique*? Bis zu welcher Stelle im Thema lässt sich die Übereinstimmung der beiden Themen anhand des Thematischen Katalogs nachvollziehen?

Bestandsverzeichnisse

Unter einem Bestandsverzeichnis ist eine Auflistung von Werken – in unserem Fall Musikalien – zu verstehen, die sich in einer bestimmten Sammlung befinden. Im Wesentlichen handelt es sich dabei um einen kompletten Bibliotheksbestand oder um in sich geschlossene Teile. So wie man in seiner Heimatbibliothek im Katalog nachsieht, ob die gesuchte Komposition oder Denkmälerausgabe vorhanden ist, kann man dies auch bei auswärtigen Bibliotheken und Sammlungen tun, sofern sie ihre Kataloge durch Veröffentlichung allgemein zugänglich machen. Die zumeist schnellste Möglichkeit, die Existenz einer Ausgabe in Erfahrung zu bringen, führt über die Kataloge einiger der größten und reichhaltigsten Musiksammlungen der Welt, da diese ihre Bestände systematisch und mit einem großen Erwerbungsvolumen aufgebaut haben. Doch werden – dies ist ja ein Charakteristikum von Bibliothekskatalogen – nur selbstständige Publikationen verzeichnet. Die wichtigsten sind:

• *The catalogue of printed music in the British Library to 1980* [= CPM], 62 Bde., London 1981–1987

• *CPM Plus. The catalogue of printed music in the British Library to 1990 on CD-ROM*, London: Bowker, Saur 1993, 2. Auflage 1997 [auf CD-ROM]

- *New York Public Library: Dictionary catalog of the music collection*, 2. Auflage, 44 Bde., Boston: Hall 1982

- *Bayerische Staatsbibliothek: Katalog der Musikdrucke. BSB-Musik*, 17 Bde., München: Saur 1988–1990, auch auf CD-ROM 1998

- *Alter Katalog der Musikdrucke der österreichischen Nationalbibliothek Wien*, Hildesheim: Olms 1984 [Mikrofiche-Ausgabe]

- *Alphabetischer Katalog der Musikabteilung der Deutschen Staatsbibliothek zu Berlin*, Hildesheim: Olms 1990 [Mikrofiche-Ausgabe]

Verheißungsvoll klingt das CD-ROM-Projekt des Saur-Verlags *International Bibliography of Music Manuscripts and Recordings*, das 1999 mit einer ersten Ausgabe beginnen und offenbar eine ehrgeizige Mega-Bibliographie ergeben soll.

Hält man mit Hilfe eines Katalogs einen eindeutigen bibliographischen Nachweis in Händen, kann die betreffende Ausgabe per Fernleihe und bei eventuell negativem Ausgang als Fotokopie bzw. Mikroform bei der Bibliothek selbst bestellt werden. Es sei jedoch daran erinnert, dass die genannten Nachweisinstrumente nur in wenigen, sehr gut ausgestatteten Bibliotheken zur Verfügung stehen, und es muss die Einschränkung gemacht werden, dass sie natürlich trotz ihrer Titelmenge nicht alles auflisten. Vor allem Ausgaben von eher regionalem oder lokalem Interesse (sei es, weil es sich um kleinere Verlage, zweitrangige Editionen, um weniger wichtige Komponisten oder unbedeutende Werke handelt) sind oftmals nur in Beständen der entsprechenden Gebiete anzutreffen.

Zusammenstellungen von jeweils Hunderten solcher Bestandsverzeichnisse geben V. H. Duckles, *Music reference*, 4. Auflage, S. 335–446 (Nr. 1888–2524), und H. Lanzke, *Wo finde ich Informationen* IIa, Nr. 1397–1672a. Dabei ist zu bedenken, dass nicht alle dort genannten Kataloge einen aktuellen Besitz wiedergeben, vielmehr befinden sich auch ältere Inventare darunter, die entweder als nicht mehr aktuell oder sogar als historisch gelten können. Auch listen die Übersichten Verzeichnisse von aufgelösten und noch bestehenden Sammlungen, von Fonds mit Handschriften und solchen mit Drucken in einer Gruppe auf.

Online-Kataloge

Da Musikalien im Prinzip genauso katalogisiert werden wie Bücher, sind sie auch genauso über OPACs abfragbar (vgl. dazu grundsätzlich S. 83ff. und S. 142f.), und es empfiehlt sich praktisch dieselbe Strategie wie bei Schrifttum. Denn auch hier sind es dieselben großen Bibliotheken, die die meisten Noten besitzen. (Allerdings ist die Library of Congress bzgl. Musikalien nicht über den KVK, sondern nur direkt

zu befragen: *http://lcweb.loc.gov/* → Links: Using the library Library of Congress Online Catalog oder Search the Catalog → Link: Advanced Search → Option: Music
and Sound Recordings File.) Es ist zu berücksichtigen, dass die Katalogisierung von
Musikalien über Einheitssachtitel geschieht (siehe S. 149ff.). Auf der Suche nach
Werkausgaben frage man etwa im Titel in Verbindung mit dem Komponistennamen
»works« bzw. »werke« ab. Ist man sich nicht ganz sicher, überprüft man sie am
besten über die Browse/Index-Funktion (z. B. »suiten?«). Und schließlich bleibt die
Möglichkeit, Titelstichwörter zu verbinden (z. B. »viola« und »gamba«).

Aufgabe 19
Wie verhält es sich mit Gesamtausgaben von Dietrich Buxtehude?

Repertoireverzeichnisse

Repertoireverzeichnisse listen das Notenmaterial für ein bestimmtes Instrument oder
eine **Besetzung** auf und liefern jeweils bibliographische Angaben dazu – die einen
mehr, die anderen weniger exakt. (Manche auswählende Repertoireverzeichnisse
kommentieren und charakterisieren zudem die verzeichneten Werke und nähern
sich damit der Schriftenklasse der so genannten Musikführer an.) Die Motivation zu
solchen Verzeichnissen geht vom praktischen Musizieren aus: Dem professionellen
Interpreten oder auch dem Amateur werden Musiziermaterialien für sein Instrument oder sein Ensemble zusammengestellt. Gerade die praktische Orientierung
macht Repertoireverzeichnisse aber auch dem Wissenschaftler auf seiner Suche nach
Neuausgaben attraktiv, da hier weniger von einem Bedürfnis nach Primärquellen
als vielmehr von einer realistischen Verfügbarkeit in modernen Editionen auszugehen ist. Und ältere Verzeichnisse können beim Eruieren von Werken sowie Ausgaben aus bestimmten Repertoirebereichen und selbst Gattungen nützlich sein, z. B.
würde eine Sichtung von Orchesterliteraturkatalogen reiches Belegmaterial für die
Gattung der Konzertouvertüre zutage fördern.

Eine Kollektion von rund 300 Repertoireverzeichnissen für Soloinstrumente
und Instrumentalensembles bietet

- Brüchle, Bernhard: *Musik-Bibliographien für alle Instrumente. Music bibliographies
for all instruments*, München: Brüchle 1976.

Ergänzungen zu diesem Themenbereich kompiliert – unter Einschluss von Vokalmusik – der Abschnitt »Music for instruction and performance« bei V. H. Duckles,
Music reference, 4. Auflage, S. 240–273.

Weiterhin kann man sich über neu erscheinende Repertoireverzeichnisse auf dem Laufenden halten, indem man in einem OPAC recherchiert. Allerdings muss man verschiedene Suchbegriffe als Schlag- und Stichworte eingeben, da »Repertoireverzeichnis« kein regulärer Terminus der Verschlagwortung ist (also z. B. »Klaviermusik« und – am aussichtsreichsten – »Bibliographie« oder »Musikdruck« bzw. ihre fremdsprachlichen Äquivalente).

Eine Mischung aus Repertoire- und **periodischem** Verzeichnis stellt die wichtige **Music-in-print series**[37] dar. Wegen ihrer Bedeutung als bislang umfassendstes internationales **Verzeichnis lieferbarer Noten** wird diese Reihe von Universitäts- und bisweilen sogar Institutsbibliotheken gehalten. Sie besteht bislang aus folgenden Einzelbänden

1. Sacred choral music in print,
2. Secular choral music in print,
3. Organ music in print,
4. Classical vocal music in print,
5. Orchestral music in print,
6. String music in print,
7. Classical guitar music in print,
+ Music in print master composer index,

zu denen in unregelmäßigen Abständen Ergänzungsbände erscheinen. Ein ganz großes Plus dieser Publikation ist, dass sie nicht nur in einem Alphabet die Angaben unter dem Autornamen und dem Gesamttitel einer Veröffentlichung (dem bibliographisch selbstständigen Titel) auswirft, sondern in großem Umfang – wenngleich nicht durchgängig – auch bibliographisch unselbstständige Einzeltitel erfasst. Die Umstellung auf CD-ROM-Ausgaben seit den 1990er-Jahren hat auch hier die Suche vereinfacht.

Originalquellen

Mit Primärquellen vor dem 20. Jahrhundert kommt man während des Studiums nur in sehr seltenen Fällen in Berührung, möglicherweise im Zusammenhang mit einer Exkursion oder einem Seminar zur Editionstechnik. Ansonsten sind es größere Abschlussarbeiten, die oft erst den Kontakt zu dieser Quellengruppe nötig machen.

Bevor im Folgenden auf spezifische Nachweismöglichkeiten für musikalische Primärquellen eingegangen wird, seien die teils in den vorangegangenen Abschnitten erwähnten Verzeichnisse rekapituliert, mit deren Hilfe man Auskünfte über Originale erhält:

---

37   Philadelphia: Musicdata 1974ff.

- **Werkverzeichnisse** und vor allem **Thematische Kataloge** (siehe S. 111ff.): Zu den Hauptanliegen eines Thematischen Katalogs zählt die exakte Darlegung der Überlieferungsgeschichte eines Werkes. Hier sind in knapper Form die notwendigen Informationen über Autographen, Kopien, Frühdrucke zu finden, und zwar in vielen Fällen unter Angabe der Fundstellen, also der Bibliothek, in der die Exemplare verwahrt werden.
- **Gesamt- und Denkmälerausgaben:** Noch detaillierter als ein Thematischer Katalog berichtet das Quellenverzeichnis einer Denkmäler- bzw. Gesamtausgabe über die Quellenlage der edierten Werke. So werden neben der Nennung der Aufbewahrungsorte die Quellen in ihrer Zuverlässigkeit und gegenseitigen Abhängigkeit bewertet, was vor allem bei Abschriften und Drucken von Belang sein kann; Autographen oder sonstige erstrangige Quellen erhalten eine exakte physische und kodikologische Beschreibung (Format, Papier, Wasserzeichen, Lagen, Tinten etc.). Der Ort für diese Darstellungen ist zumeist der Revisions- bzw. Kritische Bericht.
- **Bestandsverzeichnisse und Online-Kataloge** (siehe S. 117ff.): Kataloge von Sammlungen beschreiben teils mehr, teils weniger detailliert ihre einzelnen Bestandselemente. Wenn Incipits gegeben werden, heißt der Katalog entsprechend »thematisch«. Auf alle Fälle erhält man auf diesem Wege die exakte Signatur der gesuchten Primärquelle, was bei sonstigen Angaben von Fundstellen nicht unbedingt der Fall ist. Für Manuskripte vor 1600 hält ein Bestandskatalog oft nach wie vor die informativste Beschreibung und das beste Depouillement der betreffenden Codices bereit.

Handschriften und Drucke vor 1800

Es wäre illusorisch, hier die einzelnen Quellenverzeichnisse für **Manuskripte** des Mittelalters und der frühen Neuzeit auch nur andeuten zu wollen, zumal es vorzügliche aktuelle Nachschlagemöglichkeiten gibt, die den Weg zu den Detailkatalogen weisen:

- Artikel »Sources« in *NGroveD*
- Aktualisierung durch die revidierten Bände des *NOHM* (*The New Oxford History of Music*):
  Bd. 2: Early medieval music up to 1300 (1990) und
  Bd. 3: Ars nova and the Renaissance, 1300–1540 (1986)

Eine vollständige und praktikable Kompilation entsprechender Bibliographien für frühe **Drucke**, die meist ein bestimmtes Themengebiet bearbeiten und mit Depouillements, Registern, instruktiven Kommentaren und dergleichen sehr detailliert erschließen (z. B. Instrumentalmusik vor 1600, italienische weltliche Vokalmusik bis 1700), gibt es bislang nicht. Verstreut sind sie von H. Lanzke, *Wo finde ich Informationen* IIa, in dem Kapitel 3.2.2 »Abgeschlossene Musikverzeichnisse« (Nr. 1268–1341), und lückenhaft bei V. H. Duckles, *Music reference*, 4. Auflage, im Kapitel »Primary sources of early music: manuscripts and printed books«, erfasst. Hinweise finden sich natürlich auch in den entsprechenden Lexikonartikeln.

Einschub: Arbeiten mit RISM

Ein bibliographisches Standardwerk, das gut zu kennen sich für jedermann lohnt, ist **RISM**. Das *Répertoire International des Sources Musicales*, das *Internationale Quellenlexikon der Musik*[38], ist ein international zusammengesetztes, öffentlich getragenes und weltweit operierendes Unternehmen zur Erfassung schriftlicher Quellen zur Musik, also von **Noten** und **theoretischen Texten**. *RISM* ist in Ländergruppen organisiert, welche die Materialien ihres Landes registrieren, katalogisieren und die Titelaufnahmen sodann zur zentralen Verwaltungsstelle in Frankfurt a.M. weiterleiten. Die Arbeit an *RISM* begann 1952 und ist – wenngleich bereits sehr weit fortgeschritten – noch längst nicht abgeschlossen. Die Ergebnisse der Erfassungsarbeit werden in umfangreichen Kompendien publiziert, sodass die Abkürzung »RISM« für die Organisation selbst wie für ihre Veröffentlichungen steht.[39]

RISM ist in aller Regel die schnellste und eine der zuverlässigsten Zugriffsmöglichkeiten auf Primärquellen. Um ein so umfangreiches bibliographisches Instrument zweckmäßig nutzen zu können, muss man seinen Aufbau, seine Funktionsweise und den zeitlichen Bereich kennen, den es abdeckt.

Zum **Aufbau:** Die wichtigste Gliederung ist die in die drei Serien A, B und C, die – mit Ausnahme von A/II – in Form von gedruckten Einzelbänden erschienen ist.

- Serie A erfasst Individualwerke, also die Werke einzelner Komponisten.
- Serie B ist eine Art Auffangbecken für alles, was nicht zur alphabetischen Autoren-Serie A gehört, sondern geschlossene Quellengruppen (Sammelwerke und Schrifttum) umfasst.
- Serie C ist ein umfangreiches Adressverzeichnis aller Bibliotheken und Sammlungen, die in A und B als Fundstellen genannt sind.[40]

---

38   Hrsg. von der Internationalen Gesellschaft für Musikwissenschaft und der Internationalen Gesellschaft der Musikbibliotheken, Musikarchive und Musikinformationszentren, teils im Bärenreiter-Verlag, Kassel, teils im Henle Verlag, München.

39   Eine Einführung in die Arbeit von *RISM* bietet H. Rösing, *Sinn.*

40   Beschreibung siehe »Direktbestellung bei fremden Bibliotheken«, S. 157ff.

Ragué, Louis-Charles   R 57–R 72

pièces de clavecin, N° 20). – *Paris, Boyer,*
Mme Le Menu. – St.   [R 57
A Wgm (clav) – F Pc (clav, vl [je 2 Ex.]), V
(clav, vl) – GB Ckc (clav)

Trio [Es] pour la harpe, le violon et le
violoncelle. – *Paris, Cousineau père et fils*
(gravé par Le Roy l'aîné), No. 212. – St.
                                 [R 58
CH Zz (kpl.: hf, vl, vlc) – F Pn

Air de Richard Cœur de Lion, chanté dans
la prison [Sing-St./kl] (Feuilles de Ter-
psichore . . . pour la harpe, 2ᵉ année, N°
25). – *Paris, s. n.*   [R 59
SD S. 181
B Bc – CH AR – F Pn

Un sentiment cher æt paisible. Air [aus:
L'amour filial] . . . (in: Mercure de France,
mai, 1786).– *[Paris], s. n., (1786).* [R 60
GB Lbl

RAICK Dieudonné

Six suites de clavecin [D, G, a, C, F, A]
. . . œuvre premier. – *Bruxelles, auteur (J.*
C. Rousselet).   [R 61
B Bc – D-brd KNu

Deuxième livre de clavecin [4 Suiten]. –
[Gent, auteur] (P. Le Clair, J. Steven-
son).   [R 62
B Bc

RAIMONDI Giovanni

Sei trio [G, A, g, C, D, F] per due violini e
basso. – *Paris, Le Menu; Lyon; Toulouse;*
Rouen; Dunkerque (gravés par Gerardin).
– St.   [R 63
F Pc (kpl.: vl I, vl II, b)

Sei duetti [G, B, C, D, Es, F] per due violini che si possono suonare con due intru-
menti [!] eguali. – *Paris, Mlle Girard.*
                                 [R 64
GB Lbl (vl I, vl II) – I Vc-torrefranca

RAIMONDI Ignazio

WERKE MIT OPUSZAHLEN

Op. 1. Six trios [A, B, Es, D, G, Es] à deux
violons et violoncello . . . œuvre première.

– *Amsterdam, Johann Julius Hummel, No.*
295. – St.   [R 65
GB Lbl (kpl.: vl I, vl II, b) – S J, Skma, Sm, SK

— Six sonatas for two violins and a violoncello. – *London, Welcker, No. 295.*
                                 [R 66
B Bc (kpl.: 3 St.) – GB Lbl – US R

Op. 2a. Concerto [Es] à plusieurs instru-
mens obligées [!] . . . œuvre second, libro
I. – *Amsterdam, Johann Julius Hummel,*
No. 224. – St.   [R 67
I Vc (kpl.: vl I princ., vl II princ., vl I, vl II,
vla I/vla II, vlc, b, ob I/ob II, cor I/cor II) –
NL At – S Skma (fehlt b)

Op. 2b. Simphonie concertante [C] à deux
violons principaux, deux violons ripieno,
taille et basse, deux hautbois, cors, et
bassons, trompettes et timballes . . . œuvre
second, libro II. – *Berlin, Johann Julius*
Hummel; Amsterdam, au grand magazin
de musique, No. 378. – St.   [R 68
S Skma (vl I princ., vl II princ., vl I, vl II, vla
I/vla II, ob I, ob II, cor I/cor II, tr I/tr II,
timp; fehlen b, fag I/fag II)

Op. 3a. Simphonie [D] à grand orchestre à
six instruments obligés [!] violons, flûtes,
hautbois, taille, violoncello & fagotto, op.
3, librᵒ. 3. – *Berlin, Johann Julius Hum-*
mel; Amsterdam, au grand magazin de musi-
que, No. 428. – St.   [R 69
D-brd RH (kpl.: vl I princ., vl I, vl II, vla I, via
II, vlc obl., b, fl I obl., fl II, ob I obl., ob II,
cor I, cor II, tr I, tr II, timp)

Op. 3b. Six sonates [B, D, F, Es, A, G] à
violon & basse . . . œuvre troisième. –
Amsterdam, Johann Julius Hummel, No.
236. – P.   [R 70
B Bc – GB Lbl – I BGi, Nc – US Wc

Op. 4. Six sonates [B, C, A, Es, D, a] à
deux violons . . . œuvre quatrième. – *Am-*
sterdam, Johann Julius Hummel, No. 304.
– St.   [R 71
DK Kk (vl I, vl II) – GB Lbl (kpl. in 2 Ex.) –
NL DHgm – S KA, Skma – US Wc

— Six duo [A, a, B, C, D, Es] pour deux
violons . . . opera V. – *Lyon, Guera; Paris,*
Le Menu & Boyer (gravée par Mlle Fer-
riers, écrit par Meunier).   [R 72
A Wn (vl I, vl II) – CH Bu (vl I) – US Wc (vl I,
vl II)

1 Erscheinungsort, Verleger oder Drucker,
  (Stecher), Plattennummer
2 Komponistenname
3 Bibliothekssigeln
4 Titel des Drucks [Ergänzungen der Redaktion]

5 Ordnungskriterium
6 fortlaufende Nummerierung
7 Vollständigkeitsgrad des Materials
8 Stimmenpräsentationsform
9 andere Ausgabe desselben Werkes

Die Serien sind in sich nach Sachaspekten untergliedert (siehe unten). Zur **Funktionsweise**: *RISM* weist nach, *was* es gibt und *wo* es das gibt. Es werden also nur die Quellen genannt, die tatsächlich noch existieren. (So ist es nicht unbedingt die richtige Anlaufstelle, um sich einen Eindruck über das Schaffen Monteverdis zu machen, denn von seinen zwar mit Sicherheit komponierten, aber verlorenen Opera ist in *RISM* nirgendwo die Rede.) *RISM* versteht sich im Wesentlichen als Nachweis von Primärquellen, nur die B-Serie enthält zum Teil Hinweise auf moderne Ausgaben. Zu jedem genannten Eintrag wird der Fundort angegeben, aber bei Drucken ohne Signatur. Bei Handschriften, also singulären Quellen, ist dies ein einziger Aufbewahrungsort, bei Drucken kann die Fundortliste bisweilen recht umfangreich werden. Die Bibliotheken und Sammlungen werden in Kürzelform angegeben. Jeder Band enthält zu Beginn eine Sigelliste, in der die im jeweiligen Band verwendeten Abkürzungen aufgelistet sind.

Das Schema ist immer folgendes:

Land (Großbuchstabe/n) Ort (Großbuchstabe/n) Bibliothek (Kleinbuchstabe/n), z. B. »F Pn« = France, Paris, Bibliothèque nationale, »I PIca« = Italia, Pisa, Biblioteca Cathariniana.

Dieses Sigelsystem setzt sich auch außerhalb von *RISM* immer mehr durch.

RISM ist ein umfassendes, nicht auswählend-wertendes Verzeichnis. Es spielt also keine Rolle, ob es sich um einen bedeutenden oder Allerkleinstmeister handelt; dubiose Bearbeitungen erhalten die gleiche bibliographische Aufmerksamkeit wie Originalfassungen; große Kunst steht neben dürftigsten Produkten.

Zum **Berichtszeitraum**: Jeder Band bzw. Serienteil hat eine eigene zeitliche Einschränkung. Im Grunde kann man sagen, *RISM* ist ein Hilfsmittel für die Zeit vor 1800, da ab dem 19. Jahrhundert die Flut der erhaltenen Quellen nicht mehr im gegebenen Rahmen zu bewältigen wäre. Dennoch gibt es partielle Ausweitungen bis zur Mitte des 19. Jahrhunderts und für die Serie A/II sogar gelegentlich bis in die Gegenwart.

Serie A/I: Einzeldrucke vor 1800

Bd. 1–9	[Komponisten A–Z]
9	Drucke mit Initialen, anonyme Drucke
10	Register der Verleger und Verlagsorte (in Vorbereitung)
11–14	Addenda und Corrigenda A–Z (14, S–Z, in Vorbereitung)

- Anlage: alphabetisch nach Komponistennamen, innerhalb jeden Buchstabens des Alphabets durchnummerierte Einzeleinträge pro Druckausgabe (z.B. J. S. Bach: B 430 – B 524), innerhalb eines Komponistenœuvres dem Schaffen angemessene Sachgruppen (z.B. Gattungen, Werke mit/ohne Opuszahlen). Alle Ausgaben eines Werkes (auch in bearbeiteter Form) stehen, mit einem Spiegelstrich gekennzeichnet, hintereinander (siehe die *RISM* A/I/7 entnommene Beispielseite S. 123).

• Berichtszeitraum: vom Beginn der Individualdrucke im 16. Jahrhundert bis ca. 1820/1830. Komponisten, die bis 1769 geboren sind, werden komplett erfasst; Komponisten mit Geburtsjahr 1770 und später nur, wenn ihr Hauptschaffen ins 18. Jahrhundert fällt (Beethoven z. B. ist nicht mehr verzeichnet).

• Angaben der einzelnen Einträge: Komponistenname, gegebenenfalls Opus- oder WV-Nummer, vollständiger Titel des Drucks, Stimmenpräsentationsform (Partitur – Stimmen – Klavierauszug), Verlagsort, Verleger, gegebenenfalls Erscheinungsjahr. Nicht mehr vollständig erhaltene Stimmensätze werden beim Fundort als solche gekennzeichnet.

• Die Bände 11–14 enthalten nicht nur Ergänzungen zu Autoren der Bände 1–9, sondern auch zu in den Hauptbänden nicht erwähnten Komponisten.

Serie A/II: Musikhandschriften

Aufgrund der gigantischen Fülle des anfallenden Materials (man rechnet mit weit über anderthalb Millionen Musikhandschriften weltweit) wurde dieser Teil von RISM von Anfang an als Datenbank im Rechner der Frankfurter Zentrale geführt und erschien daher nie in gedruckter Form. Die ersten beiden Ausgaben erfolgten noch auf Microfiche-Karten, seit 1996 hat man Zugriff über CD-ROM (mit jährlichen Updates) und seit 1997 auch kostenlos über das Internet (*http://rism.harvard.edu* → Link *RISM Online* → Link *RISM Series A/II: Music MSS After 1600*). Die 6. Ausgabe der in gut ausgestatteten Bibliotheken vorhandenen CD-ROM (*Music manuscripts after 1600*, München: Saur 1999) umfasst etwa 280 000 Einträge. Die beiden Verfügungsversionen (CD, online) sind sich zwar sehr ähnlich, decken sich aber nicht völlig. Die komplette Information erhält man nur über die CD.

In der Anlage unterscheidet sich die Datenbank natürlich von einem (Listen druckenden) Katalog, weil sie Einstiege über verschiedene Suchkriterien ermöglicht, auch in kombinierter Form (bzw. mit den üblichen logischen Operatoren »und«, »oder«, »nicht« und auch mit Trunkierung, also Begriffskürzung). Solche Suchkriterien wären, um nur die wichtigsten zu nennen: Komponistenname oder sonstige in einem Manuskript auftauchende Namen wie Widmungsträger, Ausführende; Titel (z. B. Von wem gibt es Vertonungen des Metastasio-Librettos *L'Isola disabitata*?) und Titelwörter; Aufbewahrungsort oder Signatur einer Handschrift; Datierung (z. B. in trunkierter Form »178#«, was dann die gesamten 1780er-Jahre berücksichtigt) und – ganz wichtig, aber leider bisher online noch nicht disponibel – das musikalische Incipit des Stückes, das man in codierter Form eingibt. Bei allen Kriterien gibt es eine konkrete Search- und eine Browse-Funktion, mit der man das alphabetische Umfeld des Suchbegriffs ansehen kann. Am schnellsten orientiert man sich mit der »Hilfe«-Funktion über die Operationsmöglichkeiten und die »Index« genannten Suchkriterien. Denn wie bei allen Datenbanken entsteht der Gewinn gerade durch die Verbindung der Elemente.

RISM *Online*

RISM Series A/II: Music MSS After 1600

The RISM Series A/II Database contains bibliographic records for music manuscripts written after ca. 1600. Records include information in standard bibliographic categories as well as graphical images of music incipits.

Enter appropriate search terms in the boxes below:

Name ▼		AND ▼
Title Word ▼		AND NOT ▼
Date of MS ▼		

Send Query   **Clear Query**   Start: `1` Display `10` ▼ Sort `Yes` ▼

`SEARCH` ▼ the database for possible matches.

RISM Online is maintained by the U.S. RISM Office at Harvard University in cooperation with the RISM Zentralredaktion, Frankfurt/Main

`⌘ dbMenu` Go to the RISM Database Menu

Die Erfassung von einzelnen Kompositionen steht übrigens im Vordergrund, die Beschreibung der jeweiligen Handschrift ist sekundär.

Bei der so extrem komfortablen Arbeit mit der RISM-Datenbank muss man sich aber immer einer wesentlichen Voraussetzung bewusst sein: Die – wenngleich beeindruckende – Datensatzmenge von RISM A/II deckt nur einen Bruchteil dessen ab, was es gibt. Vor allem sind die einzelnen Länder unterschiedlich vertreten: Es leuchtet ein, dass die Masse an Manuskripten, die in Italien lagert, nicht so leicht zu bewältigen ist wie etwa die überschaubaren Bestände der zudem finanziell gut ausgestatteten Schweiz. Für eine systematische Recherche kann es bislang immer nur ein erster Schritt sein.

Serie B:
Sammeldrucke
Bd. I, 1   Recueils imprimés XVIe–XVIIe siècles
    I, 2   Register [Depouillement] (in Vorbereitung)
    II   Recueils imprimés XVIIIe siècle
Enthält Drucke mit Werken von mehr als einem Komponisten.
• Anlage: Bd. I,1: chronologisch nach Erscheinungsjahr. Innerhalb eines Jahres werden die einzelnen Drucke mit Exponenten durchnummeriert, »1634^10« ist der

zehnte hier verzeichnete Druck des Jahres 1634. Bd. II: alphabetisch nach Drucktiteln.

• Inhalt: bibliographische Beschreibung der Drucke und Nennung der vertretenen Komponisten, jeweils mit der Anzahl der Kompositionen; Register u. a. für die Komponistennamen.

Musiktheorie
The theory of music from Carolingian era up to c. 1500. Descriptive catalogue of manuscripts

Bd. III, 1   Austria, Belgium, Switzerland, Denmark, France, Luxembourg, Netherlands
III, 2   Italy
III, 3   Federal Republic of Germany
III, 4   Great Britain
III, 5   Czech Republic, Poland, Portugal, Spain

Musikhandschriften 11. – 16. Jahrhundert
Bd. IV, 1   Manuscripts of polyphonic music (11th–early 14th century)
IV, 2   Manuscripts of polyphonic music (ca. 1320–1400)
IV, 1–2   Supplement
IV, 3 u. 4 Handschriften mit mehrstimmiger Musik des 14., 15. und 16. Jahrhunderts [bestimmte Quellengruppen s. Untertitel und Vorwort]
IV, 5/I   Manuscrits de musique polyphonique des XVe et XVIe siècles [ca. 1425–1530]: Italie
[IV, 5   weitere Bände in Planung][41]

Alphabetisch nach Ländern, innerhalb der Ländergruppen alphabetisch nach Orten.

Das Beschreibungsverfahren ist umgekehrt wie bei den Handschriften der Serie A/II (ab 1600), weil es sich bei vorneuzeitlichen Handschriften praktisch grundsätzlich um Sammelcodices und deren Überreste und zudem in unvergleichlich häufigeren Fällen um anonyme Kompositionen handelt. Es wird also das Manuskript als Ganzes beschrieben und sein Inhalt aufgelistet.

Handschriften mit einstimmiger Musik
Bd. V, 1   Tropen- und Sequenzenhandschriften

---

41 Solange die geplanten Bände die Lücke bis 1600 noch nicht geschlossen haben, ist man auf andere Hilfsverzeichnisse angewiesen, u.a.»Eitner« (siehe Lanzke 1272–1273, Duckles 4. Auflage: 1773, 5. Auflage: 5.544),»Census« (Lanzke 1336, Duckles 5. Auflage: 5.531),»Tenorlied« (Duckles 4. Auflage: 1842, 5. Auflage: 5.521).

Musikschrifttum

Bd. VI, 1   Écrits imprimés concernant la musique I [Autoren A–L]

VI, 2   Écrits imprimés concernant la musique II [Autoren M–Z]

Enthält Schriften zur Theorie, Ästhetik, Geschichte der Musik; Schulwerke (z. B. Gesangsschulen) nur, wenn ein größerer Teil Text darin vorhanden ist.

• Anlage: alphabetisch nach Autoren, chronologischer Index.

• Berichtszeitraum: 1474–ca. 1800.

Tabulaturen

Bd. VII   Handschriftlich überlieferte Lauten- und Gitarrentabulaturen des 15. bis 18. Jahrhunderts

Das Deutsche Kirchenlied

Bd. VIII, 1   Verzeichnis der Drucke von den Anfängen bis 1800

VIII, 2   Register und Anhang (Nachträge und Korrekturen)

Hebräische, arabische, persische, griechische Musik und Theorie

Bd. IX–XII

Die eigentliche Intention von *RISM* ist natürlich, dem Forscher den Weg zu den Primärquellen zu ebnen. Aber das hindert nicht daran, dieses Katalogkompendium auch für andere Interessensgebiete und Fragestellungen »zweckzuentfremden«, sodass es selbst schon dem Studenten ein nützliches Arbeitsinstrument sein kann. Um nur zwei Beispiele herauszugreifen:

Um der Frage nachzugehen, ob Schütz nach seinem Tode von der Nachwelt »vergessen« wurde, wäre es wichtig zu wissen, ob nach 1672 seine Kompositionen noch in Neuauflagen gedruckt wurden und wenn ja, welche – was sich schnell anhand von *RISM* A/I eruieren ließe. Oder um herauszufinden, von welchen Instrumenten in der Continuogruppe Kammermonodien am Anfang des 17. Jahrhunderts besonders gern begleitet wurden (eher von einer Laute, Theorbe oder Chitarrone, von Cembalo, Spinett oder gar Clavichord, von der Gitarre, Harfe oder vielleicht einer Orgel?), ist es ein guter Anhaltspunkt, sich die Drucktitel der entsprechenden Sammlungen anzusehen, die oft recht genaue Besetzungsangaben enthalten. So würde eine erste Klassifikation möglich.

Aufgabe 20

a) Mit welchem Klang beginnt die Motette *L'autre jour/Autens/In seculum*, die Nr. 12 des um 1300 entstandenen Codex Bamberg (Bamberg, Staatl. Bibliothek, Lit. 115)?

b) Wie lautet der erste Sammeldruck der Musikgeschichte, wann erschien er, wie heißt der Verleger/Drucker? In welchem Band und unter welcher Nummer verzeichnet *RISM* diesen Druck? Gibt es Nachdrucke?

c) Welche musikalische Schrift in Dialogform erschien 1568?

d) 1572 veröffentlichte Ivo de Vento eine dreistimmige Sammlung *Neue Teutsche Lieder*. In welchem Band von *RISM* und unter welcher Nummer ist diese Publikation verzeichnet? Wie viele Auflagen erschienen später noch und wann? Sind diese Auflagen noch alle komplett vorhanden?

e) Werke welcher Komponisten sind in der 1743 erschienenen Sammlung *The English Orpheus* vertreten?

f) Von J. P. Milchmeyer erschien ein didaktisches Werk über das Klavierspielen. Welches? Wo ist der entsprechende Eintrag in *RISM* zu finden?

g) Der Komponist David August von Apell (1754–1832) veröffentlichte laut Werkverzeichnis in *NGroveD* im Jahr 1815 in Mainz ein *Te Deum*. Wem ist dieses Werk gewidmet?

h) Sie suchen eine Motette mit dem Textanfang »Turbabuntur«, die im Vokalpart mit den Tönen ggc'es' beginnt. Von wem stammt sie?

Drucke nach 1800

Während man mit *RISM* für die Zeit vor 1800 (mit den erwähnten Randunschärfen) für umfangreiche Repertoirebereiche ein sehr praktikables Werkzeug zum Nachweis und zur exakten Lokalisation von Primärquellen zur Verfügung hat, ist die Materialerfassung für die beiden folgenden Jahrhunderte noch immer eine weitgehend private Angelegenheit des Suchenden. Bei der systematischen Ermittlung von Drucken des 19. und 20. Jahrhunderts ist man im Wesentlichen auf teils bereits im Rahmen der Neuausgabenbibliographie besprochene Instrumente angewiesen:

• Werkverzeichnisse
• Bestandskataloge
• Historische Verlagskataloge
• Nationalbibliographien
• Musikalienzeitschriften

Unter **historischen Verlagskatalogen** sind einerseits Originale zu verstehen, also von Verlegern aktuell zusammengestellte Werbekataloge, aber auch – dem Wissenschaftler für die schnelle Übersicht besonders dienlich – heute kompilierte Verzeichnisse über das einstmalige Programm eines oder mehrerer Verlage. Sie sind bei H. Lanzke, *Wo finde ich Informationen* IIa, Nr. 1342–1396, aufgelistet und bei

• Weinhold, Liesbeth; Weinmann, Alexander: *Kataloge von Musikverlegern und Musikalienhändlern im deutschsprachigen Raum 1700–1850*, Kassel: Bärenreiter 1995 (Catalogus musicus, 15)

Nationalbibliographien bzw. ihre Vorgänger sind eine weitere Nachweismöglichkeit für die gedruckte Musikalienproduktion im 19. und 20. Jahrhundert. Sie geben im Gegensatz zu Bestandsverzeichnissen wieder, was tatsächlich veröffentlicht wurde, unabhängig davon, ob es heute noch vorhanden ist oder nicht. Das kann je nach Fragestellung von Vor- oder von Nachteil sein. Eine Übersicht über »Regionale Verzeichnisse« bietet Lanzke unter den Nummern 1278–1334.

Von besonderer Bedeutung für das deutsche Sprachgebiet, das im 19. Jahrhundert führend in der Musikalienpublikation war, ist der so genannte **Hofmeister**, das von C. F. Whistling begonnene und von A. Hofmeister weitergeführte *Handbuch der musikalischen Literatur*, das einen Zeitraum vom Ende des 18. bis in die Mitte des 20. Jahrhunderts weitgehend abdeckt. Der »Hofmeister« ist für den gezielten Nachweis deutscher und teilweise darüber hinausreichender Musikalien bislang unentbehrlich. Allerdings ist seine Benutzung nicht immer ganz einfach, da in der über hundert Jahre währenden Geschichte des Handbuchs Titel, Anlage- und Kumulationsformen häufig wechselten.[42]

Gegen Ende des 18. Jahrhunderts wurde eine Publikationsform für Noten populär, die man als **Musikalienzeitschrift** bezeichnen könnte: periodisch erscheinende Sammlungen mit Musikstücken. Für die Frühzeit sind sie in einer sehr umfangreichen Bibliographie ausgewertet:

• Fellinger, Imogen: *Periodica musicalia (1789–1830)*, Regensburg: Bosse 1986 (Studien zur Musikgeschichte des 19. Jahrhunderts, 55)
Die Musikzeitschriften werden nach ihrem Gründungsjahr chronologisch behandelt, durch ein exaktes Depouillement erschlossen, und entsprechend *RISM* werden die Fundorte angegeben. Zahlreiche Register (u. a. Komponisten, Titel oder Textanfänge der Kompositionen) erlauben eine schnelle Orientierung.

Archivkunde, Ikonographie, Diskographie

Die Arbeit mit unveröffentlichten **Archivalien** wird auf den Studenten in den seltensten Fällen vor Anfertigung der Abschlussarbeit zukommen, und auch da – selbst bei Dissertationen – sind die Themen, die Archiv- und Handschriftenforschungen erfordern, deutlich in der Minderheit. Deshalb sei hier nur auf weniges hingewiesen. Texte mit allgemeinem oder privatem Charakter, z. B. Briefe, Tagebücher und

---

42 Überblick über das Gesamtwerk und über Reprints vgl. H. Lanzke, *Wo finde ich Informationen* IIa, Nr. 1292 und 1292a.

Ähnliches, werden in der Regel von Bibliotheken gesammelt. Größere Institutionen haben eigene Handschriftensammlungen, bei kleineren Bibliotheken sind diese Bestände in eine andere Abteilung integriert. Auch gedruckte Hof- und Staatskalender gehören in den Zuständigkeitsbereich von Bibliotheken. Sie werden dort wie Bücher in Katalogen erschlossen und sind auf diesem Wege zugänglich. In Archiven werden dagegen Materialien mit Aktencharakter aufbewahrt, also Urkunden und Ähnliches. Die Organisationsstruktur von Archiven unterscheidet sich wesentlich von der der Bibliotheken, vor allem auch hinsichtlich der Zugangsweise zum Material. Da hier nicht der Ort sein kann, die Arbeits- und Funktionsweise von Archiven zu erörtern, möchte ich mich auf zwei grundlegende Literaturangaben beschränken:

- Lesure, François: Archival research: necessity and opportunity, in: *Perspectives in musicology*, hrsg. von Barry S. Brook u. a., New York: Norton ([1]1972) 1975, S. 56–79
- Franz, Eckhart G.: *Einführung in die Archivkunde*, 4. überarbeitete Auflage Darmstadt: Wissenschaftliche Buchgesellschaft 1993, 5. aktualisierte Auflage Darmstadt: Primus 1999.

Ein guter Ausgangspunkt für die Archivarbeit via Internet ist
- *http://www.uni-marburg.de/archivschule/andarch.html.*

Vor der Arbeit mit unveröffentlichtem Primärmaterial ist es oft sinnvoll, Kontakt mit einschlägigen Dokumentationsstellen und Forschungszentren aufzunehmen. Es kann sich dabei um Institutionen handeln, die sich mit einem thematischen Schwerpunkt befassen (etwa das *Internationale Musikinstitut Darmstadt*, das als *Informationszentrum für Zeitgenössische Musik* fungiert), besonders häufig sind es aber größere oder kleinere Gesellschaften, die sich der Pflege und Erforschung der Musik eines bestimmten Komponisten widmen. Solche Einrichtungen sind oft bemüht, alles erfassbare Material zum Thema zu sammeln und etwa handschriftliche Quellen in Form von Mikrofilmen zusammenzutragen.

Die beste Möglichkeit, sich über die Existenz einer derartigen Institution kundig zu machen, ist die Befragung einer Internet-Suchmaschine, da über kurz oder lang damit zu rechnen ist, dass keine Einrichtung auf eine solche Präsentation verzichten wird. Allerdings bekommt man auch hier ungefilterte Ergebnisse, deren Qualität man selbst einschätzen muss. Eine überaus praktische Anlaufstelle für qualifizierte deutsche Institutionen ist das Musikinformationszentrum des Deutsches Musikrats (*http://www.miz.org* → »Forschung und Dokumentation« → Link »Wissenschaftliche Bibliotheken, Archive und Forschungsinstitute«).

Eine brauchbare erste Orientierung über den Zugang zu **ikonographischen** Quellen vermittelt der Abschnitt »Musikikonographien« bei K. Oehl/K. Pfarr, *Musikliteratur,*

S. 66–73. Zur Arbeit der dort erwähnten nationalen Arbeitsgruppen des *Répertoire International d'Iconographie Musicale* (*RIdIM*), die die musikikonographischen Quellen ihres Landes systematisch erfassen und katalogisieren, wäre hinzuzufügen, dass die Katalogaufnahmen in sehr vielen Fällen eine Schwarz-Weiß-Reproduktion der betreffenden Bildquelle enthalten. Bei wichtigeren ikonographischen Untersuchungen kann es sich durchaus lohnen, diese nationalen Arbeitsstellen aufzusuchen, da man so bereits einen ersten anschaulichen Überblick über das ansonsten in vielen Museen verstreute Material gewinnen kann. Auch das *RIdIM/RCMI Inventory of Music Iconography* reproduziert die wichtigsten der inventarisierten Objekte.[43]

Da der Zugang zu Tonträgern nach wie vor ein unbewältigtes Problem der öffentlichen Information ist, sei in Bezug auf **Diskographien** lediglich auf die entsprechenden Teile bei V. H. Duckles, *Music reference*, 4. Auflage: S. 486–515, 5. Auflage: S. 537–597, und H. Lanzke, *Wo finde ich Informationen IIb*, verwiesen.

---

43 Über den aktuellen Publikationsstand der bei Oehl/Pfarr genannten Serien muss man sich jeweils bibliographierend orientieren.

DAS BESCHAFFEN VON QUELLEN:

BIBLIOTHEKSKUNDE

Das Hauptarbeitsinstrument des Wissenschaftlers (und insbesondere des Geistes-wissenschaftlers) ist die Bibliothek.[1] Sie birgt die konkreten Gegenstände, mit denen wir uns auch als Musikwissenschaftler auseinandersetzen: die Primär- und Sekun-därliteratur, die Noten, die Tonträger, die elektronischen Ressourcen. Selbst wer gerne und viele Bücher persönlich besitzen möchte, wird im Studium feststellen, dass man sogar in glücklichen finanziellen Umständen nur einen Bruchteil dessen kaufen kann, was man für die tägliche Arbeit braucht, sei es, weil es sich um ältere, vergriffene Ausgaben handelt, sei es, weil vieles an wissenschaftlichem Material einfach sehr teuer ist. (Es wäre natürlich keine Lösung, sich allein auf Material zu stützen, das man – vielleicht in Taschenbuchform – zufällig zu Hause hat.) Um die Bibliotheksbenutzung kommt demnach niemand herum – und umso wichtiger ist es, sich mit den Modalitäten der jeweiligen Institutionen schnell vertraut zu machen und ein selbstbewusster, mündiger Benutzer zu werden, damit nicht jeder Schritt über die Bibliotheksschwelle den Puls erhöht.

Grundsätzlich ist zum Bibliothekswesen festzuhalten, dass es sich um öffent-lich getragene (und daher in den allermeisten Bereichen gebührenfrei zu benut-zende) **Dienstleistungsbetriebe** handelt. Sobald Sie eine Zulassung als Benutzer erhalten haben, was in aller Regel problemlos durch die Beantragung eines Bibliotheksausweises geschieht, haben Sie das Recht, diese Einrichtungen zu nut-zen – und die Bibliothek mit allen ihren Angestellten hat die Pflicht, Sie dabei im Rahmen ihrer Möglichkeiten zu unterstützen. Wenn Ihnen etwas nicht klar ist, fragen Sie das Personal! Muffelige Reaktionen einer Auskunftsperson auf eine höf-lich gestellte Frage sollten niemanden entmutigen – in diesem Fall sind nicht *Sie* am falschen Platz. Allerdings sollte die Bibliothek nicht mit einem kommerziellen Serviceunternehmen verwechselt werden, das seiner Klientel alle Arbeiten abnimmt. Hinweise und Erklärungen zu den einzelnen Verfahren (»Wie benutze ich die tech-nischen Geräte? Wo finde ich eine Bibliographie über Zeitschrifteninhalt?«) gehö-ren zum Auskunftsdienst der Mitarbeiter. Benutzen müssen Sie die einzelnen An-gebote dann aber selbst.

Funktionen und Bestände von Bibliotheken

Öffentliche Bibliotheken

Unter öffentlichen Bibliotheken versteht man Stadt- und Gemeindebüchereien, die der allgemeinen Information, Bildung und Unterhaltung der gesamten Bevölkerung

---

1 Zwei gut verständliche aktuelle Bücher zum nicht musikspezifischen Bibliothekswesen sind R. Hacker, *Bibliothekarisches Grundwissen*, und W. Krieg, *Einführung in die Bibliothekskunde*. Besonders empfehlenswert, weil unter gründlichem Einbezug der neuen Medien und Technologien ist U. Grund/ A. Heinen, *Wie benutze ich eine Bibliothek*. Die musikspezifischen Probleme nimmt (vornehmlich aus der Sicht des Bibliothekars) K. Dorfmüller/M. Müller-Benedict, *Musik in Bibliotheken*, in den Blick.

dienen. Sie sind zwar aufgrund der Zusammensetzung ihres Bestandes für den wissenschaftlich Arbeitenden nur sehr bedingt die richtige Anlaufstelle zur Materialversorgung, sie sollen hier aber deshalb eigens erwähnt werden, weil die Musikabteilungen zahlreicher Stadtbibliotheken oder Musikbibliotheken als eigene öffentliche Institutionen oft eine große Hilfe darstellen. Hier steht dem Benutzer nicht selten ein Fundus an Notenmaterial zur Verfügung, wie er in wissenschaftlichen Bibliotheken nur beschränkt anzutreffen ist: vor allem praktische Einzelausgaben älteren und neueren Datums, Chor- und Kammermusikliteratur, Klavierauszüge, Taschenpartituren und dergleichen. Einen kaum zu überschätzenden Service bieten viele öffentliche Bibliotheken, indem sie ihre Mediensammlung dem Publikum zugänglich machen, sodass der Benutzer Kassetten, Schallplatten, CDs und Videos anhören, bisweilen sogar nach Hause entleihen kann.

Von der Organisationsform nicht zu den öffentlichen, sondern zu den Hochschulbibliotheken zählen die entsprechenden Abteilungen der Musikhochschulen und Konservatorien. Von ihrer Bestandszusammensetzung mit dem Schwerpunkt auf Material für die praktische Verwendung ähneln sie aber den öffentlichen Musikbüchereien. In der Regel besteht eine Kooperation zwischen Musikhochschule und Universität eines Ortes, sodass Studenten wechselseitig Gebrauch von den unterschiedlichen Angeboten machen können. Je nach dem Profil einer Musikhochschule kann die Bibliothek zudem den Charakter einer musikwissenschaftlichen Bibliothek haben.

Instituts- und Fachbereichsbibliotheken

Das Zentrum des alltäglichen Studiums bildet die Instituts- bzw. Seminarbibliothek, die im musikwissenschaftlichen Institut selbst untergebracht ist. (An neueren Universitäten und Gesamthochschulen sind meist mehrere solcher Institutsbibliotheken verwandter Fachrichtungen zu einer gemeinsamen Fachbereichsbibliothek zusammengeschlossen.) Alltäglich auch deshalb, weil es sich einerseits um eine so genannte Präsenzbibliothek handelt, deren Bestand an Ort und Stelle benutzt werden muss, und andererseits, weil sie eine so genannte Freihandaufstellung hat, was heißt, dass jeder Benutzer zum entsprechenden Regal geht und sich herausnimmt, was er braucht. Er kann somit innerhalb kurzer Zeit in viele Bücher und Noten hineinschauen, notwendig werdendes Nachschlagen und Überprüfen unverzüglich erledigen und vielfältiges Material, das ja nicht ausgeliehen ist, gleichzeitig benutzen. Arbeiten, bei denen man auf umfangreiche Unterlagen angewiesen ist, lassen sich daher in der Institutsbibliothek am rationellsten erledigen.

Eine Institutsbibliothek, die übrigens nicht nur von immatrikulierten Studenten, sondern auch von Gästen mit Gästekarte benutzt werden darf, ist in besonderem Maße auf die Lehr- und Forschungstätigkeit am jeweiligen Institut zugeschnitten, und das spiegelt sich auch in ihrem Bestand. Ein stark philologisch ausgerichtetes Institut, dem womöglich ein Editionsunternehmen angeschlossen ist, wird andere Bücher anschaffen als eines, das auf zeitgenössische Musik spezialisiert ist und wo wenig Bedarf etwa an Wisso Weiss' Wasserzeichenkunde herrscht. Man muss also damit rechnen, dass eine Institutsbibliothek Bestandsschwerpunkte hat und in anderen Bereichen dafür offensichtliche Lücken, denn bei den üblichen finanziellen Etats wäre es illusionär, von einer auch nur annähernd umfassenden und ausgewogenen Erwerbungsstrategie auszugehen. Unübertroffen gegenüber anderen ortsansässigen Bibliotheken ist sie in aller Regel hinsichtlich ihres wissenschaftlichen Notenbestandes, also Denkmäler- und Gesamtausgaben. Dafür sind »normale« Musikalien eher zufällig vorhanden und werden Tonträger nur in dem Umfang angeschafft, wie sie als Demonstrationsbeispiele für die Lehre erforderlich sind – und das sind oft noch Aufnahmen aus uralten Zeiten. Bevor man sich also darauf verlässt, dass das nötige Material für ein Referat garantiert vorhanden ist (»Die *Rhapsody in blue* muss doch da sein!«), sollte man sich immer frühzeitig vergewissern, ob man nicht doch noch andere Quellen anzapfen muss.

Zentrale Hochschulbibliotheken

Die Universitäts-, Hochschul- oder Gesamthochschulbibliothek dient der zentralen Literaturversorgung aller Hochschulangehörigen (und dem wissenschaftlich interessierten Publikum der Region); sie ist daher eine fächerübergreifende Universalbibliothek. Zur Institutsbibliothek bildet sie in mehrfacher Hinsicht die notwendige Ergänzung: Sie ermöglicht den Zugang zu Literatur aus anderen Fachgebieten und nicht fachspezifischen Publikationen (vor allem auch allgemeinen bibliographischen und Nachschlagewerken), sie erweitert das Angebot der Institutsbibliothek mit zusätzlichen Bucherwerbungen aus dem Fachgebiet, sodass man bei etlichen Desideraten der IB in der UB fündig werden kann, und schließlich ist die UB, was den Hauptteil ihres Bestandes angeht, eine so genannte Ausleihbibliothek, deren Bände man für das intensivere Studium zu Hause benutzen kann.

Hochschulbibliotheken sind große Institutionen mit einer weitverzweigten Organisation, zahlreichen Dienststellen und einem vielfältigen Leistungsangebot von der Lehrbuchsammlung über die Fernleihe bis zur bibliographischen Online-Recherche. Es lohnt sich immer, zu Beginn des Studiums an einer (kostenlosen, per Anschlag angekündigten) **Führung** teilzunehmen und diese in den folgenden Semestern und bei einem Universitätswechsel mit ruhigem Gewissen nochmals in Anspruch zu nehmen. Auch ausliegende Merkblätter sollte man eingehend studieren. Nur so und durch ausgiebige Benutzung ohne Berührungsängste kann man ein Gespür für die Vielzahl an Möglichkeiten bekommen, die eine Hochschulbibliothek bietet.

Archiv- und Forschungsbibliotheken

Die bisher genannten Bibliotheken haben vorrangig Gebrauchscharakter, d. h. sie wollen eine große Zahl von Benutzern schnell und problemlos mit der in einem größeren Rahmen gewünschten Literatur versorgen. Daneben erfüllen Landes- bzw. Staatsbibliotheken Archivfunktionen, indem sie ihre Bestände auch zur zukunftsorientierten Dokumentation aufbewahren. Während des Studiums wird man mit diesen Bibliotheken wohl nur selten in Berührung kommen. Doch kann bereits eine Magisterarbeit, die über das gängige Material hinausgeht und sich stärker auf seltene Quellen stützt (vor allem Handschriften, seltene Drucke oder großformatige Partituren neuer Musik, die allesamt nicht verliehen werden dürfen), den Besuch oder zumindest schriftlichen Kontakt zu einer überregionalen Bibliothek verlangen. Das reichhaltige Angebot der großen Staats- und vieler Landesbibliotheken steht zwar prinzipiell jedermann zur Verfügung, doch sind es in erster Linie die im engeren Sinne forschenden Wissenschaftler, auf welche die größeren Bibliotheken zugeschnitten sind. Aus Rücksicht auf die personellen Möglichkeiten wird man ihre Dienste, selbst wenn man am Ort wohnt, nur in den Fällen in Anspruch nehmen, in denen die ersten Anlaufstellen (IB und UB) nicht mehr weiterhelfen können. Um mir den *dtv-Atlas* zu beschaffen, brauche ich keine Staatsbibliothek zu bemühen.

Kataloge

Das A und O einer Bibliothek sind ihre Kataloge, da ohne diese Verzeichnisse der Weg zu den einzelnen Objekten nicht zu finden wäre. Aber auch trotz Katalog bleibt der Weg zum Buch oder zum Notenexemplar manchem Benutzer verstellt. Kataloge verfahren nämlich nach bestimmten Kriterien und Regeln, die man zumindest rudimentär kennen muss, um sich darin zurechtzufinden: Zuerst muss man wissen, in welchem Katalogtyp man jeweils nachschlagen muss, und dann, wie die einzelnen Aufnahmen darin geordnet sind.

Die Katalogtypen

Kataloge lassen sich einerseits durch ihre **äußere Beschaffenheit** unterscheiden, andererseits durch ihre innere Anlage. Der äußeren Beschaffenheit nach kommen für den Benutzer heute üblicherweise drei Typen in Frage. Der traditionelle und jedem bekannte Karten- oder **Zettelkatalog** besteht aus kleinen kartonierten Karteikarten, die in Katalogschränken in Schubladen aufbewahrt und durch Blättern benutzt werden. Der **Mikrofichekatalog** besteht aus Kunststoffkarten, auf denen in fortlaufenden Listen eine große Menge von Daten stark verkleinert wiedergegeben wird und die deshalb nur mit einem entsprechenden Lesegerät zu entziffern sind.

Die fortschrittlichste Form ist der **Online-Katalog** (auch kurz **OPAC** = Online Public Access Catalogue), bei dem der Benutzer von einem Computerterminal aus und per Eingaben über die Tastatur direkten Zugriff auf die elektronische Datenbank hat. Immer mehr OPACs sind auch über das Internet benutzbar. Gewöhnlich bestehen in einer Bibliothek (zumindest in einer UB) alle Formen nebeneinander. Es ist daher wichtig, sich alsbald durch Erkundigung oder Lektüre von Merkblättern einen Überblick darüber zu verschaffen, welche Katalogteile in der gerade benutzten Bibliothek in welcher Form vorliegen und vor allem welche **Zeiträume** des Bibliotheksbestandes wie zugänglich sind (z. B. Altbestand bis 1980 als Kartei, Neubestand seit 1981 auf Mikrofiche, Neuerwerbungen seit 1990 zusätzlich online). Die Einarbeitung der Altbestände aus Zeiten vor der elektronischen Revolution in die aktuellen Online-Kataloge (Retrokonvertierung) ist mit mehr oder weniger Schubkraft in allen Bibliotheken im Gange, doch bisher nur in Ausnahmefällen bereits abgeschlossen. Solange dieses Ziel nicht erreicht ist, bleibt es einem nicht erspart, zwei, gegebenenfalls sogar drei Suchaktionen in den verschiedenen Katalogmedien zu starten – auch deshalb, weil das Erscheinungsjahr eines Bandes nicht automatisch der Zeitpunkt seiner katalogmäßigen Erfassung ist. Ich suche beispielsweise ein Buch aus dem Jahr 1928, und weil mein Online-Katalog grob gesagt erst mit den Erwerbungen ab 1990 beginnt, schaue ich nur im alten Zettelkatalog nach. Vielleicht hat meine Bibliothek den Band aber 1995 antiquarisch erworben. In diesem Fall ginge mir das vor Ort doch vorhandene Exemplar durch die Lappen und ich verplemperte Geld für eine Fernleihaufgabe, die dann doch nicht angenommen würde. Andererseits finden sich in den OPACs immer wieder auch ältere »Zufallstreffer«, die auch im Zettelkatalog verzeichnet sind. Wer dadurch verleitet wird, sich nur noch auf die Online-Abfrage zu beschränken, gewinnt nur an Bequemlichkeit, nicht an Effektivität. Solange wir noch vom komplett digitalen Schlaraffenland träumen, informieren wir uns also über die jeweiligen Katalogabbrüche, -anfänge und -wechsel.

Mit einer Information über die äußere Beschaffenheit der Kataloge sollte eine Orientierung über die **innere Organisation** einhergehen. Dabei muss man sich immer eines grundlegenden Sachverhalts bewusst sein: Bibliothekskataloge verzeichnen ausnahmslos so genannte **bibliographisch selbstständige Einheiten**. Umgangssprachlich könnte man dazu sagen: das Buch, das man als Ganzes in die Hand nehmen kann. Ein Aufsatz in einer Zeitschrift ist in diesem Sinne unselbstständig; die bibliographisch selbstständige Einheit ist die Zeitschrift (bzw. der jeweilige Band), und nur sie ist im Katalog verzeichnet! Dasselbe trifft auf Sammelbände zu. Zum Beispiel: die Literaturangabe

• Faltin, Peter: Ist Musik eine Sprache?, in: *Die Zeichen. Neue Aspekte der musikalischen Ästhetik* II, hrsg. von Hans Werner Henze, Frankfurt 1981, S. 32–50

ist in keinem Katalog unter »Faltin, Peter« zu finden, sondern immer nur unter »Die

Zeichen. Neue Aspekte der musikalischen Ästhetik II« bzw. unter »Henze, Hans Werner«, dem Herausgeber der selbstständigen Einheit.

Diese Unterscheidung zwischen selbstständiger und unselbstständiger Publikation kann gar nicht deutlich genug hervorgehoben werden, weil es für Bibliotheksneulinge das Kardinalproblem der Literaturbesorgung mit oft fatalen Folgen ist.

Alphabetischer Katalog

Der wichtigste Katalogtyp, der in keiner Bibliothek fehlt und stets an prominenter Stelle steht, ist der so genannte **Alphabetische Katalog** (AK). Er verzeichnet alle Bände der Bibliothek unabhängig von ihrem Inhalt nach rein formalen Kriterien, nämlich der Abfolge des Verfassernamens oder des Sachtitels im Alphabet (Einzelheiten dazu unter »Katalogisierungsregeln«, S. 143f.). Um im AK etwas zu finden, muss man also bereits wissen, *was* man konkret sucht: welches Buch, welche Notenausgabe, welche Schallplatte.

Es ist durchaus möglich, dass der komplette Bestand einer Bibliothek durch einen einzigen AK erschlossen ist. Oft allerdings bestehen mehrere Unterabteilungen. In musikwissenschaftlichen Instituten pflegt man so den AK in die Kategorien »Schrifttum«, »Noten«, »Tonträger«, ggf. noch »Mikrofilme« zu unterteilen. Eine UB hingegen wird das alles gemeinhin in ein Alphabet bringen und daneben zusätzliche Sonderkataloge bereitstellen: etwa einen Dissertationenkatalog, der nur Hochschulschriften erfasst, einen Zeitschriftenkatalog, in dem alle in der Universität gehaltenen Zeitschriften und Jahrbücher verzeichnet sind, und einen Gesamt- oder Zentralkatalog. Der Gesamtkatalog berücksichtigt den Besitz der einzelnen Institute, der Zentralkatalog den kompletten Besitz der Universität. Bei den letzten drei Katalogtypen ist immer an einem bestimmten Schlüssel zu erkennen, in welchem Bereich (UB, IB) der betreffende Band zu finden ist. Es kann aber auch vorkommen, dass Hochschul- und Zeitschriften nur in eigenen Katalogen und nicht im Allgemeinen AK verzeichnet sind. In großen wissenschaftlichen und Spezialbibliotheken ist noch mit weiteren Sonderkatalogen zu rechnen, die hier aber nur angedeutet werden sollen: für Libretti, Handschriften, Musikhandschriften, audiovisuelle Materialien, Karten etc.[2]

Sachkatalog

Die zweite große Kataloggattung ist der **Sachkatalog** (SK). Er »soll auf die Frage antworten, welche Werke die Bibliothek über ein bestimmtes Sachgebiet oder The-

---

2   Vgl. hierzu K. Dorfmüller / M. Müller-Benedict, *Musik*, Kap. 3.3.4 »Erschließung von Handschriften und anderen Sondermaterialien«, S. 186–193.

ma (einen Gegenstand, einen Ort oder eine Person) besitzt«.[3] Den Sachkatalog benutzt man – im Gegensatz zur konkreten Titelrecherche im AK – zur allgemeinen
Problemrecherche, also wenn man noch keine genauen Angaben zur gesuchten Literatur hat, sondern diese überhaupt erst ausfindig machen will (siehe dazu auch
»Bibliotheksinterne Sachkataloge«, S. 81ff.). Große wissenschaftliche und Universitätsbibliotheken erschließen ihre Bestände immer auch inhaltlich, also mit Hilfe eines Sachkatalogs; bei kleineren und Institutsbibliotheken ist dies aber nur selten der
Fall. Wie beim Alphabetischen Katalog muss man sich zuerst informieren, welche
Art(en) von Sachkatalog die Bibliothek führt: einen Systematischen oder einen Schlagwortkatalog.

Beim **Systematischen Katalog** sind die einzelnen Einträge nach einem System
der Wissenschaften geordnet, das von großen, übergeordneten Klassen zu immer
spezielleren Untergruppen voranschreitet. Es gibt zwar kein für alle Bibliotheken
verbindliches Verfahren, das Prinzip ist aber meist gleich oder verwandt. Die erste
Stufe gliedert den Literaturbestand in Fachgebiete (z. B. »Geographie«, »Mathema-
tik«, »Sprachwissenschaft«; für uns sind in der Regel die Bereiche »Kunst« oder
»Kultur« zuständig). Diese wiederum werden in Teilbereiche aufgefächert (z. B.
»Musik«) und ihrerseits nach allgemeinen Themengebieten (z. B. »Musikgeschichte«) und speziellen Komplexen (z. B. einzelne Jahrhunderte) differenziert. Auf diese Weise kann man den interessierenden Themenbereich einengen. Jede Gruppe
und Untergruppe erhält ein Kürzel, eine so genannte Notation (z. B. »kult« →
»kult G« → »kult G 258«). Am Ende der Suche gelangt man zu den jeweiligen
Titelaufnahmen für die betreffenden Bücher mit allen bibliographischen und für
die Bestellung erforderlichen Angaben. Die Einträge innerhalb der letzten,
feinstgegliederten Untergruppe sind chronologisch geordnet: Die neueste Literatur steht an vorderster Stelle. Zu jedem Systematischen Katalog gehören genaue
Übersichten, die entweder in Mappen ausliegen oder als Tafel aufgehängt sind,
sodass jedem eine schnelle Orientierung möglich ist. Meistens steht auch ein Schlagwortregister zur Verfügung. Hier kann man sein spezielles Interessengebiet (z. B.
»Rameau«, »Motette«, »Elektronische Musik«, »Musiksoziologie«) in einem alphabetisch geordneten Verzeichnis nachschlagen und erfährt die Notation, also die
Angabe, in welcher Systematikgruppe des Systematischen Katalogs etwas zu finden ist.

Den umgekehrten Weg beschreitet der **Schlagwortkatalog**. Hier wird der Ge-
samtbestand nach alphabetisch geordneten Schlagwörtern, die kurz den Inhalt des
Buches benennen, erschlossen (z. B. »Tanz«). Häufig ist es erforderlich, dass ein
umfassendes Schlagwort mit weiteren Unterbegriffen präzisiert wird, was zu einer
so genannten Schlagwortkette führt (z. B. »Tanz/Menuett« oder »Tanz/Menuett/
17. Jahrhundert«). Wer sich ohne solche konkreten Begriffe auf die Literatursuche

3   R. Hacker, *Bibliothekarisches Grundwissen*, [5]1989, S. 75.

begibt, kann in einem Schlagwortkatalog in vielen, aber nicht allen Bibliotheken mit Hilfe einer systematischen Übersicht fündig werden, in welcher einzelnen, dem Aufbau des Systematischen Katalogs vergleichbaren Systematikgruppen bestimmte Schlagworte zugeordnet werden. Auch diese Übersicht ist jedem Benutzer zugänglich. Ist sie nicht auf Anhieb zu finden, sollte man sich nicht scheuen, beim Personal danach zu fragen. Bei Online-Katalogen gibt man im Schlagwortfeld einen Suchbegriff auf Verdacht ein und startet den Browse- (oder Index-) Befehl; es erscheint eine Liste mit dem alphabetischen Wortumfeld.

Diese beiden Haupttypen von Sachkatalogen werden in zahlreichen Universalbibliotheken durch weitere spezielle Kataloge ergänzt. Hier sind vor allem der **geographische** und der **biographische** Katalog zu nennen. Ersterer stellt die vorhandene Literatur zu bestimmten Orten und Ländern, letzterer zu Personen in systematischer Anordnung zusammen. Beide können auch bei musikwissenschaftlichen Fragestellungen nützlich sein.

Aufgabe 21
a) Suchen Sie im Sachkatalog Ihrer UB drei Titel zur Musik der Renaissance: einen allgemein-einführenden, einen speziellen und einen möglichst aktuellen.
b) Wie gehen Sie in Ihrer Bibliothek vor, um eventuell Publikationen zu Mozart in Paris nachweisen zu können?

Die bisher vorgestellten Sachkatalogtypen gewähren den Zugang zu Schrifttum. Sehr viel problematischer – weil nicht mit allgemein-sprachlichen Schlagwörtern zu erfassen – ist eine inhaltliche Erfassung von **Musikalien**. Wegen der vielen Möglichkeiten, Musikalien inhaltlich zu erschließen, führen systematische Musikalienkataloge meist ein Schattendasein. Dennoch gibt es sie, und sie stehen dem Benutzer zur Verfügung. Dabei muss aber bemerkt werden, dass sie auch in großen Musiksammlungen stets das Aschenbrödel der Katalogarbeit sind – bei personellen Engpässen oder sonstigen Schwierigkeiten wird auf den musikalischen Sachkatalog als erstes verzichtet, sodass man oft mit Torsos vorlieb nehmen muss. Meistens handelt es sich um systematisch angelegte Besetzungskataloge, in denen man schnell die verfügbare Literatur etwa für zwei Blockflöten mit Basso continuo oder für a-cappella-Chor auffinden kann, seltener um Schlüsselkataloge, die das Notenmaterial nach bestimmten anderen Kriterien (chronologisch, nach Gattungen, Gebrauchsfunktionen und Ähnlichem) aufschlüsseln.[4] Für Tonträger werden bisweilen spezielle Interpretenkataloge geführt.

---

4   Eine differenzierte Betrachtung der problematischen Materie der Sacherfassung von Musikalien bei K. Dorfmüller/M. Müller-Benedict, *Musik*, Kap. 3.3.3 »Inhaltserschließung«, S. 175–186.

Online-Katalog (OPAC)

Die modernste Katalogform ist der **Online-Katalog** (Online Public Access Catalogue), bei dem der Benutzer über ein Computerterminal vor Ort oder via Internet direkten Zugriff auf eine digitale Datenbank einer Bibliothek bzw. eines Bibliotheksverbundes hat. In der Datenbank sind die einzelnen bibliographischen Elemente des Buches gespeichert wie Verfasser oder Herausgeber, Sachtitel, Erscheinungsvermerk (Jahr, Ort, Verlag), ISBN, Schlagwörter zur inhaltlichen Erfassung, die Notation entsprechend der Systematikstelle, Signatur. Die einzelnen Bibliotheken und Verbünde (national und international) arbeiten nicht mit einheitlichen Programmen, sodass hier nur ein grundsätzliches Vorgehen beschrieben werden kann. Gemeinsam ist allen Verfahren, dass auf dem Bildschirm ein aus den einzelnen bibliographischen Elementen bestehendes Menü angeboten wird, aus dem man sich dann nach der persönlichen Fragestellung das Zutreffende aussucht. Fragt man nach einem Verfasser, benutzt man den Online-Katalog damit quasi als AK; fragt man nach einem Schlagwort oder einer bestimmten Systematikgruppe, benutzt man ihn wie einen SK. Darüber hinaus bieten Elemente wie Sachtitel, Erscheinungsvermerk oder ISBN Recherchekriterien, die sonst von keinem Katalog angeboten werden können. Der große Komfort besteht eben gerade darin, dass man die einzelnen Katalogfunktionen mischen und in einer einzigen Bildschirmmaske verbinden kann, etwa einen Personennamen für einen Autor oder Herausgeber und ein Stichwort aus dem Titel. (Man weiß beispielsweise, dass man ein relativ neues Buch über Bach von einem Herrn Dürr suchen soll. Verbindet man die Eingabefelder »Dürr« bei Person/Autor und »Bach« bei Titelstichwort, erhält man eine überschaubare Schnittmenge, innerhalb derer man sehr schnell das gewünschte Ergebnis herausfindet: »Alfred Dürr – Johann Sebastian Bach. Das Wohltemperierte Klavier – 1998«).

Im Rahmen der unterschiedlichen Suchangebote der diversen Systeme muss bzw. kann man sich eine jeweils maßgeschneiderte Strategie entwickeln. Dazu prüft man (z. B. über die Hilfe-Funktion) die verschiedenen Möglichkeiten des Systems ab:

• Welche Felder sind standardmäßig vorgesehen?
• Welche Felder kann man per pull-down aktivieren? (dazu » ▼ « neben dem Fensterausschnitt klicken)
• Wie kann man Suchanfragen einschränken bzw. erweitern? Welche Verknüpfung von eingegebenen Begriffen ist standardmäßig eingeschaltet (üblicherweise *und* = +: z. B. »bach« + »sebastian«), wie funktionieren die anderen (*oder* = /: z. B. »wohltemperiertes« + »klavier«/»clavier«; *und nicht* = –: z. B. »klaviermusik« + »bach« – »carl« – »philipp«).
Diese Operationen sind bisweilen nur im so genannten Expertenmodus (auch erweiterte Suche oder ähnlich genannt) möglich, die man per Klick einschalten kann.

- In welchem Umfang und wenn ja, mit welchem Zeichen kann man Begriffe trunkieren, also am Ende, manchmal auch am Anfang abschneiden bzw. in der Mitte unterbrechen (z. B. »klavier?« oder »klavier*« berücksichtigt auch »klaviere«, »klaviers«, »klaviermusik«, »klavierspiel« usw.; »?lavier« auch »clavier«; »clav?r« sowohl »clavier« als auch »clavir«).
- Welche Suchbegriffe gibt es überhaupt und wie lauten ähnliche? (Über die Browse- oder Index-Funktion zu erfahren, z. B. »bach,j«, »bach, j s«, »bach,jean sebastien«, »bach,joh seb«).

Weiterhin einige Erfahrungswerte:

- Wenn man nicht findet, was man wünscht: prüfen, ob man wirklich keinen Tipp- fehler gemacht hat.
- Möglichst keine Sonderzeichen verwenden (e statt é, a statt à, c statt ç), in auslän- dischen Katalogen Umlaute auflösen (oe oder o statt ö).
- Kleine und häufige Wörter (Artikel, Präpositionen, Konjunktionen und Ähnli- ches) weglassen.
- Von der Trunkierung, sofern möglich, reichlich Gebrauch machen.
- Vor allem bei historischen Schreibweisen immer wieder über Browse- bzw. In- dex-Befehl kontrollieren (z. B. »machaut« – »machault«).
- Wenn man sich über die einzelnen Felder nicht klar ist, das »Freitext«-Feld wäh- len (z. B. jeweils im Freitext »musi?« + »kongreß« / »congress«).
- Bei Reihenpublikationen zusätzliche Optionen wie »übergeordnetes Werk« bzw. »Bände anzeigen« anklicken.

Über die erweiterten Recherche-Optionen hinaus ist es ein ganz wesentlicher Vorteil der Online-Kataloge, dass ihre Datensätze gespeichert und ausgedruckt werden kön- nen. Wenn man über das Internet recherchiert, kann man die entsprechenden Aus- schnitte auf dem Bildschirm markieren und unmittelbar mit der Kopierfunktion in das Textverarbeitungsprogramm übernehmen. Manche Literaturverwaltungssoftware erlaubt sogar den unmittelbaren Import von Datensätzen.[5]

Katalogisierungsregeln

Es ist nur *eine* – obschon höchstwichtige – Funktion der Kataloge, dem Bibliotheks- benutzer zu dienen. Deshalb weisen sie manche Eigenarten auf, die dem Uneinge- weihten vielleicht bürokratisch anmuten und ihm das Auffinden der gesuchten Titel unnötig zu erschweren scheinen. Andererseits ist die Bibliothek auch sehr um Be- nutzerfreundlichkeit bemüht und baut in die Kataloge zahlreiche Hilfestellungen ein, mit denen – eventuell über Umwegen – ans Ziel zu gelangen ist. In den allermeis- ten Fällen sogar ist es kinderleicht, den gewünschten Band im Katalog zu finden,

---

5   Eine Übersicht über verschiedene Literaturverwaltungsprogramme findet man im Internet unter *http://www.phil-fak.uni-duesseldorf.de/erzwiss/literat/lr_faq80.html.*

weil die Anordnung der Einträge dem gesunden Menschenverstand vollkommen verständlich ist. Ich will mich daher auf die für den Benutzer wichtigsten Katalogisierungs- und Ordnungsregeln und die häufigsten Konfliktfälle beschränken.

Einige Grundvoraussetzungen sind dabei vorab zu berücksichtigen. In Deutschland galt seit dem Ende des 19. Jahrhunderts für die Katalogisierung das in Kurzform »Preußische Instruktionen« (PI) genannte Regelwerk.[6] Es wurde seit den späten 1970er-Jahren durch ein neues, die »RAK« (Regeln für die alphabetische Katalogisierung), ersetzt.[7] Nach und nach orientierten sich die Bibliotheken (mittlerweile mehr oder weniger alle) an RAK. Als unausweichliche Folge sind daher viele Kataloge zweigeteilt: der ältere Bestand (eben bis zum Zeitpunkt der Umstellung) nach PI, der neuere nach RAK. Wo die Grenze verläuft, ist jeweils zu erfragen bzw. den Merkblättern zu entnehmen; oft heißen die Kataloge auch »Alter/Neuer Katalog« oder »bis 19../ab 19..«.

Ein besonderes Problem stellen viele Kataloge von Institutsbibliotheken dar, weil hier oft bibliothekarisch nicht ausgebildete, ständig wechselnde Hilfskräfte die Neuzugänge katalogisieren. In einem solchen Katalog muss man immer mit allem rechnen: mit einer Vermischung von PI und RAK, mit unzureichenden und fehlerhaften Aufnahmen, mit einer unsystematischen und willkürlichen Ordnung, überhaupt mit viel »Handgestricktem«. Für die Titelsuche in Institutsbibliotheken gilt daher in noch weit stärkerem Maße als für die Suche in Katalogen ohnehin: nicht zu schnell aufgeben, alle denkbaren Möglichkeiten ausprobieren, notfalls fragen!

Schrifttum

- Die Umlaute ä, ö, ü werden aufgelöst als ae, oe, ue. Nach RAK werden I und J unterschieden (Ingelhoff → Jäger), nach PI werden sie gleich behandelt (Jäger → Jngelhoff).

- Werke, die einen **Verfasser** haben, sind unter dessen Namen zu finden. Die Ansetzung von Namen aus verschiedenen Elementen (Jan La Rue, Andrea Della Corte, Charles van den Borren; Josef Smits van Waesberghe, Howard Mayer Brown) sowie antiker und mittelalterlicher Namen (Guillaume de Machaut) unterliegen detaillierten Regeln, die kein Benutzer zu lernen braucht. Man kann sich aber so helfen: Findet man unter einem Bestandteil (Corte, Machaut) keinen Eintrag, sollte man auch die anderen Namensteile (Della Corte, Guillaume de Machaut) erproben.

6 Vgl. *Instruktionen.*
7 Vgl. *Regeln* sowie K. Haller/H. Popst, *Katalogisierung.*

- Namen aus Schriften mit einem anderen Alphabet werden transliteriert in unser lateinisches Alphabet. Das Ergebnis stimmt nur selten mit der üblicherweise eingeführten Schreibweise überein, z. B.

  Čajkovskij, Pëtr I.: *Bisher unbekannte Briefe und musikalische Arbeiten*, Tübingen: Tschaikowsky-Gesellschaft 1994

  In den allermeisten, aber eben nicht in allen Katalogen werden Verweisungen für alle Lebenslagen geboten (Tschaikowsky, Peter → Tchaikovski, Pjotr → etc.).

- Bindestriche haben in den RAK immer, auch bei Namen, die Bedeutung einer Zusammenschreibung (Müller-Blattau = Müllerblattau). Entsprechend werden Doppelnamen eingeordnet:

  Müller, Hans

  Müllerau, Fritz

  Müller-Blattau, Joseph

  Müllerschön, Anke

  Die PI bilden Gruppen: zuerst alle Einzelnamen, dann Doppelnamen, zuletzt zusammengesetzte Namen:

  Müller, Hans

  Müller-Blattau, Joseph

  Müllerau, Fritz

  Müllerschön, Anke

- Der zweite Vorname eines Autors wird in RAK abgekürzt

  Mozart, Wolfgang A.: *Briefe und Aufzeichnungen* ...

  In der Regel macht das keine Probleme, doch gibt es einige Online-Kataloge, in denen die Eingabe »Mozart, Wolfgang Amadeus« dazu führen kann, dass kein Treffer gemeldet wird.

- Werke von vier und mehr Verfassern gelten als **Anonyma** und sind wie diese unter dem **Sachtitel** (in einem Alphabet mit den Autoren) zu finden; dazu zählen beispielsweise auch Zeitschriften und sonstige Periodika sowie Reihen.

- Hat ein Werk einen **Herausgeber** (z. B. »Zur musikalischen Analyse, hrsg. von Gerhard Schuhmacher«), kann man unter diesem Namen nachschlagen und ist auf jeden Fall auf der sicheren Seite. Allerdings wird man in PI-Katalogen dann erst mit einer Verweiskarte an die richtige Stelle geführt. Rationeller, wenngleich gefährlicher ist es deshalb, bei Herausgeber-Werken gleich unter dem Sachtitel (»Zur musikalischen Analyse«) nachzusehen.

- Ähnlich wie ein Einzelautor wird von den RAK eine **Körperschaft** (eine Institution oder Organisation, ein Verein, ein Kongress, eine Stadt etc.) behandelt, wenn sie der Urheber einer Publikation bzw. Publikationsreihe ist. Ein solcher Fall liegt etwa vor beim *Jahrbuch des Staatlichen Instituts für Musikforschung Preußischer Kulturbesitz*. In einem nach RAK geführten Katalog ist unter »Jahrbuch« lediglich der pauschale Hinweis zu finden »Jahrbuch ... s. auch unter der herausgebenden Körperschaft«. Man muss dann wissen, dass das Staatliche Institut für Musikforschung Preußischer Kulturbesitz <Berlin> die fragliche Körperschaft ist, und folglich unter »S« weitersuchen. Ebenfalls häufig wird dies bei Kongressberichten nötig. Bei der Suche nach dem »Bericht über den 1. Internationalen Kongress für Musiktheorie, Stuttgart 1971 ...« stößt man auf den Eintrag »Bericht ... s. auch unter der herausgebenden Körperschaft«, die in diesem Fall unter »Internationaler Kongress für Musiktheorie <1, 1971, Stuttgart>« zu finden ist.

- Bei der Einordnung der **Sachtitel** (sowohl bei anonymen Werken als Hauptordnungskriterium als auch bei mehreren Schriften eines Verfassers als Unterordnungskriterium) gehen PI und RAK völlig getrennte Wege, und dieses Unterschieds muss man sich unbedingt bewusst sein.

Die neuen RAK-Kataloge gehen in Anlehnung an das anglo-amerikanische System nach der problemlosen **mechanischen Wortfolge** vor. Das bedeutet, dass die Wörter des Sachtitels in der Reihenfolge, in der sie erscheinen, ordnen. Bestimmte und unbestimmte Artikel am Anfang werden allerdings übergangen, sonst aber nichts, auch keine Vornamen von Personen.

^{1}50 [Fünfzig] ^{2}Jahre ^{3}Deutscher ^{4}Sängerbund
^{1}Musikalische ^{2}Edition ^{3}im ^{4}Wandel ^{5}des ^{6}historischen ^{7}Bewußtseins
The ^{1}Music ^{2}Review
^{1}Wolfgang ^{2}Amadeus ^{3}Mozart. Sein Leben
^{1}Zur ^{2}musikalischen ^{3}Analyse

Die PI dagegen verfolgen das Prinzip der **grammatischen Wortfolge**. Dabei werden ausgehend vom »substantivum regens«, dem ersten Substantiv im Nominativ, grammatische Hierarchien analysiert. Das regierende Substantiv wird zum ersten Ordnungswort (Musikalische Edition ...). Falls kein Substantiv im Nominativ vorkommt, tritt das erste nicht in attributivem Verhältnis stehende Substantiv an seine Stelle (Zur musikalischen Analyse). An weiterer Stelle ordnen davon direkt abhängige Wörter und die folgenden Wortkomplexe des Sachtitels (^{2}Musikalische ^{1}Edition im ^{3}Wandel des ^{5}historischen ^{4}Bewußtseins). Vornamen bei Personen gelten ebenfalls als abhängig (Wolfgang Amadeus Mozart). Bei zwei im gleichen Kasus unverbunden nebeneinander stehenden Substantiven erhält das zweite Ordnungspriorität (The Music Review, 50 Jahre deutscher Sängerbund).

Zur ^{2}musikalischen ^{1}Analyse
^{2}Musikalische ^{1}Edition im ^{3}Wandel des ^{5}historischen ^{4}Bewußtseins
^{2}Wolfgang ^{3}Amadeus ^{1}Mozart. Sein Leben
The ^{2}Music ^{1}Review
^{3}50 [Fünfzig] ^{2}Jahre ^{4}Deutscher ^{1}Sängerbund

Schon allein diese Hauptregeln mögen beschwerlich wirken – und das war auch der Grund, warum sie abgeschafft wurden –, doch muss man sie sich einmal klar gemacht haben, um in nach PI geführten Katalogen, von denen es noch sehr viele gibt, Sachtitelwerke überhaupt finden zu können. Denn ob ich den Titel »Zur musikalischen Analyse« im Karteikasten »A« oder »Z« suche, ist doch ein großer Unterschied.

Zwei in Literaturverzeichnissen und Bibliographien häufig begegnende Fälle sind Festschriften und Kongressberichte. **Festschriften** sind entsprechend ihrem Wesen als anonyme Sammelschriften in beiden Katalogtypen unter ihrem offiziellen Sachtitel verzeichnet (»Die Sprache der Musik. Festschrift Klaus Wolfgang Niemöller zum 60. Geburtstag, hrsg. von Jobst Peter Fricke ...«) und erhalten zudem sowohl unter dem Herausgeber als auch unter der gefeierten Person einen Eintrag bzw. Verweis. Bei einer unvollständigen Literaturangabe, wie sie durchaus keine Seltenheit ist (z. B. »..., in: Fs. Niemöller«), lässt sich die Festschrift also auch ohne Kenntnis des exakten Titels finden. (In Katalogen von Institutsbibliotheken muss man übrigens damit rechnen, dass der Band ausschließlich unter der großen Rubrik »Festschriften«, die in sich wieder nach den Namen der Gefeierten geordnet sind, nachgewiesen ist.)

Schwieriger wird es mit Literaturangaben zu **Kongressberichten**, die unglücklicherweise mit besonderer Vorliebe fragmentiert werden, z. B. das Titelblatt »Gesellschaft für Musikforschung. Bericht über den Internationalen Musikwissenschaftlichen Kongreß Bayreuth 1981, hrsg. von Christoph-Hellmut Mahling und Sigrid Wiesmann ...« geschrumpft zu »Kgr.-Ber. Bayreuth 1981«. Hier wiederum denkt der Schreiber zumeist nur an seine Institutsbibliothek, wo vermutlich wie bei den Festschriften eine Gruppe »Kongresse« mit einer Feingliederung nach Orten besteht (und ihrerseits oftmals der einzige Nachweis für den Titel ist). Große PI-Kataloge richten ebenfalls bisweilen solche Rubriken für nach Themengebieten geordnete *internationale* Kongresse ein. Ansonsten müsste man nach PI unter dem Sachtitel (»Bericht ...«), notfalls unter den beiden ersten Herausgebern nachsehen; nach RAK unter dem ersten Herausgeber (»Mahling«), dem Veranstalter (»Gesellschaft für Musikforschung«) bzw. unter der Körperschaft, die in diesem Fall der Kongress selbst ist (»Internationaler musikwissenschaftlicher Kongreß <1981, Bayreuth>«). Ist all dies nicht bekannt – wie im obigen Zitierfall –, muss der exakte Titel erst bibliographisch ermittelt werden, wobei dann die Auskunft behilflich ist.

Aufgabe 22
Suchen Sie in Ihrem IB- sowie UB-Katalog und notieren Sie die Signatur:
a) Helga de la Motte-Haber: *Handbuch der Musikpsychologie*, Laaber 1985
b) *Geschichte der Musiktheorie*, Bd. 3: Michael Bernhard u. a.: *Rezeption des antiken Fachs im Mittelalter*, Darmstadt 1990
c) Erich Doflein: Historismus in der Musik, in: Walter Wiora (Hrsg.): *Die Ausbreitung des Historismus über die Musik*, Regensburg 1969
d) *Ludwig van Beethoven*, hrsg. von Ludwig Finscher, Darmstadt 1983 (Wege der Forschung, 178)

e) *Festskrift Jens Peter Larsen*, hrsg. von Nils Schiörring u. a., Kopenhagen 1972
f) *International musicological society. Report of the Eighth Congress New York 1961*, Kassel 1961

Musikalien

Die Vorgehensweise bei der Katalogsuche nach Musikalien (**Noten** und **Tonträgern**) sollte im Prinzip die gleiche wie bei Schrifttum sein. Es sind allerdings aufgrund des unterschiedlichen Ausgangsmaterials einige Besonderheiten zu berücksichtigen.

Sehr erschwerend ist die Tatsache, dass Musikalien gegenüber Büchern stets in der Minderzahl sind. Deshalb widmet man sich ihrer Katalogisierung – von spezialisierten Musiksammlungen abgesehen – oft nicht mit der gleichen Intensität, obwohl durchaus auch hier Regelwerke für deutsche Verhältnisse verfasst wurden und seit 1986 die »RAK-Musik«[8] definitiv bestehen. Stiefkinder in dieser Hinsicht sind wiederum die **Institutsbibliotheken**, für die hier nochmals fast nur der pauschale Ratschlag des »trial and error« gegeben werden kann. Besonders zu gewärtigen ist bei vielen Musikalienkatalogen die Vermischung von alphabetischer und systematischer Anordnung. So werden zwar die einzelnen Werkausgaben eines Komponisten unter dem Verfassernamen eingeordnet, innerhalb eines Autors dann aber nicht alphabetisch nach dem Titel, sondern in vielerlei Spielarten einer systematischen Anordnung, meistens – entsprechend der charakteristischen Zusammensetzung seines Œuvres – nach Besetzungen und Gattungen, z. B.

Beethoven, Ludwig van
   Gesamtausgaben
   Einzelausgaben
      Vokalmusik
         Oper, Ballett
         Messe, Oratorium, Chorwerke
         Lieder
      Instrumentalmusik
         Sinfonien
         Sonstige Orchesterwerke
         Konzert
         Kammermusik
            für 5 und mehr Instrumente
            für 4 Instrumente
            für 3 Instrumente
            für 2 Instrumente
         Musik für Tasteninstrument

---

8 Vgl. *Sonderregeln* und E. Bredehöft/M. Rommel, *RAK-Musik*.

Es ist allerdings damit zu rechnen, dass auch diese Kataloge vermehrt auf **RAK-Musik** umgestellt werden. Es sollen daher einige zentrale Punkte und die Hauptschwierigkeiten der neuen Methode erläutert werden.

Die grundlegenden Ordnungskriterien entsprechen den RAK für Schrifttum: Auch bei Noten und Tonträgern werden nur bibliographisch selbstständige Einheiten, also komplette Ausgaben, aufgenommen; auf eventuell enthaltene Werke wird bis zu einem bestimmten Umfang verwiesen. Das **Werk eines Komponisten** ist unter seinem Namen verzeichnet (Verfasserwerk), gegebenenfalls mit einem Nebeneintrag unter dem Herausgeber; **Anonyma** und **Sammlungen** stehen unter dem Sachtitel (»Allerhand Oden und Lieder«; »The tabulature of Celle 1601 ... ed. by Willi Apel«). Vorangestellte Floskeln etwa eines frühen Druckes zählen übrigens nicht als Teil des Sachtitels.

[Il desiderio, libro 1] Primo libro de diversi eccellentissimi auttori a quattro voci, intitulato Il Desiderio ... 1566

Herausgeber erhalten einen Nebeneintrag, desgleichen Serien, innerhalb derer etwas erschienen ist (»Corpus of early keyboard music«).

Das einzige auf den ersten Blick vielleicht kompliziert Wirkende an RAK-Musik ist die Ordnung der einzelnen Einträge (meist innerhalb der Werke eines Komponisten). Sie ist für RAK-Musik aber grundlegend. Musik ist gewissermaßen eine internationale Sprache, und deswegen werden Werke in der ganzen Welt als die gleiche Musik gedruckt – aber mit den unterschiedlichsten Betitelungen (*Figaros Hochzeit – Die Hochzeit des Figaro – Le nozze di Figaro – Le marriage de Figaro*), und noch mehr als schriftsprachliche Werke werden sie für die vielfältigsten Bedingungen bearbeitet. Das neue Regelwerk, das eben streng alphabetisch vorgeht, bringt die unterschiedlichsten Ausgaben im Katalog an einer Stelle zusammen, und zwar unter seinem **Originaltitel**. Strawinskys berühmte Ballettmusik ist also unter »L'oiseau de feu«, nicht unter »Der Feuervogel« zu finden. Überhaupt ist für die Ansetzung einer Komposition ihre Originalausgabe maßgeblich, nicht irgendwelche späteren Veränderungen wie Auswahl oder Bearbeitung, auf die aber hingewiesen wird. RAK stellt daher dem wörtlichen Sachtitel, so wie er auf dem Titelblatt steht, einen so genannten **Einheitssachtitel** (EST) in eckiger Klammer voraus.

Vivaldi, Antonio: [Il cimento dell'armonia e dell'inventione / Ausw.: Le quattro stagioni] Die Vier Jahreszeiten ...

Man muss also möglicherweise, wenn man ein Werk nicht auf Anhieb im Katalog findet, in einem Nachschlagewerk überprüfen, welchen Originaltitel die Komposition hat.

Virulent wird der Einheitssachtitel vor allem bei Sachtiteln, die aus mehr oder weniger unspezifischen und daher sehr variablen **Form-** und **Gattungsbegriffen** bestehen, wie bei der Mehrheit der Instrumentalmusik (»Hornkonzert«, »Klaviertrio«, »Streichquartett«, »Violinsonate« etc.), aber auch bei Vokalmusik (z. B. »Messe«). Sie werden auf möglichst umfassende Formalsachtitel zurückgeführt, die immer im Plural erscheinen und denen die betreffende Besetzung als Abkürzung nachgestellt wird; die Abkürzungen werden wie Wörter behandelt und ordnen alphabetisch (etwa »Konzerte, Hr Orch« – »Konzerte, Kl Orch« – »Konzerte, Vl Orch«). Die Einheitssachtitel werden in der Regel noch mit weiteren notwendigen Angaben, die in dieser Reihenfolge auch als Ordnungselemente dienen, ausgestattet: Opuszahl oder sonstige Zählung, Nummerierung in einem Werkverzeichnis, Tonart / Bearbeitung (= Arr[angement]), Auswahl.

> Bach, Johann S.: [Messen, BWV 232] Missa ex h …
> Beethoven, Ludwig van: [Trios, Vl Va Vc op. 9 / Ausw.] Zwei Streichtrios G-Dur, D-Dur …
> Beethoven, Ludwig van: [Trios, Vl Vc Kl op. 1,3] Piano Trio C Minor …
> Beethoven, Ludwig van: [Trios, Vl Vc Kl op. 70] Klaviertrios Op. 70 …
> Corelli, Arcangelo: [Sonaten, Vl Bc op. 5,12 / Arr.] Concerto grosso N° 12 (Follia) nach d. Sonate op. 5 Nr. 12 di A. Corelli von Francesco Geminiani …
> Mozart, Wolfgang A.: [Quartette, Vl 1 2 Va Vc KV 387] Quatuor à cordes Sol majeur …

Eine wichtige Besonderheit der RAK-Musik, die sie von den RAK für Schrifttum wie von den älteren, an PI orientierten Musikalienkatalogen unterscheiden, ist die alphabetische Einordnung von **Teil-** und **Gesamtausgaben**, für die stets ein Einheitssachtitel gebildet wird:

- als Form- oder Gattungsbegriff:
  Beethoven, Ludwig van: [Bagatellen, Kl] Sämtliche Bagatellen / hrsg. von …
  Wolf, Hugo: [Lieder / Ausw.] Gedichte für 1 Singst. u. Orch. / aus d. Nachlass hrsg. von …

- als »Werke« für eine bestimmte Besetzung:
  Froberger, Johann J.: [Werke, Kl] Œuvres complètes pour clavecin …

- als »Werke«, wenn es sich um eine Auswahl handelt, die nicht einer bestimmten Form, Gattung oder Besetzung angehört:
  Cherubini, Luigi: [Werke / Ausw.] Opere postume …
  Schubert, Franz: [Werke / Ausw.] Complete chamber music for strings: Quintet in C Major, the 15 quartets and 2 trios …

- als »Werke« bei einer Gesamtausgabe:
<u>Brahms, Johannes</u>: [Werke] Sämtliche Werke. – Ausg. d. Ges. d. Musikfreunde in Wien …
<u>Händel, Georg F.</u>: [Werke] Hallische Händel-Ausgabe: Kritische Gesamtausgabe …
<u>Mozart, Wolfgang A.</u>: [Werke] Neue Ausgabe sämtlicher Werke …
<u>Mozart, Wolfgang A.</u>: [Werke] Wolfgang Amadeus Mozart's Werke: Kritisch durchgesehene Gesamtausgabe …

Alle diese Titelaufnahmen sind innerhalb des Komponistennamens nach dem ersten Wort in der eckigen Klammer eingeordnet, Werk- und Gesamtausgaben werden also nicht vorangestellt, sondern stehen relativ unscheinbar und leicht zu übersehen unter dem Buchstaben »W«.

Aufgabe 23
Suchen Sie in Ihrem IB-Katalog als Notenausgabe und notieren Sie die Signatur:
a) die vom Kölner Joseph Haydn-Institut herausgegebene neue Haydn-Edition,
b) die Werkausgabe von Giaches de Wert,
c) die einzelnen Bände, in denen Johann Jakob Frobergers Klavierwerk in den *Denkmälern der Tonkunst in Österreich* veröffentlicht sind,
d) Gustav Mahlers *Lied von der Erde*,
e) Charles Gounods Oper *Margarethe*,
f) Modest Mussorgskys *Bilder einer Ausstellung* in der Bearbeitung von Maurice Ravel,
g) Carl Maria von Webers Es-Dur-Klarinettenkonzert,
h) Kanzonen von Giovanni Gabrieli,
i) *The Parisian two-part organa: the complete comparative edition*, 2 Bde., hrsg. von Hans Tischler, Stuyvesant 1988.

Bestellung und Benutzung

Nachdem man im Katalog den gewünschten Band gefunden hat, ist der Weg zur Benutzung im Prinzip frei. Eine Titelaufnahme enthält übrigens in der bibliographischen Beschreibung eine Fülle von Informationen, die für den Benutzer zur Identifizierung des gesuchten Werkes einmal größere, einmal geringere Bedeutung haben: vom Untertitel über den Erscheinungsvermerk bis zur ISBN-Nummer und Umfangsangabe und vielem mehr. Bei Noten sollte man allerdings die Angaben immer etwas genauer prüfen: Ob es sich beispielsweise um eine Partitur, einen Klavierauszug oder um Einzelstimmen handelt, spielt durchaus eine Rolle. Den Schlüssel für das weitere Vorgehen bietet bei jeder Titelaufnahme die **Signatur**, d. h. eine Kombination von Ziffern oder von Buchstaben und Ziffern, mitunter auch anderer Zeichen, die den genauen Standort des Exemplars kennzeichnen. Notieren Sie sich die Signatur immer genau und komplett, auch wenn Ihnen der eine oder andere Bestandteil dunkel bleibt (z. B. ein »4°«) – er hat durchaus eine Funktion! Wichtig ist es auch, darauf zu achten, ob der Signatur der Hinweis auf einen besonderen Standort beigefügt ist, z. B. »LS« für Lesesaal (dann ist der Band im Lesesaal aufgestellt und nur dort zu benutzen), »LBS« für Lehrbuchsammlung (dann kann er dort gleich aus dem Regal genommen werden), »sek.« für sekretiert (also in einem nur auf Nachfrage zugänglichen Raum oder Schrank aufbewahrt).

Freihand- und Magazinaufstellung

Wie mit der Signatur weiter verfahren wird, hängt davon ab, ob der Band in einer **Freihandbibliothek** oder in einer Magazinbibliothek aufgestellt ist. Bei ersterem geht man selbst an den Standort des Exemplars und nimmt das Gewünschte zur Hand. Dabei lässt man sich von der Signatur leiten, deren Bedeutung und Funktionsweise mit Hilfe aushängender Orientierungspläne ermittelt werden kann. Die Anfänge der Signaturen pflegen an den Regalen selbst deutlich angebracht zu sein. Freihandaufstellung wird grundsätzlich in Institutsbibliotheken praktiziert, größtenteils in öffentlichen Büchereien, auch in manchen neueren Universitätsbibliotheken und stets in bestimmten Bereichen der UB: in den allgemeinen und speziellen Lesesälen mit ihren Nachschlagewerken und Handbüchern, im Bibliographien- und Katalogsaal sowie in der Lehrbuchsammlung.

In einer **Magazinbibliothek**, wozu das Gros der Bestände in Universitäts- und überregionalen Bibliotheken gehört, sind die Bände in für das Publikum nicht zugänglichen Räumen untergebracht. Nach einer Bestellung per Leihschein oder vom Computerterminal aus, bei manchen Bibliotheken auch bereits über das Internet, werden sie aus dem Magazin geholt.

Präsenz- und Ausleihbestände

Institutsbibliotheken sind **Präsenzbibliotheken**. Man muss seine Arbeiten folglich im Rahmen der Öffnungszeiten an Ort und Stelle erledigen. Dahinter steht der Gedanke, dass das Material, auch zeitweise heißbegehrte Literatur, tatsächlich immer vorhanden, »präsent«, und nicht von einzelnen Benutzern über längere Zeit durch Ausleihe blockiert ist. Präsenzpflicht besteht übrigens in allen Bibliothekstypen bei seltenen und wertvollen, meist älteren Exemplaren. In Universitäts- und überregionalen Bibliotheken dürfen darüber hinaus bestimmte Teile des Bestandes, nämlich die in den Lesesälen aufgestellten Werke mit Nachschlagecharakter, ebenfalls nicht außer Haus gegeben werden. Ansonsten sind diese Einrichtungen typische **Ausleihbibliotheken**, die ihre Bände dem Benutzer mit jeweils individuellen Bestimmungen über Leihfristen, Verlängerung, Vormerkung und Mahngebühren mitgeben. Jede UB hat eine Lehrbuchsammlung, in der häufig gebrauchte Bücher mit Lehrbuchcharakter in mehreren Exemplaren vorrätig sind. Sie ist als Freihandbestand nach Fachgruppen geordnet. Allerdings gibt es eine eigene Abteilung »Musik« nicht überall.

Zu Umgang und Verhalten

Bibliotheken in staatlicher Trägerschaft sind öffentlich zugängliche Dienstleistungsinstitutionen. Übertriebene Ehrfurcht ist somit nicht am Platze, auch nicht in manchen repräsentativen historischen Bauten, und devote Ängstlichkeit dem Personal gegenüber, wie gesagt, ebensowenig. Woran es allerdings einigen Benutzern mangelt, ist das Gefühl der Rücksichtnahme und Kooperationsbereitschaft den anderen Arbeitenden gegenüber. Deshalb möchte ich hier auf einige kritische Punkte hinweisen.

Bücher und Noten stehen allen zur Verfügung. Darum wird man ausgeliehene Bände nicht kategorisch bis zum letzten Tag der Leihfrist behalten, selbst wenn die Lektüre längst abgeschlossen ist. Rechnen Sie immer mit einem Kommilitonen, der Ihren Band dringend zu einem bestimmten Termin benötigt und nun den Ablauf der Leihfrist herbeisehnt! Ein ähnlicher Fall sind »Privatapparate« bei Präsenzbeständen. Mancher Zeitgenosse kalkuliert die Personalnot in Bibliotheken ein und hortet auf seinem Arbeitstisch Buch auf Buch, weil er weiß, dass Aufräumaktionen nur selten stattfinden. Für andere Lesesaalbesucher bedeuten diese Privatapparate jedesmal einen unerfreulichen Gang mit zur Seite gelegtem Kopf durch den gesamten Lesesaal. Schließlich scheint bei manchem Benutzer das Bewusstsein für Eigentum getrübt zu sein, und zwar nicht erst, wenn er tatsächlich »klaut«, sondern bereits dann, wenn er in fremde Bücher Einzeichnungen macht. Statt eine Unterstreichungs- und Randbemerkungsaktion womöglich mit dem stolzen Gefühl einer guten Tat abzuschließen (»Der Text ist jetzt für den nächsten Leser vorstrukturiert«, »Die Nachfolger brauchen die Sonatenform nun nicht mehr zu analysieren«), sollte er bedenken, dass niemand sich gerne bevormunden lässt, welche Passagen für wichtig oder welche Aussagen für schlecht zu erachten sind und aus welcher Perspektive er den Text gefälligst zu rezipieren habe – ganz abgesehen davon, dass man von der Bibliotheksleitung zum Schadensersatz für Sachbeschädigung herangezogen werden kann. Schließlich sei auf eine weitere Selbstverständlichkeit, die wohl doch keine ist, hingewiesen: Öffentliche Arbeitsplätze und Lesesäle sind Gemeinschaftsräume – und in ihnen herrscht unbedingtes Silentium-Gebot. Niemand wird einem einen Strick daraus drehen, wenn man den Nachbarn einmal um ein Radiergummi bittet oder ihm eine Frage zum Katalog stellt. Gesprä-

che indes, selbst wenn es höchst sachliche Fachgespräche sind, sollten grundsätzlich in einem Vorraum geführt werden. Sie stören schlichtweg alle anderen Benutzer, auch wenn sie im zischenden Flüsterton abgehalten werden. Eine spezifische
Musik(wissenschaftl)erkrankheit in Bibliotheken ist es, sich die gerade bearbeiteten Noten nicht nur im Kopf, sondern summend, brummelnd oder singend, durch
die Zähne pfeifend, auf den Tisch trommelnd oder dirigierend zu vergegenwärtigen. Und das allzu Menschliche an all diesen Belästigungen ist immer wieder, dass
einen der penetrante Polonaisenrhythmus aus der gegenüberliegenden Ecke schier
zur Weißglut bringen will, während man die eigene halblaute Textrezitation (zur
Erkenntnis des Metrums!) gar nicht bemerkt. Wer seinen mobilen PC benutzen
will, sieht sich in den einzelnen Bibliotheken sehr unterschiedlichen Graden an
Technikfreundlichkeit gegenüber: von schöngeistiger Verbannung in weit entfern-
te Abstellkammern bis hin zu großzügiger Versorgung mit Steckdosen. Man sollte
sich vergewissern, bevor man einen Rüffel riskiert. In jedem Fall gilt als Mindest-
rücksichtnahme, dass Tonsignale so weit wie möglich ausgeschaltet werden, und
für jeden Musikfreund könnte es fast eine Art Ehrensache sein, seine Anschlags-
technik auch auf der PC-Tastatur nach Art eines grazilen »toucher« zu zähmen.

Fernleihe

Literatur, die im Universitätsbereich nicht vorhanden ist, kann per **Fernleihe** von
auswärtigen Bibliotheken beschafft werden. Bevor man eine solche Bestellung auf-
gibt, muss man aber anhand des **Gesamtkatalogs** der Universität überprüft haben,
ob das betreffende Werk nicht doch in irgendeinem Institut verfügbar ist. Nur im
negativen Fall ist eine Fernleihe möglich. Dazu füllt man in der Fernleihabteilung
der Bibiothek mit Schreibmaschine entsprechende rosafarbene Scheine aus. Es liegt
im eigenen Interesse des Bestellers, korrekte und unbedingt vollständige bibliographische Angaben eintragen zu können, da es die Bearbeitung natürlich umso mehr
verzögert, je aufwendiger der Bibliothekar lückenhafte und zwielichtige Daten revi-
dieren muss.

Der Bestellschein durchwandert die verschiedenen nach Regionen gegliederten
deutschen Zentralkataloge, bis das gesuchte Werk in einer Bibliothek nachgewiesen ist, von der aus es dann zur Heimatbibliothek des Bestellers geschickt wird.
Dort kann er es entweder nach Hause entleihen oder in bestimmten Fällen nur im
Lesesaal benutzen. Aufsätze werden grundsätzlich kopiert und dem Besteller aus-
gehändigt. Die nicht an allen Bibliotheken gleich geregelten **Gebühren** bewegen
sich derzeit bei DM –,50 bis DM 3,–. Sie stehen in keinem Fall auch nur annähernd
im Verhältnis zu den Kosten, die den Bibliotheken durch den auswärtigen Leihverkehr entstehen. Es handelt sich hier um einen echten Service, den man keineswegs gedankenlos in Anspruch nehmen sollte, sondern nur in tatsächlich wichti-

gen Fällen. Das ganze Unternehmen dauert seine Zeit: Unter drei, vier Wochen ist mit einer Fernleihe praktisch nie zu rechnen, eher sind mehrere Monate eine realistische Kalkulation. Schon aus diesem Grund scheidet die Fernleihe für die meisten Seminararbeiten aus und ist andererseits bei wichtigen Arbeiten ein weiterer Grund für frühzeitiges Bibliographieren.

Ist eine Bestellung innerhalb Deutschlands nicht erfolgreich, besteht zwar prinzipiell die Möglichkeit eines Auftrags für den internationalen Leihverkehr; das ist aber eine höchst ungewisse und in der Regel mit hohen (Versicherungs-)Gebühren verbundene Sache, die selten lohnt. Auch dürfte es verständlich sein, dass selbst im nationalen Leihverkehr bestimmte Exemplare vom Transport ausgeschlossen sind: alle wertvollen, alten, seltenen, großformatigen und in schlechtem Zustand befindlichen. Bekommt man einen Fernleihschein mit einem entsprechenden Vermerk zurück, muss man selbst zur entsprechenden Bibliothek fahren oder bei ihr einen Reproduktionsantrag stellen (siehe »Direktbestellung bei fremden Bibliotheken«, S. 157ff.).

Einen besonderen Fall bildet die **Musikalienfernleihe**. Im Prinzip sind gedruckte Noten (mit denselben Einschränkungen wie bei Büchern) im gleichen Verfahren über den auswärtigen Leihverkehr zu bestellen wie Schrifttum. Der grundsätzliche Unterschied besteht aber darin, dass Musikalien in den oben erwähnten älteren Zettel-Zentralkatalogen nicht erfasst sind, sodass sie, ohne dass den Bibliothekaren dieses Nachweisinstrument zur Verfügung steht, über Leitbibliotheken direkt bei der besitzenden Institution angefordert werden müssen. Die damit verbundenen Schwierigkeiten sind zwar im Grunde nicht das Problem des Bestellers, doch hat es für ihn einige Auswirkungen, die es bei einer Notenfernleihe zu berücksichtigen gilt:

1. Die bibliographischen Angaben müssen vom Besteller so exakt wie nur irgend möglich mitgeteilt werden, da den bearbeitenden Bibliothekaren in der Heimatbibliothek oft nicht das erforderliche musikbezogene bibliographische Material zur Verfügung steht. Es können daher nur bestimmte *Ausgaben* bestellt werden, deren Existenz man konkret nachweisen kann. Also nicht »Kuhnau, Johann: Biblische Sonaten«, weil man dieses Werk im Werkverzeichnis in der *MGG* oder im *Grove* gefunden hat, sondern zumindest »Kuhnau, Johann: Six Biblical Sonatas for Keyboard, New York: Broude 1953«.

2. Auf der Rückseite des rosafarbenen Fernleihscheins sollte man deutlich den Vermerk »Noten« anbringen.

3. Empfehlenswert ist es, das Formular persönlich bei der Fernleihannahme abzugeben und dort auf den Sonderfall »Noten« hinzuweisen. Der Bibliothekar wird zwar oft nicht besonders glücklich dreinschauen, aber es spart unter Umständen viel Zeit, wenn die Schwierigkeiten sofort besprochen werden.

4. Wegen des fehlenden Zentralkatalogs dauert die Fernleihe von Musikalien gemeinhin länger als die von Schrifttum.

5. Da am Musikalien-Leihverkehr vorwiegend wissenschaftliche Bibliotheken teilnehmen, deren Noten zudem oft reine Präsenzbestände sind, kann es immer wieder vorkommen, dass zwar das gesuchte Exemplar in Deutschland vorhanden ist, man es aber nicht in Erfahrung bringen kann oder es nicht auf Wanderschaft gehen darf.

Letzteres Problem bleibt auch bestehen, wenn man über Fernleihe Noten beziehen will, die in einem der digitalen Verbundkataloge nachgewiesen sind; dennoch ist dies eine wesentlich günstigere Ausgangsbasis als bei Notendrucken, die nirgendwo per EDV abfragbar sind.

Tonträger sind über Fernleihe nicht zu bestellen.

Auch die konventionelle Fernleihe, also die Lieferung einer Einheit (Buch, Aufsatzkopie etc.) von einer Fremd- an die Heimatbibliothek wird peu à peu auf elektronische Verfahren umgestellt. Ziel ist, die rosa Scheine abzulösen. Die Teilnehmer mancher Verbünde können bereits heute Fernleihen vom Bibliotheks-Terminal oder von ihrem persönlichen Arbeitsplatz aus online aufgeben und es ist nur eine Frage der Zeit, wann die Schreibmaschinen überall eingemottet werden.

Dokumentlieferdienste

Ein relativ neuer Service von Bibliotheken und kommerziellen Anbietern ist die direkte Bestellung von Dokumenten, die der Benutzer dann per Post, Fax oder E-Mail direkt an seinen eigenen Arbeitsplatz zugesandt bekommen kann. Diese Mühen sind natürlich nicht kostenlos, doch haben Sie den ganz entscheidenden Vorteil, dass man am eigenen Ort nicht greifbares Material binnen einer Woche, dreier, zweier oder eines Tages oder gar zum Teil nach einer Stunde in Händen halten kann.

Der zur Zeit gängigste Dienst ist **Subito**, ein kooperatives Dienstleistungsprojekt deutscher Bibliotheken. Wenn man exakte bibliographische Angaben (inclusive Seitenzahlen) zu einem Zeitschriftaufsatz besitzt, man den entsprechenden Band der Zeitschrift in der ZDB des DBI (Zeitschriftendatenbank des Deutschen Bibliotheksinstituts) nachweisen kann und er im Bestand einer der Subito-Lieferbibliotheken vorhanden ist, kann man ihn elektronisch bestellen. Dazu muss man sich aber persönlich bei Subito registrieren lassen. Die Auslieferung erfolgt nach Wunsch als Eil- oder als Normallieferung; selbst letztere wird eigentlich immer innerhalb von höchstens drei Arbeitstagen geschafft. Am preisgünstigsten ist eine Lieferung des seitenweise eingescannten Aufsatzes per E-Mail als gepackte Grafikdatei, die man dann mit einem geeigneten Unzip- und Grafikprogramm weiterverarbeiten kann (in der derzeitigen Erprobungsphase DM 5,–, was eine echte Konkurrenz zur Fernleihgebühr darstellt). Andere Liefermöglichkeiten sind gestaffelt teurer. Alles weitere unter *http://www.subito-doc.de*. (Für Hochschulangehörige in

Nordrhein-Westfalen, demnächst auch in Berlin und vielleicht andernorts ist die Bestellung über **Jason** noch günstiger, s. *http://sun.ub.uni-duesseldorf.de/jasonwww/jaso1.htm.*) Braucht man dringend einen Zeitschriften-Aufsatz vor allem aus dem angelsächsischen Bereich und der Zeit nach 1988, der in Deutschland nicht erhältlich ist, kann sich die Investigation (und ggf. hinterher die Investition in eine nicht ganz billige Lieferung) bei **UnCover** lohnen (*http://uncweb.carl.org*).

Immer mehr Bibliotheken und Verbünde bieten auch einen Dokumentliefer- und Kopierdienst in eigener Regie und in Verbindung mit Subito an. Dieser Kopier-Service bezieht sich nicht nur auf Zeitschriften, sondern auch auf Beiträge in anderen Sammelwerken oder sogar bestimmte seitenweise zu benennende Ausschnitte aus Monographien. Voraussetzung ist, dass man registriert ist (dauert in der Regel einige Tage) und dass man den betreffenden Band im OPAC der Bibliothek bzw. des Verbunds geortet hat, denn die Bestellung erfolgt als Online-Ordering. Die Kopien selbst werden dann per E-Mail, Fax oder Post versandt. Stellvertretend genannt seien die Bayerische Staatsbibliothek (*http://www.bsb.badw-muenchen.de///dokument.htm*), weil sie das Sondersammelgebiet Musikwissenschaft hat, und der GBV (Gemeinsamer Bibliotheksverbund der Länder Bremen, Hamburg, Mecklenburg-Vorpommern, Niedersachsen, Sachsen-Anhalt, Schleswig-Holstein und Thüringen: *http://www.gbv.de/direkt/gbvdirekt.html*). Einzelheiten sind den entsprechenden Web-Seiten zu entnehmen. Eine hilfreiche Koordinationsstelle für die Lieferbibliotheken ist das DBI (siehe *http:/www.dbilink.de*) mit entsprechenden Links zu den Tarifen und Bedingungen der einzelnen Bibliotheken. Ein Mega-Verzeichnis der kommerziellen und non-profit-Dokumentenlieferanten erhält man unter *http://www.docdel.com.*

Direktbestellung bei fremden Bibliotheken

Vieles an Material, das für eine fortgeschrittene Arbeit unentbehrlich ist, ist vom Leihverkehr ausgeschlossen, sodass man sich selbst an den Aufbewahrungsort begeben oder sich bei der besitzenden Institution (mit einem formlosen Schreiben) um eine technische Reproduktion bemühen muss. Kopien (auf Papier, Mikrofilm oder Mikrofiche) stellen viele, aber nicht alle Bibliotheken her. Dazu ist Folgendes zu sagen: Auf Seiten des Benutzers wird sich die Bestellung von Kopien in einem natürlichen Rahmen halten, da sie relativ teuer sind. Die Kosten sind zwar nicht einheitlich, doch sollte man sich bei einer Bestellung innerlich auf Preise pro DIN-A4-Seite von ca. DM 1,– bis DM 2,– bei Papierkopien und ca. DM –,50 bis DM 1,– bei Mikroformen einstellen. Meistens besteht auch eine Mindestpauschale. Eine Beschränkung der direkten Kopieraufträge ist aus der Sicht der Bibliotheken, die unter permanentem Personalmangel leiden, höchstnötig. Vor allem Institutionen, die ihre Bestände mit gedruckten Katalogen der Öffentlichkeit leicht zugänglich machen, müssen sich oft mit einer Flut von Reproduktionsaufträgen herumplagen. Es sollte daher vor jeder Direktbestellung genau überlegt werden, ob sie wirklich notwendig und bei neueren Werken nach urheberrechtlichen Bestimmungen überhaupt zulässig ist.[9]

Einen Überblick über öffentlich zugängliche und private Musiksammlungen kann man sich vermittels verschiedener Nachschlagewerke verschaffen[10]:

• zur ersten Übersicht die Artikel »Musikbibliotheken und Archive« in *MGG2* (1997) und »Libraries« in *NGroveD* (1980),

• über das detaillierteste internationale Verzeichnis mit Bestandscharakterisierung, Bibliographie und praktischen Angaben (Adressen, Öffnungszeiten, Benutzungs- und Kopierbedingungen etc.)
Directory of music research libraries, [als veraltete Print-Version] hrsg. von Rita Benton, 7 Bde., Kassel: Bärenreiter 1967ff. (Répertoire international des sources musicales, Serie C)
[aktuell als online abfragbare Datenbank:] *http://rism.harvard.edu/cgi-bin/zform.CGI?RISMLibDir.*

• mit Hilfe der Zusammenstellung über Kataloge, welche die genauen Bestände einzelner Sammlungen erschließen, bei
V. H. Duckles, *Music reference*, 4. Auflage: S. 335–446, 5. Auflage: S. 391–496 (»Catalogs of music libraries and collections«)

• für weitergehende, auch aktuelle Verzeichnisse die Liste bei
H. Lanzke, *Wo finde ich Informationen* I (»Musiksammlungen«, S. 12–19), IIa (»Kataloge einzelner öffentlicher Sammlungen«, Nr. 1419–1654; »Kataloge von Privatsammlungen«, Nr. 1655–1672a).

---

9   Als wichtigste Faustregeln zum Urheberrecht kann man sich merken: Die Rechte sind frei, wenn a) der Komponist bzw. Bearbeiter vor mindestens 70 Jahren verstorben oder b) die Ausgabe seit mehr als zwei Jahren vergriffen ist, bzw. c) wissenschaftliche Neueditionen müssen mindestens 25 Jahre alt sein.
10   Informationen zu den jeweils aktuellsten Adress- und Handbüchern wissenschaftlicher und öffentlicher Bibliotheken sind bei den Auskunftsstellen großer Bibliotheken zu erhalten. – Via Internet recherchiert man sämtliche deutsche Bibliotheken komfortabel über die Datenbank »Deutsche Bibliotheksadressen« des Deutschen Bibliotheksinstituts (*http://www.dbilink.de*). Eine Zusammenstellung aller deutschen Bibliotheken, die Dienste im Internet anbieten, findet sich unter *http://www.hbz-nrw.de/hbz/germlst*, und ein internationales Pendant dazu ist *http://sunsite.berkeley.edu/Libweb*.

Wer frühe Quellen bei einer Bibliothek direkt zu bestellen beabsichtigt, sollte vorher einen Blick in

- *Deutsches Musikgeschichtliches Archiv: Katalog der Filmsammlung*, Kassel: Bärenreiter 1955ff.

werfen.[11] Diese von fast jeder Bibliothek gehaltenen Listen geben Aufschluss über die vom DMgA bereits verfilmten Quellen. 1999 soll auf der Internet-Homepage (*http://home.t-online.de/home/DMgA_Kassel*), wo bislang zumindest pauschal über Neuzugänge orientiert wird, ein erstes Gesamtregister für die erschienenen Kataloge publiziert werden. Die Umstellung des momentanen Zettelkatalogs auf EDV ist im Gange. Der Schwerpunkt der Sammeltätigkeit liegt zwar auf deutschen Drucken des 16. und 17. Jahrhunderts, doch gehört durchaus auch gedrucktes und handschriftliches Material zwischen 1450 und 1800 zum Programm und befinden sich sehr viele ausländische Drucke im Bestand. Selbst bei Fehlanzeige im Katalog lohnt sich oft eine kurze Nachfrage nach dem gesuchten Quellenmaterial, da das DMgA auch bisweilen neue Filme anfertigen lässt und sie dann zu wesentlich günstigeren Konditionen bereitstellt als eine Bibliothek – allerdings nicht so schnell. Die Filmbestände können natürlich auch vor Ort benutzt werden.

Technische Geräte

Das Bibliotheks- und Dokumentationswesen ist aus der Zeit, in der es eine reine Papierkunde war, längst herausgewachsen. Das mag den Bibliophilen betrüben, der Pragmatiker wird es zur Kenntnis nehmen und sich ohne Lamento den Dingen stellen, und der Fortschrittsfreudige wird die neuen Möglichkeiten und Erleichterungen begrüßen. Vom Benutzer verlangt die Entwicklung Offenheit gegenüber den technischen Medien. Die Abläufe in der Bibliotheksverwaltung werden zunehmend auf EDV umgestellt, und immer selbstverständlicher hat der Benutzer die Gelegenheit bzw. muss damit rechnen, nicht nur seine Katalogrecherche, sondern auch Bestellung, Vormerkung und Verlängerung am **Terminal online** vorzunehmen. Die einzelnen Programme differieren von Bibliothek zu Bibliothek zu sehr, als dass sie hier einzeln beschrieben werden könnten.

Zwei weitere technische Geräte, mit denen sich jeder Bibliotheksbenutzer möglichst frühzeitig vertraut machen muss, sind die **Mikrofiche-** und **Mikrofilm-Lesegeräte**. Mit ihrer Hilfe werden die stark verkleinerten Mikroformen, in denen immer mehr Material angeboten wird, lesbar. Mikrofilme sind Rollfilme, die im dafür vorgesehenen Lesegerät eingespannt und dann vor- und zurückgespult werden, was für Ungeübte bisweilen tückisch scheint, vor allem wenn die Fläche ge-

---

11   Die einzelnen Bände sind meist aus separat erschienenen Heften zusammengebunden.

dreht werden muss. Da die einzelnen Funktionsabläufe bei Geräten verschiedener Hersteller teils recht unterschiedlich sind, ist es absolut keine Schande, sich die Benutzung erklären zu lassen. Mikrofiches sind Kunststoffkarten in Postkartengröße, auf denen die Vorlage spaltenweise wiedergegeben wird. Sie werden im Mikrofichelesegerät unter eine Glasplatte gelegt, durch deren Verschiebung man an die gewünschte Stelle gelangt. Da Mikrofiches wesentlich bequemer zu handhaben sind als Filme, verdrängen sie diese zunehmend. Außer für Schrifttum und Noten werden sie auch für zahlreiche Katalogformen in der Bibliothek verwandt. In der Regel stellt eine moderne Bibliothek auch einen **Reader-Printer** bzw. Film-Scanner zur Verfügung, ein Lesegerät für Mikroformen (Film und Fiche), mit dem man die gerade sichtbaren Seiten auf Papier als Positiv oder als Negativ herauskopieren kann. Zu einer zeitgemäßen Bibliotheksausstattung gehört selbstverständlich auch die Möglichkeit der **PC-Benutzung**. Dies betrifft einerseits spezielle Terminals im Katalogbereich, an denen Zugriff auf bibliographische Hilfsmittel möglich sind: auf konkrete CD-ROMs zum Selbst-Einlegen oder solche, die bereits in das übergeordnete Netzwerk der Bibliothek eingespeist sind und dann nur noch aufgerufen werden müssen, sowie auf das Internet. Andererseits betrifft es Terminals, die bisweilen in separaten Arbeitsräumen aufgestellt sind, an denen man weitere CD-ROMs aus dem Bibliotheksbestand nutzen kann. In aller Regel besteht die Möglichkeit des Downloadings und Speicherns von Recherche-Ergebnissen, indem man es z. B. unter dem eigenen Namen abspeichert und ggf. auf Diskette kopiert. Allerdings sollte man sich vorher erkundigen, ob man eigene Disketten verwenden darf, die natürlich immer eine unkontrollierbare Virus-Gefahr bedeuten, sodass man meist eine frische Diskette in der Bibliothek erwerben muss.

DAS ARBEITEN MIT DEN QUELLEN

Sekundärquellen

Wer systematisch bibliographiert hat, aber auch wer in einer Präsenzbibliothek vor den Büchern zu einem nicht gerade exotischen Thema steht, sieht sich zunächst einem auf den ersten Blick schier unüberwindlich scheinenden Berg von Lektürestoff gegenüber. Im Folgenden gebe ich einige Tipps, wie man sich diesem Berg nähern kann, aber auch dazu, was generell berücksichtigt sein will, wenn man an Sekundärliteratur herangeht. Denn wichtig ist, dass auch mit der Sekundärliteratur *bewusst* umgegangen wird und die Auswertung nicht dem Zufall überlassen bleibt.

»Man muß Mut zum Aussortieren haben; Diskriminierung und Selektion sind ausdrücklich erwartete wissenschaftliche Fähigkeiten«[1] – auch wenn es nicht schön klingt! Um den Mut aufzubringen, muss man das sich bietende Material allerdings – unterschiedlich genau – gesichtet und bewertet haben. Dabei ergibt sich sehr bald eine hierarchische Ordnung der Bibliographie. Bei größeren Literaturlisten ist es hilfreich, die Urteile über Wichtigkeit oder Informationsgehalt einer Literaturangabe nicht nur im Kopf zu fällen, sondern sogleich in Stichworten zu notieren. Die **Bewertung** vollzieht sich – schematisch gesehen – in drei Schritten:

1. Anhand der bibliographischen Angaben
Der erste Anhaltspunkt ist natürlich die **Titel**formulierung, die für das eigene Anliegen zentral oder auch peripher klingen kann. Viele Bücher und Aufsätze tragen allerdings so umfassende oder nichtssagende Titel, dass sie allein nicht für eine Entscheidung ausreichen. Eine weitere Eingrenzung kann durch die Berücksichtigung des **Publikationsorgans** vorgenommen werden. Ein Aufsatz in einer populärwissenschaftlichen Zeitschrift oder ein sich an Laien richtendes Sachbuch ist für neue oder bedeutende Forschungsergebnisse weniger verdächtig als eine Veröffentlichung eindeutig wissenschaftlichen Charakters, die in der Regel vorzuziehen ist. Dieser Punkt will besonders beim Auswerten von Bibliographierhilfsmitteln wie *Zeitschriftendienst Musik* und Nationalbibliographien, die nicht nur akademischen Zwecken dienen, bedacht sein. (Ganz besonders gefährlich ist es, sich auf unredigierte Internetquellen zu verlassen. Da hier jedermann seine mehr oder weniger fundierten Aussagen ins Netz stellen kann, fehlt jegliche sach- und fachdienliche Kontrolle.) **Kommentierte Bibliographien** (meistens zu abgeschlossenen Sachgebieten oder bestimmten Personen) und Bibliographien mit **Abstracts** (kurzen Inhaltsangaben wie in *RILM*) sind segensreiche Einrichtungen, da man den Angaben oft nähere Auskünfte entnehmen kann. »Oft« heißt allerdings nicht »immer«. Die Wertung eines Kommentators oder ein Fünf-Zeilen-Resümee können aus einer ganz anderen Perspektive als der eigenen gewonnen sein. Wichtig ist auch die **Zeit des Erscheinens**. In den Geisteswissenschaften ist Aktualität zwar kein so dringendes

---

1   W. H. Peterßen, *Wissenschaftliches Arbeiten*, ²1988, S. 76.

Kriterium wie in den Naturwissenschaften, weil es in vielen Fällen um Interpretationen geht, die nicht schlichtweg ungültig werden. Trotzdem ist das Publikationsdatum auch bei musikwissenschaftlicher Literatur nicht unerheblich. In allen Fällen, in denen es um handfeste Fakten und Daten geht (also etwa bei biographischen und philologischen Fragen wie Chronologie, Quellenbestand und Ähnlichem), sind jeweils die jüngsten Publikationen zu konsultieren. Aber auch bei geschichtlichen Darstellungen und selbst hermeneutisch-deutenden Arbeiten ist die neuere Veröffentlichung für den Einstieg in die Materie die geeignetere, weil von ihr (sofern sie wissenschaftlich sauber gearbeitet ist) eine ausdrückliche oder zumindest implizite Auseinandersetzung mit der älteren Literatur erwartet werden kann.

2. Anhand des Schriftstückes selbst

In einem zweiten Schritt werden die in die engere Wahl gezogenen Werke selbst gesichtet und daraufhin geprüft, ob sie für das eigene Interessengebiet ergiebig sind. Bei Büchern macht man sich dabei das **Inhaltsverzeichnis** sowie, falls vorhanden, das **Personen- und Sachregister** zunutze. Das **Vorwort** bzw. die **Einleitung** bringen oft schon das behandelte Problem sowie die Methodik und die Thesen des Autors auf den Punkt, und auch **Zusammenfassungen** an den Kapitelenden oder am Schluss des Buches – sie müssen nicht unbedingt so benannt sein – machen gewöhnlich schon vieles klar. Scheidet die Lektüre jetzt nicht gleich aus, sollte man dennoch nicht sofort anfangen, die Abhandlung von der ersten bis zur letzten Seite durchzuackern (ein Verfahren, das im wissenschaftlichen Lektüreprogramm ohnehin nur relativ selten vorkommt). Vielmehr lohnt es sich zur besseren Orientierung, dieses und jenes Kapitel »anzulesen«. Nützliches wird dann komplett durchgearbeitet und inhaltlich ausgewertet. Bei manchen Publikationen genügt generell das so genannte **Diagonallesen**, also ein Überfliegen mit punktueller Vertiefung. Für kleinere Beiträge gilt im Grunde das Gleiche.

3. Anhand der Einordnung in das wissenschaftliche Umfeld

Mit der Erkenntnis, dass eine Quelle informativ oder geistreich ist (oder zumindest den Anschein hat), ist der Bewertungsakt noch nicht abgeschlossen. Bei Sekundärliteratur, die eine tragende Rolle in der eigenen Argumentation spielt, gilt es, sich gegen eine bedenkenlose Aneignung der darin geäußerten Befunde und Gedanken auch von außen her abzusichern. Ein Kriterium, anhand dessen sich die Exotik bzw. die allgemeine Anerkennung einer Arbeit leicht erkennen lässt, ist die Häufigkeit, mit der sie in der späteren Literatur **zitiert** wird. Aber Vorsicht: häufiges Zitieren macht ein Werk noch nicht gleich gut, seltenes Zitieren qualifiziert es noch nicht ab. Es gibt stets jenseits der ausgetretenen Pfade höchst Interessantes zu entdecken, bisweilen sind die abgelegenen Ideen sogar die anregenderen und die altvertrauten die banaleren. Darüber nachzudenken regt die Zitierfrequenz in jedem Falle an.

Fremde Meinungen zu einem Buch (und eben nur zu selbstständigen Publikationen) kann man mit **Rezensionen** einholen. Rezensionen sind zwar nicht immer objektiv, weil in ihnen (vor allem den »Verrissen«) mitunter persönliche Animositäten und Glaubenskämpfe ausgetragen werden, auch sind sie ein beliebtes Terrain für Profilierungsstrategen. Und dennoch erfährt man im Allgemeinen aus Besprechungen, die von für das Spezialgebiet kompetenten Fachleuten verfasst wurden, vieles über die Besonderheiten eines Buches, seine Stärken und vor allem auch seine Schwächen sowie konkreten Fehler, auf die man selbst vielleicht nicht unbedingt gestoßen wäre. Namentlich die amerikanischen Rezensionen sind besonders ausführlich (und manchmal auch besonders gnadenlos). Ein Stimulus für die eigene Beschäftigung mit einem Buch, das einen hohen Rang in der eigenen Arbeit beansprucht, ist eine Besprechung allemal. Rezensionen erscheinen in wissenschaftlichen Zeitschriften und werden von den bibliographischen Nachweiswerken erfasst. Sowohl *RILM*, *BMS* (siehe S. 90ff.) als auch die auf den Nachweis von Rezensionen (aller Wissensgebiete) spezialisierte *IBR*[2] schlüsseln in ihren Indices (Registern) die Besprechungen nach dem Verfasser der Monographie, dem Rezensenten und nach der Thematik auf. Da es sich oft über Jahre hinzieht, bis eine Rezension zu einem Buch erscheint, ist es ratsam, jeweils rund fünf auf die Buchpublikation folgende Jahrgänge zu überprüfen. Für neuere Veröffentlichungen muss man schon zur *IBR* greifen, da sie einen Berichtsverzug von lediglich ca. einem halben Jahr hat. Zu benutzen ist die *IBR* im Präsenzbestand jeder UB (im Bibliographien- oder Katalogsaal bzw. in der Handbibliothek der Auskunft).

Aufgabe 24
1978 veröffentlichte Frederick Neumann ein Buch über barocke Verzierungstechnik. Suchen Sie für die folgenden drei Jahre Besprechungen in *BMS*, *RILM* und *IBR* und vergleichen Sie das Ergebnis.

---

2 *Internationale Bibliographie der Zeitschriftenliteratur, Abteilung C: Bibliographie der Rezensionen und Referate*, Jg. 1.1900 – 77.1943, Leipzig: Dietrich 1901–1944; wiederaufgegriffen als *Internationale Bibliographie der Rezensionen wissenschaftlicher Literatur (IBR)*, Bd. 1.1970ff., Osnabrück: Dietrich 1971ff. (Erscheint jährlich in zwei Halbjahresteilen und besteht aus jeweils 5 Abteilungen: A. Rezensierte Werke nach Schlagwörtern, B. Schlagwortverzeichnis nach Sachgruppen, C. Alphabetisches Verzeichnis nach dem Autor, D. Rezensentenverzeichnis, E. Verzeichnis der Zeitschriften, in denen die Rezensionen erschienen sind, nach Nummern. Nach diesen Nummern werden in den anderen Abteilungen die Zeitschriften in Chiffrenform zitiert.) – Als CD-ROM-Ausgaben bisher: Jg. 15–24: *IBR-ROM Internationale Bibliographie der Rezensionen aus allen Gebieten des Wissens 1985–1994* und *IBR-CD-ROM Internationale Bibliographie der Rezensionen aus allen Gebieten des Wissens 1995–1996*. Der Zeller Verlag annonciert für die nähere Zukunft die zulassungs- (d. h. kosten-)pflichtige Online-Version der *IBR*.

In Rezensionen wird häufig angesprochen, was jeder grundsätzlich bei allen Veröffentlichungen bedenken sollte: ihren methodischen, wissenschaftsgeschichtlichen und gegebenenfalls ideologischen **Standort**, eventuell auch ihre Zugehörigkeit zu einer bestimmten Schule. Sicherlich ist dies eine Forderung, die bereits einiges an Erfahrung im Umgang mit dem Fach erfordert, ein Bewusstsein dafür sollte man aber von Anfang an zu entwickeln suchen. Manche methodischen Entwürfe früherer Jahrzehnte, etwa die geistesgeschichtliche Methode der 1920er- und 1930er-Jahre, werden heute starker Kritik unterzogen. Wenn man Literatur dieser Richtung verarbeitet, sollte man ab einer bestimmten Semesterzahl der Problematik eingedenk sein und sie kritisch reflektiert haben, statt Arbeiten dieser methodischen Richtung nur deshalb bevorzugt zu zitieren, weil einem da alles so lebensnah und verständlich erscheint. In Zweifelsfällen ist es immer gut, die Biographie eines Wissenschaftlers in einem Lexikon, vorzugsweise in der *MGG* oder im *Grove*, nachzuschlagen. Ausführliche **Forschungsberichte** zu begrenzten Themen sind, so wünschenswert sie wären, in der Musikwissenschaft im Gegensatz zu anderen Disziplinen ausgesprochene Mangelware. Kenntnis erhält man von den wenigen, die es dennoch gibt, durch systematisches Bibliographieren.

Reproduzierte Primärquellen

Sobald Quellen technisch reproduziert, vervielfältigt und der Öffentlichkeit zugänglich gemacht werden, verlieren sie ihren Charakter als Einzelstücke, sie werden »herausgegeben« und damit zu jedermann zugänglichen **Editionen**. Jede Edition bedeutet einen Eingriff in die Existenzform der Quelle(n). Einmal abgesehen von dem Verlust der »Aura«[3], den die singuläre Quelle durch Vermehrung erfährt, kann der Eingriff in den Text selbst sehr gering ausfallen (etwa beim fotomechanischen Abdruck einer einzelnen Handschrift), möglicherweise bedeutet eine Edition aber eine weitreichende Interpretation aufgrund des Vergleichs voneinander abweichender Versionen eines Werkes, in schlimmen Fällen kann sie zu einer groben Entstellung des Textes führen. Für den Musikwissenschaftler sind Notenausgaben, die im Folgenden exemplarisch behandelt werden sollen, natürlich von besonderem Interesse, doch auf wortsprachliche Quellentexte treffen die meisten Aspekte der musikalischen Edition ebenso zu.

Mitunter sieht sich die **Philologie**, jene Lehre, die von der »Liebe zum Wort« (griech. philos = Freund, logos = Wort; und analog dazu die Musikphilologie von der Liebe zum »musikalischen Wort«) getragen wird, dem Vorwurf der Pedanterie ausgesetzt. Textkritische, also den Text einer strengen Prüfung und Beurteilung unterziehende Verfahren werden des letztlich doch nicht hörbaren Luxus gezichen. Insbesondere an den großen – nicht zuletzt vom Steuerzahler finanzierten – Editions-

---

3   W. Benjamin, *Kunstwerk*, S. 477 und passim.

unternehmen zu Gesamtausgaben von Werken eines Komponisten, deren Erarbeitung sich oft über ein halbes Jahrhundert erstreckt, entzündet sich gerne die Diskussion um Sinn und Nutzen akribischer Quellenforschung und Editionstechnik, die lediglich hier eine andere Note und dort einen neuen Staccatopunkt zu zeitigen scheint. Wenngleich das Ausmaß der philologischen Arbeit durchaus nicht auf solche Details des Notentextes beschränkt bleibt (sondern sich bis zur Entdeckung und Identifizierung oder Neuzuschreibung von Werken, Erkenntnis bzw. Korrektur von Entstehungsdaten und Ähnlichem erstreckt), ist stets die mitunter weitreichende Bedeutung auch nur eines Tones zu bedenken.

Chopin, der »bei der Niederschrift seiner Werke häufig eine gewisse Labilität erkennen« ließ[4], veröffentlichte seine *Préludes* op. 28 1839 sowohl in Paris als auch in Leipzig und kurz darauf in London. Seine eigene handschriftliche Fassung sowie der französische und deutsche Erstdruck überliefern im 20. Prélude in Takt 3 auf der 4. Zählzeit ein *e'*, der englische Erstdruck ein *es'*, das von Chopin vielleicht (!) für diese Ausgabe nachträglich ergänzt wurde:

Ob an dieser Stelle aber ein c-Moll- oder ein C-Dur-Akkord steht, hat Auswirkungen auf die Interpretation der periodischen Anlage des kleinen, (ohne Wiederholung) achttaktigen Stückes. Eine Entscheidung für c-Moll bedeutet, dass man das ausgewogene Pendeln zwischen jeweils eintaktiger Moll-, Dur-, Moll-, Dur-Kadenz für das Wesentliche des ersten Viertakters hält[5], die Wahl von C-Dur interpretiert Takt 3 und 4 als geschlossenen Zweitakter mit dem Ziel einer bewussten kadenziellen Entwicklung zur Dominanttonart in der Satzmitte unter Einbezug der Subdominante. Im ersten Fall wird nach Takt 4 eine leichtere, im zweiten eine starke Zäsur angenommen.

Von wissenschaftlicher Arbeit wird – als Grundlage von Objektivität – Genauigkeit erwartet. Für die ästhetische Interpretation von Kunstwerken, deren beste

---

4   E. Zimmermann, *Textvarianten*, S. 465.
5   Vgl. ebda., S. 468.

Vertreter doch gerade ein intrikates Gefüge vieler kleinster bedeutungstragender Elemente sind, heißt dies, dass der zu interpretierende Notentext zuvor einer philologischen Überprüfung unterzogen werden muss. Wissenschaftliche Aussagen sollten prinzipiell nach bestmöglichem Wissen getroffen werden. Dies fordert von der Musikwissenschaft als Disziplin eine stete Kontrolle ihrer Materialien in Form von Neueditionen bzw. Revisionen bestehender Ausgaben. Und deshalb sollte sich auch schon der Student, von dem eigenständige textkritische Arbeit gewöhnlich nicht erwartet wird, für seine Beschäftigung mit Musikwerken, insbesondere für detaillierte Analysen, zumindest um die jeweils beste ihm zugängliche Quelle bemühen. Das ist in der Regel die wissenschaftlich zuverlässigste und neueste Edition.

Editionstypen

Textkritisches Bewusstsein

Nachdem die Literaturwissenschaft mit dem beginnenden 19. Jahrhundert von der Theologie und der Klassischen Philologie Methoden der Textkritik übernommen hatte, setzte in den 40er-Jahren mit Robert Schumanns Aufsatz *Über einige muthmaßlich corrumpirte Stellen in Bach'schen, Mozart'schen und Beethoven'schen Werken*[6] und Felix Mendelssohn Bartholdys Studien an den Originalstimmen zu J. S. Bachs h-Moll-Messe textkritisches Bewusstsein auch in der Musik ein, das sich in der 1852 begonnenen (heute so genannten) »Alten Bach-Ausgabe« erstmals eindrucksvoll dokumentierte. **Textkritisches Bewusstsein** meint – auch in diesem historisch frühen Stadium – in einem allgemeineren Sinn, dass man keinem Textzeugen bedingungslosen Glauben schenkt[7], und in einem engeren Sinn, dass man in erster Linie den Aussagen primärer Quellen folgen will und sich als Herausgeber in den Dienst dieser Aussagen stellt, statt mit autonomer Entscheidungsgewalt in den Notentext einzugreifen. Diese uns heute selbstverständlich erscheinende Maxime war es für Herausgeber bis ins 19. Jahrhundert durchaus nicht. Von einem anderen Geschichtsverständnis geleitet, wurden teilweise tiefgehende **Eingriffe in den Text** vorgenommen – weil man einen anderen musikalischen Verlauf für besser hielt, ohne dass die Umgestaltung dem Benutzer mitgeteilt worden wäre. So hat Friedrich Rochlitz 1835 einen 1587 erschienenen Tonsatz von Jacobus Gallus nicht nur rhythmisch modifiziert, sondern auch durch die Veränderung einiger Töne die charakteristische Klangfolge einer Kadenz nach F im Stil des 19. Jahrhunderts dominantisiert.[8]

---

6   Vgl. R. Schumann, *Über einige.*
7   Vgl. oben »Die drei großen Arbeitsbereiche«, besonders S. 21.
8   J. Gallus, *Passionsgesang*, S. 51, T. 50; ders., *Ecce*, S. 172, T. 44; siehe auch W. Braun, *Ecce*, S. 78.

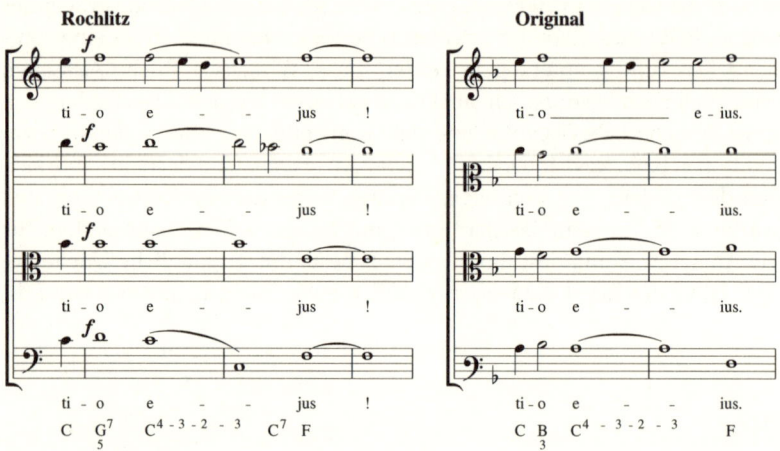

Solche willkürlichen Änderungen in der Notensubstanz sind mit zunehmender historischer Einstellung im Editionswesen deutlich zurückgegangen, sodass bei heutigen Ausgaben nur noch selten mit derartigen, nicht kenntlich gemachten Ver(schlimm)besserungen zu rechnen ist. (Die Grenze zur Bearbeitung ist allerdings fließend.) Dafür gilt es bei älteren, nicht ausdrücklich als wissenschaftlich deklarierten Ausgaben ein waches Auge für »mutmaßlich korrumpierte Stellen« zu haben. Die gleiche Wachsamkeit empfiehlt sich auch in Hinblick auf unabsichtliche Fehler in Editionen, vor allem wenn diese mit weniger Sorgfalt hergestellt zu sein scheinen. Nicht erst durch die neuen technischen Möglichkeiten der Schnelldruckverfahren und der elektronischen Notenschreibprogramme, aber verstärkt durch sie wurde und wird der Musikalienmarkt mit einer Fülle mehr oder weniger gewissenhaft erstellter Ausgaben überschwemmt. Diesem Publikationstypus kommt zweifellos das Verdienst zu, vergriffene Ausgaben oder bisher nicht edierte Kompositionen einem größeren Interessentenkreis zugänglich zu machen, die mitunter eingeschränkte Verlässlichkeit ist jedoch oft ein Problem. Auf alle Fälle ist eine solche Ausgabe in »ernsten Fällen« (also z. B. im Rahmen einer Dissertation) möglichst anhand der Originalquellen nachzuprüfen. Keinesfalls sollte sie eine Analysebasis sein, wenn eine wissenschaftliche Edition des Stückes existiert und erreichbar ist. Zu erkennen ist die Qualität einer Ausgabe ohne Vergleichsmaterial oft nur schwer. Als Indiz kann zur ersten Orientierung das Vorwort dienen: Ist das zugrunde liegende Quellenmaterial genannt? Wie ausführlich ist es beschrieben? Sind Alternativquellen zur Hauptquelle erwähnt? Ist in diesem Fall eine Begründung für die Wahl der Hauptquelle gegeben worden? Und vor allem: Werden Erklärungen zur Editionstechnik und zur Art der editorischen Bearbeitung geliefert? Bei Erstausgaben neuerer Musik ist man natürlich ohne externe Vergleichsmöglichkeiten auf die Sorgfalt der Ausgabe angewiesen, die je nach Notationstyp, editorischer Betreuung und verlegerischem Ehrgeiz sehr differieren kann.

Instruktive und interpretierende Ausgabe

Ähnliche Einschränkungen betreffen instruktive Ausgaben. Instruktive Zusätze bzw. Modifikationen können Fingersätze, Stricharten, Artikulations- und Phrasierungszeichen, dynamische Hinweise, Tempo- und Vortragsangaben, periodische und formale Markierungen und dergleichen sein, die nicht nur die klangliche, sondern auch die verbale Interpretation eines Werkes merklich beeinflussen können. Die dynamischen Markierungen beispielsweise, die William Mason 1894 in seiner Ausgabe der dreistimmigen Inventionen J. S. Bachs dem Notentext beifügte, entspringen metrischen Vorstellungen des 19. Jahrhunderts.[9]

In Konflikt geraten sie aber zur zeitgenössischen Metrik, die von einer Verteilung des Taktgewichts nach dem Schema $\mathbf{c}$ ♩ ♩ ♩ ♩ ausgeht und von deren Realisierung Bachs Schüler Kirnberger fordert, dass der Spieler »die zweite Hälfte eines solchen Tacktes leichter als die erste vortragen«[10] solle. Einer metrischen Analyse der Komposition stehen die dynamischen Zusätze zuerst einmal im Wege, wenn sie nicht ganz den Blick auf die Gewichtsverhältnisse verstellen.

In Fällen, in denen keine alternative Ausgabe zur Verfügung steht, gilt es daher, sich soweit möglich anhand des Vorworts Einblick in die Prinzipien der Interpretationshilfen zu verschaffen und bei der Textdeutung hinsichtlich der Zusätze äußerste Zurückhaltung walten zu lassen. Die Mehrzahl der Notenausgaben wendet sich an den ausübenden Musiker, und hier wiederum oft mit besonderem

---

9   J. S. Bach, *Two- and three-part inventions*, S. 5, T. 15–18.
10   J. P. Kirnberger, *Kunst*, S. 132.

Blick auf Laien, weshalb viele Werke – vor allem je älter die Musik ist – mit unterschiedlichsten Mitteln und in unterschiedlichstem Ausmaß modernisiert und »für die Praxis eingerichtet« werden. Nicht nur bei der musizierenden, sondern auch bei der wissenschaftlichen Benutzung einer solchen Ausgabe ist man in der schwierigen Situation, sich von den Suggestionen des Bearbeiters frei zu machen.

Kritische und wissenschaftliche Ausgabe

Nicht zuletzt aus diesem Grund und wegen der angesprochenen philologischen Detailgenauigkeit benutzt man zu wissenschaftlichen Zwecken, wann immer dies möglich ist, den Notentext einer kritischen Ausgabe. Der nach kritischer Methode[11] verfahrende Editor prüft alle (oder zumindest die wichtigsten) Textquellen, die das zu edierende Werk in handschriftlicher oder gedruckter Form überliefern. Durch den Vergleich und die Beurteilung[12] der einzelnen Materialien versucht er, Zusätze sowie Verderbnisse, die durch spätere Überlieferung dem Text zugefügt wurden, festzustellen und zu tilgen bzw. zu korrigieren. Ziel einer kritischen Ausgabe ist es also, dem Benutzer den Originaltext zugänglich zu machen. Was auf den ersten Blick so unmittelbar einleuchtend klingt, ist aber mit vielen Problemen belastet, von denen hier nur einige angedeutet werden können.

Die zentrale Frage, aus der sich die meisten Schwierigkeiten ableiten, lautet: Welches ist der **Originaltext**? Hat ein Komponist von seinem Werk ein eindeutiges, gut lesbares, heute noch zugängliches Autograph (von ihm selbst geschriebenes Schriftstück) hinterlassen, von dem alle spätere Überlieferung abgeleitet ist, treten die geringsten Schwierigkeiten auf. Was aber, wenn es zu einer autographen Partitur gleichzeitig autorisiertes (vom Autor genehmigtes) Stimmenmaterial mit kleinen Abweichungen mit Blick auf die Ausführenden gibt – welches ist dann das Original? Oder wenn neben dem Autograph ein vom Komponisten nachweislich überwachter Druck existiert, in dem offensichtlich Änderungen von ihm vorgenommen worden sind: Auch sie haben »authentischen« Rang, aber welches ist das Original, was gibt die wirkliche Absicht des Komponisten wieder? Von einem Werk können verschiedene Fassungen existieren, die durchaus sämtlich dem Autorwillen entsprechen. Von J. S. Bachs *Johannespassion* – zu einer Zeit entstanden, als die einzelne Aufführung einer Komposition von essentieller Bedeutung für die jeweilige Werkgestalt war – bestehen allein vier authentische Leipziger Aufführungsfassungen. Kann man von einer bestimmten Aufführung als der idealen

---

11   Die einzelnen Arbeitsschritte der textkritischen Methode beschreibt in komprimierter Form G. Feder, *Musikphilologie*, Kapitel IV, »Textkritik«, S. 38–82. Zwei wichtige Neuveröffentlichungen zum Gesamtkomplex der musikalischen Philologie sind J. Grier, *Critical editing* (detailliert, praxisbezogen), und der neue MGG-Artikel »Editionstechnik« von C. M. Schmidt (zusammenfassend).
12   Griech. krinein = scheiden, unterscheiden; beurteilen.

und von ihrem Notenmaterial als dem Originaltext sprechen? Bei schlechter und lückenhafter Überlieferung, wenn kein Autograph, keine vom Komponisten überwachte und daher autorisierte Quelle, auch kein sonstwie authentischer (aus dem Umkreis des Komponisten stammender) Textzeuge vorliegt, sondern vielleicht nur Raubdrucke oder zeitlich viel später als die Komposition liegende Kopien (Abschriften), wenn dann nach quasi kriminalistischen Methoden ein Text rekonstruiert werden konnte – wie in einem Gerichtsverfahren werden Zeugenaussagen auf ihre Abhängigkeit voneinander oder ihre gegenseitige Bestätigung hin abgeklopft und der mutmaßliche Tatbestand nachvollzogen –, ist dann legitimerweise noch von einem »Originaltext« zu reden? Wie verhält es sich mit Repertoirebereichen, die von sich aus einen ausgeprägt improvisatorischen Charakter haben (wie teils Instrumentalmusik bis weit ins 17. Jahrhundert hinein) oder deren schriftliche Fixierungen aus mündlicher Überlieferung herausgewachsen sind (etwa Melodien des Minnesangs)?

Eine weitere grundsätzliche Relativierung erfuhr die textkritische Intention, den Autorwillen in Form einer authentischen Werkgestalt wiederherzustellen, durch die größere Rolle, die in den 1970er-Jahren der Rezeptionsgeschichte in der wissenschaftlichen Methodik zugewachsen ist. Welche Veränderungen von wem und aus welcher Motivation an einem Werk im Laufe der Geschichte vorgenommen wurden, sind Fragen, die der Historiker heute mehr denn je an Kompositionen heranträgt, um so Aufschluss über historische Entwicklungen zu gewinnen. Wenngleich die Konsequenz aus diesem Anspruch in rigoroser Form die editorische Berücksichtigung aller bestehenden Versionen wäre – eine in der Praxis zumeist utopische Forderung –, hat die Auseinandersetzung um den zuvor kaum problematisierten »authentischen Text« der Editionspraxis wichtige Anstöße gegeben.[13]

Die hier angesprochenen und unschwer zu vermehrenden Punkte sorgen nicht nur für Entscheidungsnöte des Herausgebers, die mit Abschluss der Edition im Archiv der Editionsgeschichte verschwinden könnten, sie haben vielmehr für den Benutzer kritischer Ausgaben ganz konkrete Folgen. Denn das macht kritische Ausgaben zu **wissenschaftlichen Ausgaben**: Wie von wissenschaftlicher Verfahrensweise grundsätzlich gefordert, belegen sie exakt, wie es zu dem vorgelegten Produkt kommt. (Deshalb spricht man bisweilen – nicht völlig korrekt – auch im Zusammenhang mit wissenschaftlichen Ausgaben, denen nur eine Quelle zugrunde lag und die folglich nichts zu unterscheiden hatten, von kritischen Ausgaben.) Der Herausgeber legt offen:

---

13   Die kontroverse Diskussion nach dem 2. Weltkrieg lässt sich exemplarisch und höchst anregend an den Veröffentlichungen von G. Feder/H. Unverricht, *Urtext* (1959), K. H. Hilzinger, *Über kritische Edition* (1974), C. Dahlhaus, *Zur Ideengeschichte* (1978), ders., *Philologie* (1978), W. Rehm, *Notenschrift* (1978), L. Finscher, *Gesamtausgabe* (1980), G. Feder, *Musikphilologie* (1987: S. 18–21, 154–157), und M. Querbach, *Der konstruierte Ursprung* (1988), verfolgen.

a) welche Quellen zur Verfügung stehen und wo diese aufbewahrt werden, wie sie in ihrer historischen und textkritischen Aussagekraft zu beurteilen sind (z. B. autographe Skizze, autographe Reinschrift, nicht/authentische Kopie, un/autorisierte Kopie, Erstdruck, Nachdruck, Bearbeitung), welche Rolle jede einzelne Quelle für die Edition gespielt hat (z. B. Hauptquelle, für Ergänzungen herangezogen, vernachlässigt),

b) welche Abweichungen vom letztlich abgedruckten Notentext in den wichtigsten sonstigen Quellen zu finden sind (so genannte **Lesarten**),

c) welche Änderungen der Herausgeber im Notentext gegenüber seiner Hauptquelle vorgenommen hat (z. B. notationelle Umschrift von alten in neue Schlüssel, in Analogie zu Parallelstellen ergänzte Artikulationsbögen, nach Regeln der zeitgenössischen Aufführungspraxis eingefügte Versetzungszeichen, so genannte Emendationen, d. h. bisweilen notwendige Verbesserungen aufgrund einer anderen Quelle oder als logisch erschlossene, nicht überlieferte Lesarten, gegebenenfalls als so genannte Konjekturen, d. h. nur aufgrund von stark begründeter Vermutung,

d) welche Änderungen stillschweigend vorgenommen wurden (z. B. Vereinheitlichung der Notenbalken und -stiele).

Früher hatten all diese exakten Angaben auch den Zweck, dass man eine Quelle im Falle ihres Verlustes anhand der kritischen Ausgabe in den entscheidenden Punkten rekonstruieren könnte. Heute erübrigt sich diese Funktion dank der fortgeschrittenen technischen Reproduktions- und Dokumentationsmöglichkeiten. Als wesentlich bleibt die Zweckbestimmung, den vom Herausgeber vorgelegten Text überprüfbar zu machen und aufgrund des zur Verfügung gestellten bzw. erwähnten Materials weitergehende Interpretationen zum Text anstellen zu können.

Zu d) Aus pragmatischen Gründen ist der Herausgeber, der seinen Text ja in einer Notenschrift nach den heutigen Stichregeln präsentiert, oft gezwungen, gewisse Modernisierungen und Normierungen vorzunehmen, die alle anzuzeigen vielleicht zu weit führen würde. Beispielsweise ergänzt die *Neue Mozart-Ausgabe* (im Gegensatz zur neuen Haydn-Ausgabe) grundsätzlich fehlende Bögchen zwischen Vorschlags- und Hauptnote.[14] Für jemanden, der sich mit der sehr differenzierten Materie der Ausführung langer und kurzer Vorschläge um 1780 auseinander setzt, kann das Wissen darum, ob Mozart einen Bogen geschrieben hat oder nicht, von entscheidender Bedeutung sein. In diesem Fall ist die kritische Ausgabe zwar nicht hilfreich, aber sie verschweigt auch nicht, dass man für weitere Aufschlüsse die Originalquellen konsultieren müsse. Und sofern man darauf verzichtet, muss man als Benutzer bei Schlussfolgerungen aus dem Notenmaterial, das aus der Rubrik der stillschweigenden Änderungen stammt, äußerst vorsichtig sein.

---

14   Vgl. *Editionsrichtlinien*, S. 92 und 119.

Zu c) Änderungen und Ergänzungen des Herausgebers sind immer nur als Vorschläge zu verstehen, auch wenn in aller Regel davon ausgegangen werden kann, dass der Editor seine Entscheidung aufgrund fachlicher Kompetenz und begründeter Argumente getroffen hat. Dennoch gehört es zum wissenschaftlichen Diskurs, dass Herausgeberentscheidungen aufgrund neuer Erkenntnisse oder anderer Sicht der Dinge angefochten werden (können). So ist für die Musik des Mittelalters und der Renaissance das Problem der »musica ficta«, der nicht notierten, aber vom Ausführenden nach der Hexachordlehre bzw. der Intervallstruktur des Satzes zu ergänzenden Akzidentien, immer wieder kontrovers diskutiert worden. Zu einzelnen Versetzungszeichen, die ein Herausgeber Noten beigibt (aber auch zu Tönen, denen er sie nicht beifügt), kann man in manchen Fällen anderer Ansicht sein. Die Entscheidung des Herausgebers ist dann oft Ausgangspunkt für weitergehende Überlegungen.

Zu b) Lesarten können einzelne Noten und Zeichen betreffen, sie können sich aber auch auf eine ganze Passage beziehen. Solche Varianten können auf die unterschiedlichsten Ursachen vom bloßen Schreibversehen über die bewusste Konjektur eines Kopisten oder Druckers bis zur Autorredaktion (Überarbeitung durch den Komponisten) zurückgehen und entsprechend für die analytische Arbeit am Notentext von geringerer oder größerer Bedeutung sein. Zu unterscheiden sind Lesarten der primären Textgeschichte, so genannte Entstehungsvarianten, die Aufschluss über die Kompositionsgeschichte geben, und Lesarten der sekundären Textgeschichte, so genannte Überlieferungsvarianten, die Einblicke in die Rezeptionsgeschichte gewähren.

Mozart orientierte sich in seiner Duosonate KV 304 deutlich an der zeittypischen Gattung der Klaviersonate mit *begleitender* Violine, wie sie im ersten Satz ab Takt 20 mit dem Liegeton deutlich einsetzt. Als anfängliche Verunsicherung der Gattungserwartung genügte ihm zuerst ein achttaktiges Unisono, denn im Autograph ist zu sehen, dass er ursprünglich in Takt 8 mit der Liegetonstelle fortfahren wollte. Er strich dies aber aus und fügte zwölf zusätzliche Takte Unisono bzw. führende Violine mit begleitendem Klavier ein.[15] Weist uns die Änderung im Autograph hier darauf hin, dass Mozart die Gattungsnorm anfangs ganz bewusst irritieren wollte, um sie anschließend umso planvoller ins Werk zu setzen?

Zur *Missa Bon Temps* von Antoine Brumel (um 1460–nach 1520), die in einer Zeit entstanden ist, aus der noch überhaupt keine Musikautographen auf uns gekommen sind, gibt es ausschließlich Überlieferungsvarianten. Zwei der vier Hauptquellen überliefern am Ende des ersten Kyrie in der Diskantstimme eine Leittonklausel[16],

---

15   W. A. Mozart, *Neue Ausgabe sämtlicher Werke*, VIII, 23, 1, S. 98; dazu: *Kritischer Bericht*, S. 57 und 121.
16   A. Brumel, *Opera omnia*, Bd. 2, S. 2.

wie sie bereits an zwei Binnenzäsuren zuvor auch aufgetreten war. Zwei andere Quellen setzen aber an der Schlusszäsur stattdessen eine Unterterzklausel (mit Leittondurchgang).

Gibt der Befund Anlass zu der Vermutung, dass der antiquierteren Unterterzklausel eine stärker zäsurbildende und abschließende Wirkung zugeschrieben wurde als der »moderneren« Leittonklausel?

Schließlich können Einzelheiten der Überlieferung dazu beitragen, unklare Stellen in früheren Quellen zu verdeutlichen. Das *Air* Nr. 10 in Händels *Messias* beginnt beispielsweise mit einem Unisono der Violinen, Viola und Bässe. Da die Bassstimme im Autograph nicht beziffert ist, Händel aber die Anmerkung »V. unis e Viola all ottava coll Basso« machte, nahm man oft einen auch einstimmigen Continuopart an. Zeitgenössisches Material mit bezifferter Cembalostimme legt aber nahe, dass der Beginn des Airs nicht unbedingt als totales Unisono verstanden wurde.[17]

Zu a) Sicher kann es nicht Aufgabe des Quellenverzeichnisses einer kritischen Ausgabe sein, alle handschriftlichen und gedruckten Versionen aufzuzählen, die es zum edierten Werk auf der ganzen Welt gibt. Dennoch bemühen sich viele Editionen um einen möglichst informativen Katalog auch solcher Quellen, die für die Erstellung der Ausgabe selbst durchaus entbehrlich gewesen, aber geeignet sind, die Wirkungs- und Rezeptionsgeschichte eines Werkes zu erhellen. So listet die *Hallische Händel-Ausgabe* für den *Messias* eine Fülle von Quellen aus der Zeit zwischen 1741 und 1950 auf, darunter auch Mozarts Bearbeitung. Wenngleich der Händel-Ausgabe selbst nicht die Abweichungen der Mozart'schen Adaption zu entnehmen sind, ist der Benutzer doch auf ihre Existenz hingewiesen und hat einen Anhaltspunkt für weitere Studien.

Indem die kritische Ausgabe ihre Verfahren nicht verschweigt, sondern nachvollziehbar (und damit im wissenschaftstheoretischen Sinne falsifizierbar) macht, gibt sie selbst dem Benutzer die Mittel an die Hand, der Suggestion eines reinen und unantastbaren Heiligtums, wie er von einem schriftlich fixierten Notentext

---

17   Vgl. G. F. Händel, *Hallische Händel-Ausgabe*, I, 17, S. 50; dazu: *Kritischer Bericht*, S. 64.

gerne ausgeht, zu begegnen. Es ist also nicht allein der Aspekt, einen möglichst »sauberen«, fehlerfreien Text zur Verfügung zu haben, der den Wissenschaftler zur kritischen Ausgabe greifen lässt, es ist vor allem auch das Angebot einer solchen Edition, Hintergründe erfahren und Detailinformationen erlangen zu können, die über den unmittelbar vorliegenden Notentext hinausgehen und möglicherweise von nebensächlichem, vielleicht aber auch von bedeutendem Wert für die Arbeit mit der Musik sind. Wer immer sich intensiv mit einem Notentext auseinander setzt – auch schon während des Studiums –, sollte daher an den Möglichkeiten, die eine kritische Ausgabe bietet, nicht achtlos vorbeigehen. Voraussetzung, das Angebot zu nutzen, ist es, mit einer kritischen Ausgabe und dem so genannten **kritischen Apparat**, der alle Zusatzinformationen enthält, umgehen zu können, was allerdings nicht immer einfach ist. Erläuterungen dazu finden sich unten (siehe »Elemente einer kritischen Ausgabe«, S. 180ff.).

Historisch-kritische Ausgabe

Die Formulierung »historisch-kritisch« ist im editionstechnischen Sprachgebrauch nicht eindeutig definiert.[18] Im Allgemeinen versteht man darunter Ausgaben, die bei ihrer textkritischen Methodik den historischen Aspekt in besonderem Maße berücksichtigen, also die Fort- und Umbildung eines Werkes sowohl in seiner kompositions- und entstehungsgeschichtlichen als auch in seiner wirkungs- und rezeptionsgeschichtlichen Dimension einbeziehen. Das liegt bei Werken großer Komponisten, von denen sich umfangreiches Material erhalten hat und die auch eine breite historische Wirkung entfaltet haben, näher als bei Editionen mit einer bescheidenen Quellenbasis. Die meisten neueren Gesamtausgaben gehören daher – einmal mehr, einmal weniger und mit unterschiedlicher Akzentuierung – zur Kategorie der historisch-kritischen Ausgabe.

Ausgabe für Wissenschaft und Praxis, praktische und Denkmälerausgabe

Zu den prekären Charakterisierungen editorischer Bemühung gehört der Ausdruck der **Ausgabe für Wissenschaft und Praxis**[19], als welche sich fast alle neuen Gesamtausgaben verstehen. Er ist allein schon deshalb problematisch, weil das Gespann Musikwissenschaft und Musikpraxis – was die zu verwendenden Ausgaben angeht – durchaus keinen Widerspruch, noch nicht einmal eine Alternative bedeuten muss. Wer beispielsweise braucht eine Continuoaussetzung, bzw. wer ärgert sich mehr über eine festgelegte Vorgabe: der »Wissenschaftler« oder der »Praktiker«? Die *Neue*

---

18   Verschiedene, auch entlegene Bedeutungen stellt G. Feder, *Musikphilologie*, S. 147–151, zusammen.
19   Vgl. auch G. Feder, *Musikphilologie*, S. 151f.

Bach-Ausgabe etwa, die sich als Ausgabe für Wissenschaft und Praxis versteht[20], stellt lediglich in der Partitur eine bezifferte, nicht ausgesetzte Continuo-Stimme zur Verfügung. Die Partitur eines großbesetzten Chor- und Orchesterwerkes mit sehr klein gedruckten Ziffern ist aber vom Blättern und Lesen her für den versierten, aus den Ziffern spielenden Generalbass-Praktiker als Notenmaterial denkbar »unpraktisch«. Die von der Edition zur Verfügung gestellte Stimme aber ist ausgesetzt, und die Größe der beigefügten Ziffern lässt auch hier fast eine Kooperation mit der Optikerinnung vermuten. Unter Praktikern, will es scheinen, werden bei dieser Unterscheidung umstandslos unwissende Praktiker verstanden – ein zwiespältiger und einem Wissenschaftler nicht unbedingt anstehender Wortgebrauch. Andererseits ist nicht zu leugnen, dass eine Ausgabe »für Wissenschaft und Praxis« mit ihren differenzierten notationellen Angaben und Zeichen Praktiker (je nach ihrem Kenntnisstand) durchaus auch überfordern kann (»Wie spielt man gestrichelte Bindebögen?«).[21] Für den Wissenschaftler (und andere Benutzer) kann es sich andererseits als sehr »unpraktisch« herausstellen, wenn – wie in den heutigen Gesamtausgaben üblich – die alten Schlüssel in neue umgeschrieben sind. Die textausdeutende Figur auf das Wort »hoch« in der Kantate »*Wachet auf ruft uns die Stimme*« ist in der alten Bach-Ausgabe auch *augen*fällig und als Zeichen für die exponierte Stimmlage direkt erkennbar, da bei der Notation in den von Bach gebrauchten alten Schlüsseln alle Stimmen in den Hilfslinienbereich steigen. In der Umschrift der *Neuen Bach-Ausgabe* muss der Leser sich das originale Notenbild, das hier für die Deutung essentielle Funktion erhält, erst erschließen.

Alte Bach-Ausgabe

20   Siehe Vorwort (»Zur Edition«) aller Bände der NBA: »Die Neue Bach-Ausgabe [...] soll der Wissenschaft einen einwandfreien Originaltext der Werke J. S. Bachs bieten und gleichzeitig als zuverlässige Grundlage für praktische Aufführungen dienen.«
21   Vgl. hierzu auch den Diskussionsbeitrag von Jürgen Eppelsheim zum Aufführungsmaterial der h-Moll-Messe in der *NBA*, in: *Notenschrift und Aufführung*, 1980, S. 112–115.

Neue Bach-Ausgabe

Die Bedingungen für eine **praktische Ausgabe** sieht C. Dahlhaus erfüllt, »wenn die Ausführenden, für die sie gedacht ist, sie ohne Unsicherheiten und Mißverständnisse lesen können«.[22] Das Dilemma einer solchen Definition wurde bereits angesprochen: Für *wen* genau ist sie gedacht? Ebenso wie bei der so genannte **Denkmälerausgabe**, die das Gegenstück zur praktischen Ausgabe bildet und »primär für das wissenschaftliche Studium gedacht ist«[23], basiert diese Benennung einerseits auf der Annahme, dass die Musikausübung heutigentags grundsätzlich einer Umschrift in konventionelle Notenschrift (d. h. wie sie heute in der Schule gelehrt wird) bedarf, und andererseits auf der Annahme, dass es weite für die praktische Musikausübung bedeutungslose Repertoirebereiche (vornehmlich aus der Zeit der so genannten »Alten Musik«) gibt. Beiden Prämissen wird von der Entwicklung des Musiklebens hin zur »Durchhistorisierung« zusehends der Boden entzogen.[24]

Umgangssprachlich ist der Ausdruck der praktischen Ausgabe häufig missverständlich gebraucht. Bisweilen wird darunter eine instruktive Ausgabe verstanden, und mitunter ist mit »praktisch« das Gegenstück zu »wissenschaftlich« gemeint, also eine Ausgabe ohne oder mit reduziertem kritischem Apparat. Ist die betreffende Ausgabe ohne wissenschaftlich-kritische Methode entstanden, heißt dies allerdings noch lange nicht, dass sie »praktisch« ist – es handelt sich dann gewissermaßen um eine »no name«-Edition, von der S. 167f. die Rede war. Wurden indes wie bei zahlreichen Gesamtausgaben gesonderte Auflagen hergestellt,

22 C. Dahlhaus, *Editionstechnik*, S. 251.
23 Ebda.
24 Vgl. dazu C. M. Schmidt, *Editionstechnik*, Kap. VII: Pragmatik der Edition, Sp. 1675–1677.

bei denen man weitgehend auf den Abdruck des kritischen Apparates verzichtet hat, bleiben es dennoch wissenschaftliche bzw. kritische Ausgaben.

Urtextausgabe

Der problematischste Begriff im Zusammenhang mit Editionstypen ist zweifellos der des Urtexts bzw. der Urtextausgabe. Bei den hitzigen Auseinandersetzungen, die um ihn geführt wurden, scheint das Pendel derweil unter Wissenschaftlern in die Richtung auszuschlagen, dass die Bezeichnung möglichst vermieden werden solle.[25] Ins Leben gerufen wurden Idee und Begriff am Ende des 19. Jahrhunderts als Gegenposition zu den allgegenwärtigen von Instruktionen und Bearbeitungen überwucherten Ausgaben, und nach dem 2. Weltkrieg entwickelte sich der Urtextgedanke in Allianz mit dem Postulat der »Werktreue« zu einem Wahrzeichen zuverlässiger Notenedition. Das methodische Problem, das die Idee des Urtexts belastet, ist die Prämisse, in jedem Fall die Autorintention verwirklichen zu wollen, also das Gestalt werden zu lassen, »was der Komponist *fixiert* hat – oder (bei Fehlen von Originalquellen) zu ermitteln, was er wahrscheinlich fixiert hat –, und bei undeutlichen, unklaren, widersprüchlich überlieferten oder fehlerhaften Stellen zu ergründen, was er intendiert hat«.[26] In Übereinstimmung mit dieser Zielsetzung verstehen sich daher auch mehrere kritische Ausgaben erklärtermaßen als Urtextausgaben. Die Kontroverse um die je nach Quellenlage zu relativierende Bedeutung der Autorintention und den Originaltext (vgl. dazu oben »Kritische Ausgabe«, S. 170ff.) hat selbst aufseiten der Verfechter des als absolute Größe angesehenen Autorwillens[27] den Begriff des Urtexts als generelle Kategorie fragwürdig werden lassen. Heute geht man davon aus, dass für eine Urtextausgabe, die den Namen verdient, »eine gewisse Gunst der Quellenlage konstitutiv ist«[28], wenn etwa ein Autograph, ein überwachter Erstdruck, eine autorisierte Kopie oder dergleichen vorliegt. »Sie wird jedoch bedenklich bei Überlieferung des Werkes in Quellen von fraglicher Originalnähe«.[29] Ein mit textkritischen Methoden aus sekundären Quellen erschlossener und hypothetisch rekonstruierter Text, den der Autor mutmaßlich intendiert hat, sollte daher im strengen Sinne nicht mehr mit dem Prädikat »Urtext« versehen werden.

Gleichwohl besteht die Bezeichnung der Urtextausgabe vor allem im Verlagswesen als eine Art Verständigungsbegriff in einem umfassenderen Sinne fort: als Abgrenzung zur Bearbeitungsausgabe und zur sorglosen Publikation ohne textkritisches und quellenkundliches Bewusstsein.

25   Vgl. auch G. Feder, *Musikphilologie*, S. 153f.
26   G. Feder/H. Unverricht, *Urtext*, S. 433.
27   Beispielsweise G. Feder, *Musikphilologie*, S. 19–21, 154–157.
28   C. Dahlhaus, *Zur Ideengeschichte*, S. 23.
29   G. Feder, *Musikphilologie*, S. 153.

Studienausgabe

Studienausgaben, die es in größerem Umfang erst seit der zweiten Hälfte des 19. Jahrhunderts gibt, sind ein kaum allgemein zu definierender Editionstypus. Ihnen allen ist gemeinsam, dass sie – eben zu Studienzwecken – immer ausschließlich in Partitur vorliegen und meist im Format verkleinert sind (Taschenpartitur), sodass die Noten noch zum Lesen, aber schwerlich zum Musizieren geeignet sind. Von ihrer Textverlässlichkeit ist nichts allgemein Gültiges zu sagen. Viele Studienpartituren basieren auf dem Text einer wissenschaftlichen Ausgabe bzw. reproduzieren ihn fotomechanisch, oder sie sind (die einen mehr, die anderen weniger) nach wissenschaftlichen Kriterien erstellt. Für das Werkstudium sind sie gewöhnlich hinreichend, insbesondere wenn sie aus einem seriösen Verlag stammen. Allerdings sollten auch Taschenpartituren nicht ohne Vergleich als Zitiergrundlage für detaillierte Analysen herangezogen werden, wenn vom betreffenden Werk eine neuere bzw. eine »offizielle« Ausgabe erreichbar ist. Bei Haydns Streichquartetten ist man beispielsweise derzeit noch in der zwiespältigen Situation, für einen Teil den Text der im Entstehen begriffenen kritischen Gesamtausgabe (*Joseph Haydn Werke*) und für den anderen Teil etwa die Taschenpartituren der weit verbreiteten *Edition Eulenburg* zu benutzen. Es kann allerdings auch der Fall eintreten, dass eine jüngere Studienausgabe auf Quellenmaterial zurückgreifen konnte, das vorher nicht zugänglich war. Den Ausschlag muss demnach stets der im Einzelfall zu prüfende wissenschaftliche Standard der betreffenden Ausgabe geben.

Faksimile

Zuletzt sei noch auf die faksimilierende Editionsform hingewiesen (lat. fac = mache, simile = ähnlich), worunter die heutzutage fotomechanische Reproduktion einer Quelle verstanden wird. Die Spannbreite in der Genauigkeit der Wiedergabe ist enorm. Sie reicht von der detailgenauen Imitation der Vorlage, in der möglicherweise sogar Goldauflagen von Prachthandschriften in die Nachbildung miteinbezogen werden, bis zur minderwertigen Vervielfältigung der Fotokopie eines Druckes. Entsprechend differiert der Zweck, zu dem ein Faksimile herangezogen wird. Faksimilierte Autographen bedeutender Kompositionen sind primär als quellenkundliche Ergänzung zu einer kritischen Ausgabe zu verstehen. Sie sind in der Regel aufwendig im Vierfarbendruck und in Originalgröße hergestellt und ermöglichen durch ihre optische Nähe zur Vorlage detaillierte Studien am primären Notentext. Dass die Arbeit mit einer kritischen Ausgabe, vor allem wenn sie vielfach mit stillschweigenden Änderungen operiert, in bestimmten Fällen durch das Studium der Originalquellen zu vervollständigen ist, wurde oben bereits angesprochen. Der optimalen Lösung, der »Beigabe eines kompletten Faksimiles zu jeder kritischen Ausgabe«[30],

---

30 G. Feder, *Musikphilologie*, S. 136.

die auch manchen Kritischen Bericht vereinfachen würde, scheitert jedoch an der Kostenfrage, sodass sich die kritischen Ausgaben auf die exemplarische Wiedergabe einiger faksimilierter Seiten beschränken.

Als eigene Ausgabeform können weniger kostspielige Schwarz-Weiß-Reproduktionen früher Drucke oder gut lesbarer Handschriften angesehen werden. Sie sind vor allem bei Werken mit unproblematischer bzw. praktisch fehlender Überlieferungsgeschichte angebracht, etwa wenn ein zufrieden stellender Erstdruck existiert, der dann vielleicht auch der einzige blieb. Man muss allerdings damit rechnen, dass es sich in der Mehrzahl der Fälle um Ausgaben in Einzelstimmen handelt, die für die wissenschaftliche Arbeit meist erst spartiert (in Partitur gebracht) werden müssen. Lediglich Opernhandschriften (und selbstverständlich Musik für Tasteninstrumente) liegen in größerem Umfang in Partitur vor. Wie alle Editionstypen können auch Faksimile- bzw. Reprintausgaben im Ausmaß und in der Qualität der mitgelieferten Kommentare und textkritischen Anmerkungen große Unterschiede aufweisen.

Elemente einer kritischen Ausgabe

Alle relevanten Aspekte einer kritischen Ausgabe anzuführen, würde allein ein Buch mindestens dieser Größenordnung ausmachen. Nicht nur, dass es sehr viele einzelne Bestandteile aufzulisten gäbe, es kann vor allem auch nicht annähernd von einem einheitlichen System die Rede sein, weder hinsichtlich der Verfahren noch in Bezug auf die verwendeten Zeichen. Wenngleich es in einigen Grundkategorien Übereinstimmungen gibt, muss man sich genau genommen bei jeder Edition mit ihren individuellen Gepflogenheiten vertraut machen. Deshalb soll hier nur auf einige grundsätzliche »Spielregeln« eingegangen werden.

Auf den ersten Blick besteht eine kritische Ausgabe[31] immer aus zwei verschiedenen Ebenen: dem Noten- und dem Textteil. Während der Notenteil (bei Vokalmusik einschließlich dem vertonten Text) das eigentliche Musikwerk birgt, liefern die Textteile, die zusätzlichen Angaben und Zeichen im Notentext (in Form von typographischer Differenzierung wie Kursivierung, Strichelung, Kleinstich oder in Form von so genannten diakritischen Zeichen wie etwa runde, eckige, spitze Klammern) sowie gegebenenfalls Beigaben in Notenform weitergehende Informationen des Herausgebers. Zusammen bilden sie den **kritischen Apparat** im umfassenden Sinn. Wer eine kritische Ausgabe benutzt, steht permanent vor der Aufgabe, das Destillat des Notentextes in Beziehung zu den verschiedenen Bereichen des kritischen Apparats zu setzen, um des oben problematisierten Phänomens des Originaltextes gewahr zu sein.

---

31   Vgl. hierzu auch G. Feder, *Musikphilologie*, S. 140–147, und sehr ausführlich J. Caldwell, *Editing*.

Notentext

Aber auch der **Notentext** selbst liegt in den meisten Fällen nicht in einer ursprünglichen Gestalt vor, sondern wird in heutige Notation transkribiert bzw. bei Musik des 19. und 20. Jahrhunderts den heute gültigen Normen der Notenschrift angepasst. Immer auch wird er in Partiturform dargeboten. Die Kluft zwischen moderner und originaler Schriftform wird umso größer, je älter die Musik ist. Die dahinter stehende vielfältige und nie ganz auszuräumende Problematik der Transkription schlägt sich in den verschiedenen Lösungsansätzen und somit in divergierenden Übertragungsformen nieder. Das betrifft die Umschrift modaler und mensuraler Notenzeichen, damit einhergehend die Frage der hinzuzufügenden Takt-, Mensur- oder neutraler: Orientierungsstriche, die möglicherweise veränderte Wiedergabe der Mensurzeichen und das Problem der verkürzten Notenwerte, die im Verhältnis 1:2, 1:4, 1:8 oder auch gar nicht reduziert wiedergegeben sein können. Es betrifft ferner die Darstellung heute nicht mehr vorhandener, aber in der jeweiligen Notation nicht ersetzbarer Notengattungen wie bestimmte Neumenformen, Ligaturen (zusammengeschriebene Noten, die mit dem Zeichen ⌐‾⌐ dargestellt werden) oder Kolor (geschwärzte bzw. farbige Noten, ersatzweise mit Winkelhaken über den Noten ⌐ ⌐ gekennzeichnet). Besonders gravierend sind die Veränderungen bei der Umschrift von Tabulaturen. Solche sich auf das ganze Notenbild erstreckenden Vereinbarungen und **Editionsgrundsätze** müssen dem Leser von vornherein mitgeteilt werden. Die zumeist gewählte Stelle dafür sind das Vorwort, der Vorbericht, die »Bemerkungen zur Edition«, »Zur Gestaltung der Ausgabe« oder wie immer die entsprechenden Passagen im Vorspann der Notenausgabe heißen können. Sie sind auch der Ort, an dem bei Musik seit dem 17. Jahrhundert die Vielzahl der stillschweigenden Veränderungen pauschal angezeigt werden: moderne Partituranordnung, Übertragung in heute gebräuchliche Schlüssel, typographische Vereinheitlichung von Ornamentzeichen, um nur einige zu nennen.[32]

Aufgabe 25

a) In welchem Verhältnis sind die Notenwerte in *French sacred music*, Monaco: L'Oiseau-Lyre 1989 (Polyphonic music of the fourteenth century, 23a), verkürzt?

b) Enthalten die Editionsrichtlinien der *DTB*, N.F. (*Denkmäler der Tonkunst in Bayern*, Neue Folge), Bd. 4, Hinweise auf stillschweigende Veränderungen?

---

32 Bei größeren Editionsunternehmen stellen die Angaben im Vorwort gewöhnlich nur einen Auszug aus den Richtlinien dar. Die detaillierten Regelungen sind dann von der betreffenden Editionsleitung zu erfahren. Für die wichtigsten Reihen der BRD sind sie für den Stand der 1960er-Jahre im Auftrag der Gesellschaft für Musikforschung veröffentlicht (siehe *Editionsrichtlinien*).

Neben diesen Kennzeichnungen, die notwendigerweise auftauchen müssen, weil sie einen sonst verlorenen Teil der originalen Notation andeuten, gibt es innerhalb des Notentextes auch Zeichen, die über die Notationsbedingungen hinausgehen und auf gezielte Maßnahmen des Herausgebers zurückgehen: vielleicht weil er nach den Musica-ficta-Regeln ein Vorzeichen zu einer Note ergänzt hat (es stünde im Kleindruck über der Note), vielleicht weil er einen fehlenden Bindebogen in einer Sonatenreprise aus Analogie zur Parallelstelle in der Exposition ergänzt hat (er kann rund oder eckig eingeklammert, gestrichelt oder gepunktet sein), vielleicht weil in der Vorlage die Verteilung des Gesangstextes nicht festgelegt ist (der vom Herausgeber unterlegte Text erschiene kursiv gedruckt) oder vielleicht weil zu einem Orchesterwerk in einer wichtigen Nebenquelle zwei zusätzliche Oboenstimmen überliefert sind (sie würden in die Partitur integriert, aber im Kleinstich wiedergegeben). Mit diesen Markierungsmöglichkeiten sind bereits die wichtigsten typographischen Verdeutlichungen genannt. Sie werden nicht in allen Editionen mit derselben Bedeutung gebraucht, doch muss jeder Benutzer einer kritischen Ausgabe sofort aufmerken, wenn etwas klein oder kursiv gedruckt, eingeklammert ist oder sonstwie vom üblichen Notenbild abweicht. Hierzu gehört auch die Gruppe der ossia-Angaben (ital. ossia = oder), bei denen über dem betreffenden Notensystem ein kleines alternatives Notensystem abgedruckt wird. Es kann sich dabei um Aufführungshinweise handeln wie bei den Appoggiaturen (Vorhaltsbildungen) im *Messias* der *Hallischen Händel-Ausgabe*[33] oder um Varianten aus einer Parallelquelle, die dem Herausgeber als der Hauptquelle nahezu ebenbürtig erschien[34] (vgl. Notenbeispiele S. 183). Auch über den jeweiligen Gebrauch der typographischen Kennzeichnungen klärt der Herausgeber zumeist am Beginn der Ausgabe auf.

Aufgabe 26
a) Welche Bedeutung haben im *EdM (Erbe deutscher Musik)*, Bd. 70, die Zeichen, die den einzelnen Stücken am Beginn der Systeme vorangestellt sind?
b) Die Ausgabe der *Werke mit Baryton (Joseph Haydn: Werke*, XIII) enthält zahlreiche Artikulationsbögen in eckigen Klammern. Wie sind sie zu verstehen?

Das Adagio der F-Dur-Klaviersonate KV 332 von Mozart ist im Autograph in einer »normal« verzierten Version überliefert und im Erstdruck mit einer stark ausgezierten Fassung des Da capo, welche die Herausgeber der *Neuen Mozart-Ausgabe* unbedingt im Ganzen wiedergeben wollten. Sie entschieden sich für einen kompletten Parallelabdruck mit ossia-Systemen. Eine andere, die eher übliche Möglichkeit wäre gewe-

---

33   G. F. Händel, *HHA*, I, 17, S. 69 (Nr. 14, T. 8).
34   W. A. Mozart, *NMA*, IX, 25, 2, S. 33 (KV 332 (300^k), 1. Satz, T. 193).

Appoggiaturen   Varianten

sen, die Erstdruck-Version im **Anhang** der Ausgabe mitzuteilen. Einen solchen Anhang weisen bei Bedarf alle kritischen Ausgaben auf. Er ist die Stelle, an der all die
zusammenhängenden Notenkomplexe gesammelt abgedruckt werden, die mitteilens-
wert sind, aber vom Umfang her ein kleines ossia-System oder die Verzeichnung im
Kritischen Bericht (siehe unten) sprengen würden. Im Anhang können sich daher
ausgedehnte Varianten bzw. Zweit- und Drittfassungen aus wichtigen Nebenquellen
finden oder – wie im Falle von Bachs *Johannespassion* – für eine bestimmte Aufführung zusätzlich komponierte Sätze, möglicherweise auch Fragmente und Entwürfe
oder vom Komponisten verworfene Fassungen zu im Hauptteil abgedruckten Kompositionen. Es steht außer Frage, dass solche »Anhangsstücke« für die Beschäftigung mit einem Werk von unschätzbarem Wert sein können.

Aufgabe 27
Vergleichen Sie in der *Neuen Mozart-Ausgabe* (VIII, 23, 1, endgültige Fassung
S. 118 und Fragmentfassung S. 173) Mozarts Veränderungen am Hauptthema im
1. Satz der Sonate KV 306 (300^l). Welchen Bedeutungswandel erfährt unter dem
Gesichtspunkt motivischer Arbeit die Violinfigur in T. 5/6?

Abgesehen von den Editionsrichtlinien wird jeder kritischen Ausgabe ein gewöhnlich ausführliches **Vorwort** (Einleitung, »Zum vorliegenden Band« etc.) vorausge-

schickt, das auf unterschiedlichste inhaltliche Aspekte der edierten Werke eingeht. Bisweilen wird eine knappe Einordnung in die musikhistorische Konstellation oder in das Gesamtwerk und die Biographie des Komponisten geliefert, meist auch ein Einblick in die Vor- und Entstehungs- und sogar Wirkungsgeschichte gegeben. Stets kommt die Überlieferungssituation des Werkes und vor allem die spezifische Quellenlage zur Sprache. An dieser Stelle werden dann gegebenenfalls auch Konfliktfälle (Mehrfachfassungen, fehlende authentische Quellen und dergleichen) eingehend behandelt und die jeweilige Entscheidung für die Quellenwahl begründet. Eine genaue Lektüre des Vorworts empfiehlt sich immer, wenn man sich näher mit einem Werk beschäftigen will, da es nicht nur allgemeine Hintergrundinformationen bietet, sondern oft auch gezielt auf zahlreiche Problemstellungen im Zusammenhang mit dem Notentext verweist, die einem sonst vielleicht nicht bewusst geworden wären.

Kritischer Bericht

Einen unerlässlichen Teil einer wissenschaftlich-kritischen Ausgabe bildet der **Kritische Bericht**, in dem der Herausgeber (bisweilen minutiös) Rechenschaft über seine Arbeit ablegt. Ein anderer Ausdruck dafür lautet **Revisionsbericht**. Bei kleineren und Denkmälerausgaben umfasst er oft nicht mehr als ein paar Seiten, die entweder zu Beginn oder am Ende des betreffenden Bandes untergebracht sind. Bei Gesamtausgaben zu bekannten Komponisten mit einer oft weitverzweigten und komplizierten Überlieferung ist er meist zu umfangreich, um im Notenband selbst Platz zu finden, weswegen die Kritischen Berichte zu Gesamtausgaben gewöhnlich separat in einem kleineren Bändchen geliefert werden. Das erleichtert die parallele Arbeit mit Notentext und kritischem Apparat sehr. Es hat aber den Nachteil, dass die kritischen Berichte oft erst mit großer Verspätung erscheinen oder von der Bibliothek vielleicht nicht angeschafft wurden.

An erster Stelle steht der **Bericht über die Quellensituation**: Die für die Edition geprüften Quellen werden aufgelistet, mehr oder weniger ausführlich beschrieben und nach ihrer Bedeutung für die Editionsarbeit bewertet (also ob es sich beispielsweise um eine unwichtige, weil von verschiedenen anderen Quellen abhängige Nebenquelle handelt oder um einen in der Quellenhierarchie im konkreten Fall mit dem Autograph gleichwertigen Erstdruck usw.). In Verbindung mit der Einleitung im Hauptteil kann die Quellenbeschreibung wichtige Mitteilungen über die Überlieferungsgeschichte und -problematik des betreffenden Werkes enthalten. Bei reichem Quellenbefund wird in der Regel jede Einzelquelle mit einem Sigel versehen, gewöhnlich ein fettgedruckter großer Buchstabe, der der Beschreibung deutlich vorangestellt und im Weiteren der Einfachheit halber wie eine Abkürzung verwendet wird.

Antoine Brumel: *Opera omnia*, Bd. 2, hrsg. von Barton Hudson, o.O.: American Institute of Musicology 1970 (CMM, 5), S. XIII
(Auflösung der Stelle J,V 21⁴⁻⁵ in Noten siehe S. 174)

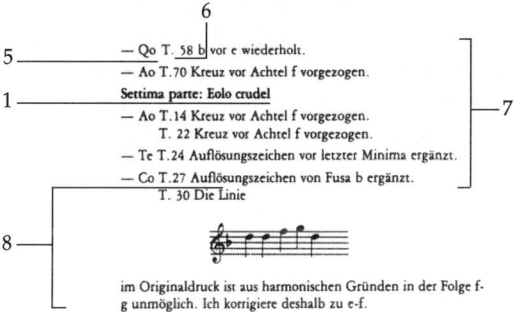

Musik der Bayerischen Hofkapelle zur Zeit Orlando di Lassos, 1. Auswahl, hrsg. von Horst Leuchtmann, Wiesbaden: Breitkopf & Härtel 1981 (DTB, N.F. 4), S. XVII

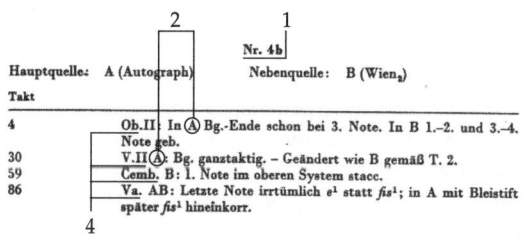

Joseph Haydn: *Werke*, XXVII, 2: *Applausus, Kritischer Bericht*, hrsg. von Heinrich Wiens u. a., München: Henle 1971, S. 39

	2	1	
		Nr. 4b	
Hauptquelle:	A (Autograph)	Nebenquelle:	B (Wien₂)
Takt			
4		Ob.II: In Ⓐ Bg.-Ende schon bei 3. Note. In B 1.–2. und 3.–4. Note geb.	
30		V.II Ⓐ: Bg. ganztaktig. – Geändert wie B gemäß T. 2.	
59		Cemb. B: 1. Note im oberen System stacc.	
86		Va. AB: Letzte Note irrtümlich e¹ statt fis¹; in A mit Bleistift später fis¹ hineinkorr.	

1 Einzelsatzbezeichnung, **2** Quellensigel, **3** In den Quellen J und V erscheint in Mensur (Takt) 21 statt der im abgedruckten Notentext vierten und fünften Note die Tonfolge g' als Viertel-, f' und e' als Sechzehntel- und f' als Viertelnote, **4** Stimme, **5** Stimme: Ao=Alto, Qo=Quinto, **6** Takt, **7** Mitteilungen von Änderungen im Notentext, die durch die Transkription in heutige Notenschrift nötig wurden, **8** Hinweis auf eine Konjektur (Verbesserung des Herausgebers).

Das Herzstück eines jeden Revisionsberichtes ist das **Lesartenverzeichnis** bzw. der **kritische Apparat** (im engeren Sinne). Hier werden die Lesarten, d. h. die Abweichungen der einzeln herangezogenen Quellen gegenüber dem Text, so wie er jetzt abgedruckt vorliegt – untergliedert nach den einzelnen musikalischen Einheiten, z. B. Einzelsätze, Opernnummern, Überschriften –, schematisch und meist in tabellarischer Form aufgeführt und gegebenenfalls Herausgeberentscheidungen, die nicht bereits durch typographische Kennzeichnung oder diakritische Zeichen im Notentext selbst kenntlich gemacht werden konnten, erläutert. Um in einer solchen Tabelle die interessierende Stelle finden zu können, wird sie zu Beginn exakt definiert: welcher Takt, welche Zählzeit, welche Stimme bzw. welches System (vgl. die Beispiele S. 185). Manche Lesartenverzeichnisse sind sehr benutzerfreundlich, indem sie die Tabellen sehr übersichtlich gestalten (z. B. *Neue Bach-Ausgabe*), abweichende Lesarten statt mit umständlichen Wortbeschreibungen und Buchstaben bereitwillig in vielen Fällen durch Noten wiedergeben (*Hallische Händel-Ausgabe*). Es gibt aber auch (vor allem bei Denkmälerausgaben zu Musik vor 1600) teils sehr schwer zu handhabende, weil stark abstrahierende und verklausulierende Lesartenverzeichnisse – und zum Verdruss der Benutzer ändert sich die Verfahrensweise von Edition zu Edition oft grundsätzlich (z. B. beim *Corpus mensurabilis musicae*). Hier hilft nichts anderes, als zuerst die vorangestellten Erklärungen zur Entzifferung zu studieren.

Aufgabe 28

a)   Arnold Schönberg: 5 Orchesterstücke op. 16, in: A. S.: *Sämtliche Werke*, IV, A, 12: *Orchesterwerke* I, hrsg. von Nikos Kokkinis, Mainz und Wiesbaden 1980:
Finden Sie anhand des zugehörigen Kritischen Berichts heraus, welche Quelle/n der Edition innerhalb der Gesamtausgabe (GA) als Hauptquelle/n zugrunde liegt/en.
Das III. Orchesterstück ist im Notenteil *Farben (Sommermorgen am See)* überschrieben. Befragen Sie den Kritischen Bericht, worauf diese Titelgebung zurückgeht.

b)   Stellen Sie sich eine Fotokopie her von Johann Sebastian Bach: *Neue Ausgabe sämtlicher Werke*, IV, 2, S. 106f.: Canone alla settima, T. 1–12. Rekonstruieren Sie anhand des zugehörigen Kritischen Berichts, wie der Notentext der Quelle T^2 aussieht, indem Sie in Ihrer Fotokopie einzelne Noten korrigieren, Überflüssiges streichen, Fehlendes nachtragen.

DAS VERFASSEN EINER AKADEMISCHEN ARBEIT

Referat und Hausarbeit

Zwischen einem Referat und einer Hausarbeit besteht ein fundamentaler Unterschied. Ein Referat ist eine mündliche, eine Hausarbeit eine schriftliche Form der wissenschaftlichen Kommunikation. So wie ich mich in einem Telefongespräch anders ausdrücke als in einem Brief, verlangt das Referat eine grundsätzlich andere Herangehensweise als die Hausarbeit. In der Praxis des Hochschulbetriebes ist es allerdings die traurige Regel, dass ein mündlich gehaltenes Referat die Grundlage für die später abzugebende Hausarbeit ist, mit der Folge, dass die Referenten ihre schriftlich ausgearbeiteten Seminararbeiten in der Seminarsitzung vortragen bzw. schlichtweg ablesen. Es ist allerdings nicht nur der schlimmstenfalls monotone Vortragsstil, der diese Form des Seminarablaufs auf Dauer zur strapaziösen Nervenprobe für alle Beteiligten werden lässt; es sind vor allem die Missachtung der Kriterien für mündliche und schriftliche Kommunikation, welche die beiden Arbeitstypen zu zwei untereinander nicht austauschbaren Gattungen macht.

Beim **mündlichen Vortrag** muss der in exakt diesem Augenblick vorhandene Wissensstand und die momentane Auffassungsfähigkeit des Gegenüber berücksichtigt werden; in der schriftlichen Form kann man dem Adressaten zumuten, Unbekanntes nachzuschlagen, einen komplizierten Sachverhalt zweimal zu lesen und zu überdenken. Die ausformulierte Hausarbeit muss ihre Aussagen anhand aller im konkreten Zusammenhang belangvollen Einzelheiten belegen, das Referat arbeitet, um nicht zu sehr zu ermüden und wegen der knapper bemessenen Zeit, viel stärker exemplarisch. Eine wichtige Referatregel lautet daher: Beschränkung der Komplexität auf das, was auch tatsächlich vom Hören her verstanden werden kann. Neue bzw. abgelegene Fachbegriffe sollten nur in geringer Dosierung eingeführt und müssen dann klar erläutert werden. Die Sätze sind schlicht zu halten und dürfen nicht in gedrechselter Schriftsprache vorgebracht werden.

Natürlich ist stets auch die konkrete Seminarsituation vom Referenten zu berücksichtigen. Dazu gehören Gesichtspunkte wie die folgenden: Handelt es sich um ein Referat unter Studienanfängern oder Fortgeschrittenen? Beschäftigt sich das Seminar mit einem eng begrenzten Thema, in das alle Teilnehmer eingearbeitet sind, oder mit einem sehr weitgesteckten Gebiet, sodass in jeder Sitzung ganz neue Sachverhalte besprochen werden? Handelt es sich beim eigenen Beitrag um den Typus des Überblicks (Einführung in ein Thema, Literaturbericht, Faktendarstellung), des Problemaufrisses (Einkreisen einer Problemlage, kritisches Abwägen unterschiedlicher Positionen, Erproben verschiedener Lösungsmöglichkeiten), der Werkanalyse; um die Zusammenfassung fremder Meinungen oder um eigene »Forschung«? Sind die Kommilitonen auf die Sitzung vorbereitet (z. B. durch ein im voraus ausgeteiltes Papier oder spezielle Lektüreempfehlungen, die auch wirklich aufgenommen wurden), oder soll der Vortrag bei Adam und Eva beginnen? Steht eine ganze Sitzung oder nur ein Teil zur Verfügung? Trifft der Referent auf eine gesprächsbereite oder eher zurückhaltende Zuhörerschaft? An derartigen Vorbedingungen orientieren sich das generelle Niveau (z. B. hinsichtlich der gewählten Fachterminologie, des vorauszusetzenden Methodenbewusstseins, der erwarteten allgemeinen Problem- und Faktenkenntnis), der Aufbau des Referates (ob sofort in medias res gegangen werden kann oder eine Einführung in die Grundlagen gegeben werden muss), aber auch die Methodik (umfassende Behandlung des Themas oder exemplarisches Herausgreifen eines Aspektes, eher neutrale oder eher provokative Darstellung).

Wegen dieser vielfältigen Voraussetzungen und Begleitumstände, die ein Referent einkalkulieren muss, kann von *dem* Referat schlechthin also nicht die Rede sein. Eines allerdings sollte immer bedacht sein: Ein Referat ist nur sehr bedingt ein Ersatz für die eigentlichen Wege der Wissensaufnahme, die letztlich doch immer über die eigene Übung und umfassende Lektüre führen. Natürlich soll auch ein Referat Informationen bieten (sie bilden das Fundament), daneben ist es aber die Hauptaufgabe des Referenten, Sachverhalte so aufzubereiten, dass der Zuhörer selbst aktiv werden kann, sei es im Gespräch, still mitdenkend oder zu späterer Nachforschung angeregt. Also – selbst bei faktenorientierten Überblicksreferaten: Probleme aufzeigen (auch Probleme, die sich einem bei der Bearbeitung selbst stellten, unabhängig davon, ob sie in der Forschung vielleicht schon geklärt sind), widersprüchliche Aussagen und Lösungen der Sekundärliteratur konfrontieren, Fragen formulieren, Vermutungen äußern, Thesen anbieten, Diskussionspunkte anreißen. Nur so kann ein Gespräch in der Seminarrunde zustandekommen oder kann die wissenschaftliche Auseinandersetzung (notfalls nur im eigenen Kopf) geübt werden. Oft auch erkennt der Seminarleiter erst anhand einer vielleicht vordergründig »naiv« scheinenden Diskussion, wo der Schuh wirklich drückt, wo er Basiswissen nachliefern kann, wo das Methodenbewusstsein zu schärfen ist, was nicht verstanden wurde usf. Allerdings heißt dies nicht, dass Behauptungen um ihrer selbst willen aufgestellt und simple Fakten als Thesen verkauft werden sollten. Dass es sich bei der Cavatine »Se vuol ballare« in Mozarts *Figaro* möglicherweise um einen Seitentypus einer Sarabande handeln könnte, ist zwar nicht ganz naheliegend, doch – von Argumenten in Form von Parallelbeispielen gestützt – durchaus diskussionswürdig. Dass barocke Orgel- und Klavierwerke häufig scheinbar ungreifbar weite Intervalle aufweisen, die sich auf die Tastenanordnung der so genannten kleinen Oktave zurückführen lassen (und also doch spielbar sind), ist dagegen ein Faktum und braucht weder erneut in Thesenform in den Raum gestellt noch aufs Neue diskutiert zu werden.

Aus diesem Grund ist der öfters noch anzutreffende Ausdruck »Thesenpapier« für ein begleitendes **Paper** oder **Handout** missverständlich. Hier sollte der Referent zwar in der Tat einige wesentliche Punkte seines Beitrags zusammenfassen, doch bedeutet dies nicht, dass er ein Konglomerat von (schlimmstenfalls erzwungenen) Thesen zu verbreiten hätte. Thesen im Sinne von provokanten Behauptungen haben ohnehin nur einen Sinn, wenn das Blatt mindestens eine Woche, bevor das Referat gehalten wird, ausgeteilt worden ist (was generell zu empfehlen ist). Dann können sich die Hörer auf bestimmte Thesen vorbereiten und zu gegebener Zeit in die Diskussion einsteigen. In jedem Fall – ob es sich um ein Papier zur Vorbereitung oder zur Nachbereitung der Sitzung handelt – sollte das Handout der Seminarsituation Rechnung tragen. Mehr als eine oder höchstens zwei Seiten sind nicht effektiv. Dort sollten einige grundlegende Fakten und Daten stichwortartig, möglicherweise tabellarisch oder grafisch mitgeteilt werden. Zentrale Begriffe werden erwähnt, damit man sie bei Bedarf nachschlagen kann. Auch für den einen oder anderen gezielten Hinweis auf Sekundärliteratur ist der Empfänger des Blattes dankbar. Gegebenenfalls wird man ein geeignetes Beispiel zu den Ausführungen kopieren, an dem man das Gesagte erläutern kann. Vor allem aussagekräftige Notenbeispiele oder zentrale Sätze aus einem Quellentext sind hier gefragt. Für Handouts gilt die gleiche Regel wie für die mündlichen Ausführungen: nicht zu kompliziert, keine unnötigen Details (aber auch keine dekorativen Bilder!). Vor allem wenn ein Paper die Funktion hat, den Aufbau und Fortgang eines Referates zu verdeutlichen, muss man es sofort überblicken und verstehen können.

Ich bin mir darüber im Klaren, dass die hier geäußerten Forderungen an die Referatkonzeption meist fromme Wünsche bleiben. Denn benotet wird gewohntermaßen die schriftliche Fassung. Wer macht sich dann schon gerne die Mühe, eine nicht unerheblich überarbeitete Version für die mündliche Darbietung herzustellen? Einzig das Motiv, dass das Seminargespräch womöglich auch dem Referenten zusätzliche Denkanstöße bietet, neue Aspekte oder Gewichtsverlagerungen in der Argumentation ermöglicht, Punkte klärt, in denen er nicht sicher war, was sich dann in der schriftlichen Fassung (nicht zuletzt auch auf die Note) vorteilhaft auswirken kann, wird manchen zu dem Zusatzpensum bewegen können.

Aber selbst wem es nicht darum zu tun ist, eine Diskussion anzuregen, sollte folgende Punkte beherzigen:

- Niemals eine komplette, schriftliche Hausarbeit vorlesen. Selbst wer schon ein Manuskript fertig verfasst hat, sollte sich aus diesem Text eine Gerüstfassung in mehr oder weniger ausführlichen Stichworten herstellen oder die Stichpunkte im Manuskript als Blickfänger kenntlich machen.
- Im Vergleich zu einer schriftlichen Fassung müssen für ein Referat immer unwichtige Passagen übersprungen, weniger wichtige Passagen gekürzt, Details weggelassen und komplizierte Sachverhalte vereinfacht werden. (All diese redaktionellen Maßnahmen müssen vor dem Vortragstermin erledigt worden sein.)
- Auf der Basis des vorliegenden Gerüsttextes frei oder halb-frei sprechen. Es ist durchweg ratsam, das Referat zu Hause sich selbst einmal so zu halten, als wäre es der Ernstfall (selbst Profis machen dies noch). Vor allem stellt man dann unter

Garantie fest, dass man wesentlich mehr Zeit gebraucht hat als geplant. Also: nochmals reduzieren.

- Für den Zuhörer ist es sehr hilfreich, wenn immer wieder vom Referenten kurze Zwischenbilanzen eingeschaltet werden, die das bisher Gesagte zusammenfassen und somit dem Hörvorgang eine gegliederte Struktur geben. Auch geben solche Zäsuren dem Auditorium Gelegenheit zu Rückfragen oder Bemerkungen.
- Der Einsatz von Medien sollte vorher geklärt sein (z. B. optische Hilfestellungen durch Tafelanschrieb oder mit dem Overhead-Projektor, Musikbeispiele am Klavier demonstrieren oder vom Tonträger abspielen).

Äußere Form

Die folgenden Ausführungen zur Abfassung einer Seminararbeit beziehen sich immer auf eine schriftlich ausgeführte Version.

Schon eine Seminararbeit ist ein wissenschaftlicher Aufsatz, eine Abschlussarbeit ein wissenschaftliches Buch »in klein«. Sie proben jeweils den Ernstfall. Das heißt, dass man sich den Gepflogenheiten und Normen des wissenschaftlichen Schreibens immer mehr annähern sollte, nicht nur hinsichtlich des Inhalts, sondern auch hinsichtlich der äußeren Organisation und Gestaltung. Mancher nun ist partout nicht davon zu überzeugen, dass diese Formalitäten dazu da sind, den Wissenschaftsbetrieb zu vereinfachen (weil in der Wissenschaft Individualität im Inhalt, nicht wie in der Belletristik auch in der Form erwünscht ist). Diesem möchte ich ans Herz legen, dass es in seinem eigenen Interesse liegt, den »Formkram« sich sogleich in den ersten Arbeiten zu eigen zu machen (ganz abgesehen davon, dass ein korrektes und unauffälliges Manuskript den besten Ausgangspunkt für eine objektive Beurteilung des Inhalts darstellt).

Der **Umfang** der Arbeit hängt vom Studienabschnitt ab. Bei einer Proseminararbeit rechnet man mit 10 bis maximal 20 Seiten, bei einer Hauptseminararbeit etwa mit höchstens dem Doppelten. Diese Richtwerte können natürlich unter- oder überschritten werden. Allerdings macht eine 5-seitige Hauptseminararbeit einen gleich ungünstigen Eindruck wie eine mit immensem Fleiß zusammengetragene Proseminararbeit von 50 Seiten (die ja als eine unter vielen gelesen sein will!). Staatsexamens- und Magisterarbeiten kommen in der Regel mit rund 100 Seiten aus, und eine musikwissenschaftliche Dissertation liegt heute bei 250 bis 700 Seiten (wegen der immer mehr ausufernden Umfange sind manche Fakultäten zu Recht dazu übergegangen, Dissertationen auf Umfänge in der Nähe von 500–600 Seiten zu beschränken). Die Themenstellung kann den Umfang natürlich beeinflussen, etwa wenn viele Notenbeispiele oder Zitate nötig sind. Examensarbeiten werden fest gebunden, Seminararbeiten sollten in einem Schnellhefter oder

Ähnlichem abgegeben werden (nicht nur in Form von fliegenden Blättern, die eine fragile Büroklammer zusammenhalten soll).

Geschrieben wird mit einem elektronischen Textverarbeitungssystem oder Schreibmaschine auf Blättern im DIN-A4-**Format**. Als Rand lässt man oben und unten jeweils 3, auf der einen Seite 1 bis 2 und auf der anderen als Korrekturraum 4 bis 5 cm frei. (Es ist naiv zu glauben, mit dem Rand den Umfang retuschieren zu können.) Der Haupttext wird mit 1½-fachem Zeilenabstand geschrieben, eingerückte Zitate von mehr als 3 Zeilen und Fußnoten bzw. Anmerkungen werden durch 1-fachen Zeilenabstand davon abgehoben; mit dem Computer kann man sie auch in einer kleineren Type ausdrucken. Allerdings verleiten die Möglichkeiten mancher Textverarbeitungsprogramme dazu, einen Text zu sehr »aufzumotzen« (mit Kursiven, Fettdruck, Kapitälchen, unterschiedlichen Schriftarten und Ähnlichem). Das Ergebnis ist meist ein höchst unruhiges Schriftbild, das gerade das Gegenteil der erwünschten Sinnfälligkeit erreicht.

Das **Deckblatt** enthält – ebenfalls ohne Layout-Mätzchen – folgende Angaben: Name der Hochschule, Institut, Semester, Seminartyp (Pro-, Hauptseminar, Übung), Seminarthema, Seminarleiter / gegebenenfalls Arbeitstyp (Referat, Hausarbeit), Titel, evtl. Untertitel / Name, Fachsemesterzahl, Adresse, Telefonnummer (wegen eventueller Rückfragen), Abgabedatum. Es erscheint noch keine Seitenzahl.

Dem **Inhaltsverzeichnis** wird eine eigene, ebenfalls noch nicht gezählte Seite reserviert. Es führt zu allen Kapiteln und gegebenenfalls Unterkapiteln die Nummer, die Überschrift und die Seitenzahl an (und zwar immer nur die Seite, auf der das Kapitel beginnt, so wie es ja auch bei Büchern gehandhabt wird). »Alle Kapitel« bezieht sich übrigens nicht nur auf die eigentliche Darstellung, sondern meint auch die verschiedenen Anhänge. Ob man die Kapitel nach dem neueren, beliebig auszubauenden Dezimalsystem nummeriert [also 1, 1.1, 1.1.1 etc.] oder nach konventioneller Praxis [A., I., 1., a., α.], bleibt Geschmackssache. Das Inhaltsverzeichnis sollte aber in jedem Fall durch entsprechende grafische Anordnung völlig übersichtlich gestaltet sein.

Die Paginierung (Seitenzählung) beginnt mit der Zahl »1« auf der ersten Seite des eigentlichen **Textes**. Selbstverständlich wiederholen sich im Haupttext die im Inhaltsverzeichnis angegebenen Kapitelüberschriften an der entsprechenden Stelle. Sie sollten der besseren Orientierung halber deutlich vom Text getrennt und durch Unterstreichen, Fettdruck, Großbuchstaben oder Ähnliches als Überschriften von Haupt- oder Unterkapitel gegeneinander abgegrenzt werden.

Es bleibt jedem überlassen, ob er seinen wissenschaftlichen Apparat in Form von **Fußnoten-** oder **Endnoten-Anmerkungen** beigibt. Im ersten Fall stehen sie jeweils (möglichst durch einen Strich oder größeren Leerraum vom Haupttext getrennt, einzeilig und evtl. in kleinerer Schrift) im Fußsteg der betreffenden Seite, im zweiten Fall werden am Ende des ganzen Textes alle Anmerkungen in einem eigenen Kapitel fortlaufend zusammengefasst. In beiden Fällen ist Durchnummerierung von der ersten bis zur letzten Anmerkung zu empfehlen; wenn (vielleicht bei einer Dissertation) vierstellige Zahlen ins Spiel kommen, wird die Sache unpraktikabel, dann sollte man kapitelweise vorgehen. Fußnoten sind für den Leser in jedem Fall viel angenehmer, da er nicht hin- und herblättern muss. (Näheres zum wissenschaftlichen Apparat siehe S. 198ff.)

Dem Haupttext folgen schließlich die diversen **Anhänge**. Das sind gegebenenfalls Anmerkungsteil, Abkürzungs- sowie Quellen- bzw. Literaturverzeichnis und die verschiedenen Sonderbeigaben, soweit sie nicht im fortlaufenden Text untergebracht werden konnten: Tabellen, Listen, Grafiken und Bildmaterial, umfangreiche Notenbeispiele oder Quellentexte und was dergleichen mehr anfallen kann. Sie alle werden wie eigene Kapitel behandelt. Wenn das Material, vor allem Notenbeispiele, parallel zur Textlektüre genutzt werden soll, empfiehlt es sich bei gebundenen Exemplaren, einen separaten Band herzustellen. Umfangreichere Notenbeispiele braucht man übrigens nur mitzuliefern, wenn es sich um etwas Entlegeneres handelt oder man grafische Markierungen eingezeichnet hat. Werden kleinere Beispiele aus einem Notentext herausgeschnitten, sollte man darauf achten, die Schlüssel und Vorzeichen zu ergänzen.

Innere Form

Das Ziel einer jeden schriftlich abgefassten Hochschularbeit ist es, unter Beweis zu stellen, dass ihr Verfasser in der Lage ist, ein gegebenes Thema mit wissenschaftlichen Verfahren zu bearbeiten und darzustellen – natürlich immer gemäß dem individuellen Ausbildungsstadium. Bis hin zur Magister- oder Examensarbeit bedeutet dies jedoch nicht, dass inhaltlich neue Forschungsergebnisse geliefert werden müssten.

Bearbeiten heißt: Aus der fertigen Arbeit muss erkennbar sein,

• dass die Themenstellung in ihrer Formulierung durchdacht und nach den verschiedenen möglichen Implikationen aufgeschlüsselt wurde.

Themen für Seminararbeiten sind in der Regel eher zu kurz denn zu lang formuliert. Sie wirken daher auf den ersten Blick oft rätselhaft und wahllos. Die Arbeit mit dem Stoff zeigt dann aber meist, dass sich hinter der Formulierung bestimmte Aspekte verbergen. Während der ganzen Bearbeitungszeit muss man sich also immer wieder die Themenstellung exakt in Erinnerung rufen, um möglichen Feinheiten auf die Spur zu kommen. Soll eine Arbeit etwa heißen *Das Thema der »idée fixe« in Berlioz'* *»Symphonie fantastique«*, wäre das Augenmerk vor allem auf die »idée fixe« selbst zu legen, also auf ihre Themaqualität, ihre Binnenstruktur und auf die formalen Funktionen, die sie in den einzelnen Sätzen wie in der ganzen Symphonie erfüllt; ihre frühere Verwendung außerhalb der *Symphonie fantastique* wäre zu überprüfen, und es müsste diskutiert werden, worin sich die »idée fixe« von anderen Symphonie-themen der Zeit unterscheidet. Hintergrundinformationen zu Berlioz, der Gattung Sinfonie um 1830, zur *Symphonie fantastique* im Allgemeinen sind nur insoweit sinn-voll, als ein Bezug zur engeren Fragestellung, der »idée fixe«, hergestellt wird.

• dass eine schlüssige Begrenzung der Untersuchung vorgenommen wurde.

Zahlreiche Arbeiten erliegen dem Fehler, zu viele außerhalb des eigentlichen The-mas liegende Informationen mitteilen zu wollen. Eine Arbeit, die anhand von Bild-material typische instrumentale Ensemblekonstellationen des 16. Jahrhunderts vor-führen soll, braucht nicht noch detailliert Bauweise und Spieltechnik eines jeden Instrumentes zu erklären, sofern diese nicht unbedingt für die Interpretation der Bildquelle relevant sind. Oberstes Gebot muss sein, möglichst nahe am Thema zu bleiben. Gerade auch bei allgemeinen Ausführungen zum kulturgeschichtlichen Hin-tergrund sollte man sich immer wieder die Kontrollfrage stellen, ob ein konkreter Bezug zum eigentlichen Thema besteht.

Es kann auch vorkommen, dass ein Thema von vornherein sehr global formu-liert ist. Dann gehört es zu den Aufgaben des Bearbeiters, das Thema einzugren-zen und spezielle Probleme zu erörtern. Arbeitsthemen wie *Orlando di Lasso – Le-ben und Werk* sind natürlich in ihrer Gänze keinesfalls befriedigend zu bewältigen – und werden dennoch gerne von Seminarleitern so gestellt! Hier hilft nur, sich einen ersten Überblick über Lasso zu verschaffen, einige mögliche thematische Bereiche herauszugreifen (z. B. Lasso und die Motette) oder übergeordnete Aspek-te zu formulieren (z. B. Lasso und die Musiknationen Europas) und damit in die Sprechstunde des Seminarleiters zu gehen. In aller Regel wird er über die gedank-liche Vorstrukturierung höchst erfreut sein und die Eingrenzung gerne akzeptie-ren.

• dass die notwendigen und adäquaten Arbeitsmittel für die Recherche herange-zogen wurden.

Jede Arbeit muss erkennen lassen, dass ihr Autor darum bemüht war, einen gewis-sen Einblick in die Forschungslage zu bekommen. Wie genau die Kenntnis der Sekun-därliteratur ist, hängt natürlich vom Ausbildungsstand ab. Aber bereits von Pro-seminararbeiten kann erwartet werden, dass zumindest grob bibliographiert wurde und dann z. B. auf divergierende Auffassungen in verschiedenen Veröffentlichun-gen eingegangen wird oder dass neuere Erkenntnisse referiert werden. Vielleicht ist es aber auch nötig, darauf hinzuweisen, dass Forschungen zu diesem Thema noch ausstehen. Man sollte auf alle Fälle nicht den Eindruck erwecken, dass die herangezo-gene Literatur zufällig den Weg ins Literaturverzeichnis gefunden hat, womöglich weil die entsprechenden Bücher in der Bibliothek gerade auf Augenhöhe standen.

Mit der Beschäftigung mit der Sekundärliteratur muss bei der Planung einer Seminararbeit immer auch die Überlegung einhergehen, welche Primärquellen heranzuziehen sind und welche sonstigen Hilfsmittel sinnvoll benutzt werden können. Für eine Arbeit über die Rezeption des *Musikalischen Opfers* nach Bachs Tod ist es unumgänglich, sich nach dokumentarischen Publikationen zu J. S. Bach umzusehen. Über kurz oder lang wird man auf die so genannten *Bach-Dokumente* stoßen und kann mit der Arbeit beginnen.[1]

Für Musikwissenschaftler sollte der ständige Kontakt zur Primärquelle »Notenmaterial« eigentlich eine Selbstverständlichkeit sein. Dennoch entgehen viele Seminararbeiten nicht der Gefahr, sich in ihren Darstellungen – sofern sie nicht ein gezielt analytisches Interesse verfolgen – ausschließlich auf Ergebnisse aus der Sekundärliteratur zu beschränken. Zur Bearbeitung eines Themas gehört es aber auch, die angelesenen Informationen zumindest stichprobenartig am Notentext zu verfolgen, zu überprüfen und exemplarisch in die Abhandlung des Gegenstandes zu integrieren. Eine Darstellung der Zwölftontechnik gewinnt entscheidend, wenn sie zusätzlich zur abstrakten Erörterung am konkreten Fall einer Komposition Schönbergs dargelegt wird. (Der eigene Erkenntnisgewinn ist dabei übrigens am höchsten, wenn man eine Komposition als Beispiel wählt, über die man in der Sekundärliteratur gerade nichts gefunden hat.)

Darstellen heißt: Aus der fertigen Arbeit muss erkennbar sein,

* dass die Arbeit aus Gedankengängen hervorgegangen ist, die wissenschaftlichen Ansprüchen genügen.

Die Erörterung des Gegenstandes soll in logischen, sachlich nachvollziehbaren Schritten vorgenommen werden, die untereinander in einem argumentativen Verhältnis stehen. Letzteres kann etwa eine chronologische Abfolge sein, hier ergeben sich die Schritte gewissermaßen von selbst. Schwieriger, aber häufig auch sinnvoller ist eine systematische Aufbereitung, in der das Thema nach einzelnen Kategorien abgehandelt und eine Struktur des historischen Sachverhalts aufgedeckt wird. Den unschönen Eindruck unvermittelt nebeneinanderstehender Gedankenblöcke kann man vermeiden, wenn man auf sinnstiftende Übergänge und folgerichtige Anschlüsse zwischen den einzelnen Abschnitten und Kapiteln achtet.

Die Behandlung des Themas muss fundiert und differenziert sein. Das verlangt eine dem Umfang der Arbeit angemessene Übersicht über das Material und seine kritische Sichtung, worunter eine unterscheidend-abwägende Darlegung von Fakten, Problemen und Positionen zu verstehen ist. Vorsicht ist geboten bei unmotivierten Hypothesen (Hypothesen sind zwar der Ausgangspunkt wissenschaftlicher Überlegungen, doch dürfen sie nicht um ihrer selbst willen aus der Luft ge-

---

1   Vgl. dazu »Die Quellen für musikwissenschaftliches Arbeiten«, S. 27ff.

griffen werden), Vermutungen (sie müssen realistisch und gut begründet sein), plakativen Pauschalergebnissen, die leicht eine vorher ausgebreitete differenzierte Sicht der Dinge mit einem Satz vom Tisch wischen können (ein »quod erat demonstrandum« gibt es in den Geisteswissenschaften höchst selten), und Werturteilen. Wenn der Vergleich einer Textvertonung Robert Schumanns und Wilhelm Tauberts zu dem Ergebnis führt, dass das Schumann'sche Lied die überzeugendere Komposition sei, muss dies zumindest ansatzweise analytisch nachgewiesen sein. Doch sollte man sich versagen, ohne weitere Begründung von »schönen«, »zu Herzen gehenden«, »gelungenen« oder »misslungenen« Werken zu sprechen.

• dass dem Text eine klare Konzeption zugrunde liegt.

Eine gut durchdachte Argumentation schlägt sich in der Regel auch in einer einleuchtenden Disposition der Gedanken nieder – entsprechend auch das Gegenteil. Was den formalen Aufbau einer Arbeit betrifft, ist man nach wie vor mit der bewährten Gliederung in Einleitung, Hauptteil und Schluss (die natürlich nicht so betitelt werden) gut beraten. Je weniger dabei das Dreischrittmodell unmittelbar wahrnehmbar in den Vordergrund tritt, desto angenehmer ist die Lektüre. Die Einleitung sollte in knapper Form das Ziel, die These oder das Problem der folgenden Ausführungen enthalten. Falls man nicht während der ganzen Arbeit einen Dialog mit der Forschungsliteratur führen möchte, ist ein kurzes Referat über den Forschungsstand oft ein guter Einstieg in die Thematik. Auch für methodische Vorbemerkungen, falls diese nötig sind, ist hier die richtige Stelle. Den quantitativ größten und qualitativ gewichtigsten Teil bilden die Einzeldarstellungen. Dieser Hauptteil kann in sich mehrfach untergliedert sein. Als Schluss können die Ergebnisse zusammengefasst oder die Problematik neu formuliert werden, eventuell möchte man auch weiterführende oder offenbleibende Fragen thematisieren. Die Überschriften der einzelnen Kapitel sollten knapp, sachlich und informativ ausfallen.

Zum Stil

Auf die Frage, was guter und was schlechter wissenschaftlicher Stil sei, gibt es vermutlich so viele Antworten wie Autoren. Statt ausführliche Ratschläge zu geben, möchte ich nur auf einige wenige Standards hinweisen[2] und ansonsten die Empfehlung aussprechen, bei der Lektüre von Fachliteratur auch auf Stilistisches zu achten. Hat man bei dem einen Verfasser die undurchdringlichen Schachtelsätze zu bemängeln, beim anderen die hölzerne Aneinanderreihung von Hauptsätzen, beim nächsten die Häufung technizistischer Ausdrücke, beim vierten die Neigung zu allzu

---

2   Sehr ausführlich wird das Thema behandelt bei L. Reiners, *Stilkunst*.

blumiger Formulierung, schätzt man bei diesem die klare Diktion, die dennoch nicht dem Nominalstil frönt, bei jenem die treffende Begrifflichkeit und dergleichen mehr, wird man sich beim eigenen Schreiben gewiss an die positiven wie an die negativen Fälle erinnern und den eigenen Stil danach korrigieren können.

Wissenschaftlicher Stil strebt nach einer **eindeutigen, sachlichen und von äußerlichen Effekten freien Sprache.** So wenig hier einer staubtrockenen, aller anschaulichen und auch individueller Züge baren Darstellungsart das Wort geredet werden soll, muss man sich doch feuilletonistische und journalistische Schreibweisen in einer wissenschaftlichen Arbeit versagen (und auf Musikkritiken für die Zeitung vertagen). Gleichermaßen wie auf einen Gebrauchsanweisungsstil (»Nachdem die Sinfonie zur Aufführung gebracht worden war«) heißt es auf eine umgangssprachliche und unzeitgemäße Redeweise zu verzichten: Haydn machte keine »Karriere«, und die Spielleute sorgten nicht für die »U-Musik« des Mittelalters.[3] Umgekehrt anachronistisch klingt es, wenn man heute vom letzten Werk des »Meisters« spricht; der »Meister« hat mit ziemlicher Sicherheit einen Namen, den man dann auch benutzen sollte.

Eine objektive oder zumindest intersubjektive Darstellungsweise verlangt sowohl Distanz zum behandelten Gegenstand (also nicht »Schumanns klägliches Schicksal«) als auch Aussagen, die weitgehend von der Person des Schreibenden absehen. Im Gegensatz zur persönlichen Schilderung sollte die Ich-Form daher auf wirklich notwendige Fälle beschränkt bleiben. Sie ist allerdings dem veralteten »wir« (sei es als pluralis modestiae oder pluralis concordiae verstanden) unbedingt vorzuziehen (»wir meinen hier …«).

Fachterminologie und damit auch ein bestimmtes Maß an Fremdwörtern sind ein notwendiger Bestandteil der Wissenschaftssprache, die nun einmal keine Umgangssprache ist. Sie ist die Verständigungsebene, auf der wissenschaftlich kommuniziert wird. Niemand sollte sich deshalb von dem bisweilen von außen erhobenen Vorwurf irritieren lassen, wissenschaftliche Schriften seien vom Laien nicht zu verstehen. Sie können dies nur in dem Maße sein, wie der Laie sich in der Sache und damit auch in der Begrifflichkeit auskennt. Wer ausführlich und mit »normalen« Worten beschreibt, dass in einer Fuge das Thema beim zweiten Einsatz eine Quinte höher liegt und leicht abweichende Intervallschritte aufweist, demonstriert nicht Praxisnähe, sondern durch den Verzicht auf die Fachtermini »Comes« und »tonale Beantwortung« fachliche Inkompetenz. Auf den Gebrauch der eingeführten Nomenklatur wie für das allgemeine Darstellungsniveau lässt sich eine alte Übersetzerdevise übertragen: so einfach wie möglich und so kompliziert wie nötig. Voraussetzung ist allerdings ein sauberer Umgang mit den Fachbegriffen, die stets auf ihre Angemessenheit – auch ihre historische Angemessenheit – hin überprüft werden sollten. Ebenso wenig wie man sich mit um ihrer selbst willen ge-

---

3   Das vorliegende Buch ist *kein wissenschaftlicher* Text!

brauchten Insider-Ausdrücken schmücken sollte, darf sich natürlich die Fachspra-
che, mit der kompositionstechnische Sachverhalte erfasst werden, verselbstständigen. Ein Satz wie »Nachdem vom Hauptthema der Kopf abgespalten worden ist, wird er weiterverarbeitet« kann einem im Analysierrausch schon mal unterlaufen, spätestens beim Durchlesen muss er jedoch mit Schrecken erkannt werden.

Problematisch ist oft die Herstellung eines sinnvollen **Tempusgefüges** innerhalb des Textes. Einesteils haben wir es mit historischen Vorgängen und Ereignissen zu tun, die auch sprachlich die Vergangenheitsform nahelegen (»Froberger
komponierte die Mehrzahl seiner Werke vor seinem Weggang aus Wien«), andernteils mit musikalischen Werken, also Objekten, die ästhetisch noch immer »leben«
und daher präsentisch beschrieben werden (»Das Lamento endet mit einer aufstei-
genden Skala«). Auch Texte, die ja heute noch vorliegen, werden im Präsens referiert (»Apel vertritt die These …«). Die Zeitstruktur der behandelten Gegenstände
sollte sich in der verbalen Wiedergabe spiegeln, wenngleich dies zugegebenerma-
ßen oft in Konfliktsituationen führt.

Nur scheinbar überflüssig ist der Hinweis auf die korrekte und konsequente
Ausarbeitung des Schriftsatzes hinsichtlich **Grammatik, Zeichensetzung** und
Rechtschreibung (sei es die alte oder die neue). Übrigens ist auch nach der Recht-
schreibreform die Orthographie der Tonartenangabe unzweideutig geregelt: C-Dur
bzw. c-Moll.

Wissenschaftlicher Apparat und Zitieren

Funktion

Durch den so genannten wissenschaftlichen Apparat unterscheiden sich wissenschaftliche Arbeiten von allgemeinen Sachbüchern und -artikeln. Diese können durchaus eine Fülle wichtiger Informationen bieten, sie verzichten aber weitgehend auf
eine grundsätzliche Forderung wissenschaftlichen Arbeitens: die der **unmittelbaren
Überprüfbarkeit**. Eine wissenschaftliche Aussage, die dem Kriterium der Objektivität genügen will, muss von jedem Leser ohne weiteren Suchaufwand bis ins kleinste
Detail nachvollziehbar sein. Das verlangt vom Schreibenden, dass er seine Feststel-
lungen belegt.[4] Es geht nicht an, einfach nur zu behaupten, »Hothby hielt die Anerkennung von lediglich zwei Halbtönen für nicht korrekt«. Das könnte so schnell
niemand nachprüfen, da Hothby eine beträchtliche Anzahl von musiktheoretischen
Traktaten hinterlassen hat; deshalb muss der Quellenbeleg in der Fußnote geliefert

---

4   Die Tatsache, dass einer der bedeutendsten und meistgelesenen Musikwissenschaftler jüngerer
Zeit den wissenschaftlichen Apparat immer dürftiger behandelt oder teils ganz darauf verzichtet
hat, berechtigt indes alle anderen wissenschaftlich Tätigen noch lange nicht, sich ebenfalls außerhalb
der Normen zu stellen.

werden:»J. Hothby, Tres tractatuli contra Bartholomeum Ramum, hrsg. von A. Seay, o.O.: American Institute of Musicology 1964, S. 79ff.« Allerdings muss nicht alles, was man sagt, belegt sein. Mozarts Geburtsjahr braucht nicht anhand des Taufbuchs beglaubigt zu werden. Als Faustregel für die Grauzone zwischen Selbstverständlichkeit und Belegpflicht kann gelten, dass allgemein zugängliches und nicht zu spezielles Lexikonwissen als bekannt vorausgesetzt werden darf. Wichtig ist die Nennung der Bezugsstelle aber auch bei musikalischen Analysen. Angaben über ersten, zweiten und dritten Themenkomplex einer Bruckner-Symphonie dürfen nicht nebulos bleiben, sondern müssen konkret mit Taktzahlen dingfest gemacht werden.

Eine der wichtigsten Funktionen des wissenschaftlichen Apparates ist es, **fremde Formulierungen**, aber auch allgemein **fremde Gedanken** und Ergebnisse unzweideutig zu **kennzeichnen**. Im ersten Fall handelt es sich um ein direktes, im zweiten um ein indirektes Zitat bzw. eine Paraphrase. Dass jegliches geistige Eigentum einer anderen Person respektiert wird – und das heißt in die Tat umgesetzt: bei einer Übernahme als solches kenntlich gemacht wird –, ist eine unverrückbare Grundforderung intellektueller Redlichkeit. Auch wenn man in der ersten Proseminararbeit sich noch mehr oder weniger an einem oder mehreren angegebenen Texten entlanghangelt, entbindet das nicht davon, wörtliche wie inhaltliche Anleihen, die durchaus erlaubt und im Rahmen des Dialogs mit der Forschung sogar erwünscht sind, im Apparat anzuführen. Nicht angegebene Entlehnungen größeren Stils fallen schlichtweg unter die Kategorie Plagiat.[5] Natürlich ist auch die Angabe indirekter Übernahmen bisweilen eine Ermessensfrage. Allgemein bekannte Tatsachen, die an verschiedenen Stellen nachzulesen sind, müssen nicht eigens markiert werden. Manchmal hilft ein pauschaler Verweis aus dem Dilemma allzu häufiger Einzelbelege (z. B.»Die folgenden Ausführungen zur Akzentstruktur basieren auf einem Aufsatz George Houles« oder »George Houle führt hierzu aus: …« [und als Anmerkung: Houle, George: Meter and performance in the seventeenth and eighteenth centuries, in: *Historical performance* 2 (1989), S. 11–19]).

Zitate sollen eigene Aussagen zu wichtigen Punkten stützen und verdeutlichen, sie sind kein Ersatz für die eigene Darstellung. (Auch taugen sie nicht zum Garnieren und »Aufpäppeln« blasser Gedanken und Formulierungen.) Da sie nur punktuell den Argumentationsgang akzentuieren sollen, wird man Zitate nicht zu ausführlich bringen. Überschreitet die wörtliche Wiedergabe ca. 10 Zeilen, ist eine Zusammenfassung mit eigenen Worten oft günstiger. Anmerkungen und Fußnoten nehmen in beschränktem Umfang auch Bemerkungen und Exkurse auf, die den Rahmen des Haupttextes sprengen würden. Doch ist hier Vorsicht geboten:

---

5 Wer sich davon überzeugen will, dass diese unfeine Sitte selbst auf höchster Ebene nicht unbekannt ist, vergleiche die *Musikgeschichte Österreichs*, hrsg. von Rudolf Flotzinger und Gernot Gruber, Bd. 2, Graz: Styria 1979, S. 76–83, 87–93, mit der plagiierten Kurzfassung von S. Wiesmann in *Die Musik des 18. Jahrhunderts*, hrsg. von Carl Dahlhaus, Laaber: Laaber 1985 (Neues Handbuch der Musikwissenschaft, 5), S. 206–208.

Das Zur-Seite-Sprechen in Fußnoten kann leicht zu einer für den Leser höchst lästigen Manier werden.

Zitiertechnik

Zitate können ganze Sätze wiedergeben oder auch nur Teile daraus. Zu Beginn und am Ende stehen doppelte Anführungszeichen. Enthält der zu zitierende Text selbst bereits ein Zitat oder markierte Begriffe, erscheinen diese in einfachen Anführungszeichen. Dem Abführungszeichen folgt die Nummer der Anmerkung als Exponent, also hochgestellt. Die Anmerkung beginnt mit Großschreibung und endet mit einem Punkt.

> Hier bezieht sich Dahlhaus auf die »Theorie der musikalischen Prosa, die Arnold Schönberg in der Abhandlung ›Brahms the Progressive‹ skizzierte«[1], ohne dabei näher auf Fragen der Rezeption einzugehen.
>
> 1   C. Dahlhaus, *Grundlagen der Musikgeschichte*, 1977, S. 18.

Genau zitieren: Das Zitat wird in seiner Originalsprache wiedergegeben; bei ungeläufigen Sprachen (wozu mittlerweile auch fast schon Latein gehört) sollte man im Apparat eine Übersetzung liefern. Die Vorlage wird in Bezug auf Orthographie und Zeichensetzung – auch und gerade bei alten Texten – exakt übernommen, einschließlich offensichtlicher Fehler, die man mit einem nachgestellten »[!]« oder »[sic]« kennzeichnet. Alle Eingriffe in die Textvorlage müssen mit eckigen Klammern bzw. durch einen entsprechenden Vermerk in der Fußnote als Änderungen des Verfassers kenntlich gemacht werden. Dazu zählen Auslassungen nicht relevanter Stellen (»[…]«), für das Verständnis notwendige eigene Ergänzungen, grammatische Flexionen, die beim Einbau in einen Satz erforderlich werden, sowie Modifikationen des Schrifttyps.

> Seine Ausführungen kreisen um »die Idee des echten Volksliedes, ein[en] Gegenstand, über den man im 19. Jahrhundert nicht müde wurde, sich Gedanken zu machen […]. Das hat vor allem darin seinen Grund, daß der B e g r i f f [des Volksliedes] nur in geringem Maß dadurch bestimmt war, was kompositorisch der Fall ist«.[2]
>
> 2   C. M. Schmidt, *Johannes Brahms und seine Zeit*, 1983, S. 133; Hervorhebung nicht original.

Direkt zitieren: Zitate werden möglichst der Originalquelle entnommen, nicht einer Publikation, in der die zu zitierende Stelle bereits selbst als Zitat vorkommt. Denn nur durch eigenen Augenschein kann man sich vergewissern, ob der Text in der Sekundärliteratur nicht bereits korrumpiert ist. Wenn es dennoch einmal nötig wird, aus zweiter Hand zu zitieren, weil das Original nicht erreichbar ist, gibt man dies an.

»Sciendum autem illud est, cadentias omneis, quae terminatae per tonos monstrantur, debere suspendi.«[3]

3   P. Aaron, *Libri tres de institutione harmonica*, Bologna 1516, fol. 50ᵛ; zit. nach K. Berger, *Musica ficta*, 1987, S. 235.

Bisweilen kann es aus Gründen der Fairness geboten sein, in einer Anmerkung darauf hinzuweisen, dass man nicht selbst auf ein bestimmtes Zitat gestoßen ist, obwohl man aus der Originalquelle zitiert. Dann genügt ein kurzer Wink wie »bereits zit. bei …, S. …« oder »s. a. [= siehe auch] …, S. …«.

Im Anmerkungsapparat wird die **Fundstelle** des Zitats angegeben. Hier ist kein Vollbeleg, so wie er für das Literaturverzeichnis zwingend ist, sondern lediglich ein Kurzbeleg erforderlich. Bei erstmaliger Angabe einer Fundstelle kann man noch relativ ausführlich sein, damit der Leser eine Vorstellung von der Quelle bekommt: also abgekürzter Vorname, Nachname des Autors, Titel der Publikation, eventuell Untertitel (wenn er nicht zu lang und der Haupttitel nicht besonders aussagekräftig ist), Jahr der Publikation, kein Reihentitel, Seite des Zitats (Beispiele siehe oben); bei unselbstständigen Publikationen zusätzlich knappe Angabe zum entsprechenden selbstständigen Werk:

4   W. Osthoff, Beethovens geschichtliche Wirklichkeit, in: *Ludwig van Beethoven*, 1983, S. 279.

5   H. H. Eggebrecht, Zum Figur-Begriff der Musica poetica, in: *AfMw* (1959), S. 60.

Da die genauen Angaben ja für Zweifelsfälle im Literaturverzeichnis zu finden sind, reicht bei allen weiteren Angaben ein nochmals reduzierter Kurzbeleg. Es ist auch durchaus legitim, von Anfang an mit Kurzbelegen zu arbeiten. Dazu bieten sich zwei Möglichkeiten an: Name, Titelstichwort, Seite:

6   W. Osthoff, *Beethoven*, S. 280.

oder Name, Erscheinungsjahr, Seite:

6   W. Osthoff 1983, S. 280.

Die erste Lösung vermittelt dem Leser eine plastischere Vorstellung vom gemeinten Werk; beim Kurzbeleg mit Jahreszahl muss man darauf achten, dass nicht zwei Publikationen des Autors aus dem gleichen Jahr im Literaturverzeichnis aufgeführt sind.

Ist die Fundstelle mit derjenigen in der unmittelbar vorausgegangenen Fußnote identisch – aber auch wirklich nur dann –, kann ein »ebda.« (= ebenda) oder »ebd.« (= ebendort) stehen, gegebenenfalls mit abweichender Seitenzahl.

6 W. Osthoff 1983, S. 280.
7 Ebda.
8 Ebda., S. 281.

Zu vermeiden ist, wenngleich diese Praxis bei weitem noch nicht ausgerottet ist, das berühmt-berüchtigte »a.a.O.« (= am angegebenen Ort). Hier muss der Leser auf der Suche nach dem »angegebenen Ort« alle Anmerkungen rückwärts durchforsten, um dann möglicherweise erst ganz am Anfang fündig zu werden – ein höchst frustrierender Vorgang. Allenfalls sind Formulierungen wie »siehe Anm. 4« oder »wie Anm. 4, S. 281« eine Alternative zu den Kurzbelegen (vielleicht weil man, aus welchen Gründen auch immer, kein Literaturverzeichnis mitliefert). Bei elektronischer Textverarbeitung mit automatischer Fußnotenverwaltung lauert hier aber eine Gefahr: Nachträgliche Einfügungen oder Tilgungen von Fußnoten können, sofern man nicht mit Textmarken arbeitet, die Nummerierung durcheinander werfen. Also beim Korrekturlesen unbedingt die »wie«-Verweise überprüfen!

Ein »f.« hinter einer Seitenzahl bedeutet übrigens *eine* folgende, »ff.« *mehrere* folgende Seiten; »passim« (= allenthalben), das man sich jedoch besser nicht zur Gewohnheit macht, bezieht sich auf verschiedene Stellen in der Quelle, die alle einzeln zu verzeichnen zu weit führen würde.

Im Apparat werden nicht nur die Fundstellen von wörtlichen Zitaten, sondern auch generell gedankliche Übernahmen belegt (sie werden mit »s.« [= siehe] eingeleitet). Möchte man etwas pauschaler darauf hinweisen, dass woanders der gleiche, ein ähnlicher oder weiterführender Sachverhalt behandelt ist, wählt man die Einleitungsformel »vgl.« (= vergleiche). Hiermit kann man sich ermüdende Referate aus der Sekundärliteratur sparen, wenn sie für die aktuelle Argumentation nur eine untergeordnete Rolle spielen, aber wichtig genug sind, um erwähnt zu werden. Mitunter kann es sinnvoll sein, die Umstände deutlich auszusprechen, z. B. »Nähere Angaben bei …«, »Davon abweichende Definition in …«.

Schließlich sei auf die kürzeste Belegform verwiesen: **Belege im laufenden Text**. Sie sind nur sinnvoll, wenn man ständig auf einen oder wenige Texte oder Notenausgaben rekurriert und diese dann abgekürzt mitteilt, nachdem die Abkürzung anfangs erklärt wurde, z. B. in einer Arbeit über den Theoretiker Mattheson: »…« (VC, 147 [= Johann Mattheson, Der vollkommene Capellmeister, Hamburg 1739, Reprint Kassel 1954, S. 147]); »…« (CM I, 33 [= Johann Mattheson, Critica Musica, Bd. 1, Hamburg 1722, Reprint Amsterdam 1964, S. 33]). Mit solchen Sigeln lässt sich natürlich auch in den Anmerkungen arbeiten, wenn sich ihre Einführung von der Quantität der Belege her lohnt. Auch der Bezug auf Notenausgaben kommt mit Kurzversionen aus, z. B. »op. 17/3/IV,28« (= op. 17 Nr. 3, 4. Satz, Takt 28).

Bisweilen wird man statt der deutschen Kürzel (»ebda.«, »a.a.O.«, »vgl.« usw.) die lateinischen Pendants finden (»ib.« oder »ibid.« = ibidem, »op. cit.« = opere citato oder »loc. cit.« = loco citato, »cf.« = confer). Auch wenn diese gelehrten

Floskeln auf den ersten Blick den Eindruck besonderer Professionalität erwecken mögen, sollte man sie als deutsch schreibender Wissenschaftler nicht unbedingt verwenden. Sie sind entweder altmodisch oder entsprechen angelsächsischem Gebrauch; sie sind aber nicht nötig, weil sie dem entsprechenden deutschen Begriff in nichts überlegen sind (Ausnahme: »passim«).

Aufgabe 29
Zitieren Sie jeweils mit allen erforderlichen Angaben
a) den zweiten Satz des »Kontrafaktur«-Artikels im *RiemannL*-Sachteil (1967),
b) mit einer sinnvollen Auslassung den 1. Satz des letzten Absatzes aus R. Angermüllers zweitem Aufsatz im Mozart-Jahrbuch 1978/79.

Literatur- und Quellenverzeichnis

Verzeichnisarten

Ähnlich wie die Gestaltung des eigentlichen Textes und die Form der Fußnoten hat die korrekte Anlage eines Literaturverzeichnisses nur auf den ersten Blick etwas mit kleinkrämerischer Akribie und wissenschaftlichem Selbstzweck zu tun. Vielmehr ist die exakte Angabe der Quellen in erster Linie als Freundlichkeit dem Leser gegenüber zu verstehen – eine Freundlichkeit, die einem niemand als Ausdruck eines bürokratischen Charakters auslegen sollte. Denn nichts ist ärgerlicher, als bei der Überprüfung einer fremden Literaturangabe feststellen zu müssen, dass man wegen unvollständiger oder gar falscher Angaben selbst erst recherchieren müsste, um an die genannte Quelle zu kommen. Andererseits tut man den größten Gefallen oft sich selbst, wenn man die Verwaltung seiner bibliographischen Daten von Anfang an nach feststehenden Kriterien vornimmt und damit späteres Überprüfen, Vervollständigen oder Vereinheitlichen vermeidet.

Der Ort, an dem die Literaturangaben in Form einer Übersicht zusammengestellt werden, ist das für jede akademische Arbeit unabdingbare Literatur- (oder allgemeiner:) Quellenverzeichnis. Darüber, welche Angaben in ein solches Verzeichnis gehören, gibt es verschiedene Ansichten. Die rigideste Möglichkeit besteht darin, ausschließlich ein Verzeichnis der im Verlauf der Arbeit **zitierten Quellen** zu geben, wozu auch Literatur gehört, auf die man zum Beispiel in einer Anmerkung nur verwiesen hat, ohne ihr ein wörtliches Zitat entnommen zu haben. In den meisten Fällen dürfte diese Form des Literaturverzeichnisses ausreichen. Es empfiehlt sich, den Sachverhalt in der Überschrift zum Ausdruck zu bringen (etwa »Verzeichnis der zitierten Literatur« oder »Verzeichnis der angeführten Quellen«).

Allerdings ergibt es sich nicht immer, dass das im Laufe der Arbeit **benutzte Material** auch lückenlos Eingang in die Anmerkungen gefunden hat. Man kann ein Referat über Bachs *Wohltemperiertes Klavier I* und *II* ausarbeiten, als konkret zitierter Fall erscheint vielleicht aber lediglich ein Notenbeispiel aus Band I. In dieser Situation ist ein »Verzeichnis der zitierten Quellen« nicht ausreichend und ein »Verzeichnis der benutzten Quellen« vorzuziehen, in dem beide Notenbände aufgeführt sind. Auch können von einem Buch oder Aufsatz wichtige Impulse auf eigene Überlegungen ausgegangen sein, und es wurde im Haupttext oder in den Anmerkungen dennoch nicht erwähnt. Dann verdient diese Informationsquelle ebenfalls, im »Verzeichnis der benutzten Literatur« genannt zu werden. Die Grenze allerdings, welche Materialien tatsächlich so wichtig waren, um als *benutzt* zu gelten, ist nicht immer einfach zu ziehen. Beschränkung dürfte hier oft ratsamer sein, nicht zuletzt auch um der Gefahr zu entgehen, mit Hilfe eines angeschwollenen Literaturverzeichnisses den Eindruck umfassender Arbeit und Belesenheit erwecken zu wollen.

Eine andere Situation liegt vor, wenn eine tatsächliche **Bibliographie** gegeben wird. Vorausgesetzt, dass intensiv recherchiert worden ist, kann ein derartiges Literaturverzeichnis im Anschluss an eine Arbeit die Aufgabe erfüllen, großflächig Literatur zum Thema bereitzustellen und damit der weiteren Forschung ein bibliographisches Fundament zu bieten – das heißt natürlich keinesfalls, dass man selbst alles gelesen haben muss. Eine solche Übersicht kann sinnvoll sein, wenn keine bibliographischen Vorarbeiten zu einem Spezialthema vorhanden sind und gewissermaßen Zusatzinformationen zum Haupttext geboten werden. Es wäre hingegen überflüssig, etwa zu einem Thema, das sich mit Mozart beschäftigt, in Anbetracht einer detaillierten und regelmäßig fortgeführten *Mozart-Bibliographie* ein Literaturverzeichnis mit bibliographischem Anspruch anzufügen. Vermutlich wird dieser Typus des Literaturverzeichnisses frühestens bei einer Examensarbeit oder Dissertation, die sich mit einem entlegenen Gegenstand beschäftigt, akut. Auf alle Fälle sollten Anspruch und Spezifik auch dieser Art von Literaturverzeichnis in der Benennung zum Ausdruck kommen, beispielsweise in der Formulierung »Bibliographie«, möglicherweise ergänzt durch eine kurze Beschreibung des Umfangs, in dem bibliographiert wurde.

Von einem bestimmten Ausmaß an kann es sinnvoll sein, ein Literaturverzeichnis **thematisch** zu **unterteilen**. Eine Arbeit über ein musiktheoretisches Problem etwa, in der neben der benutzten Forschungsliteratur zahlreiche Theoretikerschriften zu verzeichnen sind, hat sinnvollerweise ein Literaturverzeichnis mit zwei Abteilungen: »Primärliteratur« – »Sekundärliteratur«. Oder der Autor eines umfangreichen Buches, das vielleicht sogar Kompendien- oder Nachschlagecharakter hat, wird manchmal gut daran tun, sein Literaturverzeichnis nach verschiedenen Themenbereichen zu untergliedern. Stefan Kunze beispielsweise unterteilt die Literaturhinweise seines Buches *Mozarts Opern* in die drei Teile »Dokumente, Quellentexte, Verzeichnisse« – »Gesamtdarstellungen« – »Über die Opern«, wobei er die letzte Rubrik nochmals nach den einzelnen Opern aufschlüsselt. Auch bei Dissertationen mit sehr ausführlichen Literaturverzeichnissen ist eine inhaltliche Klassifikation für den Leser mitunter hilfreich. Allerdings ist eine solche Aufschlüsselung genauestens zu bedenken, denn sie wird mit der dadurch wesentlich erschwerten Orientierung nach alphabetischen Gesichtspunkten erkauft – ein Grund, warum in angelsächsischen Publikationen nur sehr selten unterteilte Literaturverzeichnisse anzutreffen sind.

Für ein Literaturverzeichnis, das nichts anderes als ein Verzeichnis der benutzten Quellen sein will, also für den Regelfall, kann das Ordnungskriterium nur lauten: **Durchalphabetisierung** von der ersten bis zur letzten Angabe, und zwar jeweils innerhalb eines Quellentyps. Die Trennung der Quellentypen ist ein Gebot der Praktikabilität, da die einzelnen Quellen in Bibliotheken gewöhnlich getrennt erschlossen und somit in verschiedenen Katalogen wiederzufinden sind, also z. B.

1. Musikalien
    a) Handschriften
    b) Drucke
2. Schrifttum
    a) unveröffentlichtes Archivmaterial
    b) Sekundärliteratur

Seminararbeiten werden zumeist mit der einfachen Trennung in einerseits Musikalien und andererseits Schrifttum auskommen. (Nach dem Prinzip der Online-Kataloge kann man aber auch Schrifttum, Noten und Tonträger in eine Liste bringen.) Sind die jeweiligen Teile des Literaturverzeichnisses alphabetisch geordnet und die einzelnen Nennungen grafisch deutlich voneinander getrennt (etwa durch Unterstreichen, Sperren oder Einrücken des ersten Wortes und Leerzeile zur nächsten Angabe), bedarf es eigentlich keiner weiteren Orientierungshilfen wie Nummerierung oder Ähnlichem. Nach welchen Kriterien zu alphabetisieren ist, wird weiter unten behandelt.

Technik der Literaturangabe

Im wissenschaftlichen Usus haben sich verschiedene Varianten einer durchaus »richtigen« Literaturnennung herausgebildet, nicht alle sind jedoch gleich praktikabel.[6] Spätestens wenn man einmal versucht hat, im Zettelkatalog einer Universitätsbibliothek die Literaturangabe

*   W. Müller, *Johann Adolf Hasse als Kirchenkomponist*, Leipzig 1911

6 Aus Gründen der Praktikabilität weichen daher auch die folgenden Vorschläge in manchen Punkten (insbesondere hinsichtlich Deskriptionszeichen, Angabe von mehreren Verfassern und sonstigen beteiligten Personen) von den DIN-Empfehlungen ab; vgl. hierzu *DIN 1502*.

zu finden, wird man davon überzeugt sein, dass das Abkürzen des Vornamens nicht zu den oben erwähnten Freundlichkeiten gehört. (In Online-Katalogen besteht dieses Problem nicht mehr, weil man auch z. B. unter Stichworten aus dem Titel suchen könnte; doch noch existieren vor allem Zettelkataloge.). Ein Literatur- bzw. Quellenverzeichnis hat eine eindeutige Funktion: Es soll den Leser in die Lage versetzen, die angesprochenen Bücher, Aufsätze, Notenausgaben und dergleichen selbst zu finden, sei es, um das im Haupttext Gesagte oder Zitierte zu überprüfen, sei es, um eine interessant wirkende Quelle selbst in Augenschein zu nehmen oder sonstwie mit dem Text zu arbeiten. Um dieser Aufgabe gerecht werden zu können, muss die Literaturangabe alle entscheidenden Informationen enthalten, die eine gezielte und möglichst umweglose Suche in einem Bibliothekskatalog garantieren. Wenn sich das Verfahren (der Verzeichnung und anschließend der Suche) an bestimmte, immer wieder gleich ablaufende Schritte hält, macht das auch dem Leser vieles leichter. Hilfreich sind in Zweifelsfällen jeweils die Devisen: erstens lieber etwas zuviel angeben, bevor man etwas Entscheidendes vergisst, und zweitens innerhalb eines Literaturverzeichnisses im Rahmen des Möglichen einheitlich verfahren.

Generell kann man von diesen beiden Schemata ausgehen, mit denen man in schätzungsweise 80 Prozent aller Fälle auskommt:

a) für selbstständige Publikationen:
Autor: Titel. ggf. Untertitel**,** ggf. Auflage, Erscheinungs**ort** Erscheinungs**jahr** (ggf. Reihentitel, Nummer)

b) für unselbstständige Publikationen:
Autor: Titel. ggf. Untertitel**, in:** Angaben zur selbstständigen Publikation**, Seiten**

In Sonderfällen ziehe man die folgenden detaillierten Angaben zu Rate.

Schrifttum

Wir unterscheiden bei den Angaben zu Schrifttum grundsätzlich zwischen einer **selbstständigen** und einer **unselbstständigen Publikation**. Unter selbstständiger Publikation ist das zu verstehen, was wir umgangssprachlich ein Buch nennen würden (das durchaus aus mehreren Bänden bestehen kann). Dieses Buch ist dann auch im Bibliothekskatalog verzeichnet:

- Kunze, Stefan: *Mozarts Opern*, Stuttgart 1984

Unselbstständig ist hingegen ein Teil eines »Buches«. Der häufigste Fall ist ein Aufsatz in einer wissenschaftlichen Zeitschrift oder ein Beitrag zu einer Sammelpublikation, etwa einer Festschrift oder einem Kongressbericht. Aber auch ein Artikel eines von verschiedenen Autoren verfassten Nachschlagewerks gehört in diese Kategorie. Diese Einzelbeiträge sind in keinem Bibliothekskatalog zu finden, da dort nur die selbstständigen Publikationen aufgenommen sind. Um also im Katalog nach der Zeitschrift, Festschrift oder sonstigen Sammlung suchen zu können, müssen diese in der Literaturangabe genannt sein.

• Hucke, Helmut: Gregorianische Fragen, in: *Die Musikforschung* 41 (1988), S. 304–330

• Mann, Alfred: Bach's parody technique and its frontiers, in: *Bach studies*, hrsg. von Don O. Franklin, Cambridge 1989, S. 115–124

Die Zeitschrift *Die Musikforschung* und die Aufsatzsammlung *Bach studies* sind in diesem Fall die »Bücher«, also die selbstständigen Publikationen, die in den Katalogen gesucht werden können. Deshalb werden sie bei elektronischer Textverarbeitung auch grafisch durch Kursivschreibung ausgezeichnet. Es dürfte einleuchten, dass in ein Literaturverzeichnis der jeweils benutzte Einzelbeitrag und nicht die ganze Sammelpublikation gehört. Ein Literatureintrag »Die Musik in Geschichte und Gegenwart, 17 Bde., Kassel 1949–1986« ist wenig informativ. Stattdessen wird auch bei Lexika jeder Artikel, der benutzt wurde, einzeln angeführt. (Näheres zur Verzeichnung unselbstständiger Schriften siehe S. 217ff.)

Übrigens: Um exakte Informationen über die bibliographischen Angaben einer Veröffentlichung zu erhalten, ist es unbedingt erforderlich, die so genannte **Haupttitelseite** – üblicherweise die dritte Buchseite – und nicht den oft unvollständigen oder anderslautenden Umschlag- oder Einbandtitel zu betrachten. (Schauen Sie sich den bekannten *dtv-Atlas zur Musik* an: Wenn er zitiert wird, pflegt regelmäßig der Verfasser, Ulrich Michels, unterschlagen zu werden, weil sein Name nicht auf dem Einband steht!) Es kann aber vorkommen, dass nicht alle erforderlichen Informationen für eine vollständige Literaturangabe allein der Haupttitelseite zu entnehmen sind: Die Reihe, innerhalb derer ein Band vielleicht erschienen ist, wird gewöhnlich auf der gegenüberliegenden Seite verzeichnet; Verlag und Erscheinungsjahr können sich im Impressum auf der Rückseite oder gar – wie häufig bei Notenausgaben – auf der ersten Notenseite unten oder im Kolophon ganz am Ende des Werkes verbergen. Es kann also bisweilen einiges Blättern nötig werden, bis man alle Angaben beieinander hat.

Der einfachste und zugleich der Regelfall ist, dass eine (selbstständige oder unselbstständige) Publikation einen **Autor** hat. Dieser Verfasser einer Schrift wird zuerst genannt, und zwar der Übersichtlichkeit halber unter Voranstellung des Nachnamens. Der erste Vorname darf keinesfalls abgekürzt werden. Wenn er in der Vorlage selbst an keiner Stelle zu finden ist, sollte man im Rahmen des Machbaren versuchen, ihn in einem Nachschlagewerk, Bibliothekskatalog oder einer Bibliographie zu eruieren.

Nicht ganz einfach ist bisweilen die Entscheidung, welches der ausschlaggebende Nachname eines Autors ist (z. B. Howard Mayer Brown, aber Elena Ferrari Barassi) oder mit welchem Buchstaben Namen mit Artikeln und Präfixen beginnen (z. B. Andrea Della Corte, aber Diether de la Motte). Da auch hier individuelle Lösungen leicht zu Orientierungsschwierigkeiten beim Leser führen können, empfiehlt sich als Leitfaden bibliothekarischer Usus. Den wiederum bringt man am einfachsten durch einen Blick auf die entsprechende Stelle eines offiziellen, am besten eines UB-Katalogs in Erfahrung. Akademische Titel oder Berufsbezeichnungen werden in der Literaturangabe grundsätzlich ignoriert. Herkunftsbezeichnungen in antiken und mittelalterlichen Namen sind nicht als Nachnamen im heutigen Sinn zu verstehen. Aristoxenos von Tarent oder Jacopo da Bologna sind unter ihrem »Vornamen« einzuordnen. Die Grauzone des Übergangs zur modernen Namensform liegt an der Grenze zwischen Mittelalter und Neuzeit. In Zweifelsfällen rate ich wiederum zum Vorbild im (UB-)Bibliothekskatalog oder zum entsprechenden Eintrag in *NGroveD* (weniger *MGG* und *RiemannL*).

Nicht immer erscheint im Titel die unzweideutige Angabe des Autors, sondern eine Formulierung wie »gesammelt und erläutert von«, »zusammengestellt und kommentiert von«, »bearbeitet von« oder Ähnliches. Die Leistung, die der betreffende Bearbeiter des Buches erbracht hat, entspricht durchaus derjenigen eines Autors, der einen eigenen Text formuliert. Deshalb sollte in diesem Fall der Bearbeiter wie ein Autor behandelt werden:

- Deutsch, Otto Erich: Mozart. *Die Dokumente seines Lebens*, Kassel 1961 [...]

Wer sich allerdings grundsätzlich für möglichst ausführliche Angaben entscheidet, darf dergleichen Formulierungen – gegebenenfalls abgekürzt – durchaus übernehmen:

- Deutsch, Otto Erich: *Mozart. Die Dokumente seines Lebens*, ges. u. erl. von
  Otto Erich Deutsch, Kassel 1961 [...]

Sinnvoll ist diese Detailliertheit durchaus bei Bibliographien, die dem Leser einen möglichst genauen Eindruck vom genannten Buch geben wollen (in diesem Fall, dass die Dokumente nicht nur gesammelt, sondern auch erläutert sind); bei Literaturverzeichnissen, die in erster Linie Zitatnachweise sein wollen, ist der Leser eher für Knappheit dankbar.

Entsprechendes gilt übrigens auch bei Briefausgaben. Da der Verfasser von Robert Schumanns Briefen eben Robert Schumann war, sollte dies auch zum Ausdruck kommen, selbst wenn mitunter eine auf den ersten Blick kurios anmutende Literaturangabe die Folge ist:

- Schumann, Robert: *Jugendbriefe von Robert Schumann*. Nach den Originalen mitgeteilt von Clara Schumann, Leipzig 1885

Mehrere Autoren werden in der Reihenfolge, wie sie die Publikation aufführt, angegeben, auch wenn dies nicht der Abfolge im Alphabet entspricht:

- Voxman, Himie; Corporon, Eugene: *Woodwind ensemble music guide*, Evanston 1984

Für die alphabetische Anordnung des Literaturverzeichnisses ist der erstgenannte oder besonders hervorgehobene Verfasser ausschlaggebend. Vorsicht: Ein Werk mit **mehr als drei Autoren** wird in der bibliothekarischen Ansetzung wie ein anonymes Werk behandelt und somit unter dem Titel aufgenommen, allerdings erhält der zuerst genannte oder besonders hervorgehobene Mitarbeiter einen so genannten Nebeneintrag unter seinem Namen. Vermutlich weil wir uns Eigennamen gewöhnlich besser merken können als Titel, besonders wenn diese recht unspezifisch sind, wird in manchen Literaturverzeichnissen deshalb so verfahren: Wenn ein Name greifbar ist, lässt man die Publikation unter diesem Namen firmieren. Werke von mehr als drei Verfassern würden also unter dem ersten eingeordnet und der Sachverhalt der Gemeinschaftsarbeit mit dem Zusatz »u. a.« angedeutet:

- Eggebrecht, Hans Heinrich u. a.: *Die mittelalterliche Lehre von der Mehrstimmigkeit*, Darmstadt 1984 (Geschichte der Musiktheorie, 5) [als Autoren nennt die Haupttitelseite Hans Heinrich Eggebrecht, F. Alberto Gallo, Max Haas und Klaus-Jürgen Sachs]

Analog entspricht es älterer Gepflogenheit, auch **Herausgeber**-Werke unter dem Namen des Herausgebers zu verzeichnen, statt – wie dies heutiger bibliothekarischer Norm entspricht – unter dem Titel. Selbstverständlich ist der Sachverhalt mit der Abkürzung »Hrsg.« hinter dem Namen kenntlich gemacht:

- Franklin, Don O. (Hrsg.): *Bach studies*, Cambridge 1989

Die andere Möglichkeit ist, Herausgeber-Werke und Publikationen von mehr als drei Autoren nach bibliothekarischem Prinzip unter dem Sachtitel einzuordnen. In einem solchen Fall lauteten die Angaben

- *Bach studies*, hrsg. von Don O. Franklin, Cambridge 1989
- *Die mittelalterliche Lehre von der Mehrstimmigkeit*, Darmstadt 1984 (Geschichte der Musiktheorie, 5)

und wären entsprechend unter den Buchstaben B bzw. M einzuordnen. Die Argumente dafür, den Sachtitel als erstes anzugeben, sind einmal, dass es sich um das modernere Verfahren handelt (weil an den z. Zt. gültigen *Regeln für die alphabetische Katalogisierung* und nicht an den überholten *Preußischen Instruktionen* orientiert), und ein andermal, dass es die unproblematischere Vorgehensweise ist (weil man gewöhnlich die Formulierung und die Abfolge der Angaben auf dem Titelblatt einfach übernehmen kann). Die Online-Kataloge lösten auch dieses Problem mehr und mehr in Luft auf, weil man über Namens- und über Titelelemente recherchieren kann. Welche Methode zu wählen ist, muss jeder für sich entscheiden. Wichtig ist nach Abwägung der Vor- und Nachteile vor allem, dass innerhalb eines Verzeichnisses das Schema möglichst nicht geändert wird.[7] Bei unselbstständigen Publikationen ist das Problem ohnehin zweitrangig, da für die Einordnung im alphabetischen Literaturverzeichnis ja der Autor des jeweiligen Einzelbeitrags maßgeblich ist. Die Angaben nach »in:« müssen dann lediglich alle notwendigen Informationen enthalten, die Reihenfolge spielt keine Rolle:

• Mann, Alfred: Bach's parody technique and its frontiers, in: *Bach studies*, hrsg. von Don O. Franklin, Cambridge 1989, S. 115–124

In diesem Zusammenhang muss auf eine Besonderheit, die so genannte **körperschaftlichen Urheber**, eingegangen werden. Wenn ein Werk von einer Organisation, Institution oder dergleichen herausgegeben wird, gilt diese als Verfasser. Die meist langen und formalisierten Namen von Körperschaften widersprechen aber gerade der für Personennamen charakteristischen Plastizität, sodass hier eine Einordnung unter dem Sachtitel vorzuziehen ist:

• *Bibliographie des Musikschrifttums,* hrsg. vom Staatlichen Institut für Musikforschung Preußischer Kulturbesitz, Bd. 4, Mainz 1941

Ein ähnlich heikler Fall sind **Kongressberichte**. Institutsbibliotheken, die ja nur Berichte über musikwissenschaftliche und musikalische Kongresse anzuschaffen pflegen, können es sich leisten, in ihrem alphabetischen Katalog eine Sparte »Kongressberichte« einzurichten, in der alle Berichte, meist nach Kongressort geordnet, leicht zu finden sind. Anders verhält es sich bei Universitätsbibliotheken oder wenn eine Fernleihe nötig wird. Der oft anzutreffende Usus, als Literaturangabe schlicht zu nennen »… in: Kgr.-Ber. Stuttgart 1985 …«, kann dem Leser, der die genannte Stelle überprüfen will, mitunter viel Suchaufwand und schließlich Verdruss bereiten, was die Einstellung zum gelesenen Text natürlich nicht unbedingt positiv beeinflusst. Man sollte sich daher angewöhnen, die entscheidenden bibliographischen Informationen, wie sie aus dem Haupttitelblatt hervorgehen, dem Leser auch mitzuteilen:

---

7   Für die bibliographischen Angaben von Noten ist eine Ansetzung unter dem Sachtitel empfehlenswert (zur Begründung siehe unten S. 221). In musikwissenschaftlichen Literaturverzeichnissen bietet es sich daher an, einheitlich zu verfahren und den Sachtitel zum Hauptkriterium zu machen.

• … in: *Alte Musik als ästhetische Gegenwart. Bach, Händel, Schütz. Bericht über den Internationalen musikwissenschaftlichen Kongreß Stuttgart 1985*, hrsg. von Dietrich Berke und Dorothee Hanemann, Kassel 1987, Bd. 2, S. …

Eine ähnliche Unsitte ist bei **Festschriften** verbreitet. Die Angabe»… in: Fs. Osthoff« führt den Leser zuerst einmal auf die falsche Fährte. Eine korrekte Angabe:

• … in: *Liedstudien. Wolfgang Osthoff zum 60. Geburtstag*, hrsg. von Martin Just und Reinhard Wiesend, Tutzing 1989, S. …

täte niemandem weh und wiese dem Leser den direkten Weg zum Buch.

Hat eine Schrift einen eindeutigen **Autor**, wurde aber – meist weil der Autor bereits verstorben ist – **von einem Herausgeber ediert**, so ist nach wie vor der Verfasser ausschlaggebend, der Herausgeber wird nur genannt:

• Werckmeister, Andreas: *Musicalische Temperatur* (Quedlinburg 1691), hrsg. von Rudolf Rasch, Utrecht 1983

Für **anonyme Publikationen** gibt es zwei Verzeichnisarten. Entweder ist der Verfasser mittlerweile durch die Forschung bekannt geworden oder man hat ihn selbst auf irgendeine Art eruiert; dann wird das Werk unter dem in eckige Klammer gesetzten Autornamen erfasst:

• [Schulz, Johann Abraham Peter:] Takt, in: *Allgemeine Theorie der Schönen Künste*, hrsg. von Johann Georg Sulzer, 2. Teil, Leipzig 1774, S. 1130–1138

Oder der Urheber der Schrift ist nach wie vor unbekannt, bzw. auf die Nennung eines bestimmten Autors oder Herausgebers wurde bei der Publikation bewusst verzichtet; dann nennt man lediglich den Titel und ordnet die Angabe unter dem Titelbeginn (Achtung: bestimmte und unbestimmte Artikel als Ordnungskriterium übergehen!) ins Literaturverzeichnis ein, so wie das Werk in einem Bibliothekskatalog wiederzufinden wäre:[8]

• Kürzinger, Ignaz: *Getreuer Unterricht zum Singen*, Augsburg 1763
• *Kurtzgefaßtes Musicalisches Lexicon*, Chemnitz 1737
• Lasser, Johann Baptist: *Vollständige Anleitung zur Singkunst*, München 1798

---

8   Die Einordnung von Anonyma in Literaturverzeichnissen wird sehr unterschiedlich gehandhabt. Manche Autoren setzen »anonym« voran, andere rubrizieren alle verfasserlosen Schriften unter »o.V.« (= ohne Verfasser) und ordnen sie analog zu einem Autorennamen unter »A« bzw. »O« ein oder setzen alle Anonyma an den Anfang oder das Ende des Verzeichnisses. Damit sind die Möglichkeiten noch nicht erschöpft. Es leuchtet ein, dass diese Verzeichnungsart mit ihren zahllosen individuellen Varianten nicht sehr benutzerfreundlich ist.

Sollen in einem Literaturverzeichnis mehrere Schriften eines Autors aufgelistet werden, sind statt der unübersichtlichen Formeln »ders[elbe].« bzw. »dies[elbe/n].« oder gar des altertümlich-gelehrten »id[em].« ein schlichter Spiegelstrich oder eben die Wiederholung des Namens zu befürworten:

- Dahlhaus, Carl: Eduard Hanslick und der musikalische Formbegriff, in: *Die Musikforschung* 20 (1967), S. 145–153
- –: Zu Kants Musikkritik, in: *Archiv für Musikwissenschaft* 10 (1953), S. 338–347

Die dem Autornamen folgende nächstwichtige Angabe ist der exakte **Titel** der betreffenden Arbeit, und zwar mit Haupt- und, wenn vorhanden, **Untertitel**. Dies gilt für selbstständige Publikationen gleichermaßen wie für unselbstständige:

- Brockman, William: *Music. A guide to the reference literature*, Littleton 1987

Redselige und unhandlich lange Titel, wie sie für die Literatur früherer Jahrhunderte charakteristisch sind, können unter Kennzeichnung der Auslassung durch »[…]« gekürzt werden. Dabei sollten in jedem Fall sinnvolle sprachliche Einheiten gebildet und auf wichtige Angaben nicht verzichtet werden:

- Riepel, Joseph: *Anfangsgründe zur musicalischen Setzkunst […] De Rhythmopoeia oder von der Tactordnung*, Regensburg 1752

Es sei daran erinnert, dass jeweils die Haupttitelseite (gewöhnlich die dritte Seite im Buch) und nicht der Einbandtitel als Quelle für korrekte bibliographische Angaben dient; gerade bei der Titelformulierung differieren beide nicht selten. Dass der Titel präzise und mit allen eventuellen sprachlichen Besonderheiten übernommen wird, versteht sich von selbst.

Besteht ein Werk aus **mehreren Bänden**, wird dies angegeben: die Gesamtzahl, wenn sie alle relevant sind (z. B. »5 Bde.«), die exakte Bandzählung, wenn nur auf bestimmte Bände abgehoben wird (z. B. »Bd. 1 und 2«).

Die **Auflage** eines Buches ist ein wesentliches bibliographisches Element. Man sollte sich also grundsätzlich durch einen Blick auf die Haupttitelseite oder das Impressum auf deren Rückseite vergewissern, um welche Auflage es sich handelt. Nur wenn nichts eigens erwähnt ist, man also die erste Auflage in der Hand hat, kann eine Mitteilung der Auflage entfallen. Bei einem Literaturverzeichnis mit der Aufgabe eines schlichten Quellennachweises genügt im Allgemeinen die kurze Anzeige der benutzten Auflage:

- Blaukopf, Kurt: *Musiksoziologie*, 2. Auflage, Niederteufen 1972
  oder   Niederteufen ²1972
  oder   Niederteufen 2/1972

Für den Benutzer eines Literaturverzeichnisses vom Typus Bibliographie mit Instruktionscharakter ist es jedoch informativ zu wissen, wann das Buch erstmals erschienen ist. Ist die Auskunft leicht zu erteilen, sollte man auf diesen Service nicht verzichten. Auch ob eine spätere Auflage erweitert, verändert, revidiert, vielleicht gar völlig überarbeitet oder in Übersetzung zugänglich ist, gehört – bis zu einem bestimmten Umfang – zu den aufschlussreichen bibliographischen Daten. Auf jeden Fall muss für den Leser klar ersichtlich sein, aus welcher Auflage zitiert worden ist; die für die Arbeit nicht herangezogene, nur informationshalber genannte Auflage muss deswegen in Klammer gesetzt werden:

- Blaukopf, Kurt: *Musiksoziologie*,
  (1. Auflage Köln 1952), 2. Auflage, Niederteufen 1972
  oder   (Köln ¹1952), Niederteufen ²1972
  oder   (Köln 1/1952), Niederteufen 2/1972

- Duckles, Vincent: *Music reference and research materials. An annotated bibliography*, (1. Auflage 1964), 3. revidierte und erweiterte Auflage, New York 1974

- Sachs, Curt: *Die Musik der Alten Welt in Ost und West. Aufstieg und Entwicklung*, (engl. New York 1943), Berlin 1968

Liegt ein Werk in einem Nachdruck (**Reprint**) vor, wird dies nicht verschwiegen. Vor allem bei Quellen aus früheren Jahrhunderten macht es keinen guten Eindruck, wenn das Literaturverzeichnis vorspiegelt, man hätte jeweils mit den Originalen gearbeitet, während man in Wirklichkeit nur den üblichen Reprint zur Hand nahm. Und selbst wenn einem tatsächlich der Originaldruck zur Verfügung stand, gehört es zum Dienst am Leser (der vielleicht nicht in der gleichen glücklichen Lage ist), verfügbare Nachdrucke wiederzugeben.

- Koch, Heinrich Christoph: *Kurzgefaßtes Handwörterbuch der Musik für praktische Tonkünstler und für Dilettanten*, Leipzig 1807, Reprint Hildesheim 1981

Achtung: Ein Neudruck ist kein Nachdruck. Ein Nachdruck bzw. Reprint druckt den Text wie ein Faksimile fotomechanisch nach. Paginierung und alles andere sind also mit der Vorlage identisch. Bei einem Neudruck wird der Text neu gesetzt, was in der Regel ein völlig neues Druckbild und abweichende Seitenzählung zur Folge hat. Neudruck und Nachdruck dürfen also auch in der Literaturangabe nicht verwechselt werden.

Neben Autor und Titel gehört der **Erscheinungsvermerk** (**Erscheinungsort** und **Erscheinungsjahr**) zu den fundamentalen bibliographischen Angaben einer selbstständigen Publikation, auf die in keinem Fall verzichtet werden darf. Verlage haben oft neben ihrem Hauptsitz einen und nicht selten eine ganze Reihe weiterer Sitze, meist im Ausland. Wer verschiedene Bücher beispielsweise aus dem Bärenreiter-Verlag zu verzeichnen hat, wird bald der Formel »Kassel-Basel-London-New York-Prag« überdrüssig werden – auch für den Leser ist dies Ballast – und sich auf die Nennung des an erster Stelle genannten Hauptsitzes beschränken, allenfalls mit der bibliothekarisch üblichen Ergänzung »u. a.«, die im Grunde aber ebenfalls überflüssig ist. Etwas anderes ist es bei Gemeinschaftsproduktionen mehrerer Verlage: Sind verschiedene Verlage beteiligt, sollte von jedem der Hauptsitz angeführt werden:

- *Terminorum musicae index septem linguis redactus. Polyglottes Wörterbuch der musikalischen Terminologie*, Budapest und Kassel 1978
  [es handelt sich um eine gemeinsame Veröffentlichung von Akadémiai Kiadó Budapest und dem Bärenreiter-Verlag Kassel]

Eine Ermessensfrage ist die Nennung des **Verlages** selbst.

- Kubik, Gerhard: *Zum Verstehen afrikanischer Musik. Ausgewählte Aufsätze*, Leipzig: Reclam 1988

Die Verlagsangabe ist ein strittiger Fall. Die Tendenz geht im Zuge der standardisierten Dokumentation eindeutig zur Nennung des Verlegers bzw. der verlegenden Institution, wenngleich sich die Geisteswissenschaften diesem Trend nur zögernd anschließen. Dafür, ob die Verlagsangabe nötig ist oder nicht, gibt es (wie so oft) mehrere Pro- und Kontra-Argumente. Solange der Usus zwischen den Möglichkeiten hin- und herwandert, würde ich als Kompromiss für den akademischen Gebrauch beide Praktiken als legitim gelten lassen und lediglich für Arbeiten, die im Druck erscheinen sollen, die Verlagsangabe empfehlen. Wer sich dafür entscheidet (vielleicht weil er eine ausführliche Bibliographie anstrebt), gibt dennoch nur eine Kurzform an, gewöhnlich den Nachnamen des Verlegers. Sinnvoll ist die Verlagsangabe allerdings immer, wenn kein Erscheinungsort greifbar ist:

- Tinctoris, Johannes: *Opera theoretica*, hrsg. von Albert Seay, o.O.: American Institute of Musicology 1975 (Corpus scriptorum de musica, 22)

Unerlässlich ist hingegen das **Jahr** des Erscheinens, das nach deutscher Konvention ohne vorangestelltes Komma dem Ort folgt:

- Hirsbrunner, Theo: *Debussy und seine Zeit*, Laaber 1981

- Stuckenschmidt, Hans H.: *Maurice Ravel. Variationen über Person und Werk,* Frankfurt a.M.: Suhrkamp 1966

Einerseits ist es für den Leser sehr hilfreich, schnell Auskunft darüber zu erhalten, ob es sich bei der genannten Literatur um eine brandneue und daher besonders aktuelle oder um eine schon ältere, vielleicht von der Forschung bereits überholte oder aber zu einem Klassiker gewordene Publikation handelt. Andererseits werden fortlaufend erscheinende Bibliographien in gedruckter Form nach so genannten Berichtszeiträumen vorgelegt, also etwa die im Jahr 1981 registrierten Veröffentlichungen. In einer solchen Bibliographie lässt sich eine Literaturangabe demnach nur gezielt überprüfen, wenn man das Jahr kennt. Bei mehrbändiger, sich über mehrere Jahre erstreckender Publikation sind detaillierte oder pauschale Verzeichnung möglich, »ff.« jedoch nur, wenn die Publikation noch nicht abgeschlossen ist:

- Koch, Heinrich Christoph: *Versuch einer Anleitung zur Komposition,* 3 Bde.: I, Rudolstadt 1782; II, Leipzig 1787; III, Leipzig 1793; Reprint Hildesheim 1964
- *Beethoven studies,* hrsg. von Alan Tyson, 3 Bde., London 1973–1982

Sind Ort oder Jahr oder beides in einem Druckwerk an keiner Stelle genannt, wird dies entsprechend vermerkt: »o.O.« (= ohne Ort), »o.J.« (= ohne Jahr) oder »o.O.u.J.« (= ohne Ort und Jahr):

- Knecht, Justin Heinrich: *Kleine theoretische Klavierschule für die ersten Anfänger,* München o.J.

Vielleicht sind die Daten allerdings aus anderen Quellen, etwa einem anderen Literaturverzeichnis, zu eruieren; dann ergänzt man die Angaben in eckiger Klammer:

- Knecht, Justin Heinrich: *Kleine theoretische Klavierschule für die ersten Anfänger,* München [1800]

Vieles an Sekundärliteratur gehört der Kategorie der **Hochschulschriften** an. Dazu rechnen praktisch alle Arbeiten vom Seminarreferat über eine Examensarbeit bis zur Dissertation und Habilitationsschrift, die dann auch als solche gekennzeichnet werden, indem man den Typ, die Hochschule selbst und, wenn vorhanden, den Publikationsort angibt:

- Olshausen, Ulrich: *Das lautenbegleitete Sololied in England um 1600,* Diss. Universität Frankfurt a. M. 1963
- Fisher, Gary: *The Munich Kapelle of Orlando di Lasso (1563–1594). A model for Renaissance choral performance practice,* Diss. University of Oklahoma 1987, Ann Arbor 1988

Ist eine Hochschulschrift zu einer regulären Verlagsproduktion geworden (es ist dann oft erst im Vorwort zu erkennen, dass es sich ursprünglich um eine Hochschulschrift gehandelt hat), kann, muss der Sachverhalt aber nicht unbedingt erwähnt werden:

- Unverricht, Hubert: *Geschichte des Streichtrios* (Habil.-Schr. Mainz 1967), Tutzing 1969 (Mainzer Studien zur Musikwissenschaft, 2)

Liegt eine Arbeit lediglich als maschinenschriftliches Typoskript vor, wird dies mit dem Zusatz »(masch.)« angezeigt. Vorsicht: Nur Arbeiten, die tatsächlich nicht drucktechnisch vervielfältigt sind, gehören in diese Kategorie. Viele Dissertationen sind eine ca. 200fache Vervielfältigung des Typoskripts im Offsetverfahren, das der Doktorand auf eigene Kosten herstellen ließ, um damit dem an seiner Universität bestehenden Druckzwang für Dissertationen zu genügen. Die Arbeit gilt damit als gedruckt. Der Zusatz »masch.« dagegen erfüllt die Aufgabe, unmissverständlich darauf hinzuweisen, dass die betreffende Hochschulschrift lediglich in einigen wenigen maschinenschriftlichen Exemplaren (meist Durchschlägen oder Fotokopien) vorliegt, man sie also wegen ihrer Seltenheit nur mit Schwierigkeiten im Fernleihverkehr erhalten kann, und wenn, dann meist nur zur Benutzung im Lesesaal der besorgenden Bibliothek:

- Senigl, Johanna: *Johann Michael Haydns Beiträge zum Salzburger Theaterleben*, Diss. Universität Salzburg 1987 (masch.)

Bei den letzten Angaben zu selbstständigen Publikationen handelt es sich um den **Reihentitel** und die **Reihenzählung**. Bücher erscheinen häufig als Bestandteil einer umfassenden, gewöhnlich unregelmäßig erscheinenden Schriftenreihe mit eigenem Namen, z. B. *Innsbrucker Beiträge zur Musikwissenschaft*, *Wege der Forschung*, *Musik-Taschen-Bücher Theoretica* (so genannte fortlaufende Sammelwerke), sie können aber auch Teil einer sogleich mit einem bestimmten Umfang geplanten Reihe sein (so genannte begrenzte Sammelwerke), z. B. *Geschichte der Musiktheorie* (von vornherein auf 15 Bände hin konzipiert). Diese Serien sind meistens durchnummeriert, können aber auch ohne Bandzählung erscheinen. Da Bibliotheken ein Buch sowohl für sich allein, aber auch als Bestandteil einer Schriftenreihe führen – allerdings nur nummerierte Reihen –, kann die Angabe des Reihentitels mitunter nützlich sein, besonders wenn man sich in etwas weniger gut geordneten (Instituts-)Bibliotheken bewegt. In manchen Fällen ist der Reihentitel sogar erforderlich, um den Titel des Buches überhaupt verstehen zu können (siehe das zweite Beispiel hierzu). Man lässt also als letzte bibliographische Angabe, und zwar nur bei gezählten Reihen, den Serientitel und die jeweilige Bandnummer folgen. Eventuelle Herausgeber der ganzen Reihe werden nicht berücksichtigt:

- Danckert, Werner: *Geschichte der Gigue*, Leipzig 1924 (Veröffentlichungen des musikwissenschaftlichen Seminars der Universität Erlangen, 1)
- Klein, Hans Günter: *Wolfgang Amadeus Mozart. Autographe und Abschriften. Katalog*, Berlin 1982 (Staatsbibliothek Preußischer Kulturbesitz, Kataloge der Musikabteilung, I,6)
- Danuser, Hermann: *Die Musik des 20. Jahrhunderts*, Laaber 1984 (Neues Handbuch der Musikwissenschaft, 7)

Bei begrenzten Sammelwerken (mit oder ohne Bandnummerierung) unterlaufen häufig Fehler, indem die ganze Sammlung als die zu verzeichnende selbstständige Publikation missverstanden wird, also z. B. geschrieben wird:»Krummacher, Friedhelm: Bach in Leipzig, in: Neues Handbuch der Musikwissenschaft, Bd. 5, Laaber 1985, S. 122–135«. Korrekterweise muss aber der Einzelband (in bibliothekarischer Ausdrucksweise: der Stücktitel) angeführt werden:

- Krummacher, Friedhelm: Bach in Leipzig, in: *Die Musik des 18. Jahrhunderts*, hrsg. von Carl Dahlhaus, Laaber 1985 (Neues Handbuch der Musikwissenschaft, 5), S. 122–135

Ist die Reihe nicht nummeriert (z. B. die Serie *Die Musikwissenschaft* im Programm der Wissenschaftlichen Buchgesellschaft) oder handelt es sich um eine so genannte Verlegerserie, bei der lediglich der Verlag seine meist als Taschenbuch erscheinenden Publikationen ohne engere inhaltliche Bestimmung zählt (z. B.»Serie Piper 367«, »dtv 3022«), braucht man keine Reihenangabe zu machen, es ist allerdings auch nicht»verboten«. Auch hier kommt es wieder auf die grundsätzliche Entscheidung an, wie ausführlich man seine Angaben machen will. Im Normalfall bleiben nicht nummerierte und Verlegerserien unberücksichtigt. Eine Ausnahme bilden allerdings ungezählte begrenzte Sammelwerke. Das von Ernst Bücken vor mehr als 60 Jahren herausgegebene zehnbändige *Handbuch der Musikwissenschaft* etwa hat ursprünglich keine expliziten Bandnummern, dennoch sollte der Leser erfahren, dass es sich bei den Einzelbänden um einen Teil dieses mehrbändigen Werkes handelt, also z. B.:

- Haas, Robert: *Die Musik des Barocks*, Potsdam 1932 (Handbuch der Musikwissenschaft)

Die Erfassung **unselbstständiger Schriften** orientiert sich generell an derjenigen selbstständiger Schriften. Also auch hier gibt man Autor und Titel (gegebenenfalls auch Untertitel) des Einzelbeitrags an. Dann folgt nach dem Wörtchen »in:« die Verzeichnung der selbstständigen Publikation, innerhalb derer der Aufsatz oder Artikel erschienen ist:

- Koenig, Gottfried Michael: Ligeti und die elektronische Musik, in: *György Ligeti. Personalstil – Avantgardismus – Popularität*, hrsg. von Otto Kolleritsch, Wien 1987 (Studien zur Wertungsforschung, 19), S. 11–18

Der häufigste Fall bei der Verzeichnung unselbstständiger Publikationen ist der eines Aufsatzes in einem wissenschaftlichen **Periodikum,** also einer regelmäßig erscheinenden Schrift (Zeitung, Zeitschrift, Jahrbuch, Mitteilungsblatt). Das Schema lautet: Titel des Periodikums (ohne Ort, Herausgeber oder ähnliche Zusätze), Band- oder Jahrgangszählung, Erscheinungsjahr, Seitenangabe:

- Besseler, Heinrich: Umgangsmusik und Darbietungsmusik, in: *Archiv für Musikwissenschaft* 16 (1959), S. 21–43

Der Titel der Zeitschrift darf abgekürzt werden; allerdings sollte man keine neuen Abkürzungen erfinden, die der Leser erst mühsam entziffern müsste, sondern sich an die in der Fachwelt eingebürgerten halten, wie sie in den Abkürzungsverzeichnissen von *MGG2* oder *RiemannL* zu finden sind, in unserem Fall also:

- in: *AfMw* 16 (1959) …

Die Heftnummer wird lediglich erwähnt, wenn der Band (Jahrgang) nicht durchpaginiert ist, sondern jedes Heft seine eigene Seitenzählung hat:

- Clostermann, Annemarie: »Caccia«. Frühe Variationen zur musikalischen Jagd, in: *NZfM* 147.12 (1986), S. 12–16
  oder in: *NZfM* 147 (1986), H. 12, S. 12–16

Bei Zeitungen gibt man statt des Jahres das genaue Datum an. Jahrbücher haben statt einer Bandzahl häufig nur eine Jahreszahl, die aber mit dem Erscheinungsjahr nicht identisch sein muss. Im Falle, dass die Zahlen nicht übereinstimmen, ist es ratsam, das Erscheinungsjahr zu erwähnen:

- Mattern, Volker: Zur Entwicklung von Mozarts Personalstil, in: *Mozart-Jb.* 1984/85 (1986), S. 207–218

Entscheidend ist bei allen diesen Angaben, dass sie eindeutig das verzeichnen, was benutzt wurde. Ist man sich beispielsweise nicht völlig im Klaren, ob die betreffende Zeitschrift im Ganzen oder nach Einzelheften paginiert ist, vielleicht weil man einen Aufsatz als Kopie über Fernleihe bekommen hat und somit die Zeitschrift selbst nie in Händen hatte, muss der Leitspruch wieder lauten: lieber Überflüssiges angeben als Wichtiges unterschlagen.

Artikel in Lexika und Nachschlagewerken werden wie Aufsätze behandelt. Sind sie namentlich gezeichnet (möglicherweise erst am Ende und nur mit Initialen, die sich aber durch das Abkürzungsverzeichnis auflösen lassen), figurieren sie unter dem Verfasser, andernfalls wie ein anonymes Werk und damit unter dem Titel:

- Reckow, Fritz; Flotzinger, Rudolf: Organum, in: *The new Grove dictionary of music and musicians*, hrsg. von Stanley Sadie, London 1980, Bd. 13, S. 796–808
  oder ... in: *NGroveD* 13, S. 796–808
- Blechmusik, in: *Riemann Musiklexikon*, 12. Auflage, Sachteil, hrsg. von Hans Heinrich Eggebrecht, Mainz 1967, S. 112
  oder ... in: *RiemannL*, Sachteil, S. 112

Vorsicht: Die *MGG* hat keine Seiten-, sondern Spaltenzählung (»Sp.«). Bei der Seitenangabe sollte es eine Selbstverständlichkeit sein, dass der gesamte Umfang von der ersten bis zur letzten Seite bzw. Spalte angegeben wird. Kurzversionen wie »S. 43ff.« oder gar nur »43« werden spätestens dann ärgerlich, wenn der Leser die Literaturangabe zum Ausgangspunkt einer Fernleihe (speziell einer Online-Direktbestellung) machen will und selbst den exakten Umfang recherchieren muss. Es kann vorkommen, dass aus einer selbstständigen Schrift eines einzelnen Autors nur ein Teil, etwa ein Kapitel, für die eigene Arbeit relevant war. Dann darf man das zum Ausdruck bringen, indem man nur dieses eine Kapitel wie eine unselbstständige Publikation verzeichnet:

- Reidemeister, Peter: Zur Situation der Aufführungspraxis heute, in: P. R.: *Historische Aufführungspraxis. Eine Einführung*, Darmstadt 1988, S. 1–16

Zuletzt sei noch etwas zur **Sprache** gesagt. Eine Literaturangabe selbst ist kein Zitat; lediglich beim Sach- und Reihentitel ist die exakte, zitierende Wiedergabe der Vorlage gefordert. Alle weiteren Angaben sind formalisierte Informationen, deren Inhalt wichtig ist und nicht ihr Wortlaut. Deshalb ist aus Gründen der Übersicht und Benutzerfreundlichkeit für eine Normierung aller dieser Angaben auf deutsche Begriffe zu plädieren. Ein sprachliches Konglomerat wie

- Cohen, Aaron I.: *International encyclopedia of women composers*, 2nd ed., revised and enlarged, 2 vols., New York 1987
- *La Musica*, sotto la dir. di Guido M. Gatti, a cura di Alberto Basso, 6 vol., Torino 1966–1971

ist in seiner normierten deutschen Fassung schon gleich viel überschaubarer, ohne etwas von seinem Informationswert eingebüßt zu haben:

- Cohen, Aaron I.: *International encyclopedia of women composers*, 2., überarbeitete und erweiterte Auflage, 2 Bde., New York 1987
- *La Musica*, unter der Leitung von Guido M. Gatti hrsg. von Alberto Basso, 6 Bde., Turin 1966–1971

Eine noch neue und ungeklärte Zitiersituation ist die Wiedergabe von Internet-Dokumenten oder die Bezugnahme auf sie, weil die bibliothekarischen und dokumentarischen Normen dafür erst entwickelt werden. Da es sich um ein Medium handelt, das sich gerade dadurch auszeichnet, dass alles im Fluss ist, die ins Internet gestellten Dokumente daher oft schon nach kurzer Zeit durch ein Update verändert oder, wie es jeder User aus leidvoller Erfahrung kennt, gar nicht mehr vorhanden sind, ist der Quellenbeleg eines seiner grundlegenden Funktionen beraubt: der unmittelbaren Nachprüfbarkeit. Zwar sind wahrscheinlich alle auch auf den Originalservern nicht mehr vorhandenen Seiten über Internet-Archive auffindbar, doch ähnlich wie bei realschriftlichen Unikaten und Rara (etwa einem Manuskript, einem frühen Druck) braucht man dazu ausreichende Informationen. Solange keine allgemein anerkannten Standards bestehen, muss man zumindest vielfältige Hilfestellungen für ein eventuelles Wiederfinden bieten, d. h. wenn möglich einen Verfasser und einen Titel und statt des Erscheinungsvermerks die Adresse (den URL) mitsamt dem Datum, das (am besten über eine Suchmaschine) für die letzten Veränderungen zu eruieren ist, z. B.

- Johannes Ockeghem. Missa Prolationum (2. Hälfte 15. Jh.), Hundert Meisterwerke (2). Eine Reihe von Thomas Pehlken, URL: http://www.klassik.com/de/magazine/masterpieces/002/index.htm (letzte Änderung 16. März 1999).

Musikalien

Die Angaben zu **gedruckten** Musikalien in einem Quellenverzeichnis entsprechen im Grunde denen von Schrifttum im Literaturverzeichnis. Auch hier ist der **Autor** primäres Verzeichnungskriterium, dem der **Titel** des Musikstücks und der **Erscheinungsvermerk** der Druckausgabe sowie gegebenenfalls Angaben zur **Serie** folgen. Einzelwerke aus Sammlungen werden wie unselbstständige Publikationen behandelt. Lediglich für einige Fälle, die für den Notendruck charakteristisch sind, sollen im Folgenden Empfehlungen ausgesprochen werden.

Es wurde bereits darauf hingewiesen, dass stets die Haupttitelseite als Informationsquelle betrachtet werden muss. Bei Musikalien ist das daraufhin auszuweiten, dass diejenige Seite als Haupttitelseite gilt, die die vollständigsten Angaben zur Beschreibung der Vorlage enthält. Das kann, wenn z. B. für alle Titelseiten einer Verlagsserie eine Art Passepartout verwendet worden ist, mitunter auch die erste Notenseite mit ihrem ausführlichen Kopftitel sein.

Musikalische Werke, deren **Autor unbekannt** ist, spielen als Quellenmaterial – zumal in früheren Epochen – eine große Rolle. Dem fortschreitenden Denkmäler- und Editionswesen haben wir es zu verdanken, dass zunehmend anonyme Kompositionen in Neudrucken zugänglich sind. Es gäbe wenig Sinn, alle diese Anonyma unter dem jeweiligen Herausgeber ins Quellenverzeichnis aufzunehmen. Ähnlich verhält es sich mit den Denkmälerreihen selbst, in denen häufig **Sammlungen** von Werken der unterschiedlichsten Komponisten unter einem thematischen Gesichtspunkt vereinigt sind. Auch hier ist einerseits die Vielzahl an Editoren zu unüberschaubar, andererseits die Bedeutung des Herausgebers für das Werk selbst meist zu sekundär, als dass sein Name für die Einordnung im Quellenverzeichnis zweckmäßig wäre. Für Musikalien bietet es sich daher noch viel dringender als bei Schrifttum an, Einzelwerke oder Sammlungen, die nicht eindeutig einem Autor zuzuordnen sind, unter dem Titel einzuordnen:

* Ave stella matutina. Sequence, in: *Italian sacred and ceremonial music*, hrsg. von Kurt von Fischer und F. Alberto Gallo, Monaco 1987 (Polyphonic music of the fourteenth century, 13), S. 184f.
* Musik der bayerischen Hofkapelle zur Zeit Orlando di Lassos, 1. Auswahl: *Madrigali a cinque voci de floridi virtuosi del serenissimo Duca di Baviera (Venedig 1569 und 1575)*, hrsg. von Horst Leuchtmann, Wiesbaden 1981 (DTB, N.F. 4)

Titel von Musikalien sind meist sehr viel differenzierter als Titel von Sprachtexten. Elemente, die unbedingt zum Titel gehören und deshalb in der Wiedergabe nicht unterschlagen werden dürfen, wenn die Vorlage sie bietet, sind Tonarten- und Besetzungsangaben sowie Opuszahlen oder sonstige Zählungen:

* Nono, Luigi: *Fragmente-Stille, An Diotima. Per quartetto d'archi (1979–1980)*, Mailand 1985
* Zemlinsky, Alexander von: *Gesänge für eine Singstimme mit Klavierbegleitung, op. 5*, Ausgabe für eine tiefere Stimme, Kopenhagen und Leipzig: W. Hansen 1898

Auch Mitteilungen der Vorlage zu bestimmten Ausgabeformen (z. B. »Ausgabe für eine tiefere Stimme«, Klavierauszug, Bearbeitung, eine bestimmte Fassung) werden übernommen, weil sie wichtige Informationen zu der benutzten Quelle bieten. Dazu zählt allerdings nicht die so genannte Stimmenpräsentationsform, also ob es sich etwa um eine Partitur oder um Einzelstimmen handelt. Da diese ja keinen primären Eingriff in den Notentext bedeutet, ist es überflüssig (aber wiederum nicht »illegitim«), sie zu nennen.

Häufiger als Bücher enthalten Notenausgaben aber mäandernde Titelblätter, die sinnvoll gekürzt werden müssen. Auf der Haupttitelseite einer Taschenpartitur zu Beethovens 9. Sinfonie etwa sind neben der Widmung des Werkes noch Hinweise auf Schillers Ode und auf Beethovens Leitung der Uraufführung zu finden, die natürlich bei der Wiedergabe übergangen werden. Die entscheidenden Teile des Titels werden allerdings wortgetreu zitiert:

- Beethoven, Ludwig van: *Symphony No. 9, D minor, Op. 125*, hrsg. von Max Unger, London: Eulenburg o.J. (Edition Eulenburg, 411)
- Mozart, Wolfgang Amadeus: Quartett in D für zwei Violinen, Viola und Violoncello, KV 575, in: W.A.M.: *Neue Ausgabe sämtlicher Werke*, VIII, 20, 1.3: *Kammermusik [...] Streichquartette*, Bd. 3, vorgelegt von Ludwig Finscher, Kassel: Bärenreiter 1961, S. 37–64

Bisweilen kann es aber auch für den Leser hilfreich sein, wenn man zum Titel der Vorlage etwas hinzufügt, z. B. die Tonart, falls sie aus dem Titelzitat nicht hervorgeht und zur eindeutigen Bestimmung des Werkes beiträgt, oder aus ähnlichen Gründen die Nummer, die das Werk in einem Werkverzeichnis oder Thematischen Katalog trägt; bei alten Drucken ist man oft dankbar, wenn die *RISM*-Nummer den Druck unmissverständlich identifiziert; auch das ungefähre Erscheinungsjahr, das man womöglich nur aus der Datierung des Vorworts rekonstruiert hat, ist nicht selten eine nützliche Ergänzung:

- Gesualdo, Carlo: *Madrigali a cinque voci, libro quinto*, Venedig: Gardano 1614 [RISM G 1740]
- Vivaldi, Antonio: *Sonata* [g-Moll] *a violino solo con basso continuo* [RV 26], Erstdruck hrsg. von Walter Upmeyer, Kassel: Bärenreiter [ca. 1953] (Hortus musicus, 102)

Für Notendrucke vor allem des 18. und 19. Jahrhunderts, aber häufig auch noch für solche aus dem 20. Jahrhundert ist es bezeichnend, dass das **Jahr des Erscheinens** im Druck selbst nicht bekannt gegeben wird. Es fehlt somit bei vielen Notenausgaben ein ganz wichtiges bibliographisches Kriterium, das möglichst durch sonstige Angaben ersetzt werden muss. Aus diesem Grund ist es ratsam, bei der Verzeichnung von Notenausgaben den Verleger grundsätzlich zu nennen, wenn das Jahr des Erscheinens nicht mitgeteilt werden kann. (Überhaupt ist es sinnvoll, bei Notendrucken vor dem 20. Jahrhundert den Verlag anzugeben.) Eine weitere Möglichkeit, den betreffenden Druck trotz fehlenden Erscheinungsjahrs bibliographisch genau anzugeben, ist die Beifügung der laufenden Nummer. Bei älteren Publikationen, die noch im Plattendruckverfahren hergestellt sind, wäre dies die jeweilige Plattennummer (PN) des Druckwerks (sie befindet sich unten auf jeder Seite wie auch auf dem Titelblatt):

- Haydn, Joseph: *Simphonie périodique à grand orchestre, libro II, œuvre XX* [Hob. I:53], Berlin: J. J. Hummel, Amsterdam: Grand magazin de musique o.j., PN 565 [RISM H 3079],

bei neueren Werken seit der Mitte des 19. Jahrhunderts die an die Stelle der Plattennummer getretene Verlagsnummer:

- Saint-Saëns, Camille: *Messe de Requiem. Soli, chœurs et orchestre, op. 54*, Paris: Durand und Schoenewerk o.j., Nr. 2550

Deshalb auch ist man bei der Verzeichnung von Musikalien mit der Angabe der so genannten Verlegerserien sehr viel großzügiger als bei Schrifttum:

- Franck, César: *Drei Choräle für die Orgel*, neu revidiert von Otto Barblan, New York: Peters o.j. (Ed. Peters, 10241)

Vorsicht bei Noten aus dem 20. Jahrhundert: Die Jahresangabe beim Copyrightvermerk entspricht nicht unbedingt dem Erscheinungsjahr der vorliegenden Ausgabe. In Zweifelsfällen sollte man dies mit einem vorangesetzten »c« zum Ausdruck bringen (z. B. »c 1965«).

Eine weitere Besonderheit, mit der wir bei den Quellenangaben von Musikalien rechnen müssen, sind die zahlreichen **Gesamt-** bzw. **Werkausgaben, Denkmäler-** und **Reihen**publikationen, innerhalb derer die meisten Noten veröffentlicht sind, mit denen wir zu tun haben. Wichtig zu merken ist bei Denkmäler- und Reihenpublikationen (analog zu begrenzten Sammelwerken des Schrifttums), dass beispielsweise ein einzelnes Stück nicht »in« den *Denkmälern der Tonkunst in Österreich* erschienen ist, sondern »in« einem Einzelband. Die *Denkmäler der Tonkunst in Österreich* (DTÖ) sind in diesem Fall die Reihe, die bei Musikalien wie bei Büchern als Reihe in Klammer an den Schluss gesetzt werden sollte:

- Starzer, Josef: Divertimento in C-Dur, in: *Wiener Instrumentalmusik vor und um 1750. Vorläufer der Wiener Klassik*, bearbeitet von Karl Horwitz und Karl Riedel, (Wien 1908) Reprint Graz 1959 (DTÖ, XV/2 = 31), S. 94–104

Anders verhält es sich nur bei Werkausgaben *eines* Autors. Hier wird die komplette Sammlung (z. B. die *Neue Bach-Ausgabe*) als Haupttitel genannt und der jeweilige Einzelband als Teil der umfassenden Sammlung:

- Schönberg, Arnold: Sämtliche Werke, III, A, 8. 1 und 2: *Moses und Aron. Oper in drei Akten*, hrsg. von Christian Martin Schmidt, 2 Bde., Mainz und Wien 1977 und 1978

- Bach, Johann Sebastian: Halt im Gedächtnis Jesum Christ, BWV 67, in: J. S. B.: *Neue Ausgabe sämtlicher Werke*, I, 11.1: *Kantaten zu den Sonntagen Quasimodogeniti und Misericordias Domini*, hrsg. von Reinmar Emans, Kassel 1988, S. 3–60

Da fast alle Gesamtausgaben und etliche Denkmäler- und Reihenpublikationen in ihrer Gesamtkonzeption stark untergliedert sind (übergeordnete Serien, unterteilt in Werkgruppen, verzweigt in Abteilungen, aufgeteilt in Bände und dergleichen), ist eine genaue hierarchische Spezifizierung der jeweiligen Nummern erforderlich (bei den obigen Beispielen also »DTÖ, XV/2 = 31« oder »Schönberg, Sämtliche Werke, III, A, 8. 1 und 2«).

Wie bei den Titeln für wissenschaftliche Zeitschriften sind auch bei Denkmäler- und Gesamtausgaben Abkürzungen gang und gäbe geworden, die man verwenden kann, sofern sie entweder den Abkürzungen in *MGG2* bzw. *RiemannL* entsprechen oder in einem eigenen Abkürzungsverzeichnis aufgelöst sind (oben z. B. »DTÖ«).

Handschriftliche musikalische Quellen werden im Grunde auf ähnliche Weise verzeichnet wie gedruckte. Allerdings fallen naturgemäß einige Angaben weg, dafür kommen andere hinzu. Den Komponistennamen gibt man wiederum in der heutigen genormten Fassung an. Darauf folgt das exakte und möglichst vollständige Titelzitat. Dazu gehört auch der Komponistenname in der Schreibung, wie man sie vorfindet. Die Wiedergabe des Titelblattes oder des Kopftitels braucht nicht diplomatisch, d. h. in allem exakt wie die Vorlage, zu sein: Zeilenwechsel werden beispielsweise nicht unbedingt mit einer Virgel (/) markiert. Aber in Handschriften häufig vorkommende Abkürzungen und vor allem Abkürzungszeichen wie am Ende eines Wortes oder über den Buchstaben sollten entweder wiedergegeben (»del Sig Giuseppe Hayden año Dñi 1784«) oder in eckiger Klammer aufgelöst werden (»del Sig[nor] Giuseppe Hayden an[n]o D[omi]ni 1784«). Noch mehr als bei Drucken ist der Leser bei Handschriften über eine zweifelsfreie Bestimmung des Werkes dankbar: also nicht mit Identifizierungsangaben wie Opuszahlen, Werkverzeichnisnummern, Hinweisen auf zugrunde liegende oder spätere Drucke und Ähnlichem (natürlich in eckiger Klammer) sparen. Die günstigste Stelle für den Vermerk, dass es sich um ein Manuskript handelt (»Hs.« oder »Ms.«), ist zwischen Titel und den näheren Angaben, also der Stimmenpräsentationsform des Exemplars (Partitur, Stimmen, Chorbuch etc.), der Art der Handschrift (Autograph, Kopie) und der (zumindest geschätzten) Datierung ihrer Anfertigung. Eine weitergehende Beschreibung (Beschreibmaterial wie Pergament, Papier etc., Wasserzeichen, Format, Einband, Besitzvermerke, Schreibername und dergleichen) ist in einem Verzeichnis benutzter Quellen nicht am Platz, falls es sich nicht um eine Arbeit handelt, die vornehmlich quellenkundliche Absichten hat – und dann auch nur, wenn nicht auf bereits bestehende Quellenbeschreibungen verwiesen werden kann. Sinnvoll ist der Hinweis auf eine solche offizielle Erfassung, sofern sie in Form eines gedruckten oder sonstwie allgemein zugänglichen Katalogs vorliegt, in jedem Fall. Mit zu den wichtigsten Informationen gehört der Fundort, also die Bibliothek oder Sammlung, notfalls das Dorf, auf dessen Kirchenboden man fündig geworden ist. In der Regel wird man die verwahrende Stelle mit ihrem internationalen *RISM*-Sigel angeben können. Ergänzt wird der Fundort unbedingt mit der Signatur der betreffenden Handschrift:

- Beethoven, Ludwig van: *Freje Sonate für Klavier und Violonschell* [C-Dur, op. 102 Nr. 1], Ms.: Partitur, Autograph 1815, D-brd B, Sign. Mus.ms.autogr.Beethoven 18 (s. Klein, Hans-Günter: *Ludwig van Beethoven. Autographe und Abschriften. Katalog,* Berlin 1975 [Staatsbibliothek Preußischer Kulturbesitz, Kataloge der Musikabteilung, I,2], S. 61)
- [Dimler, Franz Anton:] *Die Schatzgräber. Eine Operett in Drej Aufzüg,* Ms.: 12 Stimmen, Kopie ca. 1798, D-brd WINtj, Sign. 11 (s. Haberkamp, Gertraut; Zuber, Barbara: *Die Musikhandschriften Herzog Wilhelms in Bayern, der Grafen zu Toerring-Jettenbach und der Fürsten Fugger von Babenhausen. Thematischer Katalog,* München 1988 [Kataloge bayerischer Musiksammlungen, 13], S. 28)
- Vento, Ivo de: *Teutsche Lieder von Ivo de Vento München 1573* [RISM V 1126], Ms.: Sparte 1915, D-brd Mbs, Sign. Mus.ms. 17569

Ältere Codices, die keinen Autor und Titel im modernen Sinne kennen, werden – selbst wenn ihnen ein landläufiger Titel beigelegt wurde wie den *Carmina burana* – unter ihrem Bibliotheks- bzw. Archivsigel, beginnend mit dem Ort der Aufbewahrung, eingeordnet. Eine nähere Bezeichnung kann gegebenenfalls in eckiger Klammer nachgeliefert werden:

- Augsburg, Staats- und Stadtbibliothek, 2° Cod. 248 [Graduale aus Ss. Ulrich und Afra Augsburg, um 1500 bzw. 1512] (s. Gottwald, Clytus: *Die Musikhandschriften der Staats- und Stadtbibliothek Augsburg,* Wiesbaden 1974 [Handschriftenkataloge der Staats- und Stadtbibliothek Augsburg, 1], S. 10–12)

Teile aus Handschriften werden genauso behandelt wie Teile aus Druckwerken, allerdings muss man, vor allem je älter das Objekt ist, mit Blatt- statt Seitenzählung rechnen, schlimmstenfalls muss man selbst die Blatter zahlen. Blattangaben werden üblicherweise auf lateinisch gemacht (»fol.« = folio = auf Blatt ...; »r« = recto = auf der Vorderseite; »v« = verso = auf der Rückseite).

- Festa, Costanzo: Quis dabit oculis nostris, in: Bologna, Civico museo bibliographico musicale, MS Q 19 [Rusconi Codex], fol. 76^v–78^r oder noch kürzer f. 76'–78

Frühe Drucke haben gerne eine spezielle Foliierung in Form einer Zählung nach Papierlagen, die mit Buchstaben gekennzeichnet sind; innerhalb derer finden sich dann die gezählten Blätter in römischen Ziffern, also fol. Biij–Fiij^v.

Aufgabe 30

Machen Sie jeweils eine korrekte Angabe für ein Literaturverzeichnis

a) zum auf S. 200ff. abgedruckten Aufsatz von C. Dahlhaus in dem von L. Finscher herausgegebenen Sammelband *Ludwig van Beethoven* (1983),

b) zum 111. Band der *Taschenbücher zur Musikwissenschaft,*

c) zum Aufsatz von A. Abel im *Archiv für Musikwissenschaft* von 1981,

d) des Stückes, das Sie auf S. 3–5 des 19. Bandes *Polyphonic music of the fourteenth century* finden.

ANHANG

Abkürzungen

AK	Alphabetischer Katalog
Amer.	American
AMl	Acta Musicologica
Arr.	Arrangement
Ass.	Association
Aufl.	Auflage
Auftr.	Auftrag
Ausg.	Ausgabe
Ausw.	Auswahl
Bc	Basso continuo
Bd., Bde.	Band, Bände
bearb.	bearbeitet
Bibl.	Bibliothek
BWV	Bach-Werke-Verzeichnis
c, ©	Copyright
CD-ROM	Compact Disc, Read Only Memory
CMM	Corpus mensurabilis musicae
ders.	derselbe
DMA	Deutsches musikgeschichtliches Archiv
DTB	Denkmäler der Tonkunst in Bayern
DTÖ	Denkmäler der Tonkunst in Österreich
ebda.	ebenda
EdM	Das Erbe deutscher Musik
erg.	ergänzt
erl.	erläutert
erw.	erweitert
f.	folgende(r)
FAM	Fontes Artis Musicae
ff.	die folgenden
fol.	folio
Fs.	Festschrift
Fsg.	Fassung
GA	Gesamtausgabe
ges.	gesammelt
Ges.	Gesellschaft
H.	Heft
HHA	Hallische Händel-Ausgabe
HmT	Handwörterbuch der musikalischen Terminologie
Hr	Horn

hrsg., Hrsg.	herausgegeben, Herausgeber
hs., Hs., Hss.	handschriftlich, Handschrift(en)
IB	Institutsbibliothek
Inst.	Institut(e)
ISBN	Internationale Standard Buchnummer
Jb.	Jahrbuch
Jg.	Jahrgang
Jh.	Jahrhundert
Kgr.-Ber.	Kongressbericht
Kl	Klavier
kl.	klein
KV	Köchel-Verzeichnis
Ltg.	Leitung
MB	Musica Britannica
Mf	Die Musikforschung
MGG	Die Musik in Geschichte und Gegenwart
Ms., Mss.	Manuskript(e)
Musikgesch.	Musikgeschichte
Musikwiss.	Musikwissenschaft
NBA	Neue Bach-Ausgabe
N.F.	Neue Folge
NGroveD	The new Grove dictionary of music and musicians
NMA	Neue Mozart-Ausgabe
NZfM	Neue Zeitschrift für Musik
ÖMZ	Österreichische Musikzeitschrift
o.J.	ohne Jahr
o.O.	ohne Ort
op.	opus
Orch	Orchester
PI	Preußische Instruktionen
PN	Plattennummer
Pr.	Press
RAK	Regeln für die alphabetische Katalogisierung
Repr.	Reprint
rev.	revidiert
RiemannL	Riemann Musiklexikon
RIdIM	Répertoire International d'Iconographie musicale
RILM	Répertoire International de Litterature Musicale
RIPM	Répertoire International de la Presse Musicale
RISM	Répertoire International des Sources Musicales
s.	siehe

S.	Seite
s.a.	siehe auch
Ser.	Serie
Sign.	Signatur
SK	Sachkatalog
St.	Stimme
s.u.	siehe unten
SWK	Schlagwortkatalog
SyK	Systematischer Katalog
T.	Takt
TbzMw	Taschenbücher zur Musikwissenschaft
Tl.	Teil
UB	Universitätsbibliothek
überarb.	überarbeitet
Univ.	University
Va	Viola
Vc	Violoncello
Verl.	Verlag
Veröff.	Veröffentlichung(en)
vgl.	vergleiche
Vl	Violine
Vorb.	Vorbereitung
Werkgr.	Werkgruppe
Wiss., wiss.	Wissenschaft, wissenschaftlich
WV	Werkverzeichnis
Zs.	Zeitschrift

Verzeichnis der verkürzt zitierten Quellen

Schrifttum

Abravanel, Claude: A checklist of music manuscripts in facsimile edition, in: *Notes* 34 (1977/78), S. 557–570

Allen, Warren Dwight: *Philosophies of music history. A study of general histories of music 1600–1960*, (¹1939), New York: Dover 1962

Die archivalischen Quellen. Eine Einführung in ihre Benutzung, hrsg. von Friedrich Beck und Eckart Henning, 2. Auflage, Weimar: Böhlau 1994 (Veröffentlichungen des Brandenburgischen Landeshauptarchivs Potsdam, 29)

Bartsch, Eberhard: *Die Bibliographie. Eine Einführung in Benutzung, Herstellung, Geschichte*, München: Saur 1979 (2., durchgesehene Auflage 1989) (UTB für Wissenschaft. Uni-Taschenbücher, 948)

Benjamin, Walter: Das Kunstwerk im Zeitalter seiner technischen Reproduzierbarkeit (2. Fassung), in: W. B.: *Gesammelte Schriften*, Bd. I.2, hrsg. von Rolf Tiedemann und Hermann Schweppenhäuser, Frankfurt a.M.: Suhrkamp 1974, S. 471–508

Brandt, Ahasver von: *Werkzeug des Historikers. Eine Einführung in die historischen Hilfswissenschaften*, 15. Auflage, Stuttgart: Kohlhammer 1998 (Urban-Taschenbücher, 33)

Braun, Werner:»Ecce, quomodo moritur justus« und der ›rührende Zug‹ in der Kirchenmusik, in: *Gallus carniolus in evropska renesansa. Mednarodni simpozij Ljubljana 21.–24.10.1991*, hrsg. von Dragotin Cvetko und Danilo Pokorn, Ljubljana: Slovenska akademija znanosti in umetnost 1991, S. 71–80

Bredehöft, Ellen; Rommel, Martina: *RAK-Musik. Lehrbrief und Beispielsammlung zu den Regeln für die alphabetische Katalogisierung von Musikdrucken, Musiktonträgern und Musik-Bildtonträgern*, 2. überarbeitete und erweiterte Auflage, Berlin: Deutsches Bibliotheksinstitut 1998 (Lehrbriefe Musik. Begleitmaterialien zur musikbibliothekarischen Ausbildung der Fachschule für Bibliothekswesen Stuttgart, 2.V; Dbi-Materialien, 176)

Brednich, Rolf Wilhelm: Quellen und Methoden, in: *Grundriß der Volkskunde. Einführung in die Forschungsfelder der europäischen Ethnologie*, hrsg. von R.W.B., Berlin: Reimer 1988, S. 73–93

Brown, Howard Mayer: Iconography of music, in: *The new Grove dictionary of music and musicians*, hrsg. von Stanley Sadie, Bd. 9, London: Macmillan 1980, S. 11–18

Cadenbach, Rainer; Jaschinski, Andreas; von Loesch, Heinz: Musikwissenschaft, in: *Die Musik in Geschichte und Gegenwart*, 2. neubearbeitete Auflage, hrsg. von Ludwig Finscher, Sachteil, Bd. 6, Kassel: Bärenreiter; Stuttgart: Metzler 1997, Sp. 1789–1834

Caldwell, John: *Editing early music*, ¹1985, 2. Auflage, Oxford: Clarendon 1995 (Early music series, 5)

Coover, James B.: Composite music manuscripts in facsimile, in: *Notes* 38 (1981/82), S. 275–295

Coover, James B.: *Music lexicography, including a study of lacunae in music lexicography and bibliography of music dictionaries*, 3., überarbeitete und erweiterte Auflage, Carlisle: Carlisle 1971

Coover, James B.: Music manuscripts in facsimile edition: supplement, in: *Notes* 37 (1980/81), S. 533–556

Dahlhaus, Carl: Editionstechnik, in: *Riemann Musiklexikon. Sachteil*, hrsg. von Hans Heinrich Eggebrecht, Mainz: Schott 1967, S. 250–253

Dahlhaus, Carl: *Grundlagen der Musikgeschichte*, Köln: Gerig 1977 (Musik-Taschen-Bücher Theoretica, 15)

Dahlhaus, Carl: Philologie und Rezeptionsgeschichte. Bemerkungen zur Theorie der Edition, in: *Festschrift Georg von Dadelsen zum 60. Geburtstag*, hrsg. von Thomas Kohlhase und Volker Scherliess, Neuhausen-Stuttgart: Hänssler 1978, S. 45–58

Dahlhaus, Carl: Zur Ideengeschichte musikalischer Editionsprinzipien, in: *Fontes Artis Musicae* 25 (1978), S. 19–27

Damschroder, David; Williams, David Russell: *Music theory from Zarlino to Schenker. A bibliography and guide*, New York: Pendragon 1990 (Harmonologia series, 4)

Deathridge, John; Geck, Martin; Voss, Egon: *Wagner-Werk-Verzeichnis. Verzeichnis der musikalischen Werke Richard Wagners und ihrer Quellen*, Mainz: Schott 1986

Deutsch, Otto Erich: *Mozart. Die Dokumente seines Lebens*, Kassel: Bärenreiter 1961 (NMA X, 34)

DIN 1502, Teil 2: Titelangaben von Dokumenten. Zitierregeln, Berlin: Deutsches Institut für Normung 1984

Dorfmüller, Kurt; Müller-Benedict, Markus: *Musik in Bibliotheken. Materialien – Sammlungstypen – Musikbibliothekarische Praxis*, Wiesbaden: Reichert 1997 (Elemente des Buch- und Bibliothekswesens, 15)

Dreyfus, Laurence: *Bach's continuo group. Players and practices in his vocal works*, Cambridge: Harvard University Press 1987 (Studies in the history of music, 3)

Droysen, Johann Gustav: *Historik. Vorlesungen über Enzyklopädie und Methodologie der Geschichte*, hrsg. von Rudolf Hübner, Nachdruck der 7. Auflage, Darmstadt: Wissenschaftliche Buchgesellschaft 1974

Duckles, Vincent H.: *Music reference and research materials. An annotated bibliography*, New York: Schirmer ([1]1964), 4. erweiterte Auflage (mit Michael A. Keller) 1988, 5. erweiterte Auflage (mit Michael A. Keller und Ida Reed) 1997

Editionsrichtlinien musikalischer Denkmäler und Gesamtausgaben, hrsg. von Georg von Dadelsen, Kassel: Bärenreiter 1967 (Musikwissenschaftliche Arbeiten, 22)

Eibl, Joseph Heinz: *Mozart. Die Dokumente seines Lebens. Addenda und Corrigenda*, Kassel: Bärenreiter 1978 (NMA X, 31/1)

Eisen, Cliff: *New Mozart documents. A supplement to the documentary biography by O. E. Deutsch*, Basingstoke: Macmillan 1991

Elste, Martin: *Kleines Tonträger-Lexikon. Von der Walze zur Compact Disc*, Kassel: Bärenreiter 1989

Elste, Martin: Von der Partiturwissenschaft zu einer Klangwissenschaft. Überlegungen zur Schallplattenforschung, in: *Jahrbuch des Staatlichen Instituts für Musikforschung Preußischer Kulturbesitz* 1983/84 (1987), S. 115–144

Faber, Karl-Georg: *Theorie der Geschichtswissenschaft*, München: Beck ([1]1971), 4. erweiterte Auflage 1978 (5. erweiterte Auflage 1982)

Feder, Georg: *Musikphilologie. Eine Einführung in die musikalische Textkritik, Hermeneutik und Editionstechnik*, Darmstadt: Wissenschaftliche Buchgesellschaft 1987

Feder, Georg; Unverricht, Hubert: Urtext und Urtextausgaben, in: *Die Musikforschung* 12 (1959), S. 432–454

Finscher, Ludwig: Gesamtausgabe – Urtext – Musikalische Praxis. Zum Verhältnis von Musikwissenschaft und Musikleben, in: *Musik – Edition – Interpretation. Gedenkschrift Günter Henle*, hrsg. von Martin Bente, München: Henle 1980, S. 193–198

Fischer, Hans: Feldforschung, in: *Ethnologie. Einführung und Überblick*, hrsg. von Hans Fischer, 4. überarbeitete und erweiterte Auflage, Berlin: Reimer 1998, S. 73–92

Gadamer, Hans-Georg: *Wahrheit und Methode. Grundzüge einer philosophischen Hermeneutik*, 4. Auflage, Tübingen: Mohr 1975

Geldsetzer, Lutz: Hermeneutik, in: *Handlexikon zur Wissenschaftstheorie*, hrsg. von Helmut Seiffert und Gerard Radnitzky, München: Ehrenwirth 1989, S. 127–139

Grier, James: *The critical editing of music. History, method, and practice*, Cambridge: Cambridge University Press 1996

Grund, Uwe; Heinen, Armin: *Wie benutze ich eine Bibliothek? Basiswissen – Strategien – Hilfsmittel*, 2. überarbeitete Auflage, München: Fink 1996 (UTB für Wissenschaft. Uni-Taschenbücher, 1834)

Haberkamp, Gertraut: *Die Erstdrucke der Werke von Wolfgang Amadeus Mozart. Bibliographie*, 2 Bde., Tutzing: Schneider 1986 (Musikbibliographische Arbeiten, 10)

Hacker, Rupert: *Bibliothekarisches Grundwissen*, München: Saur, 5. durchgesehene Auflage 1989, 6. völlig neubearbeitete Auflage 1992

Haller, Klaus: *Partituranordnung und musikalischer Satz*, Tutzing: Schneider 1970 (Münchner Veröffentlichungen zur Musikgeschichte, 18)

Haller, Klaus; Popst, Hans: *Katalogisierung nach den RAK-WB. Eine Einführung in die Regeln für die alphabetische Katalogisierung in wissenschaftlichen Bibliotheken*, 5. überarbeitete Auflage, München: Saur 1996

Happe, Andreas: *Musikwissenschaft als Studienfach – Probleme und Perspektiven. Zur Studienmotivation und Studiensituation der Studenten*, Frankfurt a.M.: Lang 1988 (Europäische Hochschulschriften, 36.33)

Heckmann, Harald: Schallaufzeichnungen als musikgeschichtliche Quellen, in: *Fontes Artis Musicae* 27 (1980), S. 5–11

Heyer, Anna Harriet: *Historical sets, collected editions, and monuments of music. A guide to their contents*, 2 Bde., ([1]1957), 3. Auflage, Chicago: American Library Association 1980

Hilzinger, Klaus Harro: Über kritische Edition literarischer und musikalischer Texte, in: *Euphorion* 68 (1974), S. 198–210

Hoboken, Anthony van: *Joseph Haydn. Thematisch-bibliographisches Werkverzeichnis*, 3 Bde., Mainz: Schott 1957, 1971 und 1978

Instruktionen für die alphabetischen Kataloge der Preußischen Bibliotheken vom 10. Mai 1899, 2. Ausgabe in der Fassung vom 10. August 1908, Berlin: Behrend 1909, Reprint unter dem Titel: *Regeln für die alphabetische Katalogisierung in wissenschaftlichen Bibliotheken*, Leipzig: Bibliographisches Institut 1952

Karbusicky, Vladimir: *Systematische Musikwissenschaft. Eine Einführung in Grundbegriffe, Methoden und Arbeitstechniken*, München: Fink 1979 (UTB für Wissenschaft. Uni-Taschenbücher, 911)

Kinsky, Georg; Halm, Hans: *Das Werk Beethovens. Thematisch-bibliographisches Verzeichnis seiner sämtlichen vollendeten Kompositionen*, München: Henle 1955

Kirnberger, Johann Philipp: *Die Kunst des reinen Satzes in der Musik*, 2. Teil, Berlin und Königsberg 1776, Reprint Hildesheim: Olms 1967

Köchel, Ludwig von: *Chronologisch-thematisches Verzeichnis sämtlicher Tonwerke Wolfgang Amadé Mozarts* [...], 6. Auflage bearbeitet von Franz Giegling, Alexander Weinmann und Gerd Sievers, Wiesbaden: Breitkopf & Härtel 1964

Krieg, Werner: *Einführung in die Bibliothekskunde*, 2. Auflage besorgt von Rudolf Jung, Darmstadt: Wissenschaftliche Buchgesellschaft 1990

Küster, Konrad: *Studium: Musikwissenschaft*, München: Fink 1996 (UTB für Wissenschaft. Uni-Taschenbücher, 1905)

Lanzke, Heinz: *Wo finde ich Informationen über Musik, Noten, Tonträger, Musikliteratur*, Berlin: Berlin Verlag A. Spitz, Bd. 1: *Musikdokumente und Musiksammlungen – Musiklexika – Musikgeschichte – Musikleben*, 1990; Bd. 2a: *Musikbibliographie. Bibliographie der Bibliographien, Musikverzeichnisse (Musikalische Werke und ihre Ausgaben)*, 1992; Bd. 2b: *Musikbibliographie. Tonträgerverzeichnisse, Verzeichnisse der Musikliteratur, Musikzeitschriften. Anhang: Überregionale Musiksammlungen*, 1996 (Orientierungshilfen, 22/1, 2a, 2b)

Mahling, Christoph-Hellmut: Musikwissenschaft, in: Heinz-Jürgen Beyer; Birgit Röder: *Studienführer Geschichts-, Kunst- und Altertumswissenschaften*, 3. erweiterte und aktualisierte Auflage, Würzburg: Krick 1998, S. 142–153

Mahling, Christoph-Hellmut: *Musikwissenschaftler/Musikwissenschaftlerin*, 2. Auflage, Bielefeld: Bertelsmann 1987 (Blätter zur Berufskunde, 3.XL01)

Menne, Albert: *Einführung in die Methodologie. Elementare allgemeine wissenschaftliche Denkmethoden im Überblick*, Darmstadt: Wissenschaftliche Buchgesellschaft [1]1980 (3. Auflage 1992)

Meran, Josef: *Theorien in der Geschichtswissenschaft. Die Diskussion über die Wissenschaftlichkeit der Geschichte*, Göttingen: Vandenhoeck & Ruprecht 1985 (Kritische Studien zur Geschichtswissenschaft, 66)

Metzler Lexikon Literatur- und Kulturtheorie. Ansätze – Personen – Grundbegriffe, hrsg. von Ansgar Nünning, Stuttgart: Metzler 1998

Michels, Ulrich: *dtv-Atlas zur Musik. Tafeln und Texte*, 2 Bde., Kassel: Bärenreiter,

München: Deutscher Taschenbuch Verlag 1977 und 1985

Mozart. *Briefe und Aufzeichnungen.* Gesamtausgabe, gesammelt und erläutert von Wilhelm A. Bauer und Otto Erich Deutsch, 7 Bde., Kassel: Bärenreiter 1962–1975

Müller-Benedict, Markus: *Lehrbriefe Musik. Begleitmaterialien zur musikbibliothekarischen Ausbildung der Fachhochschulen für Bibliothekswesen,* Bd. 3, Teil 6: *Nachschlagewerke im Fachgebiet Musik,* Berlin: Deutsches Bibliotheksinstitut 1988 (dbi-Materialien, 75)

Musikalische Metamorphosen. Formen und Geschichte der Bearbeitung, hrsg. von Silke Leopold, Kassel: Bärenreiter 1992 (Bärenreiter Studienbücher Musik, 2)

Musikethnologie, in: *Die Musik in Geschichte und Gegenwart,* 2. neubearbeitete Auflage, hrsg. von Ludwig Finscher, Sachteil, Bd. 6, Kassel: Bärenreiter, Stuttgart: Metzler 1997, Sp. 1259–1291

Musikwissenschaft. Ein Grundkurs, hrsg. von Herbert Bruhn und Helmut Rösing, Reinbek: Rowohlt 1998

Musikwissenschaft und Berufspraxis, hrsg. von Sabine Ehrmann-Herfort, Darmstadt: Wissenschaftliche Buchgesellschaft 1996

Notenschrift und Aufführung. Symposium zur Jahrestagung der Gesellschaft für Musikforschung 1977 in München, hrsg. von Theodor Göllner, Tutzing: Schneider 1980 (Münchner Veröffentlichungen zur Musikgeschichte, 30)

Oehl, Kurt; Pfarr, Kristina: *Musikliteratur im Überblick. Eine Anleitung zum Nachschlagen,* Darmstadt: Wissenschaftliche Buchgesellschaft, Mainz: Schott 1988

Oesch, Hans: *Außereuropäische Musik,* 2 Bde., Laaber: Laaber 1984 (Neues Handbuch der Musikwissenschaft, 8)

Peterßen, Wilhelm H.: *Wissenschaftliches Arbeiten: nicht leicht, aber erlernbar. Eine Einführung für Schüler und Studenten,* München: Ehrenwirth, 2. erweiterte Auflage 1988, 5. verbesserte Auflage 1996

Querbach, Michael: Der konstruierte Ursprung. Zur Problematik musikalischer Urtext-Ausgaben, in: *Neue Zeitschrift für Musik* 149, Heft 1 (1988), S. 15–21

Regeln für wissenschaftliche Bibliotheken. RAK-WB, Wiesbaden: Reichert 1983 (Regeln für die alphabetische Katalogisierung, 1); ersetzt durch: *Regeln für die alphabetische Katalogisierung in wissenschaftlichen Bibliotheken. RAK-WB,* 2. überarbeitete Ausgabe, Berlin: Deutsches Bibliotheksinstitut 1993

Rehm, Wolfgang: Notenschrift und Aufführung. Die Rolle der Musikverlage, in: *Fontes Artis Musicae* 25 (1978), S. 135–141; und in: *Notenschrift und Aufführung. Symposium zur Jahrestagung der Gesellschaft für Musikforschung 1977 in München,* hrsg. von Theodor Göllner, Tutzing: Schneider 1980 (Münchner Veröffentlichungen zur Musikgeschichte, 30), S. 99–111

Reiners, Ludwig: *Stilkunst. Ein Lehrbuch deutscher Prosa,* völlig überarbeitete Ausgabe, München: Beck 1991

Rösing, Helmut: Sinn und Nutzen des Versuchs einer weltweiten Erfassung von Quellen zur Musik, in: *Quellenforschung in der Musikwissenschaft,* hrsg. von Georg

Feder, Wolfenbüttel: Herzog August Bibliothek 1982 (Wolfenbütteler Forschungen, 15), S. 57–66

Ruf, Wolfgang: Divertimento, in: *Handwörterbuch der musikalischen Terminologie*, Wiesbaden: Steiner, 13. Auslieferung 1985/86

Ryom, Peter: *Répertoire des œuvres d'Antonio Vivaldi. Les compositions instrumentales*, Kopenhagen: Engstrøm & Sødring 1986

Schepping, Wilhelm: Lied- und Musikforschung, in: *Grundriß der Volkskunde. Einführung in die Forschungsfelder der europäischen Ethnologie*, hrsg. von Rolf W. Brednich, Berlin: Reimer 1988, S. 399–422

Schmidt, Christian Martin: Editionstechnik, in: *Die Musik in Geschichte und Gegenwart*, 2. neubearbeitete Auflage, hrsg. von Ludwig Finscher, Sachteil, Bd. 2, Kassel: Bärenreiter; Stuttgart: Metzler 1995, Sp. 1656–1680

Schneider, Herbert: *Chronologisch-thematisches Verzeichnis sämtlicher Werke von Jean-Baptiste Lully (LWV)*, Tutzing: Schneider 1981

Schumann, Robert: »Über einige muthmaßlich corrumpirte Stellen in Bach'schen, Mozart'schen und Beethoven'schen Werken« [1841], in: R.S.: *Gesammelte Schriften über Musik und Musiker*, Bd. 4, Leipzig: Wigand 1854, S. 59–66

Schwindt, Nicole: Quellen, in: *Die Musik in Geschichte und Gegenwart*, 2. neubearbeitete Auflage, hrsg. von Ludwig Finscher, Sachteil, Bd. 6, Kassel: Bärenreiter, Stuttgart: Metzler 1997, Sp. 1946–1986

Seebass, Tilman: Musikikonographie, in: *Die Musik in Geschichte und Gegenwart*, 2. neubearbeitete Auflage, hrsg. von Ludwig Finscher, Sachteil, Bd. 6, Kassel: Bärenreiter, Stuttgart: Metzler 1997, Sp. 1319–1343

Seiffert, Helmut: Geschichtstheorie, in: *Handlexikon zur Wissenschaftstheorie*, hrsg. von Helmut Seiffert und Gerard Radnitzky, München: Ehrenwirth 1989, S. 106–112

Seiffert, Helmut: Historisch/systematisch, in: *Handlexikon zur Wissenschaftstheorie*, hrsg. von Helmut Seiffert und Gerard Radnitzky, München: Ehrenwirth 1989, S. 139–144

Sonderregeln für Musikalien und Musiktonträger. RAK-Musik, Wiesbaden: Reichert 1986 (Regeln für die alphabetische Katalogisierung, 3); ersetzt durch: *Regeln für die alphabetische Katalogisierung von Musikdrucken, Musiktonträgern und Musik-Bildtonträgern: RAK-Musik. Sonderregeln zu den RAK-WB und RAK-ÖB*, Berlin: Deutsches Bibliotheksinstitut 1997

Systematische Musikwissenschaft, hrsg. von Carl Dahlhaus und Helga de la Motte-Haber, Wiesbaden: Athenaion, Laaber: Laaber 1982 (Neues Handbuch der Musikwissenschaft, 10)

Theisen, Manuel René: *Wissenschaftliches Arbeiten. Technik – Methodik – Form*, 9., aktualisierte und ergänzte Auflage, München: Vahlen 1998

Volks- und Popularmusik in Europa, hrsg. von Doris Stockmann, Laaber: Laaber 1992 (Neues Handbuch der Musikwissenschaft, 12)

Williams, Nyal; Daub, Peggy: Coover's Music Lexicography: two supplements, in: *Notes* 30 (1973/74), S. 492–500

Windelband, Wilhelm: Geschichte und Naturwissenschaft (1894), in: W.W.: *Präludien. Aufsätze und Reden zur Philosophie und ihrer Geschichte*, 9. Auflage, Tübingen: Mohr 1924, Bd. 2, S. 136–160

Wolf, Eugene K.: Thematic catalogue of symphonies and orchestral trios, in: E.K.W.: *The symphonies of Johann Stamitz. A study in the formation of the classical style*, Utrecht: Bohn 1981, S. 362–458

Zimmermann, Ewald: Textvarianten und harmonische Ambivalenz bei Chopin, in: *Musik – Edition – Interpretation. Gedenkschrift Günter Henle*, hrsg. von Martin Bente, München: Henle 1980, S. 463–471

Musikalien

Bach, Johann Sebastian: *Two- and three-part inventions for the piano*, Teil 2, hrsg. von William Mason, New York: Schirmer 1894 (Schirmer's library of musical classics, 380)

Brumel, Antoine: *Opera omnia*, Bd. 2, hrsg. von Barton Hudson, [Rom:] American Institute of Musicology 1970 (Corpus Mensurabilis Musicae, 5)

Gallus, Jacobus: [Ecce quomodo moritur iustus], in: Jacob Handl (Gallus): *Opus musicum. Motettenwerk für das ganze Kirchenjahr*, 2. Teil: *Vom Sonntag Septuagesima bis zur Karwoche (mit Ausschluß der Lamentationen)*, hrsg. von Emil Bezecny und Josef Mantuani, Wien: Österreichischer Bundesverlag 1905, Reprint Graz: Akademische Druck- und Verlagsanstalt 1959 (DTÖ XII/1 = 24), S. 171f.

Gallus, Jacobus: Passionsgesang Ecce, quomodo moritur justus, in: *Sammlung vorzüglicher Gesangstücke der anerkannt-grössten […] Meister*, hrsg. von Friedrich Rochlitz, Mainz: Schott [1835], S. 50f.

Händel, Georg Friedrich: *Hallische Händel-Ausgabe (Kritische Gesamtausgabe)*, I, 17: *The Messiah. Oratorio in three parts*, hrsg. von John Tobin, Kassel: Bärenreiter 1965, dazu: *Kritischer Bericht*, hrsg. von J.T., ebda. 1965

Mozart, Wolfgang Amadeus: *Neue Ausgabe sämtlicher Werke*, VIII, 23: *Sonaten und Variationen für Klavier und Violine*, Bd. 1, hrsg. von Eduard Reeser, Kassel: Bärenreiter 1964; dazu: *Kritischer Bericht*, hrsg. von E.R., ebda. 1977

Mozart, Wolfgang Amadeus: *Neue Ausgabe sämtlicher Werke*, IX, 25: *Klaviersonaten*, Bd. 2, hrsg. von Wolfgang Plath und Wolfgang Rehm, Kassel: Bärenreiter 1986

Lösungen zu den Aufgaben

Aufgabe 2 (S. 52)

a) Koch: fotomechanische Reproduktion; C. P. E. Bach: ergänzt durch Nachwort, Namen- und Sachregister.

b) GS (= Gerbert, *Scriptores* ...), Sachregister am Ende des 3. Bandes: Stichwörter Musica humana, – instrumentalis, – mundana mit Band- und Seitenangabe der Traktate; CS (= Coussemaker, *Scriptorum* ...), Stichwörter im Sachregister am Ende jeden Bandes mit Seitenangabe: Bd. 1: Musica instrumentalis, Mundana musica, Humana musica, Instrumentalis musica, Bd. 3: Musica humana, Musica mundana et humana, Bd. 4: Musica mundana, – humana, – instrumentalis. Achtung: Verfasser und Titel der Traktate nach dem Haupttext bestimmen, da die Inhaltsverzeichnisse von Bd. 3 und 4 teilweise vertauscht sind.

c) O. E. Deutsch: Mozart-Dokumente → Generalregister, Stichwort Mozart/Honorare s. Einkommen → Mozart/Einkommen: Belege auf S. 179 (*Entführung* 100 Dukaten), 199 (*Entführung* 50 Dukaten), 240 (*Figaro* 450 Gulden), 266 (*Don Giovanni* 100 Dukaten in Prag), 276 (*Don Giovanni* nochmals 225 Gulden in Wien), 318 (*Così* angeblich 200 Dukaten), 357 (*Zauberflöte* unbekannt).

d) Der Band ist chronologisch nach Ereignissen angelegt, sodass man den Eintrag unter dem entsprechenden Datum findet: 14 Aufführungen.

e) Bach-Dokumente → Sachverzeichnis in Bd. 3, Stichwort Generalbaßspiel mit Verweis zu Accompagnement → Dokument Nr. 680 (Daube, S. 111: stark ausgearbeitet), Nr. 801 (C. P. E. Bach, S. 285: kunstvolles Quatuor), Nr. 855 (Kirnberger, S. 346: grundsätzlich vierstimmig). – Bd. 2 der Dokumente hat kein Sachregister.

f) Der Band ist nach Werken geordnet (mit Opuszahl, ohne Opuszahl). Unter opus 13 sind 2 Rezensionen wiedergegeben: aus der *Allgemeinen musikalischen Zeitung* 1800 und der *Zeitung für die elegante Welt* 1807.

g) Mozart. Briefe und Aufzeichnungen, Bd. 7: Register, Kap. 10: Personen → Hüllmandel: Brief 458/Zeile 110 → s. Bd. 2, S. 390: Die Sonaten seien sehr schön.

h) Personen- und Sachregister: Stichwort Meiningen unergiebig, Stichwort Bülow→ Nr. 568: ein Orchester allererster Güteklasse.

i) Chronologisch angelegt. Auszüge aus den Hofzahlamtsrechnungen, S. 1ff. – 1572 S. 58–65, Gehälter (»Dienstgellt«), S. 60–62 (»Cantorey-Personen«): der Bassist Octaviano Romano und der Geiger Anthonj (je 270 Gulden).

Aufgabe 3 (S. 56)

a) Mit einem lexikalischen Nachschlagewerk die Abkürzungen auflösen. → Heyer Bd. 1: Inhalt von *Corpus mensurabilis musicae* S. 155f., Nr. 42: see Chansonnier cordiforme → S. 109: detaillierte Angaben; Nr. 72 see Marenzio, Luca → S. 370, vol. 4 der Opera omnia: First and second books of madrigals. *EdM* geht in Heyer nur bis vol. 84; für Bd. 100 ist also Autopsie in einer Bibliothek nötig: J. D. Zelenka, Missa ultimarum ...

b) Heyer Bd. 1: Buxtehude/Dietrich Buxtehudes Werke S. 93ff.→ S. 94: Bd. 3.

c) (Evtl. Heyer, S. 685: Rheingold in Bd. 10 oder sogleich) Autopsie: Bd. 10, bestehend aus 2 Teilbänden, 3. Szene im 2. Teilband.

d) Suche über Heyer umständlich; besser über *New Grove*, Art. Josquin Desprez, Werkverzeichnis S. 729 (Motets) → S. 730 »Huc me«, Spalte »Edition«: »Mot. II, 16«, d. h. (s. S. 728) Josquin Desprez, Werken, hrsg. von A. Smijers, Motetten, Teil II, 16. Auslieferung → Autopsie: Nr. 32 »Huc me«, Ende auf S. 19 (Schlussklang: Dreiklang d-f-a).

Aufgabe 4 (S. 59)

a) *Terminorum musicae index* ..., S. 600: Im Französischen das Orgelregister »Schwebung, Tremulant«.

b) Autorname am Ende des Artikels: Wolf Frobenius.

Aufgabe 5 (S. 60)

a) In Oehl/Pfarr S. 29 (Kap. Speziallexika, Sachgebiete) oder in Duckles, 4. Auflage, über den Index of Subjects, S. 593 (Stichwort »Church music – Catholic church – Dictionaries«), Verweis auf Nr. 439 → Weissenbäck, A.: Sacra musica ...

b) In Oehl/Pfarr S. 27 (Kap. Speziallexika, Sachgebiete) oder in Duckles, 4. Auflage, über den Index of Subjects, S. 600 (Stichwort »Electronic music – Dictionaries – Terms«), Verweis auf Nr. 378 → Eimert, H./Humpert, H. U.: Das Lexikon...

c) In Oehl/Pfarr S. 28 (Kap. Speziallexika, Sachgebiete) oder in Duckles, 4. Auflage, über den Index of Subjects, S. 605 (Stichwort »Harp dictionaries, German«), Verweis auf Nr. 365 → Zingel, H. J.: Lexikon ...

d) In Oehl/Pfarr S. 27 (Kap. Speziallexika, Länder) oder in Duckles, 4. Auflage, S. 228 (Kap. Dictionaries and Encyclopedias, Biography national, U.S.S.R.), Nr. 233: Vordarsky-Shiraeff, A.: Russian composers ... (Achtung: ist nicht über den Index of Subjects erfasst!)

Aufgabe 6 (S. 61)

a) RiemannL, Sachteil, S. 222: in der Barockarie Vorausschickung des vokalen Themenkopfes.

b) RiemannL, Sachteil, S. 706 → Verweis auf »Teiltöne«, S. 942: die beim Schwingungsvorgang gleichzeitig hörbaren Teilschwingungen.

c) Ein Musikverlag ist eine Körperschaft, ist also zu finden im RiemannL, Personenteil, A–K, S. 55: 1765 Giov. Artaria et Comp. in Mainz, 1769 Artaria & Comp. in Wien, 1774 Vereinigung.

d) RiemannL, Personenteil, A–K, S. 347: zwei Aussprachemöglichkeiten: französisch und flämisch.

e) RiemannL, Personenteil, A–K, S. 708: Hába – 1) Alois, S. 709: – 2) Karel. Die Oper *Die Mutter* op. 35 (1930) wird unter den Werken Alois Hábas aufgeführt.

f) RiemannL, Personenteil, A–K, S. 850: d'India, Sigismondo → Verweis auf D̲'India (S. 402, * 1582); d'Indy, Vincent (* 1851).

g) RiemannL, Sachteil, S. 512–513, am Ende Autor-Initiale »RB« → s. S. VIII: RB = Reinhold Brinkmann.

h) RiemannL, Personenteil, Ergänzungsband: 1950, 1966.

Aufgabe 7 (S. 66)

a) MGG: um 1474 als Schüler Squarcialupis und dann wieder 1485. – NGroveD: vor 1484 unhaltbar (Verwechslung mit dem Orgelbauer Isaac Argyropoulos), ab 1485 als Sänger an S. Giovanni.

b) Benedetto ohne verwandtschaftliche Beziehung; Carlo und Domenico Brüder, daher in MGG und NGroveD in jeweils einem Artikel behandelt.

c) Die Werkverzeichnisse in MGG und NGroveD verzeichnen überhaupt keine Oper.

d) MGG, Supplement: 1967 endgültige Lösung von der Reihentechnik; NGroveD: »1967 he renounced serialism«.

e) Nach den Werkverzeichnissen in den Artikeln Fauré Charakterstücke wie Nocturne und Barcarole.

f) In Lothringen tätiger Komponist des 16. Jahrhunderts. Divergierende Angaben zur Biographie in NGroveD und RiemannL, Personenteil, Ergänzungsband; MGG: kein Artikel.

g) RiemannL, Sachteil: eigener Artikel S. 246f. – NGroveD: eigener Artikel in Bd. 5, S. 748. – MGG: kein eigener Artikel, Hinweise über den Registerband: Bd. 1, Sp. 203 (Art. Akkompagnement, »durchbr. Satz«), Sp. 806 (Art. Aufführungspraxis); Bd. 12, Sp. 1323 (Art. Stil), Sp. 1345 (Art. Stimme), Sp. 1847 (Art. Symphonie); Bd. 14, Sp. 114 (Art. Wagner, »durchbr. Stil«). – MGG2, Bd. 2, Sp. 1591: Verweisstichwort »Durchbrochener Satz« → Akkompagnement.

h) MGG: Art. Filmmusik, II. Die Musik im Tonfilm, Sp. 191: »trat 1929 seine Herrschaft an«. – NGroveD: Art. Film music, 1. History, S. 549: erster wichtiger Tonfilm ›The Jazz singer‹ 6. 10. 1927; in Großbritannien Hitchcocks ›Blackmail‹ 1929; die frühesten Tonfilme in Deutschland 1929/30. – MGG2: Art. Filmmusik, I. Geschichte, 2. Tonfilm, Sp. 454: 1919–1922 zahlreiche Patente für Lichttonverfahren, New York 6. 10. 1927:»Geburtsstunde des Tonfilms«, folgen zahlreiche konkrete Angaben zu Filmen ab 1930 (international).

i) NGroveD: Artikel Knab zu knapp für Beantwortung; MGG 7, Sp. 1264: 1922–1934.

j) MGG: 32 S., MGG2: 11 S., NGroveD: 6 S.

k) Auflösen über beliebigen Band MGG: Abkürzungsverzeichnis, NGroveD: Bibliographical Abbreviations bzw. MGG2, Bd. 1. *AmZ* Allgemeine musikalische Zeitung, Leipzig 1798ff. (lt. MGG/MGG2, in NGroveD *AMZ* abgekürzt); *AMz* Allgemeine Musikzeitung 1885ff. (lt. MGG/MGG2 und NGroveD); *PäM* Publikationen älterer Musik 1926ff. (lt. MGG/MGG2), *PÄMw* Publikationen älterer praktischer und theoretischer Musikwerke (lt. NGroveD und MGG2). – Es handelt sich um verschiedene Editionsreihen.

Aufgabe 9 (S. 81)

b) Suche unter den Lexikoneinträgen»Kanon« bzw.»Canon«.

Aufgabe 12 (S. 88)

NGroveD: Art. Haydn → Bibliography → Catalogues, bibliographies, sources, research → S. 402: Brown/Berkenstock/Brown: Joseph Haydn in literature: a bibliography, in: Haydn-Studien 3 (1974) => dort: Index of topics, S. 346: Stichwort Variation form and variations; Index of works, S. 350: Stichwort Quartets → die einzigen bei beiden Stichwörtern vorkommenden Nummern: 675, 848.

Aufgabe 13 (S. 95)

a) Print-Version RILM 1982: Author-Subject-Index, Stichwort Schütz, Heinrich → performance practice, vocal ornamentation, Online-Version: Advanced search → Word, Phrase: Search for *schütz*/Index: in Subject (keyword) And Word, Phrase: Search for *performance practice*/Index: in Subject (keyword)/Years: *1982* → 2299: Buelow, George: Vocal ornamentation in the sacred music of the Schütz era, in: American choral review 24.2–3 (1982), S. 5–13.

b) Print-Version 68:1653 Kuckertz, Die Satztechnik; 71:234 Dömling, Isorhythmie; 77:308 Fallows, Guillaume de Machaut; 81:275 Göllner, Das Kyrie cunc'l'ippotens; 82:2212 Keitel, The so-called. Online-Version: In den Word, Phrase-Feldern: *Machaut* AND *Messe* OR *Mass*; in einzelnen Durchgängen jeweils kombiniert in den Index-Feldern mit Subject, Title, Abstract/Years: *1969–1983* → kein Treffer Kuckertz (1968!), zusätzliche Treffer: 76:15176 Cramer, Machaut; 83-01694 Leech-

Wilkinson, Compositional procedure. – Keiner der bibliographierten Aufsätze ist im Grove angeführt (auch nicht die vor 1980, dem Erscheinungsjahr des Grove), dafür aber ein älterer Aufsatz von Gombosi, Machaut's.

Aufgabe 14 (S. 96)

a) Werner, Eric: The last Pythagorean musician: Johannes Kepler, in: Aspects of medieval and Renaissance music. A birthday offering to Gustave Reese, New York 1966, S. 867–882. (Unvollständige Angaben nach »in:« werden im Zeitschriften- und Quellenverzeichnis zu Anfang des Bandes komplett angegeben.)
b) RILM: Einzelne Städte sind im Author-Subject-Index unter dem übergeordneten Schlagwort des Landes verzeichnet → »Germany«: kein Eintrag zu Stuttgart. BMS: »Stuttgart« im Stich- und Schlagwortregister oder Systematikgruppe C.1.3 »Deutschland« → Nr. 1213 (Stiefel). Dieser Eintrag ist auch über RILM online nicht nachweisbar.

Aufgabe 15 (S. 99)

a) Im weißen Teil unter dem Schlagwort Liszt suchen.
b) Gelber Teil: Systematikgruppe Sbn 51 (Sonstige Gattungen/Kirchenmusik) → 1989: Italien/Oratorium/Barockorchester → Selfridge-Field, E.: Italian oratorio and the baroque orchestra.

Aufgabe 16 (S. 110)

Jeweils in den Werkverzeichnissen der betreffenden Personenartikel des NGroveD nachschlagen:
a) NGroveD 12, S. 152: Zu Beginn des Werkverzeichnisses werden 2 Editionen genannt: eine alte (Rietz) und eine neue, im Entstehen begriffene der Internationalen Felix-Mendelssohn-Gesellschaft.
b) NGroveD 15, S. 469, Werkgruppe »Operas and semi-operas«: in »PS« (= die zu Beginn des Werkverzeichnisses genannte Edition) Bd. 12.
c) NGroveD 14, S. 129: Das Werkverzeichnis gibt 2 Editionen an: Haberl [H] 1862–1903 und Casimiri [C] 1939–, S. 129–131 Werkgruppe »Masses«, S. 130: »Papae Marcelli«: Haberl Bd. 11, S. 128ff., Casimiri Bd. 4, S. 167ff.
d) NGroveD 4, Art. Couperin 4) François [le grand], S. 871, Werkgruppe »Harpsichord«, Pièces de clavecin ... premier livre, 2.ordre [= 2. Suite], dort das 19. Stück, in der Gesamtausgabe von M. Cauchie [= C] Bd. 2. In der Ausgabe der Cembalostücke von K. Gilbert [= G] Bd. 21 der Reihe »Le pupitre« [die Gilbert-Ausgabe besteht aus 4 Bden. = Le pupitre 21–24].

e) NGroveD 20, Werkverzeichnis S. 27, Rubrik »Edition« → in der Ausgabe von Schrade [= S] in Polyphonic music of the fourteenth century Bd. 1, S. 82; in den Denkmälern der Tonkunst in Österreich Bd. 76, S. 4; in der Dissertation von M. J. Johnson (s. »Bibliography«, S. 28) als Nr. 14.

f) NGroveD 13, Art. Old Hall Ms., S. 529 → »Editions«: The Old Hall Manuscript, hrsg. von Andrew Hughes und Margaret Bent, im Corpus mensurabilis musicae Bd. 46. – Oder: NGroveD 17, Art. Sources (MS, IX,3: Renaissance polyphony, 15th-century English), S. 677 (Mitte der rechten Spalte).

Aufgabe 17 (S. 111)

Heyer Bd. 2 (Index), S. 834, Eintrag »Foggia, Francesco«: »Cessate« in Cantio sacra Nr. 38, »De valle« in Cantio sacra Nr. 28 → Heyer Bd. 1, S. 106: Eintrag »Cantio sacra«, Geistliche Solokantaten, hrsg. von R. Ewerhart, Köln: Bieler. Nr. 28 erschien 1960, Nr. 38 [Copyright] 1962.

Aufgabe 18 (S. 116)

a) Lässt sich anhand eines jeden Lexikon-Artikels zu Schubert herausfinden: Otto Erich Deutsch: Franz Schubert. Thematisches Verzeichnis seiner Werke in chronologischer Folge, Neuausg. in deutscher Sprache …, Kassel 1978.

b) Namen- und Sachregister: »Goldbergvariationen« mit Verweis auf S. 711, dort BWV-Nr. 988: Clavier Übung / bestehend / in einer / ARIA / mit verschiedenen Veraenderungen / vors Clavicimbal / mit 2 Manualen. / Denen Liebhabern zur Gemüths- / Ergetzung verfertiget von / Johann Sebastian Bach / Königl. Pohl. u. Churf. Saechs. Hoff / Compositeur, Capellmeister, u. Directore / Chori Musici in Leipzig. / Nürnberg in Verlegung / Balthasar Schmids.

c) 2 Handschriften: Unter den Notenincipits sind »Autograph Ms.1 (score)« und »MS. Copy (seperate parts)« genannt.

d) Das Köchel-Verzeichnis, 6. Auflage, hat ab S. LXXIX eine »Thematische Übersicht« nach Gattungen → 1) Messen und Requiem (S. LXXXIf.): Von 18 Messen (einschließlich Fragmente) stehen 10 in C-Dur.

e.) S. 250: Concordance of Wotquenne Numbers (W.) with Item Numbers in This Catalogue (H.): W. 48/1 = H. 24.

f) Hob. III:42 (= op. 33 Nr. 5), 4. Satz (Finale. Allegretto).

g) Nr. 48. – S. 96: Self-Borrowing, »in the opening theme of *Herminie*« = Nr. 29. – Quinte höher, G-Dur statt C-Dur; Notenwerte halbiert, aber Tempo schneller; Sextsprung nicht punktiert; leichte Änderung in der Phrasierung. – Bis zu T. 4.

Aufgabe 20 (S. 128f.)

a) RISM Serie B, Bd. IV,1: Manuscripts of polyphonic music 11th–early 14th century: nach Ländern geordnet: Deutschland S. 56ff., innerhalb eines Landes alphabetisch nach Orten: S. 56 Bamberg, Staatl. Bibliothek, Lit. 115 → S. 59: Nr. 12 mit Incipit → 1. Klang: Quintklang c'-g'.

b) Harmonice musices Odhecaton; 1501; Petrucci. – RISM Serie B, Bd. I,1 (Recueils imprimés XVIe–XVIIe siècles); (Nr.) 1501. – Nachdrucke: 1503², 1504².

c) RISM Serie B, Bd. VI,2: Écrits imprimés concernant la musique, S. 1001ff.: chronologischer Index → S. 1003, 1568: Galileo: Fronimo dialogo → genauere Angaben in Bd. VI, 1, S. 345.

d) RISM Serie A/I (= Einzeldrucke vor 1800), Bd. 9, Nr. V 1126. – 3 Auflagen: 1577: V 1127; 1583: V 1128; 1591: V 1129. – Nicht mehr alle Auflagen sind komplett: Von V 1127 existierte nur noch eine Alt-Stimme.

e) RISM Serie B, Bd. II: Recueils imprimés XVIIIe siècle: alphabetische Anordnung → S. 166: Enthält Werke von Arne, Händel und Howard.

f) Klavierschule, d. h. Zwischenstellung zwischen praktischem und theoretischem Werk, also in RISM Serie A/I, Bd. 5, Nr. M 2759 (S. 549) – die anderen in A/I genannten Werke sind praktische Klavierschulen mit Betonung auf Noten – und in Serie B, Bd. IV,2: Écrits imprimés concernant la musique (M–Z), S. 582: Die wahre Art das Pianoforte zu spielen, Dresden u. Frankfurt 1797.

g) RISM Serie A/I (= Einzeldrucke vor 1800; merke: auch Werke nach 1800, wenn der Autor vor 1770 geboren ist), Bd. 1, Nr. A 1283: »Te Deum laudamus zur Feyer des glorreichen Feldzugs gegen Frankreich 1815 [Schlacht bei Waterloo gegen Napoleon] ... Ihro Majestäten, den erhabenen verbündeten Monarchen Alexander [I., Russland], Franz [I., Österreich] und Friedrich Wilhelm [III., Preußen] ... zugeeignet.«

h) in RISM A/II das Textincipit »Turbabuntur« im Index »Title word« eingeben → Ergibt mehrere Treffer unter dem Komponistennamen Giacomo Carissimi. Die Überprüfung anhand des Musikincipits ist positiv.

Aufgabe 24 (S. 164)

Jeweils unter Neumann, Frederick nachschlagen: *RILM*: 79:1593–94 (Bartlett, Gustafson), 79:5576 (Buelow), 79:5581 (Lindgren), 80:1774–76 (Boyd, Hortschansky, Schmitz), 80:2726 (Fuller), 80:3719–20 (Reilly, Williams), 80:5572 (Hansell), 81:1609 (Higbee), 81:6032 (Zaslaw); *BMS*: 79:4476 (Bartlett), 79:4477 (Lindgren), 80:4578–83 (Organ yearbook, Boyd, Fuller, Hansell, Pont, Reilly), 81:4352 (Schmitz, Zaslaw); *IBR*: Index autorum-Band 1981/1: Lindgren (Achtung: unter Neumann, Friedrich!), 1981/2: Boyd.

Aufgabe 25 (S. 181)

a) Im Textvorspann »Notes on transcription and performance«, S. XIX »Reduction ...«: Notenwerte halbiert, Ausnahme Nr. 6: im Verhältnis 1:4.

b) S. XVII (Editionsgrundsätze): Im Worttext wurden kleine Versehen und Druckfehler stillschweigend korrigiert, gemäß unserer heutigen Schreibweise zwischen u und v sowie i und j unterschieden und die Interpunktion vorsichtig ergänzt.

Aufgabe 26 (S. 182)

a) Ein Editionsgrundsatz, der – hier wie in vergleichbaren Fällen – nicht eigens im Band selbst erklärt wird: die in der Originalquelle zu findenden Schlüssel, Akzidentienvorzeichnung, Mensurzeichen und erste Note bzw. Anfangspausen plus erste Note.

b) S. IX »Zur Gestaltung der Ausgabe«: Ergänzungen in [] sind von der Herausgeberin »nach Analogie oder nach musikalischer Notwendigkeit hinzugefügt«.

Aufgabe 27 (S. 183)

Im Fragment ist die Violinfloskel eine motivische Abspaltung vom Hauptthema (Klavier, T. 2). Durch die Veränderung des Hauptthemas (Klavier T. 1–4) ist die Violinfloskel in T. 5/6 keine motivische Abspaltung mehr, sondern hat statt thematischer Qualität nur noch die Funktion der rhythmischen Belebung.

Aufgabe 28 (S. 186)

a) S. 21: 2) Bewertung: Der Ausgabe sind H und Ha als Hauptquellen zugrunde gelegt (vgl. S. 19: H = Verbesserte Ausgabe nach Revision, 1922, Leipzig: Peters; Ha = Schönbergs Handexemplar von H). – S. 25 Rubrik »Bemerkung«: »Zu der Überschrift Farben fügt GA, Ha folgend, den Untertitel (Sommermorgen am See) hinzu.«

Aufgabe 29 (S. 203)

a) »Schon der sinnverändernde Austausch weniger Wörter fällt in den Bereich der K[ontrafaktur].«[55]
Braun, Werner: Kontrafaktur, in: *Riemann Musiklexikon*, 12. Auflage, Sachteil, Mainz 1967, S. 487.

b) »In Marie-Antoinette [...] fand er keine Gönnerin.«[6]
    [6] Angermüller, Rudolph: Mozarts Pariser Umwelt (1778), in: *Mozart-Jahrbuch 1978/79* (1979), S. 132.

Aufgabe 30 (S. 226)

a) Dahlhaus, Carl: La Malinconia, in: *Ludwig van Beethoven*, hrsg. von Ludwig Finscher, Darmstadt 1983 (Wege der Forschung, 428), S. 200–211.
b) Edler, Arnfried; Helms, Siegmund; Hopf, Helmuth: *Musikpädagogik und Musikwissenschaft*, Wilhelmshaven 1987 (Taschenbücher zur Musikwissenschaft, 111).
c) Abel, Angelika: Adornos Kritik der Zwölftontechnik Weberns. Die Grenze einer »Logik des Zerfalls«, in: *AfMw* 38 (1981), S. 143–178.
d) Philippus de Caserta *oder* Caserta, Philippot de: Espoir, dont tu m'as fayt, in: *French secular music. Manuscript Chantilly, Musée Condé 564, Teil 2: Nr. 51–100*, hrsg. von Gordon K. Greene, Monaco 1982 (Polyphonic music of the fourteenth century, 19), S. 3–5.

Sachregister

A

Abkürzungen 65, 71, 219, 224
Abschrift s. Kopie
Abstract 91, 94, 162
Akten s. Archivalien
Akustik 14f., 18
Allgemeinbibliographien 79
Alphabetischer Katalog 139
Anmerkungen
s. wissenschaftlicher Apparat
annotierte Bibliographie 79
Anonyma 145, 149, 209, 211, 221
Anthologie 111
Apparat, kritischer s. kritischer Apparat
Apparat, wissenschaftlicher s. wissenschaftlicher Apparat
Archivalien 28, 36f., 52, 130f.
Aufführungspraxis 22, 31, 40, 49, 172
Auflage 206, 212
Aufsätze s. unselbstständige Publikationen
Ausgaben (s. auch Musikalien, Denkmälerausgaben, Gesamtausgaben) 65, 68, 108ff., 116, 169ff.
Authentizität 42, 44, 170ff., 184
Autograph 42, 44, 116, 121, 172, 174, 178f., 225
Autor 201, 208f., 220f.
Autorisation 44, 170f., 178

B

Bearbeitung 38, 46, 116, 150, 168, 172, 222
Belegen s. Zitieren
Berichtsverzug 78
Berichtszeitraum 78, 215
Berufe, musikwissenschaftliche 5
Besprechungen s. Rezensionen
Bestandsverzeichnisse 117f., 121, 129
Bibliographie des Musikschrifttums 95f.

Bibliographie/n, Bibliographieren 57, 74ff., 136, 194f., 204, 209, 213
Bibliographien der Bibliographien 103f.
Bibliotheken (s. auch Institutsbibliothek, Universitätsbibliothek) 134ff.
Bildquellen s. Ikonographie
Biographie 20, 22, 32, 35, 50f., 65, 83, 141, 164
BMS s. Bibliographie des Musikschrifttums
Briefe 20, 28, 35f., 48, 51f., 130, 209

C

CD-ROM 75, 160
Chorbuch 40f., 225
Compact Discs s. Tonträger

D

Denkmälerausgaben 53ff., 91, 103, 108f., 121, 136, 177, 184, 186, 221, 223f.
Depouillement 56, 121
Deutsches Musikgeschichtliches Archiv 159
diakritische Zeichen 180, 186
Diskographie (s. auch Tonträger) 103f., 132
Dissertationen s. Hochschulschriften
Dokumentlieferung 156f.

E

Edition (s. auch Ausgaben, Quellenkritik) 165ff.
Einheitssachtitel 149
Einzeldruck s. Individualdruck
Enzyklopädien (s. auch Lexika, Nachschlagewerke) 62ff.
Erklärung, wissenschaftliche 15
Erscheinungsjahr 201, 206, 208, 214f., 222
Erscheinungsort 206, 214, 221

B arenreiter
S tudienbücher
M usik

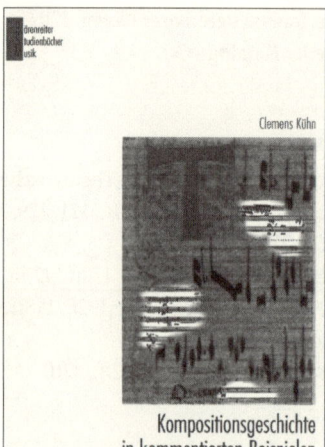

Band 13
Peter Jost: **Instrumentation**
Geschichte und Wandel des Orchesterklanges

Band 12
Ulrich Kaiser: **Der vierstimmige Satz**
Kantionalsatz und Choralsatz. Lernprogramm mit CD

Band 10 & 11
Ulrich Kaiser: **Gehörbildung.** Grund- & Aufbaukurs mit CD

Band 9
Clemens Kühn: **Kompositionsgeschichte
in kommentierten Beispielen**

Band 8
Volker Scherliess: **Neoklassizismus:
Dialog mit der Geschichte**

Band 7
Walther Dürr: **Sprache und Musik**
Geschichte – Gattungen – Analysemodelle

Band 6
Konrad Küster: **Das Konzert**
Form und Forum der Virtuosität

Band 4
Clemens Kühn: **Analyse lernen**

Band 3
Bernhard Meier: **Alte Tonarten** – dargestellt an der
Instrumentalmusik des 16. und 17. Jahrhunderts

Band 2
Silke Leopold (Hg.): **Musikalische Metamorphosen**
Formen und Geschichte der Bearbeitung

Band 1
Nicole Schwindt-Gross:
Musikwissenschaftliches Arbeiten
Hilfsmittel – Techniken – Aufgaben

Eine Reihe praktischer Arbeitsbücher
für Studenten, Dozenten, Schüler, Lehrer
und Musiker.

Die Bücher eignen sich für das
Selbststudium, als Begleitmaterial
für Seminare und Orientierungshilfe und
Stoffsammlung für Lehrer und Dozenten.
Sie enthalten Übungsaufgaben zum Mit-
und Weiterarbeiten, kommentierte
Literaturverzeichnisse, Quellentexte sowie
eine Fülle an Musikbeispielen.

Herausgegeben von Silke Leopold und
Jutta Schmoll-Barthel.

Die Reihe wird fortgesetzt.

Bärenreiter